新零售管理实务

主编 刘洋 杨波

MANAGEMENT

复旦大学出版社

内 容 提 要

本书结合新零售企业对人才的需求，从职业岗位分析入手，以典型工作任务为依据，将培养新零售企业经营所需的知识和业务操作技能作为主线，知识以“必须”“够用”为度，开发十一个课程教学项目，融“教、学、做”为一体，使学生在“做中学、学中做”，从而了解零售的基本概况及最新发展趋势，理解新零售企业管理的基本思想，掌握新零售企业的商圈分析及选址、商品规划与管理、卖场规划与运营管理、门店经营业绩评价与分析、零售企业如何玩转零售O2O等方面的知识与技能。

前言

QIAN YAN

现今，传统的零售和单一的电商逐渐成为过去式，线上线下和物流相结合的新零售将成为现代零售的主要发展方向。在日趋激烈的竞争当中，既懂得现代零售的经营管理理论，又能真正将理论与实际相结合的高技能创新型人才将成为各大零售企业争相抢夺的香饽饽。

本书结合现代零售企业对人才的需求，从职业岗位分析入手，以典型工作任务为依据，将培养现代零售企业经营所需的知识和业务操作技能作为主线，知识以必须够用为度，开发 10 个课程教学项目。本书融"教、学、做"为一体，使学生在"做中学、学中做"，从而了解现代零售企业的基本概况及最新发展趋势，理解现代零售企业管理的基本思想，掌握现代零售企业尤其是超市门店的商圈分析及选址、商品规划与管理、卖场规划与运营管理、门店经营业绩评价与分析及零售企业 O2O 运营的相关理论与实务等方面的知识与技能。本书具有以下 3 个方面的特色。

1. 线上线下相融合，理念新、实用性强

课程教学内容组织与职业资格证书挂钩，紧跟时代的变换，汲取最新的零售管理理念及方式，以培养现代零售企业经营所需的知识和业务操作技能作为主线，以典型工作任务为依据，结合现代零售企业 O2O 运营的知识与技能设置教学模块内容。

2. 项目导向、任务驱动、真实职场情景化教学

按工作过程分成几个小的子项目，子项目中又都设有任务引入，将学习者引入真实的职场情景，借助任务分析，自然引出相关知识，最后掌握现代零售企业经营所需的知识和业务操作技能，进行任务实施、解决企业中常见的问题，完成任务。

3. 校企联手合作开发，资源丰富

教材为重庆市工商专业教学资源库配套教材，沃尔玛、永辉等一线企业的专家亲力亲为，用心筛选案例材料，内含丰富的企业实用表格、企业常用文案范本、习题、微课视频、配套拓展学习资源包等教学资源，需要相关教学资源的老师，请登陆智慧职教搜索"新零售管理"或直接登陆网址 https://mooc.icve.com.cn/course.html?cid=XLSZQ358002，方便教学。

本书由重庆工商职业学院刘洋、杨波主编，朱彪、项容、何跃副主编。刘洋负责统筹全书结构设计、确定章节目录、撰写前言及审核全书等工作，独立编写项目三，与杨波一起编写了项目六和项目七，与何跃一起编写项目十，朱彪编写了项目一、五、九，项容编

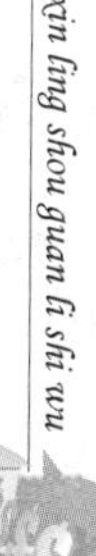

写了项目二、四、八。本书可供高职高专、应用型本科院校开设零售管理类课程选作教材之用,也可作为零售从业人员相关培训教材及参考书。

本书在编写过程中参考了大量国内外文献,主要参考资料目录已列在书后,谨向这些文献的编著者和出版单位致以诚挚的感谢。由于创新创业是一项复杂活动,鉴于编著者水平及教学经验有限,书中难免存在不足,衷心希望零售管理类教育同仁、零售行业从业者以及读者给我们提出宝贵意见。

编者

2020 年 2 月

目录

MU LU

项目一 走进零售

知识目标

1. 掌握零售业态的种类、特征
2. 掌握新零售的概念及特征
3. 掌握零售业的发展趋势

技能目标

1. 能辨识新零售下各零售业态在现实中的应用
2. 能把握新零售下的发展新机遇

学习重点

1. 理解零售、零售业、零售业态、新零售等相关概念
2. 掌握零售业态种类、特征
3. 掌握零售业发展趋势

教学方法和建议

1. 通过任务驱动+案例教学法实施教学
2. 引导学生通过实地走访典型店铺来感知零售业态的特征及区别
3. 培养学生网络搜索能力，让学生通过网络了解零售业发展的最新趋势及对从业人员的新要求

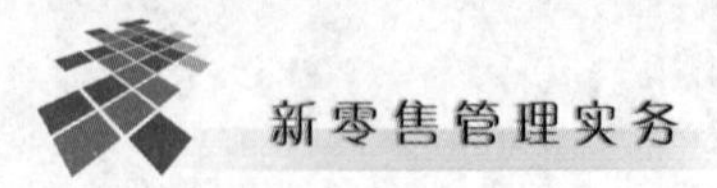

任务一　零售业态辨析

任务导入

李明进入大学,他在大学里学的是工商管理专业。大二的时候,他选修了新零售管理实务这门课程,在第一堂课上,老师就布置了一个任务:实地调查某商圈已有的零售业态。李明心中很茫然,不知道该如何完成老师布置的任务。

任务分析

零售业态是指零售企业为满足不同的消费需求而形成的不同的经营形态。消费者的需求不同,零售商在满足需求时就会产生不同的零售业态。零售业态主要依据零售业的选址、规模、目标顾客、商品结构、店堂设施、经营方式、服务功能等进行分类。常见的零售业态有:百货店、超级市场、大型综合超市、便利店、仓储式商场、专业店、专卖店、购物中心与网络商店等。每种类型的零售业态各有其特点,我们可以根据每种零售业态的特点选择一到两家典型零售商铺进行观察分析。

相关知识

一、零售概述

(一) 零售的概念

零售是向消费者或社会团体出售生活消费品及相关服务,以供其最终消费之用的全部活动。这一定义包括以下 4 点。

(1) 如果将汽车轮胎出售给顾客,顾客将它安装在自己的车上,这种交易活动便是零售。如果购买者是车商,车商将它装配在汽车上,再将汽车出售给消费者,这不属于零售。

(2) 零售活动不仅向最终消费者出售商品,同时也提供相关服务。零售活动常常伴随商品出售提供各种服务,如送货、维修、安装等,多数情形下,顾客在购买商品时,也买到某些服务。

(3) 零售活动不一定非在零售店铺中进行,也可以利用一些使顾客便利的设施和方式展开,如上门推销、邮购、自动售货机、网络销售等。无论商品以何种方式出售或在何地出售,都不会改变零售的实质。

（4）零售的顾客不限于个别的消费者，非生产性购买的社会集体也可能是零售顾客。例如，公司购买办公用品，以供员工办公使用；某学校订购鲜花，以供其会议室或宴会使用。所以，零售活动提供者在寻求顾客时，不可忽视团体对象。在我国，社会集体购买的零售额平均达10%左右。

（二）零售的功能

零售处于贸易运行的终点，具体体现着贸易运行的目标。零售贸易的特点，决定了它有下列4个功能。

（1）实现商品最终销售，满足消费者需要的功能。产品在生产者手中或批发业者手中，只是一种观念上的使用价值，而不是可能被消费的现实的使用价值。产品只有进入消费领域才能实现现实的使用价值，在多数情况下，这需要通过零售贸易来实现。零售贸易直接面向消费者，通过商品销售，把商品送入消费者手中，最终实现商品价值和使用价值。这不仅满足了社会生产和生活的各种具体需要，而且还为生产过程重新发动提供了价值补偿和实物更新的条件，把生产者创造的剩余价值由可能转为现实。

（2）服务消费，促进销售的功能。消费者对商品需求和服务需求是广泛的、多样的、复杂的，为满足这些需求，零售贸易不仅要提供丰富的商品以供选择，还需要围绕着商品销售提供各种服务，如信息服务、信用服务、售货服务和售后服务等，并以此为手段，扩大商品销售。在发达的市场经济条件下，零售的服务功能更为重要。

（3）反馈信息，促进生产的功能。零售贸易直接面向消费者，能够及时、真实地反映消费者的意见及市场商品供求价格变化情况，向生产者和批发业者提供市场信息，协助批发业者调整经营结构，促进生产者生产更多更好适销对路的商品，满足消费者需要。

（4）刺激消费，指导消费的功能。零售贸易中的商品陈列、广告宣传、现场操作、销售促进等活动，能唤起潜在的消费需求，培养人们新的爱好和需求，引导消费者的消费倾向、方式和时尚，为扩大再生产开拓更为广阔的市场，为消费水平的不断提高创造新的物质条件。

（三）零售商的概念及职能

零售商是指将商品直接销售给最终消费者的中间商，是相对于生产者和批发商而言的概念，处于商品流通的最终阶段。零售商的基本任务是直接为最终消费者服务，它的职能包括购、销、调、存、加工、拆零、分包、传递信息、提供销售服务等。在地点、时间与服务方面，零售商方便消费者购买，同时又是联系生产企业、批发商与消费者的桥梁，在分销途径中具有重要作用。

零售商要同两类供应商打交道：一类供应商销售供零售商使用的物品或服务，另一类供应商销售供零售商转卖的物品或服务。举例来说，零售商会购买供自己使用的物品或服务，包括商店设施、计算机设备、管理咨询和保险。再售性购买，则取决于零售商经营的产品线。零售商一般承担4种关键职能。

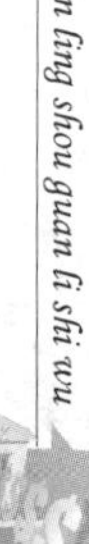

（1）零售商参与商品分类整理的过程。它们从不同供应商那里获得物品和服务，分门别类之后，再将它们出售。商品品种的广度和深度则取决于各个零售商的经营战略。

（2）零售商通过广告、展示、图标和销售人员等渠道向客户提供信息，同时将市场营销研究信息（反馈）传递给分销渠道中的其他成员。

（3）零售商储存产品、标定价格，在商场布置商品以及其他产品处置事宜。零售商通常是在将商品卖给最终消费者之前付款。

（4）零售商拥有合适的场所、时间、信用政策以及其他服务（如送货），以此促进和完成买卖。

（四）零售业

零售商满足居民的需求，从而形成一个古老的行业——零售业。零售业是指通过买卖形式将工农业生产者生产的产品直接售给居民作为生活消费或售给社会集体供公共消费的商品销售行业。最初是个人与个人之间的交换，随着社会关系的变化，零售业也不断地发生着变化。随着电商冲击、消费习惯变迁等一系列的变化，零售业正在进行着改变。

二、零售业态

零售业态是指零售企业为满足不同的消费需求而形成的不同的经营形态。针对特定消费者的特定需求，按照一定的战略目标，有选择地运用商品经营结构、店铺位置、店铺规模、店铺形态、价格政策、销售方式、销售服务等经营手段，提供销售和服务的类型化服务形态。零售业态是动态的、发展的概念。随着生产的发展，需求的增长，零售业态也在不断地发展。常见的零售业态有：百货商店、超级市场、大型综合超市、便利店、仓储式商场、专业店、专卖店、购物中心与网络商店等。

（一）百货商店

百货商店（department store）是指在一个大的建筑物内，根据不同的商品设立销售区，开展定货、管理、营运，满足顾客对时尚商品多样化选择需求的零售业态。百货商店是大家最熟悉、也是最成熟的一种经营方式。目前的百货商店，基本上经营服装服饰。我国 2004 年 10 月 1 日开始实施的国家标准《零售业态分类》（GB/T18106—2004），对百货商店的特点要求如下。

（1）选址在市、区级商业中心或历史形成的商业集聚地。

（2）目标顾客以追求时尚和品味的流动顾客为主。

（3）营业面积在 6 000～20 000 平方米。

（4）商品结构为综合性，品类齐全，以服饰、鞋类、箱包、化妆品、家庭用品、家用电器为主。

(5) 采取柜台销售和开架面售相结合的方式。

(6) 注重服务,设餐饮、娱乐等服务项目和设施。

(7) 管理信息系统程度较高。

案例 1-1

扎根西南的重庆百货

重庆百货大楼股份有限公司建于 1950 年,涉足百货、超市、电器等经营领域,战略布局供应链金融、电子商务、购物中心等。公司打造全国首家线上互联网消费金融公司,开设“世纪购”网上商城和“世纪 SHOW”保税港名品体验店,探索线下体验和线上消费互动 O2O 经营模式,提升企业市场竞争力。公司旗下拥有重庆百货、新世纪百货、商社电器三大著名商业品牌,其中“重百”和“新世纪百货”为“中国驰名商标”。截至 2018 年,公司拥有网点 310 个,经营网点已布局重庆 38 个区县和四川、贵州、湖北等地。

考考你

随着信息技术的发展,不久的将来传统零售商店会消失吗?

知识加油站 1-1

百货业转型——线上线下结合新探索

王府井作为线下百货零售企业中的“老店”,近年力推的正是全渠道的数据打通。王府井集团的业态已从创建之初的单体百货商场,扩张到综合百货、购物中心、奥特莱斯、生活超市、电商等几大主力业态。怎么把这几大业态之间的数据打通?难题摆在了王府井集团面前。早在 2013 年 1 月,王府井网上商城就上线,商品经营模式为“自采+线下商品自营+联营”。此后,王府井又相继推出 Pad(平板电脑)移动销售助手,逐步实现百货卖场的数字化,打通线上与线下不同店面之间的库存和会员管理。现在,王府井又在推动线下渠道与电商等渠道的数据打通。

银泰商业在 2017 年 8 月初推出定价 365 元的付费会员卡。会员购买银泰 99%的品牌时,享受“折上 9 折”优惠。3 个月内,近 20 万名顾客购买了银泰商业“365 卡”,持卡顾客的消费额和客单价几乎是普通免费会员的 2 倍以上。此外,银泰商业通过在会员和支付体系上与阿里巴巴这类电商平台打通,线下的会员体系“活了起来”。

天虹也是转型升级的典型代表。2017 年上半年深圳深南天虹转型为“天虹

Discovery”，为 80 后年轻女性量身定制时尚购物环境，并按照生活场景重构卖场，提高目标顾客的购物效率，同时引领顾客生活方式，成为百货业界升级转型的代表案例。截至目前，天虹已经与近百个品牌展开合作，同时天虹已经在旗下商场相继开出了 14 家女杂集合馆 Rain&Color、14 家家居集合馆 Rain&Home、3 家品牌服饰集合馆 Rain&Co 以及 2 家儿童集合馆 Rain&Kids。

（资料来源：中国商网）

（二）超级市场

超级市场(supermarket)是指采取自选销售方式，以销售食品、生鲜食品、副食品和生活用品为主要经营范围，满足顾客每日需求的零售业态。其特点如下。

（1）以食品为经营重点，基本上满足食品购买者一次购齐的要求。

（2）采取开架自选、自我服务、一次结算的售货方式。

（3）廉价销售，商品周转速度快。

（4）具有一定规模。

（5）店址主要设在居民住宅区或郊区。

（6）采用现代化设备及管理方式。

资料卡 1-1

什么是超市经济

超市经济是一种商业经济现象，即如何将超市已经聚集的大量消费人流转化为更大的商业价值。

超市经济通常的转化方式为通过定制化开发模式来开发商业地产，产生出能与超市共享消费力的超市联营区，从而有效地将经济现象转化为经济价值。

知识加油站 1-2

超市业态新变化

超市业态涌现不少新变化。首先，线上线下融合，如永辉与京东合作、“喜士多”云超市、无缝对接的“大润发”实体门店与网上商城。其中，大润发采用“实物＋图片扫码＋在线订购”的方式，兼备了互联网便利店的无限性与 O2O 新玩法。其次，众多超市转战便利店、社区店等小业态，争相放下“架子”迈进“小时代”，转型“小而美”，布局便利店渠道，如家乐福推出“easy 家乐福”。最后，细分市场，体验式消费升级。例如，中国首家第五代 Ole 精品店落户成都，以“精致超市、人文关怀”为服务宗旨的永辉超市开出“Bravo YH”精品超市。

（三）专业店

专业店(specialty store)指以经营某一大类商品为主的，并且具备有丰富专业知识的销售人员和适当的售后服务，满足消费者对某大类商品的选择需求的零售业态。

专业店是百货店最强有力的竞争对手，它重点突出一个“专”字，专门经营某一类商品或某一类商品中的某一品牌的商品，如苏宁电器、国美电器等。其特点是以下5个。

(1) 营业面积根据主营商品特点而定。

(2) 商品结构体现专业性、深度性，品种丰富，选择余地大，主营商品占经营商品的90%。

(3) 经营的商品、品牌具有自己的特色。

(4) 采取定价销售和开架销售。

(5) 从业人员需具备丰富的专业知识。

案例1-2

苏宁小店——再一次将刷脸玩到了极致

苏宁小店采用人脸识别技术，通过扫描二维码绑定人脸，顾客就可以“刷脸”进出，识别时间从之前的10秒缩短至6秒。这个无人店更是将“刷脸”玩到了极致，建立在人脸识别的基础上，“颜值测评”可以为用户的颜值打分，“精准推荐”可以给用户推荐商品，进店刷脸、支付刷脸，颜值成为通行证，观众纷纷聚集“打卡”。

在店内的中心区域，装有4块显示屏。其中一块是门店客流分析系统，实时展示客流情况，并在此基础上通过进店客流量、消费者行动轨迹绘制热力图。一方面，消费者可以通过直观的图像了解店内较为热门的区域，方便“打卡”。另一方面，苏宁结合店内各个应用的互动体验数据、门店订单、销售数据、会员数据等，从细节处摸索消费者的喜好，再进行针对性销售，实现区域性、本地化消费者大数据洞察，辅助运营优化提升(如图1-1)。

图1-1 苏宁小店互动体验

当你拿起一款商品时，货架旁侧的大屏会显示商品的详细信息，还会出现你可能感兴趣的其他商品。购买商品后你也无需排队付款，直接通过付款闸道，系统会自动识别用户身份，快速付款。

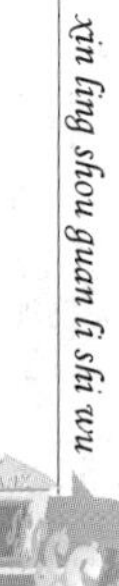

消费者拿起商品的次数、停留次数、视线停留时长，也会被默默记录在册。那些获得消费者独家记忆的商品，在摆放位置和库存数量上都会变得更加善解人意。

（资料来源：搜狐网）

考考你

新零售下的专业店还有哪些黑科技？

（四）专卖店

专卖店(exclusive shop)是指专门经营或授权经营制造商的品牌，适应消费者对品牌选择需求的零售业态。

专卖店经营的商品可以不是某一类的商品，而是某一品牌的商品，如小米之家，也可能是一系列的产品。专卖店的特点有以下7个。

（1）选址在繁华商业区、商店街或百货商店、购物中心内。

（2）营业面积根据经营商品的特点而定。

（3）商品结构以著名品牌、大众品牌为主。

（4）销售体现在量小、质优、高毛利。

（5）商店的陈列、照明、包装、广告讲究。

（6）采取定价销售和开架销售。

（7）注重品牌名声，从业人员必须具备丰富的专业知识，并提供专业知识性服务。

案例1-3

小米之家旗舰店四大亮点

小米之家旗舰店在南京景枫KINGMO开业（如图1-2），面积达到了700多平方米，全建筑体无梁柱，通透明亮，从外部看颜值极高，连雷军都称赞其为“小米新零售的旗舰之作”。小米频频布局线下市场，显然也看到了新零售对于销售的巨大影响。据有关人士透露，小米之家的坪效达到了27万元，在整个行业内仅次于苹果的40万元，对小米的业绩大有帮助。

图1-2　小米之家旗舰店

此次景枫小米之家南京旗舰店有4大亮点。

亮点一：面积最大，颜值最高。这个迄今面积最大的小米之家有720平方米左右，坐落在江宁区景枫KINGMO的东南角，拥有一个超大且璀璨的玻璃幕墙，在夜色里幕墙透着灯光会发散出钻石般的熠熠光彩，堪称“颜值最高”的小米旗舰店。

亮点二：品类最全，科技和生活的完美结合。小米之家南京旗舰店的库存保有单位(SKU)约是标准小米之家的2倍，近500个。除了小米主打的科技数码类产品之外，更是新增了一些黑科技产品。此外，随着“小米有品”专区的植入，精品生活类产品更加丰富。景枫KINGMO小米之家俨然成为一个“全品类”家居生活馆的模样。

亮点三：沉浸式体验，场景化营销。沉浸式体验是景枫KINGMO小米之家从顾客角度升级的又一亮点。超强超酷的影音体验间，会让身临其境体验的我们血脉喷张，震撼的音响、宽幅投影组合在一起，浑然就是一个私人影像乐园。

亮点四：情怀满满，姿态更柔软。旗舰店的设计师应该是热爱南京的。中岛区域内部不仅用数控雕刻出了各类产品特色的模块，还别具匠心地模拟构建了一个南京地铁线造型的展示墙，画龙点睛的“MI(爱)南京”更是热烈表达了对南京这个城市的热爱。地铁线路就是城市的脉搏，而各种贯穿其间的产品就是我们的生活符号。我们的城市和我们的生活，由小米贯穿，一脉相承。

(资料来源：赢商网)

考考你

新零售下的专卖店都有哪些改变？

(五) 便利店

便利店(convenience store)是一种以自选销售为主，销售小容量应急性的食品、日常生活用品和提供商品性服务，满足顾客便利性需求为主要目的的零售业态。

按照便利店的标准来说，便利店的价格水准要高于超市。顾客追求便利的时候，追求的亦是商品的功能，而不是价格，所以这是一个更高层次的消费需求零售业态。便利店一般选址接近居民生活区，营业时间长，以经营方便品、应急品等周转快的商品为主，并提供优质服务，一般销售饮料、食品、日用杂品、报刊杂志并提供快递服务等。商品品种有限，价格较高，但因方便，仍受消费者欢迎。便利店的特点是以下6个。

(1) 选址在居民区、交通要道、娱乐场所、机关团体、企事业办公区等消费者集中的地方。

(2) 商店面积在100平方米左右。

(3) 步行购物5～7分钟可到达。

(4) 商店结构以速成食品、饮料、小百货为主。

(5) 营业时间长，一般在16小时以上，甚至24小时，终年无休。

(6) 以开架自选为主，结算在收银机统一进行。

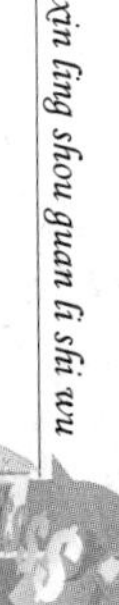

案例 1-4

日本“7-11”便利店

在 2000 年日本零售市场上，日本“7-11”便利店以高达 2.2 万亿日元的销售额终于超过大荣公司，荣登日本零售业榜首(见图 1-3)。成立于 1973 年的日本“7-11”便利店多年来一直高速成长，目前已在日本开设了 1 万余家便利店，并于 1991 年控股美国南陆公司，成为世界最大的连锁便利店集团。日本“7-11”便利店的主要经营战略有以下 5 点：(1) 准确定位；(2) 集中开店；(3) 提供多种服务；(4) 开展电子商务；(5) 发展物流配送业务。

图 1-3 “7-11”便利店

知识加油站 1-3

新零售赛道下便利店的三大变化

在新零售环境下，中国市场上的便利店迎来了前所未有的创新热潮，呈现出百花齐放、百家争鸣的“双百”发展格局。其变化主要表现为以下 3 个方面。

其一，由慢变快。

便利店向来被视为“慢行业”。以日系便利店为例，“7-11”、罗森入华均超过 20 年，全家便利店进入中国也已 14 年，但三大日系便利店仍在“千店级”规模，平均算下来，一年的开店数在 10 家左右，算得上是不折不扣的“慢行业”。但最近几年，这一现象正在改变。不必说阿里巴巴、京东的“百万便利店”计划，也不必提苏宁小店年开 1 500 店的目标，单从几家日系便利店来看，发展也在明显提速。

罗森 1996 年进入中国市场，到 2013 年 17 年内共开店 350 家，而 2018 年是 1 662 家，5 年内新增 1 300 余家，年均拓店近 300 家。其计划在 2025 年前在中国开出 10 000 家门店。

“7-11”提出，近几年的主要任务就是快速开店，要以 1～2 年在一个城市布局的速度推进门店增长，主要城市每年保持 30～40 家门店。

此外，便利店变快还表现在鲜食工厂和自有品牌等基础设施的建设上。过去一般认为达到百店连锁规模才能建设鲜食工厂、发展自有品牌。而如今，一些便利店品牌刚开出10家左右的门店就开展这方面的搭建工作。在资本驱动下，各大便利店都“舍命狂奔”，加速外延式扩张，这是一个非常显著的变化。

其二，由少变多。

第一，“便利店＋业态”已成常态：“便利店＋生鲜”“便利店＋书店”“便利店＋咖啡”“便利店＋文具”“便利店＋花店”“便利店＋烘焙”“便利店＋智能贩卖机”“便利店＋网易严选”……业态叠加的内容五花八门，让人眼花缭乱。“便利店＋业态”好比“微信＋插件”，其出发点可能只是从因地制宜地搞差异化经营逐渐发展为以获取更多流量和收益为目标。

第二，“便利店＋IP”，如“苏果＋托马斯”“苏果＋多鱼”“永辉＋反斗联盟”“罗森＋火影忍者”“罗森＋芭比”等，叠加IP主要目的在于针对目标群体，提升颜值、时尚度和集客力。

第三，数字化、智能化技术、设备的广泛应用，如电子价签、智能大屏、自助收银、刷脸支付等。还有无人化技术的应用可能是未来的一个趋势，可能成为便利店发展的重要一极。

第四，业务在线化、服务到家化。《2018中国便利店发展报告》数据显示，36％的便利店引入了网络零售，“7-11”、罗森、全家等便利店等数千家便利店入驻京东到家，与美团外卖等平台合作的便利店也在快速增长之中。便利店通过与电商平台合作，可以为更多消费者提供优质产品与舒适体验，同时，通过在收银支付、门店营运、顾客关系等方面的数字化创新，不断地创新业务模块、提升运营效率、获取消费数据。

其三，由重变轻。

阿里巴巴、京东的“翻牌”式改造是一种轻模式，“7-11”、罗森的“区域加盟”也是一种轻模式，市场上还有很多主打松散型加盟的本土便利店，也是轻模式的代表。便利店的发展有从原来的紧密型加盟、标准化管理、规范化运营向整合式发展、并购式扩张、供应链输出等发展的趋势，这可能也是我国便利店变快、变多的主要原因。

（资料来源：联商网）

考考你

新零售下的便利店较之以前都有哪些改变？

（六）仓储式商店

仓储式商店（warehouse store），是一种仓库与商场合二为一，主要设在城乡结合部，装修简朴、价格低廉、服务有限，并实行会员制的一种零售经营形式。仓储式商店一般采用会员制，如麦德龙。麦德龙的会员制客户类似三级批发商，面向社会团体、中小商户。它的客户很集中，20％的顾客购买80％的商品，使它能更好地掌握顾客的需求。

仓储式商店是20世纪90年代后期才在我国出现的一种折扣商店，其特点是：

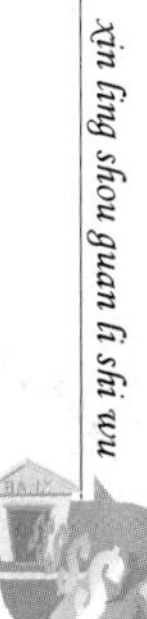

(1) 多位于郊区低租金地区;(2) 建筑物装修简单,货仓面积很大,一般不低于1万平方米;(3) 经营范围广泛,包括食品、日用品、耐用品等;(4) 批量作价,多是成件或大包装出售;(5) 开架售货,附设大型停车场;(6) 多实行会员制来锁定顾客。

案例 1-5

Costco的会员制

图1-4 Costco门店

作为全球第二大零售品牌,Costco也是全球最大的连锁会员制仓储量贩店,年销售额接近1 300亿美元,市值接近820亿美元,在全球拥有741个仓库(如图1-4)。

美国最大的会员制仓储大卖场Costco在上海开设中国第一家实体门店。此前,Costco早已在华开设天猫海外旗舰店和官方旗舰店,分别采用跨境电商模式和一般贸易模式运营。

Costco不同于以往的大卖场,以会员制模式盈利,在利润把控上格外严厉。通常情况下,沃尔玛毛利率在40%～60%,而Costco的毛利率则往往不到10%,甚至如果高于14%需要经过CEO批准。

Costco的会员制度如下:60美元年费为非执行会员,或是120美元年费、最高可获2%返现至1 000美元为执行会员。与一般提供增值服务的部分会员制不同,Costco实行完全会员制,强调只有会员才有资格入内购物。

会员制的好处如下。首先,Costco将目标客户锁定在中产阶级家庭,缩小了目标客户范围。其次,预收会员费用为公司带来了庞大的现金流。最后,会员制也便于提升用户的忠诚度。如此看来,对于Costco来说,核心的问题就从"如何增加毛利率和销售额"变成了"如何吸引和留存会员"。

考考你

如何吸引和留存会员?

(七) 购物中心

购物中心(shopping center/ shopping mall)是由开发商统一规划、建设和管理的商业设施,拥有大型核心店、多样化商品街和停车场,能满足消费者的购买需求与日常生活活动的商业场所。购物中心与百货公司的区别是三权分离,物业、管理、经营形成独立三方。与批发商场的不同之处在于购物中心有的主力店占很大比例,而且有主题、选址、设计的统一计划，由管理公司统一管理。

购物中心的特点是：(1) 由开发商有计划地建造，实行统一管理，共同开展广告宣传活动；(2) 内部结构由百货商店或超级市场作为核心店，叠加各类专业店、专卖店等零售业态和餐饮、娱乐设施；(3) 服务功能齐全，集零售、餐饮、娱乐为一体，根据销售面积，设相应规模的停车场；(4) 地址一般设在商业中心区或城乡结合部的交通枢纽交汇点；(5) 商圈根据不同经营规模、经营商品而定；(6) 设施豪华、店堂典雅、宽敞明亮，实行卖场租赁制；(7) 目标顾客以流动顾客为主。

案例 1-6

蓝水购物中心

蓝水购物中心是欧洲最大和最有声誉的购物中心，于 1999 年 3 月 16 日正式开业。该购物中心占地 96 万平方米，其中商场面积 15.6 万平方米，有 330 多家商店和餐馆入驻，设有 12 个电影院，休闲场所 1.25 万平方米，停车面积 20 万平方米，可停车 1.3 万辆，人工湖泊 9.2 万平方米，有 18 条公交线路。该购物中心设计成近乎空心的等边三角型。在 3 个角上，是 3 家主力商店支撑整个购物中心，联结这 3 个主力商店的则是 3 种不同风格装饰而成的购物长廊，即“会馆厅”“漫步泰晤士河”和“玫瑰艺廊”。

知识加油站 1-4

阿里巴巴“亲橙里”：重新定义购物中心

2018 年 4 月 28 日，阿里巴巴首个商业项目——亲橙里（见图 1-5），在杭州西溪园区阿里巴巴淘宝城 3 期开业。盒马鲜生、淘宝心选、天猫国际、星巴克、华为、外婆家、炉鱼、乔治、JNBY HOME、浙大启辰教育、峨影 1958 影城、艾维口腔等 70 余个品牌进驻。业态涉及餐饮、服饰、3C、超市、配饰、美容美甲、娱乐、医疗等。其中，餐饮占据了半壁江山，几乎每个楼层都有分布。

图 1-5　阿里巴巴“亲橙里”

最人气之“盒马鲜生”

作为商场的主力店，盒马鲜生位于商场负一楼，门店面积约 4 000 平方米，设置了 440 个就餐位，还有 3 个包厢。

最热闹之“淘宝心选”

位于一楼的“淘宝心选”人气丝毫不亚于“盒马鲜生”,在面积360平方米的店铺空间内,几乎已经到了“举步维艰”的地步。淘宝心选于2017年5月底上线,在商品和服务上,与网易严选和米家有品类似。这也是淘宝心选成立以来的首家线下店,商品涵盖家居、餐厨、洗护、出行、日用家电等。

亲橙里的店铺十分有特色。首先是利用科技打造全新体验,代表性店铺有天猫精灵开辟的体验空间、谜秀和lily的虚拟试衣,以及宏图的各类高科技产品展示等;其次是打破界限、互动更多,让吃喝玩乐更一体,代表性店铺有专注做二次元商品的次V殿,通过各类新奇的文创商品及网红直播成功吸引了众多关注;再次是一些店铺内开辟出的亲子互动空间,以及支付方式的改变等;最后是精细化业态的出现,杭州城内首家女性健身房在“亲橙里”开业,专注为女性提供更有针对性和更优质的服务。

(资料来源:根据搜狐网、联商网资料整理)

考考你

阿里巴巴“亲橙里”购物中心与你身边的购物中心比较有什么不同?

(八) 网络商店

网络商店(online store)通常是指建立在第三方提供的电子商务平台上的一种电子商务形式。在网络商店上,由商家(企业、组织或者个人)通过互联网将商品或服务信息传达给特定的用户,客户通过互联网下订单,采取一定的付款和送货方式,最终完成交易,如“世纪购”网上商城及天猫、京东、淘宝等电商平台。如今,电商平台正联合线下超市,谋求融合发展,如京东入股永辉。

网络商店的零售商在互联网上开设虚拟商店,建立网上营销的网站。消费者可以根据网址进入网站访问,浏览商店的商品目录等各种信息,找到合意的商品后可以在网上向零售商订货,通过电子转账系统付款。零售商则通过物流或快递公司把商品送给购物者。

案例1-7

网易严选——国内首家原始设计制造商(ODM)模式的电商

在电商江湖已是厮杀成一片血海的2016年,网易旗下自营生活类精选商品的电商品牌网易严选,商品品类有限,仅有数十个SKU(见图1-6)。2015年9月2日,一款行李箱在网易考拉海购上线。这款网易自有品牌的行李箱的设计初衷是为经常出差的同事们提供便利。但让人意想不到的是,这款产品却让网易严选成为了网易旗下国内首个严选模式的自营电商品牌。严选通过 ODM 模式与大牌制造商直连，剔除品牌溢价和中间环节，为国人甄选高品质、高性价比的天下优品。

网易严选如今快速成长，已开发了 10 个大品类、超过 1 万款商品，为广大消费者带来了“没那么贵”的品质生活。消费升级下的“品质精选”商业模式一举成为新的增长点。随着“企鹅优品”“米家有品”等跟进者的出现，网易严选已经成为国内品质生活电商的楷模，受到业内的广泛关注。

图 1-6　网易严选

单一渠道的流量总是有限的，坐享“品质精选”商业模式红利的网易严选，近来也一直在寻找新的流量来源。早在 2016 年，网易严选就已与同样追求“品质”的京东结成亲密合作伙伴，不到半年的时间里其旗舰店就积累了百万粉丝。

一直以来，对商品品质和购物体验有高要求的中产阶级就是网易严选一直在追寻的目标客户，而这正与同样用户主要集中在一二线城市、追求“质感”的京东不谋而合——京东大数据显示，网易严选在京东平台的用户中金牌以上的占比超过 70%，学历在大学及以上的占比达 91%，26～35 岁消费者占到近 50%。而这个消费群体的消费特点就是对国外品牌接受度高、注重商品品质、重视多元的精神和文化体育消费。

网易严选与京东尝试微信购物圈、品牌日等各种营销项目的合作，甚至国际零售供应链的创新。网易严选曾与一些地产商、酒店公司合作，为他们打造不同风格的严选 HOMO，而为京东的用户提供高性价比的、专属的严选 HOMO 一站式软装包这一计划已被提上日程。

（资料来源：DoNews 网）

考考你

新零售时代下，网店都发生了哪些新变化？

任务实施

要完成此次任务，李明需要掌握百货商店、超级市场、购物中心等主要零售业态的主要特点，并在实地调查中根据特点进行业态辨析。

在实地调查之前，李明需要设计零售业态调查表。

李明和同学一起走进商圈，按照任务卡上所标业态选取典型店铺进行实地走访，并与零售商交流沟通，通过实地调研了解业态的特征及其不同，其零售业态调查表如表1-1所示。

表1-1 某商圈零售业态调查表

零售业态	企业名称	典型代表主要特征	业态辨析
百货商店	新世纪百货、重庆百货	选址商圈核心地段；多层营业场所；涵盖珠宝、化妆品、服饰、鞋类、箱包、家庭用品等	满足顾客对时尚商品多样化选择需求，商品涵盖面较广
超级市场	永辉Bravo超市、重百超市	选址百货、购物中心负一层或居民聚集区；涵盖生鲜、食品、日化等	满足日常消费需求，商品主要为生活必需品

技能训练

【项目背景】

学生在当地自主选择一个业态的2～3个典型店铺作为实地调研的对象，实地了解其新零售趋势下各业态的新变化及其对从业人员的新要求。

【实训目的】

通过分组实训让学生对新零售时代下，各业态的新变化及其对从业人员任职的新要求有进一步的了解和感知。

【实训步骤】

(1) 组织学生调研本地1～2家典型店铺，通过对零售从业人员的访谈和网络搜索，了解目前业态的新变化对其从业人员的新要求。

(2) 将调研内容写成报告(PPT格式，要求精炼、客观、真实、有见地、配图片)进行课堂交流和讨论。

【实训评价】

1. 评价内容

(1) 学生参与性。

(2) 调研获得的企业基本信息。

(3) 学生搜集和处理信息的能力。

2. 评价方式

学生成绩由学生自评(20%)、互评(30%)和教师评价(50%)综合评定，评价表具体如下。

组别：________ 第__次实训

学号	姓名	自评(20%)	互评(30%)	教师评价(50%)	总成绩

任务二　零售业的发展

任务导入

李明在完成商圈已有的零售业态调研时，发现许多零售业态发生了变化。如超级市场竞争愈演愈烈，利润逐年下滑，部分连锁超市门店出现关闭潮。未来零售业将如何发展呢？

任务分析

零售业态是指零售企业为满足不同的消费需求而形成的不同的经营形态。消费者的需求不同，零售商在满足需求时就会产生不同的零售业态。传统零售业态在消费升级、技术日新月异的今天有哪些新的尝试与变化呢？

相关知识

一、新零售概述

（一）新零售的概念

2016 年 10 月 13 日，阿里巴巴云栖大会在杭州云栖小镇召开，时任阿里巴巴集团董事局主席马云在演讲中表示："纯电商时代很快会结束，未来的十年、二十年，没有电子商务这一说，只有新零售，也就是说线上线下和物流必须结合在一起，才能诞生真正的新零售。"

新零售是"以消费者体验为中心的数据驱动的泛零售形态"，其核心价值是最大程度地提升全社会流通零售业运转效率。具体而言，新零售是以消费者为中心，在人、商品与服务、供应链等各个环节数字化的基础上，通过数据流动串联各个消费场景，包括智能手机、移动终端、实体卖场及未来可实现的新通路等，利用数字化技术实现实体与虚拟零售供应链、交易交付链、服务链的全面融合，提供给消费者覆盖全渠道的无缝消费体验，以物流配送部分替代实体交付形式为特点的高效普惠型泛零售业态。

资料卡 1-2

关于推动实体零售创新转型的意见

实体零售是商品流通的重要基础，是引导生产、扩大消费的重要载体，是繁荣市场、

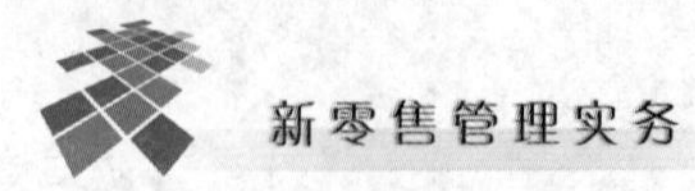

保障就业的重要渠道。近年来,我国实体零售规模持续扩大,业态不断创新,对国民经济的贡献不断增强,但也暴露出发展方式粗放、有效供给不足、运行效率不高等突出问题。当前,受经营成本不断上涨、消费需求结构调整、网络零售快速发展等诸多因素影响,实体零售发展面临前所未有的挑战。

2016 年 11 月 11 日,国务院办公厅出台《关于推动实体零售创新转型的意见》,“调整商业结构、创新发展方式、促进跨界融合”是国家对零售行业提出的明确要求。

调整商业结构包括调整区域、业态、商品结构;创新发展方式包括创新经营机制、创新组织形式、创新服务体验;促进跨界融合包括促进线上线下融合、促进多领域协同、促进内外贸一体化等。

(资料来源:《国务院办公厅关于推动实体零售创新转型的意见》,国办发〔2016〕78 号)

(二) 新零售的特征

新零售有三大特征,分别是“以心为本、零售物种大爆发和零售二重性”。

所谓“以心为本”,指的是掌握数据就是掌握消费者需求。未来数据技术(DT)带来的巨大创造力,将无限逼近消费者内心需求,围绕消费者需求,重构人货场,最终实现“以消费者体验为中心”。

“零售物种大爆发”指的是多元零售新形态、新物种会大量孵化出来。借助 DT 技术,物流业、大文化娱乐业、餐饮业等多元业态均延伸出零售形态,更多零售物种即将孵化产生,包括自然人零售,未来有望实现“人人零售”。

“零售二重性”指的是二维思考下的理想零售。任何零售主体、任何消费者、任何商品既是物理的,也是 DT 化的,需要从二维角度去思考新零售。同时,基于数理逻辑,企业内部与企业间流通损耗最终可达到无限逼近于“零”的理想状态,实现价值链重塑。

(三) 新零售实现路径①

1. 传统零售商线上线下融合

全球范围内,传统零售商开始改进其零售模式,从流量、效率(物流)、销售方式三个维度上对电商进行了回击。

第一是积极铺设线上渠道,并想方设法与线下实体店产生关联,形成线上、线下互相导流的态势。同时利用线下实体店,对线上渠道进行补充。例如,大多数传统零售商选择将其线下的实体店转型成跨渠道的补货中心、网上订单的提货现场、方便的退换货地点、产品的展示厅和新购买渠道。2015 年,苏宁作为中国最大的电器零售商与大连万达展开合作。苏宁将在万达商业综合体内开设“云”店,顾客可以到店体验各类产品,然后完成线上下单,并且享受送货上门服务。传统的苏宁线下店能提供 2 万～3 万个库存单位(SKU),而通过“云”店,顾客可以接触到 1 500 万个 SKU。同一年,家乐福推出网购服务,其线下实体店成为了线上购物的供货点和退换货中心。

---

① 陈歆磊,“马云口中的新零售到底是什么”,微信公众号 kopleader,2017 年 3 月 14 日。

第二是提升效率。对此，一个广泛运用的理念就是“少大于多”。一方面，众多商家选择由大变小，在城市中心开设便利店，取代原有的大型全尺寸店面。另一方面，利用大数据进行精准定位，对每一个店的每一个产品精挑细选，用少量的SKU满足大量的辐射半径范围内的人口需要。

2015年8月，梅西百货宣布将关闭100家全尺寸商店。对于剩下的商店，梅西百货将专注于提升客户体验、加速电子商务渠道的投资和发展。Target也一样。传统的Target商店占地面积多达14.5万平方英尺，新的商店面积仅为5万平方英尺，并且根据周围的人口、消费水平、消费习惯和偏好进行有针对性的室内设计和商品摆设。截至2016年11月，Target已经有30个这样的城市中心小型便利店在运营，并计划在2017年再开设数百个。

第三是改变销售方式，侧重便利性和服务。家乐福为满足顾客对便利性的追求，推出了Carrefour Express便利店，满足城市生活需要。此外，其他的传统零售店纷纷推出当日速递服务。有学者指出，传统零售店的一个巨大优势就是现成的店铺网络。当传统零售选择在线业务，就意味着大量的订单可以从这些门店发货，也就是说，在某种程度上传统的零售终端变成了“配货中心”。

从差异化的角度，传统零售开始注重对于偏好经济的把握。在过去五年，几乎每一个国家的咖啡销售额都超过了茶的销售额。澳大利亚的T2茶叶连锁店反其道而行之，建议大家把茶和时尚重新结合起来。它们的实体店提供绝妙的体验。产品设计和店内设计都运用鲜艳的色彩和大胆的图案，吸引人们拍照并在社交媒体上分享。在H&M，传统的快时尚零售商顺应消费者需要研发H&M Conscious，每年推出一个限量的高端、环保的产品系列，这有别于建立在消费者低价多买基础上的传统快时尚零售模式。每一年，H&M Conscious发售的时候，线上都会有大量活动预热，线下都会有追随者搭起帐篷、隔夜排队、抢购产品。

这些措施效果是明显的。根据德勤的报告，2015财年，在全球250家大零售商中，有3/4(192家)都实现了利润增长，平均涨幅为5.2%；在公布财务数据的191家之中，有90%(172家)都实现了盈利，这其中大部分是传统的零售商。更值得注意的是市场潜力。在美国的线上零售业中，亚马逊以790亿美元拔得头筹，而排名第二的沃尔玛，线上销售额为130亿美元。但是，沃尔玛线上销售额仅占到其总销售额的2.8%。事实上，线下零售商做线上销售的时候，线上占比都很低。比如，苹果作为美国排名第三的线上零售商，销售额占比仅为5.1%；百思买占到9.4%，Costco占到3.1%，Target占到3.4%。这些数据一方面说明线下零售商在线上依然有很大的潜力可挖，另一方面则预示了它们在吹响线上反击号角时候的顾虑和制约。毕竟，线上与线下相互倒流仅仅只是任务的一部分，更重要的是如何让二者进行互补。

2. 电商走到线下

面对实体零售业的反扑，电商已经感受到了危机。阿里巴巴旗下的三大电商业务(淘宝、天猫、聚划算)开始显露出流量增长的疲态，净增长的活跃买家人数在2014年第

三季度达到峰值的2 800万人次之后，已经开始一路下行。2016年全年，阿里巴巴电商的新增用户数量首次跌破千万，其中第三季度只有500万，第四季度只有400万。

电商自然不会束手就擒。通常，纯电商没有自营产品，或者仅有极少品类的产品（如智能电视盒子），不能完全掌控供应链。因此，电商的一个选择就是通过与线下传统零售商展开入股、收购，或者战略合作的方式，直接或间接地接触到供应链。简而言之，电商往线下走，最有可能的一个趋势就是：线上为消费者提供海量的商品选择，同时在线下尽可能地提供体验场所、打造新的消费场景。这样一来，电商就可以通过自身在流量、大数据、技术上的优势对整个零售流程进行再次优化和升级。

2015年8月与阿里巴巴的"世纪联姻"之后，苏宁在天猫有了一级入口，还有从"苏宁生活广场"到"易购直营店"等4 000多家线下零售商。苏宁云商2016年第四季度的营收预告已经显示其盈利能力，包括中信、海通等多家机构纷纷预测2017年开始苏宁云商就会持续盈利。2017年伊始，苏宁官网直接挂出新闻《加快互联网门店布局，苏宁2017年再开1 100家新店》，扩张计划包括100家新"云店"和1 000家新直营店的计划。

2016年11月，阿里巴巴投资21亿元，获得三江购物35%的股权。此外，阿里巴巴2.67亿注资闪电购、继续增持苏宁云商、继续跟投易果生鲜、1.5亿美元领投盒马生鲜。这些举措的目的在于参与实践地方生鲜食品购物的新模式。

2016年12月24日，永辉超市转出2.37亿股联华超市的股份，易果生鲜全部接手，成为联华超市的第二大股东。有趣的是，阿里巴巴实际上参与了每一轮易果生鲜的投资，因此可以说阿里巴巴实际上是间接持股了联华超市。

2017年1月，阿里巴巴尝试私有化银泰商业，并成为其控股股东，持股74%。

与苏宁、百联、银泰的深度合作，加上生鲜零售领域的布局，证明阿里巴巴意在打造一个贯穿线上线下的复合渠道平台。

二、零售业发展趋势

（一）线上线下加速融合

2015年，吸引眼球的线上线下融合事件莫过于京东入股永辉、阿里巴巴联姻苏宁（见图1-7）。

图1-7　淘宝心选

京东入股永辉，未来有许多想象的空间。永辉庞大的线下资源是京东从线上到线下下沉的最好的落脚点。生鲜是电商最后一公里最难攻克的堡垒。除了门店数量众多，永辉强大的生鲜采购力量也一直让业内人士羡慕不已。生鲜成为永辉最明显的标志。而在生鲜领域，京东一直未找到更好的合作方式。通过此次合作，京东可轻而易举地获取到最直接的经营核心，对京东来说，应是解决了困扰已久的问题。

阿里巴巴因为没有实体店铺、没有配送物流、仅做平台生意一直被许多业内人士诟病。马云先是与银泰联姻，后与苏宁连理，显然在重拳布局线下资产。是什么让马云改变了主意？究其原因，这应是对O2O未来发展的极度认同。马云认为，电商应是为传统实体经济提供便利服务和体验的重要推手，需要实体经济作依托。

电商与传统零售业谁将主导未来市场的话题，历来令人津津乐道，王健林向马云提出的“亿元赌局”就是最好的例证。

（二）个性零售逐渐代替“千店一面”

线下零售“千店一面”的基本格局不会在骤然间彻底崩塌，但会出现“裂痕”，冰消雪融的速度会进一步加快。

图1-8　苏宁超市

永辉全程自助体验超市、全时的“7-11”+星巴克+吉野家的组合式二代店、成都GOGO更加时尚的店面设计以及苏宁超市（见图1-8）会给实体零售带来更多的启发和灵感。不管是购物中心、百货店、大卖场还是社区超市，都会融入更多的科技元素。

以消费需求为导向、以顾客为中心，加快向商业零售本质回归已成为实体零售行业的共识，而各地的消费需求、消费习惯、消费热点可能不尽相同，必然会导致各地的实体零售表现出越来越多的差异性。

由于对于便利性、品质及价格的需求，零售业出现各种新业态：品类专业店、跨界组合店、免税店、会员店、精品超市等。像精品超市（见图1-9），前几年零售辉煌时期很多企业尝试过，做了先驱。而今天，免税店或进口食品用精品超市的方式呈现似乎焕发了第二春。这从本质上是不断提高的生活水平带来的对高品质商品的需求，是消费力驱动的结果。

图1-9　精品超市

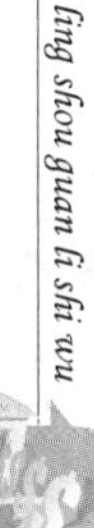

与时俱进地开设新型店铺是适应消费需求、适应时代发展的要求，过去的辉煌不可能永远延续。当然，新业态零售的竞争是零售商任何时候都需要面临的挑战，就像当初很多企业做百货的开超市、做超市的玩百货，现在又进军购物中心一样。消费者在变，那就必须有更适合消费者的业态去满足消费者的需求。

案例 1-8

BLANK空白——从服装买手到跨界先锋

BLANK 空白有时装、家居、餐饮与花艺，融合了艺术、时尚、生活与社交(见图 1-10)。

沿袭前身——买手店 J:GALLERY 的运营模式，它搜集了来自欧洲、美国、日本及本土的设计师品牌产品，打造东西合璧的先锋体验店，为当代年轻群体呈现兼具潮流与品质的生活方式。

图 1-10　BLANK 空白门店

BLANK 空白把服装分为设计服饰、先锋服饰以及概念服饰，致力于扶持与推广本土设计师品牌。它还将服装买手店的运营模式用到了家居、餐饮等业态，用精准的买手眼光出品风格化的产品。比如，会根据季节更替餐饮菜单，崇尚健康、有机的餐饮方式；针对欧洲家居品会选择设计感强的吸睛小物，日本家居品则偏传统匠心工艺。可以说，BLANK 空白不只是一家服装概念店，更是一个集聚年轻创造力的展示窗口。

BLANK 空白与众多设计师品牌合作，每两周在店铺餐饮区域和设计区域分别推出全新概念的主题陈列，并会和国内外艺术家进行各种形式的跨界合作。

案例 1-9

可以吃饭的森林超市，你知道吗？

在渝北人和星光天地有一家精品超市 Jungle Market，里面有雨林有绳梯，不但可以玩，还可以将现买的食材加工用餐。如同 Jungle Market 创始人王天澜说："这是一家独一无二的热带雨林体验式超市，我们要颠覆传统零售业。"这样的主题超市，你知道吗？

精品超市的目标群体就是高端消费者,为高收入阶层。他们一般钟情于购买高端日用消费品,其中包括高档的包装食品、生鲜食品、护肤化妆品及进口产品等。

图 1-11　精品超市

较早入驻重庆的外地精品超市品牌有华润旗下 Ole' 精品超市和远东百货精致超市(见图 1-11),永辉超市五年来更是在重庆布局了 5 家 Bravo YH 店,最近又有一批永辉优选店陆续开张。去年开业的精品超市则有艾诺希尔进口商品超市和 Hisuper 精品生活超市。本地的零售巨头新世纪百货也不甘落后,两年前在解放碑开了新世纪百货精致超市。

考考你

精品超市成功的秘籍是什么呢?

(三) 跨界混搭会玩得更嗨

现在越来越多的实体零售店玩起了"跨界混搭"风。咖啡陪你+招商银行(见图 1-12)、优衣库+星巴克、沃尔玛+中青旅,甚至三越伊势丹开始了+邮局,这些业界大咖们在混搭中嗨得不得了。回看这几起跨界玩法,我们可以看到跨界项目各方都能够实现人流共振,功能互补,成本互降,并为顾客带来附加便利。

图 1-12　咖啡陪你和招商银行

跨界是新的玩法,也是新的组合,实质应当大于内容,需要新的要素支持;否则,简单的摆摆样子,整容一张老脸,迟早要破相,吓跑消费者。

需要明确跨界主次,跨界主体应有新的要素,各方都要有质的提升,要嫁接新的移动互联网思维,形式和内容区域创造新的吸客热点。

对零售业来说,玩跨界,绝不是简单的 1+1>2,而应该有更多的次幂法则效应,要"用互联网思维做离互联网最远的事情",好与不好不在于形式,而在于引爆了多大程度的社群当量。

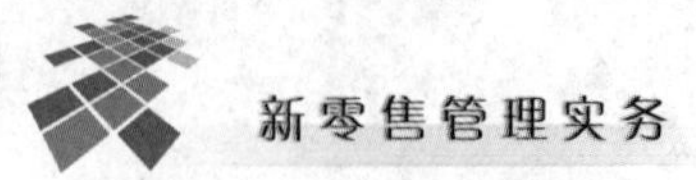

(四) 跨境电商会更加热闹

商务部公布的全球贸易格局报告预测，2016 年中国跨境电商进出口额将增长至 6.5 万亿元，年增速超 30%。面对如此巨大的市场，阿里巴巴、京东、唯品会等各大电商巨头纷纷重金投入。

除了电商大佬外，传统企业也没有忘记跨境电商这块肥肉。步步高旗下云猴全球购于 2015 年 3 月 3 日正式上线。步步高方面表示，云猴全球购的目标是全年营业收入达到 1.5 亿元规模。目前，云猴全球购已在香港成立全球采购中心，并在日韩、北美、欧洲、东南亚、澳新等地设立办事处，以寻找当地供应商和合作伙伴(见图 1-13)。

图 1-13　云猴全球购网站

如今各大跨境电商项目如雨后春笋般冒了出来，相继宣布获得融资。艾瑞预计未来三年我国跨境电商交易规模仍将保持 20%～30%以上的增速。在政府政策支持下，各电商和传统零售业龙头纷纷布局跨境业务。在竞争更加激烈的情况下，跨境电商企业不可能什么都做，将会越来越专业化、垂直化。每一家的能力和资源有限，企业必须找到自己的生存空间。

资料卡 1-3

“双 11”唱罢“黑五”登台，跨境电商全球化

“全球买、全球卖”的发展势头已经不可逆转，因为它给了消费者更多的自由选择权。“双 11”刚过去不久，全球联动的“黑五”购物狂欢也于 11 月 24 日凌晨上演。值得关注的是，“黑五”海淘也日渐被中国消费者所重视，成为中国跨境进口电商的大商机。

2017 年“黑五”海淘日，中国跨境进口电商表现活跃。跨境进口平台天猫国际“黑五”首日成交量超过去年“黑五”三天，年同比暴涨超 200%；京东全球购首日战报也是去年“黑五”当天的 2 倍……

目前，“全球化”正在成为阿里巴巴新的标签，而天猫国际则是阿里巴巴全球化新零售的主阵地。2017 年，天猫国际定下在全球化进程中的买全球和卖全球发展战略，他们的目标是要服务全球20亿消费者。京东也不例外，其将今年的“双11”定位为“全球好物节”，就是要让全世界的消费者都能享受到来自中国的高品质商品。

从“双11”到“黑五”，这场发生在巨头和创业企业间的海外购、全球化竞争已然更激烈。以本次“黑五”来看，当前共有多家知名大型平台开展“黑五”活动，他们分别是：亚马逊海外购、京东全球购、天猫国际、苏宁海外购、洋码头、网易考拉海购、小红书等。在这场“黑五”盛宴下，巨头和垂直跨境电商创业企业都好似八仙过海，各显神通。

天猫国际和京东全球购目前以第三方卖家为主，自身主要依靠强化供应链建设来提高购物体验；网易考拉则主要是以自营为主；洋码头和亚马逊则以跨境直邮为重点；小红书则是国内最早做社区电商的，一直在尝试成为社区生活的入口。“4·8新政”实质上加快了中国进口电商格局的形成。大量中小企业陆续退出，网易考拉、天猫国际和京东全球购占据了超过60%以上的市场份额，亚马逊、洋码头、小红书、蜜牙等十几家第二梯队紧跟其后。尽管竞争、交锋不可避免，但今年“黑五”呈现出“进出口两旺”的局面。

（资料来源：根据36氪、中国电子商务研究中心等网站相关资料整理）

（五）社区商业将出现品质升级

从现状来看，多数城市的社区商户需要品牌化升级。目前，各城市街区以家庭式、夫妻老婆店及个体创业单店居多，即使存在一些加盟品牌，自身在经营上的积累并不厚实。

日本有一些生存了几十年的老餐饮、老食品及老专卖店永续经营，除国情原因外，更重要的可能是经营的内涵和品质已经足够深厚。

我们相信，未来中国的社区商业也将迎来新一轮的品牌升级，从初期、原始、简单、粗放式经营，向品牌、品质、健康及科学化经营深入发展，从而也将更加贴近消费者。其实从社区商业的夜市可以看出，先歇菜的都是那些大众经营户。

在当下经济新常态、消费升级、电商冲击和移动互联时代，实体商业的传统形态都在寻求转型，寻找新的发展契机，社区商业成了新的肥沃战场。城市零售边缘崛起，出现了“集聚—扩散”的趋势，众多的企业开始“微”化，落位社区商业。

案例1-10

“小卖部”变身“天猫小店”

今后，你走进家门口的小卖部或者小超市买个东西，或许会猛然发现，老板还是那个老板，但平时熟悉的场景已经不见，取而代之的是同样熟悉的黑红配色的天猫logo，仿佛将天猫超市从线上搬到了线下。这种名为“天猫小店”的小超市是阿里巴巴新零售的又一线下布局。

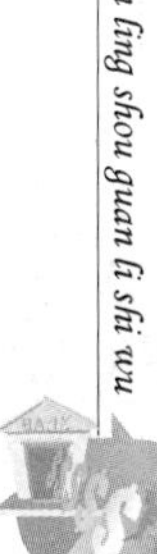

图 1-14　天猫小店

阿里巴巴 B2B 事业群旗下零售通事业部宣布，将利用阿里巴巴的大数据优势，帮助全国 600 万家零售店，提升这些零售店的智能化、信息化水平。同时，阿里巴巴还将在未来一年新开一万家“用数据武装”的“天猫小店”，成为社区生态服务中心（见图 1-14）。

天猫小店是经由零售通进行品牌授权和升级改造的传统小店。天猫小店没有加盟费，但设置了一定的门槛，例如店主需要缴纳 1 万元的保证金，以及每个月从零售通进货不低于 1 万元等。今后，天猫小店将是整个智能分销网络的一个节点。借助小店收银台的工作台和 POS 系统，小店里每件商品都可以在后台监控，哪怕是关东煮、烤肠这些没有条码的商品同样可以数据化，清楚地看到销量、库存时刻的变化。而掌握了这套数据后，商家可以更加合理、细颗粒地对货品、货架进行管理。

此外，零售通还将提供简单优质的智能设备，帮助小店老板完成品类规划、店内陈列，更了解自己的运营状况，实现商品、顾客、交易的信息化。同时，零售通还将与淘宝、天猫打通，让小店与消费者、品牌商建立线上线下的连接，更好地服务消费者。

对于在零售通月采购额1 万元以上、商店位置好、人流量大、商品品质有保证和服务态度好的优质小店，零售通将提供天猫品牌授权，让小店变身为丰富、专业、智能的“天猫小店”。这些小店将能够使用统一的天猫形象，除了数据、商品的赋能外，还会接入整个阿里系的生态力量，比如阿里健康、飞猪、农村淘宝、菜鸟驿站、阿里妈妈等，帮助零售小店拥抱新零售，成为社区生态服务中心。

考考你

新零售时代下，社区商业将会涌现出哪些新机遇？

（六）无人超市开启便民消费新模式

随着越来越多无人值守自助式场景化的应用，无人超市、无人咖啡机、无人便当机等新物种纷纷出现在人们的视野中。通过扫描二维码、掌纹识别、一卡通刷卡等方式进入超市后，消费者可自行选择喜爱的商品，之后在另一道玻璃门前，随即进入支付通道。由于每件商品上都有电子标签，消费者进入支付通道后，结算触摸显示屏会自动识别并显示其购买的商品。结算时，消费者可使用扫描二维码、微信、支付宝、一卡通扫码、掌纹付款等自动扫描支付方式。

案例 1-11

天猫无人超市:扫码进店、拿了就走

首次进店,打开"手机淘宝",扫码获得电子入场码(签署数据使用、隐私保护声明、支付宝代扣协议等条款),通过闸机、放好手机,便开始了购物旅程。

在这个超市里,你可以随意拿起任何一样商品,和日常购物并没有什么区别。离店前,你会经过一道"结算门",完成扣款,一旁的提示器会告诉你,"支付宝共计扣款××元"。

就这样,一趟"无人结算"的购物之旅结束了。全程不需要店员,不用掏钱包和手机。

酷炫的天猫无人超市第一次亮相是在2017年的造物节上,展示结束后,依旧有大波大波的人特地赶来杭州体验。

据阿里巴巴相关负责人介绍,无人超市不仅为用户带来了酷炫的购物、支付体验,更深远的价值在于:它可以提高坪效。店铺可以获得非常清晰的用户画像:你在哪个货架上停留最多、下午2点什么产品最畅销、什么商品被经常拿起、又被经常放回去?换句话说,下午两点你会来买什么,无人店将比你自己还清楚。而掌握了这套数据后,商家可以更加合理、细颗粒地对货品、货架进行管理。

考考你

天猫无人超市对其他传统超市有什么影响?

资料卡 1-4

2017 CCFA零售创新奖、十大创新业态、年度创新团队揭晓!

2017年是中国零售行业变革的关键一年。大卖场、百货店等传统业态频频大胆实践全局调整;便利店、社区店等小业态以规模化、连锁化呈现大范围爆发式增长;新业态、新模式集中涌现,重视商品重组、技术应用。CCFA希望借此推出具有行业代表性和借鉴意义的优秀创新典范,引领行业共同应对消费升级,实现健康、持续发展。

2017年CCFA零售创新奖、十大创新业态,采取企业自荐与专家推荐相结合的方式,聘请行业权威专家组成评审委员会,秉承公正、科学的评选标准,从创新、影响、发展潜力、借鉴价值四个维度综合衡量参选案例。

2017CCFA 零售创新大奖

苏宁云商集团股份有限公司——《苏宁生态会员》

京东集团——《以 JDsmart 为支撑的京东线下零售体系》

步步高商业连锁股份有限公司——《春分立蛋，立捐公益|让营销活动成为顾客最美好的回忆》

沃尔玛(中国)投资有限公司——《区块链技术助力食品可追溯》

广州尚品宅配家居股份有限公司——《在开放的市场生态圈中构建 O2O 闭环》

2017CCFA 十大创新业态

家家悦集团股份有限公司——《拥抱新零售 业态升级打造“生活超市”》

上海盒马网络科技有限公司——《线上线下一体化模式下的多业态新零售平台》

永辉超市股份有限公司——《超级物种——寻味进化 入未生活》

天虹商场股份有限公司——《生活方式主题编辑，创造更好购物体验》

北京市上品商业发展有限责任公司——《上品+：互联网城市奥莱—探索行业发展引领模式创新》

北京乐语世纪科技集团有限公司——《乐语 Brookstone3C+新奇乐+妙健康，携手商超大卖场开启“新零售”之路》

广州市钱大妈农产品有限公司——《家门口的菜市场 差异化的选址定位与顾客体验营销》

上海大悦城——《SKY RING 摩天轮+摩坊 MOREFUN 166——开启屋顶商业新模式》

小米科技有限责任公司——《坚持创新驱动　引领消费升级——小米之家的新零售探索》

上海言几又品牌管理有限公司——《言几又：新生活方式平台打造》

2017 年度零售创新团队

天虹数字化经营中心

京东 Y 事业部

（资料来源：中国连锁经营协会网站）

任务实施

李明为了解零售业发展趋势，可以通过如下途径：

(1) 实地调研、访谈超市、便利店等的从业人员；

(2) 通过企业官方网站检索相关信息，如阿里巴巴、京东、永辉等；

(3) 通过行业协会及相关网站、微信公众号、新闻门户网站等检索相关信息，如中国连锁经营协会、电子商务协会、联商网、电商头条、新零售等。

通过持续不间断地观察与总结，掌握零售业的发展趋势。

技能训练

【项目背景】

学生通过网络搜索+实地走访了解社区商业的新发展，并展开讨论，分析新零售下其面临的机遇有哪些，挑战有哪些。

【实训目的】

通过分组实训让学生了解新零售时代下社区商业的发展趋势，并据搜集数据对其发展机遇与挑战进行分析。

【实训步骤】

(1) 组织学生通过对零售从业人员的访谈和网络搜索，了解目前社区商业的新变化及发展趋势，并对其发展机遇与挑战进行分析。

(2) 将调研内容写成报告(PPT格式，要求精炼，客观、真实、有见地、配图片)进行课堂交流和讨论。

【实训评价】

1. 评价内容

(1) 学生参与性。

(2) 调研获得的企业基本信息。

(3) 学生搜集和处理信息的能力。

2. 评价方式

学生成绩由学生自评(20%)、互评(30%)和教师评价(50%)综合评定，评价表具体如下。

组别：________　　　　第__次实训

学号	姓名	自评(20%)	互评(30%)	教师评价(50%)	总成绩

小结

零售是向消费者或社会团体出售生活消费品及相关服务，以供其最终消费之用的全部活动。零售业是指通过买卖形式将生产者生产的产品直接售给居民作为生活消费用或售给社会集团供公共消费用的商品销售行业。

零售业态是指零售企业为满足不同的消费需求而形成的不同的经营形态。消费者的需求不同，零售商在满足需求时就会产生不同的零售业态。常见的零售业主要业态

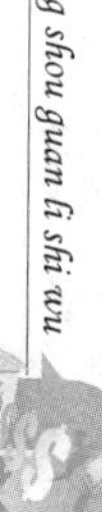

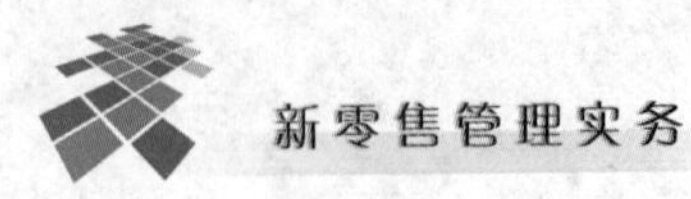

有：百货店、超级市场、大型综合超市、便利店、仓储式商场、专业店、专卖店、购物中心与网络商店等。

新零售是“以消费者体验为中心的数据驱动的泛零售形态”，其核心价值是最大程度地提升全社会流通零售业运转效率。新零售有三大特征，分别是“以心为本、零售物种大爆发和零售二重性”。

零售业变化趋势包括线上线下加速融合、个性零售逐渐代替“千店一面”、跨界混搭会玩得更嗨、跨境电商会更加热闹、社区商业将现品质升级、无人超市开启便民消费新模式等。

单选题

(1)（　　）指采取自选销售方式、以销售食品、生鲜食品、副食品和生活用品为主，满足顾客每日生活需求的零售业态。

A. 超级市场　B. 百货商店　C. 专门店　D. 专卖店

(2)（　　）是指专门经营或授权经营制造商的品牌，适应消费者对品牌选择需求的零售业态。

A. 百货店　B. 超市　C. 专卖店　D. 便利店

(3) 精品超市的目标群体是（　　），为高收入阶层，且钟情于购买高端日用消费品。

A. 高端消费者　B. 中端消费者

C. 低收入者　D. 所有消费者

(4)（　　）指经营某一大类商品为主的，并且具备有丰富专业知识的销售人员和适当的售后服务，满足消费者对某大类商品的选择需求的零售业态。

A. 百货店　B. 超市

C. 专业店　D. 便利店

(5) 百货店是指在一个大建筑物内，根据不同商品部门设销售区，进行进货、管理、运营，满足顾客对（　　）零售业态。

A. 每日生活需求的　B. 时尚商品多样化选择需求的

C. 某大类商品的选择需求的　D. 顾客便利性需求的

判断题

(1) 零售是向消费者或社会团体出售生活消费品及相关服务，以供其最终消费之用的全部活动。（　　）

(2) 零售业态是指零售企业为满足不同的消费需求而形成的不同的经营形态。（　　）

(3) 通过大的电商平台整合线下零售，实现自上而下的融合、平台思维是实现新零售的路径之一。（　　）

(4) 互联网品牌“三只松鼠”布局线下，在安徽芜湖开设全国首家投食店，是实践新零售方式之一。 ( )

(5) 线下有实力的实体零售企业，经过自身供应链的整合和科技的延伸，实现自下而上的融合、经营思维的零售形式是新零售实现路径之一。 ( )

思考题

(1) 零售业发展趋势有哪些？

(2) 超市业态有哪些新的变化？

案例分析

一天在网上卖5个亿，三只松鼠为什么还要开1 000家线下店？

2016年9月30日，三只松鼠第一家实体店——“三只松鼠投食店”在安徽芜湖开业。在各大品牌都在由线下布局线上市场的时候，在线上渠道已经经营得风生水起的三只松鼠却转战线下实体店，这一举动在行业中引起了不小的轰动。

而更令人震动的是在一片唱衰实体店的声音中，三只松鼠投食店却取得了骄人成绩。在当年国庆长假期间，刚开业一周的投食店总销售额高达110万元，超过5万人进店。

“三只松鼠明年要在线下开100家店，未来三到五年开1 000家。”三只松鼠线下体验店项目负责人鼠小K在2016年双十一媒体见面会上说。

在说这些话的31小时后，三只松鼠公布其双十一全渠道(扣除线下)日销售额突破5亿，三只松鼠跻身天猫电商全品类排行榜第七名，位列苏宁、海尔、小米、荣耀、NIKE、优衣库之后。显然，通过近5年的努力，三只松鼠这个拥有一个平均年龄仅24岁的3 000人团队，把坚果零食这个过去看起来最不起眼的产品搬到线上，做成了人们认为最不可能的事。

章燎原在2012年带领一个80后创业团队创立了三只松鼠，它是一家以坚果起家的线上零食品牌。公开资料显示，三只松鼠主打的产品是“碧根果”，通过碧根果来带动干果、花茶等其他产品的销量，其自有产品的单品有200款左右。

(资料来源：根据嬴商网、联商网等相关资料整理)

请思考并回答：

(1) 在“零售业寒冬”大环境下，章燎原为什么要开实体店？

(2) 比较三只松鼠、百草味、良品铺子三家零售商新零售路径的异同？

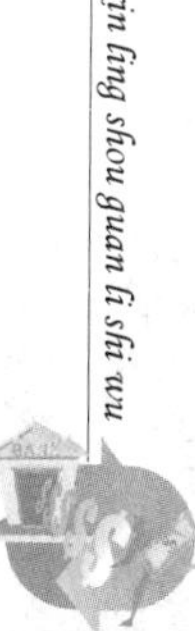

综合实训

某地区超市业态发展现状及趋势报告

【实训目的】

使学生掌握超市业态种类及特征，通过调研，了解超市发展现状及趋势，培养学生发现问题及分析问题的能力。

【实训步骤】

(1) 组织学生调研本地超市，通过对店长及员工的访谈了解目前超市发展现状。

(2) 通过互联网收集超市发展趋势相关资料。

(3) 结合超市业态调研进行分析，撰写某地区(如重庆市合川区)超市业态发展现状及趋势报告(PPT 格式，要求精炼，客观、真实、有见地、配图片)进行课堂交流和讨论。

【实训评价】

1. 评价内容

(1) 学生参与性；

(2) 学生搜集和处理信息的能力；

(3) 观察零售业态种类及特征的能力。

2. 评价方式

学生成绩由学生自评(20%)、互评(30%)和教师评价(50%)综合评定，评价表具体如下：

组别：________　　　　第__次实训

学号	姓名	自评(20%)	互评(30%)	教师评价(50%)	总成绩

活学活用

如果让你担任一家社区水果小超市的店长，你觉得应该如何经营才会成功？

项目二 零售商圈及选址分析

知识目标

1. 了解身边商圈的形态与层次
2. 理解影响商圈设定的因素
3. 理解选址的影响因素
4. 掌握商圈调查方法
5. 掌握选址的步骤
6. 掌握超市选址的技巧

技能目标

1. 能对所选城市的商圈进行调查分析
2. 能根据超市经营需要进行选址

学习重点

1. 理解并掌握商圈调查分析方法
2. 理解并掌握选址的步骤
3. 理解并掌握超市选址的技巧

教学方法和建议

1. 采用示范教学法，以学校所在城市为例，运用在线地图进行商圈分析、选址

2. 实地走访观察典型店铺的商圈与选址并加以分析，更好地理解与运用商圈分析与选址方法

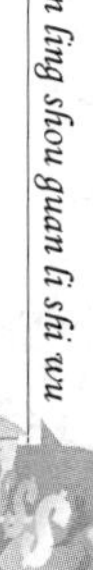

任务一　零售商圈分析

任务导入

李明经过一番分析后，决定开设一个超市，但对超市究竟应该开在文教区还是商业区，开在社区还是校园，李明心中还是一片茫然。

任务分析

选择超市开在哪里时，需要了解所在城市的已有商圈的情况，并根据即将开设的超市的特点，分析每个商圈的潜力与竞争情况。做好商圈分析，才能在此基础上进行精细化的选址，降低选址的盲目性，缩小选址范围。

相关知识

一、商圈概述

（一）商圈的内涵

商圈，又称商业圈或商势圈，是指零售店以其所在地点为中心，沿着一定的方向和距离扩展，吸引顾客的辐射范围，简而言之就是指店铺对顾客的吸引力范围。不同的零售经营业态会有不同的商圈，相同的经营业态在不同地区的商圈大小也有所不同。

（二）商圈的形态

对商圈形态的了解是进行商圈分析的基础。一般而言，商圈形态可分为以下 5 种。

1. 商业区

即商店的集中区，对人们来说，主要是用来休闲购物的，一般店租比较高，售卖的商品比较有档次，装修有时尚气息。往往会有大型百货或超市、潮流服饰专卖店、时尚饮品店、美食店等等。其特色为商圈大、流动人口多、热闹、各种零售店林立。商业区的消费习性为快速、流行、娱乐、冲动购买及消费金额比较高等。

2. 住宅区

对人们而言，住宅区主要是用来居家过日子。所以这里的门店更多的是与柴、米、油、盐、酱、醋、茶相关的，装修风格亲切接地气，往往会有果蔬店、小超市、药店、五金店、卤味店等。住宅区的消费习性有消费群体稳定、具有便利性、家庭用品购买额高等。

3. 文教区

该区附近有大、中、小学校等教育机构，主要满足学生的消费需要。学生消费有以下特点：视野广，所以文教区的零售店可以涵盖全球各地的商品；没有独立的收入来源，主要靠父母补贴，所以商品价格不能太高；追求时尚、好玩儿，并且有一些特殊的需求，因此会有文具店、数码店、小吃店、小超市、饮品店、琴行、桌游店、眼镜店、休闲食品店等。文教区的消费习性包括消费群体以学生居多、消费金额普遍不高、休闲食品和文教用品购买率高等。

4. 办公区

该区办公大楼林立。办公区的消费习性为具有便利性、消费水准较高等。

5. 混合区

混合区包括住商混合区、文教混合区。混合区具备多种商圈形态的消费特色，具备多元化的消费习性。

考考你

大学生、中学生、小学生集中的文教区有着怎样的差异？

(三) 商圈的层次

商圈一般可分为三个层次，即核心商圈、次级商圈、边际商圈。

1. 核心商圈

这是最接近零售店并拥有高度密集顾客群的区域。通常零售店 50%～70%的顾客来自核心商圈，顾客步行到达店址所需时间在 10 分钟以内，销售额占本店销售额的 70%～90%。

2. 次级商圈

次级商圈位于核心商圈之外，顾客密集度较稀的区域，有 15%～25%的顾客来自于此；顾客步行到达店址所需时间在 10 到 20 分钟；销售额占本店销售额的 10%～25%。

3. 边际商圈

边际商圈又称辐射商圈，指位于次级商圈以外的区域，在此商圈内顾客分布最稀，零售店吸引力较弱，规模较小的零售店在此区域内几乎没有顾客；顾客步行到达店址所需时间超过 20 分钟；销售额占本店销售额的 5%～10%。

零售店的商圈范围及形状会根据零售店内外部环境因素的变化而变化，商圈并非呈同心圆，而表现为各种不规则的多角形。为便于分析研究，一般将商圈视为同心圆形(见图 2-1)。

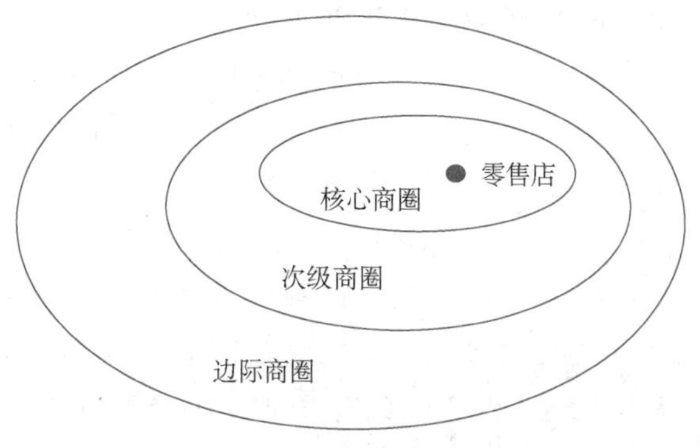

图 2-1 商圈层次示意图

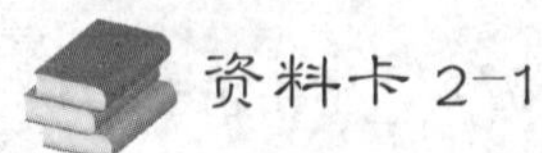

资料卡 2-1

超市的商圈边界线绘制

某超市对顾客实行会员卡制度。一年内累计购物5 000元及以上的顾客均可享受该店的优惠待遇，每个优惠顾客均有详细的档案记录在该店电脑中。超市便可以根据这些资料了解这些顾客的地址，并将其在地图上标明，将最远点相连，得到的外周边线即是其商圈的边界线，如图2-2所示。

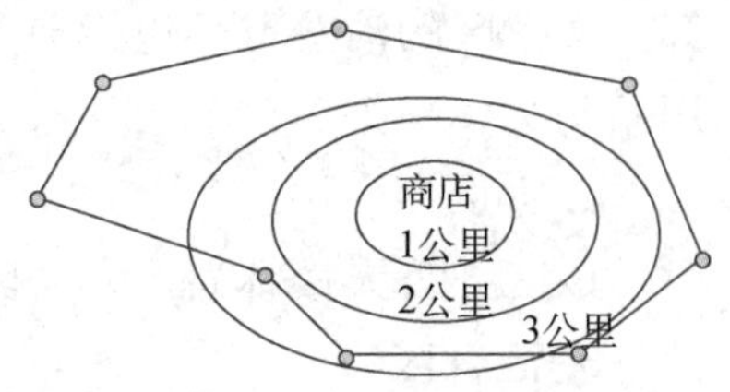

图2-2 某超市的商圈边界线

考考你

除了使用会员卡的会员地址资料，还有哪些途径可以获得绘制商圈边界线的信息？

（四）影响超市商圈设定的因素

影响商圈形成的因素是多方面的，可以归纳为企业外部环境因素和内部因素。具体来说，主要有以下8个方面。

1. 超市经营水平及知名度

一个营销水平高、企业信誉好的超市，由于其具有较高的知名度，可以吸引许多慕名而来的顾客，因而可以扩大超市的商圈。

案例 2-1

盒马鲜生的IP对商圈范围的扩大效应

IP是intellectual property的缩写，是指“知识财产”。在营销思维里，IP能够仅凭自身的吸引力，不受平台大小的影响或束缚，并能够在多个平台获得流量与实现商业化，是一种“潜在资产”。只要具备内容衍生性、知名度和话题的品牌、产品乃至个人，都可以看做是一个IP。

新零售将线上的优质IP与线下实体店相结合。消费者在线上本身就喜欢在淘宝上购买商品，淘宝这个品牌对于消费者而言具有很大的影响力和吸引力，是一个优质IP；当淘宝与线下实体店组合，形成盒马鲜生，并通过各种营销手段将盒马鲜生炒热，盒马鲜生就变成了一个优质IP。不管盒马鲜生选择在哪个商圈，它自身的吸引力都能带来客流量，甚至为原有的商圈带来更大的影响力与客流量，这就是优质IP的力量。例如，北京西直门外阳光大厦，这个地址对很多北京人来说都会略感陌生。过去，大厦一层的所有商铺可以用门可罗雀来形容，然而在地下一层开业的盒马鲜生却靠着网红超市的 IP 影响力，吸引着消费者接踵而至。

（资料来源：品途商业评论）

考考你

据你所知，还有哪些品牌的 IP 本身就能吸引客流？

2. 超市配送范围或交通情况

新零售是线上和线下的结合。一方面，顾客可以在线上买单，超市直接配送上门，因此配送范围会对商圈的大小产生影响。另一方面，顾客可以自行到门店消费，进行线下购买，因此对于顾客而言，从家、公司到门店之间的交通状况会影响零售店的吸引力。交通情况包括道路拥挤程度、道路过往限制、经过超市的公共交通工具的站位设置等。

案例 2-2

淘鲜达的配送范围对商圈大小的影响

淘鲜达，以线上线下一体化为经营模式，以生鲜百货为主要业务范围，为消费者提供 1 小时内送达服务。从用户的视角来看，用户在手机淘宝的“淘鲜达”栏目中下订单，附近的超市门店会在 1 小时内送货上门。从超市门店的视角来看，加入淘鲜达的超市门店将自己的商品信息推送给手机淘宝，手机淘宝通过与自己的网上信息数据匹配，把用户下的订单优先分配给距离顾客 3 公里范围内的淘鲜达超市，以便能实现 1 小时内送货上门的承诺，对淘鲜达超市而言增加了线上的订单（如图 2-3 所示）。

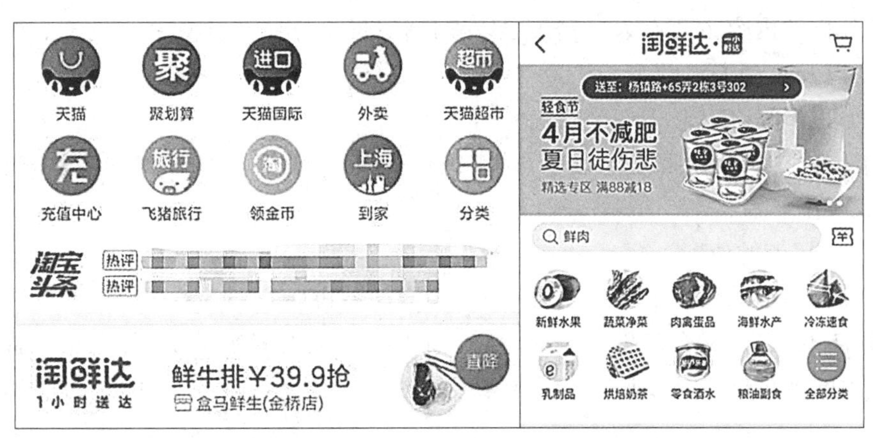

图 2-3　淘鲜达在手机淘宝上的入口与界面

作为大润发的最大股东，阿里巴巴将大润发在上海、广州、长沙、南京、深圳等华东、华北、华南、华中、东北五大区域的100家门店进行升级改造，上线淘鲜达业务，为门店附近3千米范围内下单的用户配送商品。除此之外，盒马鲜生、欧尚、新华都超市、三江购物、中百超市以及旺中旺等部分门店，也陆续接入淘鲜达。目前淘鲜达已开通113个城市，上线356家门店。

然而，阿里巴巴已经有线上配送生鲜的盒马鲜生了，为什么还要再搞出个差不多的淘鲜达？从区位来看，淘鲜达可以说是盒马鲜生的“接盘侠”。盒马鲜生因需要自建门面，开太多门店会耗费大量成本，所以最节约成本的方法就是“有的放矢”，开在居民聚集区。但是，居民区密度没那么大的地方怎么办呢？这就需要淘鲜达来帮忙了。由于大型超市几乎都是开在商业广场里的，所以淘鲜达的门店基本上都处于城市商圈。这样一来，盒马鲜生覆盖不到的地方就都由淘鲜达来“接盘”了。

（资料来源：亿邦动力网）

考考你

如果有一个超市，因为它有点远，你不怎么愿意去购物。有一天你发现超市可以以你可以接受的价格送货上门，你愿意在线上下单吗？以此为例说说淘鲜达的配送影响力。

3. 超市规模

超市规模一般与商圈大小呈正比例关系。与商圈购买力相适应的规模范围之内，超市规模越大，其市场吸引力越强，因而商圈也越大。

4. 超市经营商品的品种、规格、价格

超市经营商品的品种、规格、价格不同，商圈的大小也不同。一般来说，经营日用品的超市商圈较小，而经营贵重商品的超市，如电器、珠宝首饰等的超市商圈较大。

5. 消费者分布

一个商圈内的人口分布不可能是均匀的，分析人口分布状况有助于识别商圈的消费重心，分析的内容主要有人口密度、收入水平、职业、年龄结构、家庭构成、文化水平、消费习惯以及流动人口数量与构成等。

6. 地理环境因素

超市周围是工业区还是农业区，是市区还是郊区，是商业区还是住宅区，这些对商圈的形成有重要意义。

7. 竞争超市的位置

一方面，周围的同类零售店多了以后，会增加零售店之间的竞争性，另一方面，由于同类零售店的聚集，又会产生放大效应，吸引更多的消费者来消费，从而扩大商圈。此外，不同类的零售店多了以后会产生互补效果。

选址比拼——盒马鲜生和超级物种

在深圳，超级物种钟爱成熟的商圈和闹市，或许租金和运营成本高了许多，但相应得到的却是庞大的客流量。在 3 千米配送覆盖的范围圈内，超级物种的目标人群无论是数量还是消费能力，显然都要比盒马鲜生略胜一筹。

盒马鲜生布局深圳，比超级物种要晚了一些。但从两家的选址上看，有几个区域的 3 千米覆盖范围是重叠的，而即将开业的盒马鲜生皇庭广场店，位置也是在超级物种卓越 Intown 店的斜对面。由此看来，这两大新零售品牌在深圳的区域布局上，正呈现相互阻击的状态，从“圈地”的方式，已经闻到了浓浓的火药味。

（资料来源：品途商业评论）

考考你

盒马鲜生与超级物种选址布局带给你哪些启示？

8. 促销活动

超市可以通过各种促销活动扩大其知名度和影响力，吸引更多的边缘商圈顾客慕名光顾，从而使其商圈规模扩大。

二、商圈调查分析

商圈调查与分析是对零售店商圈的构成、范围、特点以及影响商圈规模变化的因素进行调查、评估和分析。正所谓“知己知彼，百战不殆”，在如战场的商场，对于“作战环境”——商圈的了解和认知程度与对对手的了解同等重要，商圈是超市必须面对也必须了解的“作战环境”。因为通过对这个环境内的人口和经济指数的分析，可以使商圈内超市有针对性地提供相对应的产品和服务；通过对商圈内已有商超的经营规模和状况的了解，可以有助于为战略布局提供依据。另外，超市物流配送、采购库存、人员配置等关系到成本和资金投入的项目也需要数据参考，而这些信息的搜集，必须由商圈调查来完成。那一般的超市商圈调查应该包含哪些内容呢？

（一）商圈潜力情况调查

商圈潜力调查是指了解商圈范围内有多少人口、有多大客流量，以确定超市的发展前景如何，具体调查内容如表 2-1 所示。超市的生存和发展依赖于商圈内可供吸收的充足购买力。开设超市应深入进行商圈潜力调查，通过调查来深刻理解超市所处的市

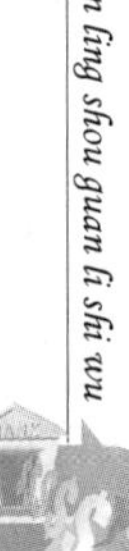

场环境，研究所面对的消费者，从而确定自身的市场定位、经营规模和经营策略。在预估市场潜力方面，目前尚无公认的标准，但可依据划定的商圈内的户数以及每户每月的食品消费额，计算出该商圈内的食品消费总支出。以超市为例，由于食品销售额占超市销售总额的80%以上，所以可将商圈内的食品消费总支出的一定比率作为超市的市场占有率，然后再据此推算出超市的营业额和可开发的门店数，再将商圈内的人口增长率作为是否开店的重要参考依据。

表 2-1　商圈调查问卷

您的家庭地址		
往返超市的距离多少是您可以接受的	A. 500米内 C. 1 500～2 500米	B. 500～1 000米 D. 无所谓
往返超市需多长时间是您愿意接受的	A. 15分钟内 C. 1小时内	B. 15～30分钟 D. 无所谓
您平均一周去几次超市	A. 1～2次 C. 5～6次	B. 3～4次 D. 每天都去
您去超市采购商品的主要类型是什么	A. 非生鲜类食品 C. 日用品 E. 家用电器	B. 生鲜类食品 D. 服装鞋帽 F. 其他
附近的几家超市中，您经常去哪家	A. 超市甲 C. 超市丙	B. 超市乙 D. 超市丁
这家超市最吸引您的原因是什么	A. 价格低廉 C. 服务态度好 E. 促销活动多	B. 商品种类齐全 D. 购物环境好 F. 其他
如果在附近开设一家新的超市，您最希望其具备什么特点	A. 价格低廉 C. 服务态度好 E. 促销活动多	B. 商品种类齐全 D. 购物环境好 F. 其他

（二）商圈人口调查

划定商圈后，首先调查商圈人口总量。可通过户籍管理部门或居委会得到较准确的数字。商圈人口调查的调查内容一般包括人口数量、户数、平均每户人口数，必要时可分为两级商圈进行调查。在商圈人口调查过程中要注意两点。

（1）空间障碍因素。河流、沟渠会阻止部分顾客来店，要将这部分人口剔除。

（2）竞争店因素。将竞争店（能对所开超市形成竞争的店）附近的人口剔除。

在商圈人口调查的过程中，要分析有没有人口增加的趋势。在人口渐渐增加的新区域开店容易成功，反之则容易失败。另外，除固定商圈内的居民外，流动顾客也是连锁店的重要顾客来源。因此，做好商圈客流量调查不容忽视。

（三）商圈内竞争店调查

在制定公司的开店策略前，除必须了解目标市场的现状外，竞争同行的做法也是值得分析的因素之一。一方面可从其中找出本公司的市场切入点,另一方面可避免与竞争同行做法重复而导致定位模糊。竞争同行调查与一般的竞争店调查并不相同,它比较注重经营层面(如调查营业面积、营业额、商品配置、店铺卖场设计与陈列效果,以及卖场接待顾客能力等),而并非单指某一商圈内的竞争店。如果所开连锁店是地区性零售店,则至少应对同一行政区域内的其他连锁店进行调查;如果连锁店是全国性的,则必须扩大范围,针对全国各地区的知名连锁店进行调查。

商圈调查的技术日新月异,估算营业额的角度不同,结果自然也不同。为避免开店失败的风险,事先不妨多利用不同的调查技术、调查方法去设定商圈,然后汇总各种方法的结果并加以评估比较,以确定最适合、最稳健的开店方法。某连锁超市开业竞争店的调查结果如表 2-2 所示。

表 2-2　某连锁超市开业竞争店调查表

调查项目		等级				
		A	B	C	D	E
外观与招牌	1. 门店、外墙如何?	优	稍优	相同	稍差	差
	2. 与邻店的连续性怎样?	优	稍优	相同	稍差	差
	3. 外观、招牌、铺面协调吗?	优	稍优	相同	稍差	差
	4. 招牌的形状、文字、色彩怎样?	优	稍优	相同	稍差	差
	5. 照片上照明效果怎样?	优	稍优	相同	稍差	差
	6. 招牌是否显眼	优	稍优	相同	稍差	差
卖场	7. 卖场销售的宣传怎样?	优	稍优	相同	稍差	差
	8. 卖场内卫生情况如何?	优	稍优	相同	稍差	差
	9. 出入口大小如何?	优	稍优	相同	稍差	差
	10. 卖场内有廉价品吗?	优	稍优	相同	稍差	差
	11. 卖场员工的精神状况如何?	优	稍优	相同	稍差	差
	12. 卖场内照明情况如何?	优	稍优	相同	稍差	差
	13. 店内照明单调吗?	优	稍优	相同	稍差	差
	14. 店内通道放置商品吗?	优	稍优	相同	稍差	差
	15. 店内通道宽度合适吗?	优	稍优	相同	稍差	差
	16. 店内高度合适吗?	优	稍优	相同	稍差	差
	17. 陈列的商品时髦吗?	优	稍优	相同	稍差	差
	18. 商品价格卡齐全吗?	优	稍优	相同	稍差	差

（续表）

调查项目		等级				
		A	B	C	D	E
卖场	19. 店内突出销售重点了吗？	优	稍优	相同	稍差	差
	20. 充分利用 POP 广告了吗？	优	稍优	相同	稍差	差
	21. 陈列商品的量如何？	优	稍优	相同	稍差	差
接待顾客	22. 有接待顾客的场所吗？	优	稍优	相同	稍差	差
	23. 主管、员工的服务态度如何？	优	稍优	相同	稍差	差
	23. 服务台设置如何？	优	稍优	相同	稍差	差
	24. 广告做得好吗？	优	稍优	相同	稍差	差

注：A 为 4 分，B 为 3 分，C 为 2 分，D 为 1 分，E 为 0 分。

案例 2-4

"7-11"便利店商圈调查与分析

虽然零售巨头开设便利店强调以规模取胜，一旦决定在某地开店，就会密集地扩张，但也正是这一特点使国内零售商忽略了单体店的盈利能力，错误地一味追求铺摊子的"战略发展"。实际上，要追求单体店的盈利能力，选址就成为非常重要的关键步骤。据有关数据显示，店铺地址的好坏对店铺成功营运的直接和间接影响在众多有关因素中达到 60%。

在选择店址方面，"7-11"有着自己的一套评估标准，从而对环境了然于胸，在把握对未来店铺销售产生影响的因素方面非常充分、成功。

（一）商圈评估

虽然我们可以通过各种渠道获得"商圈"的理论，但对于"7-11"来说，"商圈"不是一个固定的概念。开在市区的便利店商圈可能是方圆 300 米，乡镇地区就可能是方圆 1 000 米，这主要是因为乡镇购物不方便和缺乏竞争力造成的。

是否适合在一个地点开店，需要实地评估店铺地理位置的便利性、人的动向与流量、车的动向与流量、可接近性和视觉效果等。调查商圈后，可以计算出在便利店的商圈范围内的住户数、购买力水平、客流量，从而粗略地估算未来店铺的营业额。

积累了丰富经验的"7-11"发现，住宅区的顾客群较为稳定，而且一般性的消费、业绩也较为固定，所以通常选择在住宅区周围开设便利店，另外还要充分考虑是否能加上交通主动脉的配合，期望可以通过增加部分的外来客来增加便利店的业绩。

现在，便利店不一定强求开在住宅区，一般情况下，商圈内应保证 3 000 人以上的生活人口存在，且其步行时间不超过 5～7 分钟。国外成熟便利店的商圈通常以店铺所在点为中心，半径 300 米较为普遍，目标人群为 2 600～3 000 人，如果以家庭户数算，每户 3.6 人，则家庭数在 722～833 户。

(二) 购买力评估

商圈所包含的人数有时并不能代表便利店能吸引足够多的有效客流，这取决于商圈内的家庭状况、人口密度、客流量、购买力等多种因素。

1. 家庭状况

家庭状况之所以会对未来店铺商品的销售产生较大影响，是因为对于一个由年轻人组成的两口之家，购物会追求时尚化、个性化、少量化，而在一个有独生子女的三口之家的家庭中，他的消费需求几乎都是以孩子为核心来进行的。家庭成员的年龄也会对商品需求产生影响，老龄化家庭的购物多倾向为保健、健身和营养食品等，有儿童的家庭购物重点就多半会放在儿童食品和玩具等上面。例如，“7-11”东直门店正是抓住了周边放学学生多、周边外籍人士租赁多的特点，在店内开辟了颇具规模的报刊栏，至少有十几种杂志，以时尚和动漫类居多，后来也逐步补充一些财经类杂志。

2. 人口密度

人口密度通常以每平方公里人数或户数乘以平均每户人数来衡量，一般来说，人口密度低的地区顾客光临的次数少，而人口密度高的地区，通常商业设施之间的距离也比较远，所以能增加购物的频率，因此，在人口密度高的区域所设的店面其规模可相应扩大。要注意的是，在计算一个地区的白天的人流量时，随机流动的客流人数一般不在考察数之内。比如，住宅区的白天人流量为该地区上班和上学的人口数，但要减去幼儿、外出上班和上学的人口数。

3. 客流量

客流分为现在客流和潜在客流。便利店选择开设地点总是处在现在客流最多、最集中的地点，以使多数人就近购买商品。在评估地理条件时，必须要认真测定经过该地点行人的流量，也就是未来零售店的潜在客流量。

一般地，“7-11”便利店多选择地铁站和公交车汇集的公交车站、学校、医院、影剧场或游览地附近，因为它们可以为店铺带来大量流动客流。另外，办公楼附近也是设店的有利地址，据统计，平均办公楼里一个工作人员能带来 6 个人的流量，办公楼里的客流又以购买力较高的白领为主，他们对便利店往往有着比较旺盛的即时需求。

人流量的大小同该地上下车人数有较大关系。上下车客人数的调查重点为：车站上下车乘客人数历年来的变化；上下车乘客人数越多的地方越有利；上下车乘客人数若减少，又无新的交通工具替代的情况下，商圈人口也会减少。

根据车站出入的顾客年龄结构，可了解不同年龄顾客的需求。

店铺应选择在车流动线较多的地方，车流动线指车辆行走时的移动路线。例如，在十字路转角处的店铺，其车流动线有四条；位于双向车道马路的店铺有两条车流动线；处在单向车道马路的店铺则只有一条车流动线。

4. 购买力

商圈内家庭和人口的收入水平决定了他们的消费水平，而消费水平又影响着未来店铺销售额的高低。通常是通过入户抽样调查获取家庭人均收入的。在选择店址时，便利店多以青年和中年的顾客为主，因为他们的社会经济地位较高，而且可支配收入较多。

城市中的年轻人，特别是大学生、中学生和刚进入工作岗位的年轻人，即国内15～25岁的这批年轻人，一般都是独生子女，被称为新生代消费层，他们消费的特点是注重商品品质，购物便利快捷，注重流行不注重价格，由于这个年龄段人的父母大多是20世纪50年代“生育高峰期”出生，数量很大，因此这个年龄段年轻人的数量也很大，便利店定位于这样的目标客户群是非常有规模性的。

（三）商圈的竞争评估

在做商圈竞争评估时必须考虑这样一些因素：现有零售店的数量、现有零售店的规模分布、新店开张率、所有零售店的优势和弱点、短期和长期变动以及饱和情况等。

零售店过少的商圈，只有很少零售店提供满足商圈内消费者需求的特定产品与服务；零售店过多的商圈，有太多零售店销售特定的产品与服务，以致每家零售店都得不到相应的投资回报；一个饱和的商圈才是零售店数目恰好满足商圈内消费者对特定产品与服务的需要。饱和指数表明一个商圈所能支持的零售店不可超过一个固定数量。

在计算饱和指数时可以借助于以下公式：

$$IRS=C\times RE/RF$$

其中：IRS 是商圈的零售饱和指数，C 是商圈内的潜在顾客数目，RE 是商圈内消费者人均零售支出，RF 是商圈内零售店的营业面积。

假设在一个商圈内有1万个家庭，每周在食品中支出25元，共有15个店铺在商圈内，共有12 500平方米销售面积，则该商圈的饱和指数为：

$$IRS=10\ 000\times 25\div 12\ 500=20。$$

饱和指数越大，意味着该商圈内的饱和度越低；饱和指数越小，则意味着该商圈内的饱和度越高。一般来说，“7-11”会选择零售饱和指数较高，饱和度较低的商圈开店。

考考你

简述“7-11”便利店的商圈调查与分析给你的启示。

任务实施

李明对中南商圈、街道口商圈、光谷商圈进行了分析。

一、商圈人口调查

中南商圈有武昌站、汽车客运站、黄鹤楼等，是地铁 2 号线和 4 号线的交界处；街道口商圈主要有武汉大学、武汉理工大学等，主要是文教区；光谷商圈主要有中国地质大学、华中科技大学等，主要是文教区。地铁 2 号线穿过这 3 个商圈。

因此，最旺的应该是中南商圈，以旅客、游客为主，其次是街道口商圈，以大学生、游客为主，第三是光谷商圈，以大学生为主，如表 2-3 所示。

表 2-3　三大商圈人流分析

商圈	人流量来源	人数(万)	人群类型
中南商圈	武昌站	13.5	2017 年 10 月 1 日全国旅客
	汽车客运站	2	可同时容纳旅客人数
	黄鹤楼	2.5	2017 年 4 月 29 日全国游客
	湖北省政府		办手续的本地居民
	洪山公园		游园的本地居民
	武汉大学	5	学生、全国游客
	东湖风景区		游客
	地铁 4 号线、2 号线		
	小计	23	旅客、游客
街道口商圈	武汉大学	5	学生、全国游客
	华中师范大学	3	学生
	武汉理工大学	4	学生
	地铁 2 号线		
	小计	12	大学生、游客
光谷商圈	中国地质大学	3	学生
	华中科技大学	5	学生
	长江职业学院	1	学生
	小计	9	学生

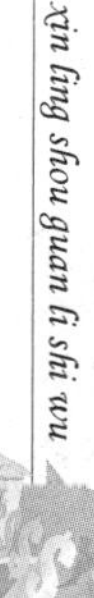

二、商圈内竞争店调查

表 2-4　三大商圈内竞争店统计表

商圈名称	超市	其他竞争店
中南商圈	中百仓储(3个门店)、可多超市(2个门店)、乐购超市、正佳超市、畅购超市、云联惠惠民超市、菁菁超市、艾客超市、全红零售店、铁路副食	芙蓉兴盛、大王便利店、鸿源副食平价批发部
街道口商圈	中百超市、可多超市(2个门店)、新生活超市、武商量贩、强力超市、宏达超市、武汉理工大学教育超市、红花超市、乐天平价副食	罗森、屈臣氏、美汀便利店、you8便利店
光谷商圈	家乐福、中百超市(3个门店)、世纪华联超市、可多超市(3个门店)、华中科技大学百惠园超市、万家乐超市、鲁广超市、田源超市、都乐超市、婷婷超市、大卖场超市、康源副食	芙蓉兴盛、田源印象果蔬超市、today今天便利店、乐邦生活便利店、智慧便利店、今天24小时便利店、天天鲜平价生鲜店、百果园

从表 2-4 可以看出,如果要选择一个商圈开超市,街道口商圈的竞争店规模更小一些,数量更少一些。同时,街道口商圈的人口数量位居第二,再加上街道口商圈的客流包含大学生、游客、本地居民,符合李明超市的定位。因此,李明选择了街道口商圈。

技能训练

【项目背景】

学生实地调研经典超市的商圈,并进行对比分析,学习商圈分析的经验与方法,为后面的精细化选址打基础。

【实训目的】

通过实地调研,亲身观察所在城市的商圈,让同学们掌握商圈分析的方法和技巧。

【实训步骤】

(1) 教师罗列出所在城市的典型连锁超市。

(2) 每组学生选择 1～2 个连锁超市。

(3) 学生实地考察,分析其所在商圈的形态、层次,并进行商圈潜力调查、人口调查、竞争店调查。

(4) 将实地考察的照片或视频、对比分析与所得经验的文字制作成 PPT/易企秀/视频,进行课堂汇报。

【实训评价】

1. 评价内容

(1) 学生参与性。

(2) 商圈分析方法是否正确运用。

(3) 资料的真实性、准确性。

2. 评价方式

学生成绩由学生自评(20%)、互评(30%)和教师评价(50%)综合评定,评价表具体如下。

组别:________ 第__次实训

学号	姓名	自评(20%)	互评(30%)	教师评价(50%)	总成绩

任务二 零售店选址

任务导入

李明虽然决定选择在街道口商圈内开设自己的超市,但具体在哪条街道,哪个楼盘、哪一层、哪个门面,李明还没最后想好,他决定先考察下。

任务分析

零售店选址是经营地址的选定。零售店选址是一个综合决策问题,是一项大的、长期性的投资,由于资金投入量大,投入后不易变动,被认为是零售商战略组合中最缺乏灵活性的要素。同时,它也影响着其他战略的制定,如经营目标和经营策略的制定,所以零售店位置的重要性是不可低估的,在筹建零售店时,应慎重而科学地进行地址选择。

相关知识

一、选址的原则

零售店选址的资金投入大,且长期受到约束,不可能轻易搬迁,也不太可能轻易改换经营方式，是零售商战略组合中灵活性最差的要素。零售商选址一般遵循以下原则。

(一) 方便消费者购买

零售店地址一般应选择在交通便利的地点，尤其是以食品和日用品为经营内容的普通超市应选择在居民区附近设店，应以附近稳定的居民或上下班的职工为目标顾客，满足消费者就近购买的要求，且地理位置要方便消费者的进出。

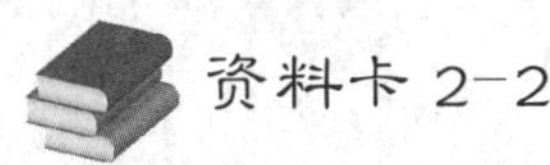
资料卡 2-2

社区超市的选址策略

多数店家在社区开店首选都是在小区正大门，的确是黄金地段，但是店租也“金贵”。其实还有一种选址法则，就是“去路”开店。其实，社区超市最好开在顾客下班的路上，便于他们顺路买东西。一旦选址成功了，业绩至少可以提高30%。

超市选择时最好选取在路口的“角”，这样四个方向的顾客都能看到。同时店铺两面铺设玻璃窗，这样更利于来往客人的关注，其购物人群要比只有一面为玻璃窗的店铺高出2～3倍。

（资料来源：联商网）

考考你

在你放学、下课、回家的路上有哪些超市，用了哪些方法让你方便看到商品？

(二) 方便货品运送

零售店经营要达到规模效应的关键是统一配送，在进行网点设置时要考虑是否有利于货品的合理运送，降低运输成本，既要保证及时组织所缺货物的供给，又要能与连锁店相互调剂、平衡。

(三) 有利于竞争

零售店的网点选择有利于发挥企业的特色和优势，形成综合服务功能，获取最大的经济效益。大型百货零售店可以设在区域性的商业中心，提高市场覆盖率；而小型便利店越接近居民点越佳，避免与大中型超市进行正面竞争。

(四) 有利于网点扩充

零售店要取得成功，必须不断地在新区域开拓新网点。在网点布置时要尽量避免商圈重叠，避免在同一区域内重复建设。否则势必造成自己内部的相互竞争，影响各自的营业额，最终影响总店的发展。

二、影响选址的因素

(一) 人口因素

1. 客流性质

客流是零售店经营成败的关键因素,一家零售店若要获得成功,必须有足够的顾客来源。一般来说,任何一家零售店的客流可分为三种类型:分享客流、派生客流、本身客流。分享客流,是指从邻近其他零售店形成的客流中获得的客流,而不是本身产生的客流。这种客流往往在大型零售店与小型零售店之间、同类零售店之间产生。派生客流,是指顾客到某地并不是专程购买商品,而是因其他目的,顺路进店所形成的客流。如顾客乘坐火车时,在候车时间可顺便到火车站旁边的零售店看看。本身客流,是指专程到此零售店购买而形成的客流。大、中型零售店的客流大部分均属于这种客流,本身客流的形成和发展是零售店获得成功的重要因素。

2. 潜在固定顾客

所有的人都是消费者,很自然也是零售店的潜在顾客。要了解零售店的客流规律,必须分析当地的人口总数、人口密度、人口分布及年龄构成等。人口最多的区域产生最多的潜在顾客,未来人口成长趋势决定着零售店的发展规模,商圈内人口的数量、新婚家庭的增长情况、人口年龄结构等都是开设新零售店前必须了解的。

3. 过往行人特点

过往行人也是零售店客流来源的一个重要组成部分,其流动规律同样不能忽视。首先要了解行人的年龄结构,因为有些过路者未必是顾客;其次要了解行人来往的高峰时间和低峰时间;再次要了解行人来往的目的以及停留时间,在商业集中的繁华地区,行人的目的一般以购买商品为主有的是与购买商品有关系的浏览,为以后购买做准备,这些人多表现为速度缓慢,停留时间长,希望获得比较各种商品的价格、品质和式样的最大满足,这种行人目的对零售店最为有利,这也是许多零售店愿意设在商业中心的原因。另外,有些地点虽然拥有相当多的过往行人,但行人的目的并不是购物,如车站、码头等交通枢纽,机关、工厂、学校、公园、车辆通行干道等,行人目的不在购物,只是顺便或临时冲动性地购买一些商品,这类客流一般停留时间短,流动速度快,是零售店的派生顾客,只有进行一些特殊宣传才能吸引他们的目光。

(二) 地理因素

1. 城市规划

城市规划也会对零售店经营产生重大影响。有些地点从近期来看,可能是店址的最佳选择,但是可能随着城市的改造和发展将会出现新的变化而不适宜设店,相反,有些地点如果从近期看可能并不理想,但是从规划前景看可能很有前途。

2. 区域规划

潜在地点的区域发展规划、建筑布局规划是在确定大型零售店选址之前必须充分了

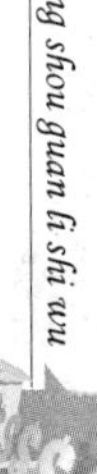

解的。因为区域规划往往会涉及建筑物的拆迁和重建，如果未经了解盲目选址，在成本收回之前就遇到拆迁，会使企业蒙受巨大的经济损失，或者失去原有的地理优势。同时，掌握区域规划后便于我们根据不同的区域类型，确定不同的经营形式和经营规格等。

3. 交通地理条件

（1）方便的交通要道。在有些地方，道路中间隔了一条很长的中央分向带或栏杆，限制行人、车辆穿越，会影响设店的价值。

（2）街道特点。由于交通条件、公共场所设施、行人方向习惯、居住区范围及照明条件等影响，一条街道的两侧客流往往并不均衡，或在同一条街道也可能因地段不同而客流量也不同，因此，在选择店址时要分析街道客流的特点，选择客流较多的街道一侧或地段。

（3）地形特点。选址时应当考虑店址附近的地形。如果店址设在上坡的路上，哪怕只是3～4个台阶，也会影响客流量。

（4）周围环境。店址周围的环境如何将对零售店经营的成功与否产生巨大影响。任何一家新建零售店，都必须对店址周围环境如建筑、治安、卫生等情况进行仔细分析。例如，地点附近有许多空建筑、烂尾楼，会令人感到颓废衰落和不愿涉足；某些地区被传闻治安状况欠佳，无论是否属实，都会妨碍顾客前来；还有其他如不良气味、噪音大、灰尘多、破旧及走道不良等环境，都会影响设店的价值。

案例 2-5

盒马鲜生、超级物种为何都选择了这家购物中心？

2017年2月8日，盒马鲜生福州首家店在君临茶亭购物中心开业。该店经营面积6 100平方米，产品主打本土特色化，除经营海鲜外，还将采购约30种本地种植的日日鲜蔬菜、日日鲜鸡蛋、福鼎槟榔芋头等。“盒马福州工坊”商品涵盖粤式茶点及福州拌面、扁肉、八宝饭、佛跳墙等本地特色小吃。

2017年12月8日，超级物种福州第七家店也在君临茶亭购物中心开业。超级物种和盒马鲜生，一家在一楼，一家在负一楼，双方的距离不到百米。为什么它们都选择君临茶亭呢？

1. 城市中心

君临茶亭购物中心，隶属茶亭商圈。观看福州城市地图会发现，茶亭商圈正处于福州城市中心，不仅坐拥八一七中轴，还串起了城市商业、行政、文化和居住区。

有业内人士表示，茶亭街是福州经济和历史文化中轴线八一七路的中心路段，是一条有着悠久商贸历史的古老街区。与福州那些新商圈动辄需要5年、10年的市场培育期相比，数百年商业经营的积淀，早已让茶亭商圈成为人人认可的经商“宝地”“熟地”“旺地”。

据了解，该项目周边高端写字楼、住宅、市政医疗、教育配套密集，核心消费力强。其所属的茶亭商圈1公里范围内，辐射30万常住人口；2公里范围内，辐射50万常住人口；3公里范围内，辐射68万常住人口。这样的辐射范围刚好在超级物种和盒马鲜生当前"3公里30分钟"的配送范围内。

2. 地铁接驳

地铁于商业而言，是人流动脉般的存在，靠地铁发展成的地铁商业能很好地串联起各个空间，充满商机。

君临茶亭购物中心位于地铁1号线茶亭站。地铁1号线地下商业与地面交通组合，使地铁与商业无缝接驳，极大地方便出行，立体化的连接系统既做足了交通可达性，也激活了商业活力，"地铁+商业"实现了联合效应的最大化发挥。

据统计，福州地铁1号线日均实现客流11.3万人次，所形成的购买力和财富效应是巨大的，这也是超级物种和盒马鲜生择址此处的原因之一。

（资料来源：联商网）

考考你

哪些因素使得盒马鲜生、超级物种选择了君临茶亭购物中心？

4. 可见度和形象特征

为让消费者能够快速找到目标零售店，特别是对开车的人，在行驶当中寻找会更加困难，因此要有远距离确认、中距离确认和近距离确认。远距离通常是200米以外，近距离就是50米，这样会看到商业店标有大、中、小、高、矮，有不同的层次。所以实际选址中，商业建筑应有明显的指路标示，在建筑的外墙还有大型的店标，甚至在路边要设有店标的指示牌；建筑临街的长度应保持适当的长度，通常在60米以上。

5. 规模和外观

零售店位置的地面形状以长方形、方形为好，必须有足够大的空间容纳建筑物、停车场以及展示台等其他必要设施。如果地面形状是三角形或多边形的，除非它非常大，否则是不可取的。同时，在对地点的规模和外观进行评估时也要考虑到未来消费的可能。

（三）市场因素

一个地区零售行业的竞争状况可以分成两个不同的部分来考虑。一是直接竞争的评估，即提供同种经营项目、同样规格和档次的零售店可能会导致的竞争。二是非直接竞争，包括不同的经营内容和品种，或同样品种、不同规格和档次的零售店，这类竞争有时起互补作用，对零售店是有利的。在选择零售店经营区域时，如果无任何一种形式的竞争，将具有垄断地位；如果有任何一种形式的竞争，都是值得在投资前认真研究和考虑的，包括竞争对手的零售店类型、位置、数量、规模、营业额、营业方针、经营商品及服务对象的阶层等方面。

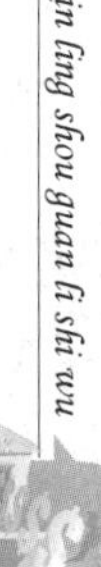

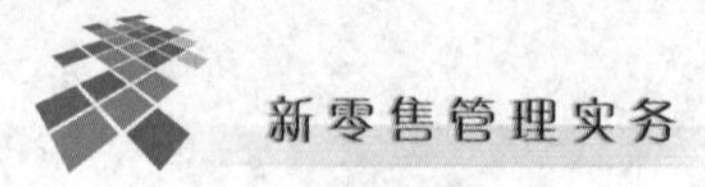

(四)经济成本因素

1. 土地价格或建筑物租金

地价或租金的费用是在逐渐上涨的,而且零售店在投资时,土地费用或建筑物租金所占的比重也是较大的。城市中不同区域、不同街道、不同地段的地价或租金相差是很大的。因此在选址时,应选择地价或租金合理、有较大潜在成长优势的位置。物业面积和形状也要与零售店的设计思路吻合。零售店所处地区的基础设施情况,包括道路设施状况,水、电、气等的供给状况等也应予以考虑。

2. 货源的供应及价格水平

零售店经营需要大量商品货物的供应。如果所在地区及周边区域的商品供应不足或物流系统不畅通,会影响零售店的发展和声誉。例如,从远距离地区供应无疑会增加成本,影响企业经营。

3. 劳动力供应状况及工资成本高低

零售店经营需要使用大量、各种层次的人员,包括管理人员和具有一定技能的服务人员等。潜在市场上是否具有零售店所需要的人员及其工资标准对零售店经营尤为重要,这关系到整个零售店的服务水平和管理成本,以及向其他地区的拓展问题。

对以上这些因素,零售店在设立之前,必须进行详尽的调查研究,掌握所有可能对零售店产生有利或不利影响因素的情况,并以发展的观点分析零售店布局的选择,以正确预见未来。

三、选址的步骤

零售店选址可以按以下步骤依次进行:地区和商圈分析;寻找备选店址;评价备选店址;店址确定;选址方案的实施和落实。

(一)地区和商圈分析

零售店在寻找和选择具体的店址之前,需要先对欲进入的地区和商圈进行分析,即零售店选址是一个由地区到商圈,再由商圈到具体店址的分析和决策过程。

1. 确定区域——靠资料证明

地区分析是零售店址选择的第一步。对一个新建零售店来说,这个地区必须有一定量的人口,有充足的需求和购买力。同时还必须符合该企业的战略目标。所以,零售店计划进入某城市,要先通过有关部门或专业调查公司收集这个地区的资料,如地区人口资料、年龄分布资料、政府未来变动情况、教育程度资料、人流变动资料、竞争店资料、交通状况、零售店分布资料等。把资料凑齐之后,就开始规划商圈。

2. 商圈分析——用数据说话

划分商圈采取的是记分的方法。例如,某个地区有一个大型商场,商场营业额有100万元算1分,500万元算5分,有一条公交线路加5分,有一条地铁线路加20分,这些分值标准是多少年平均下来的一个较准确经验值。通过打分把商圈分成好几大类，以天津为例，有市级商业型(和平路等)、区级商业型、定点(目标)消费型，还有社区商务两用型、旅游型等。

(二) 寻找备选店址

在确定欲进入的商圈以后，零售店需要根据自己的发展战略和目标市场，寻找可能的备选店址。具体的方法很多，包括实地考察、信息搜寻、职业中介介绍、发布广告和利用关系网等。

(三) 评价备选店址

企业在找到多个备选店址以后，在具体选定一个店址之前，先要对每一个可能的店址进行综合评价，以便选择到最合适的店址，以免由于投资不当造成损失。评估应该具体，首先要确定评估项目，其次进行收入和成本的定量化评估，最后做出相关分析并选定店址。

1. 新店营业潜力

通过预测零售店销售额可以确定新店营业潜力。这种预测可以根据同行业的一般水平，或者过去在类似环境中的经验，或者经过调查后采用统计分析方法计算出来。有一种测算方法比较简单易行，即根据国内已知的零售店离新店的远近、消费者的户数、每户消费者月商品购买支出比重及新店在该区域内的市场占有率四个因素来估算。

假设新开店为超市，超市的商圈有三个层次，第一层次为主要商圈，圈内的居民户数为1 000户，第二层次即次要商圈，圈内的居民户数为2 000户，第三层次为边际商圈，圈内的居民户数为3 000户。若平均每户居民每月去零售店购买食品和日用品的支出为600元，有

主要商圈居民支出总额：600×1 000=60(万元)

次要商圈居民支出总额：600×2 000=120(万元)

边际商圈居民支出总额：600×3 000=180(万元)

据调查分析，新开超市的市场占有率在主要商圈为30%，在次要商圈为10%，在边际商圈为5%，有

主要商圈购买力：60×30%=18(万元)

次要商圈购买力：120×10%=12(万元)

边际商圈购买力：180×5%=9(万元)

该新店营业潜力可估计为：18+12+9=39(万元)

2. 开店投资与经营费用测算

通过商圈调查可以估算新店的营业额，但该新店是否值得经营，还必须把营业额与投资额相比较，进而评估出损益状况。

(1) 开店前期投资预估。零售店开店前期很多地方要花钱，需要投入大量的资金。以超市为例，一般而言，开店投资的项目主要包括：①购买设施设备，如冷冻冷藏设备、

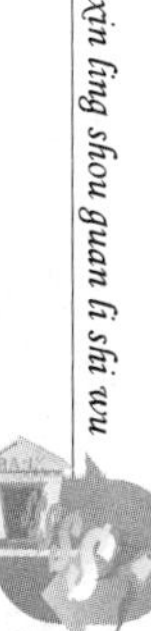

空调设备、收银机系统、办公设备、仓储设施设备、卖场陈列设施等；②各项工程开支，如冷冻冷藏工程、空调工程、水电工程、保安工程等；③场地租金；④设计装修费用。单独开店费用较大，对连锁公司来说，这笔费用可大大节约。

(2) 开店后经营费用预估。开店后的经营费用由固定费用和变动费用两类构成。固定费用是指不随销售额的变动而变动的费用，如工资、福利费、折旧费、水电费、管理费等；变动费用是指随着商品销售额的变化而变化、与销售额有直接关系的费用，如运杂费、保管费、包装费、商品消耗、保险费、营业税等。

此外，还需要注意的是商圈的成熟度和稳定度。开店的原则应是：努力争取在最聚集客流的地方。过去古语说："一步差三市"，意思是开店地址差一步就有可能差三成的买卖。这跟人流动线(人流活动的线路)有关，比如可能有人走到这，该拐弯了，则这个地方就是客人到不了的地方；又如差不了一个小胡同，但生意差很多，这些在选址时都要考虑进去。人流动线是怎么样的，应派人去掐表，去测量，有一套完整的数据之后才能据此确定地址。选址时一定要考虑人流的主要动线会不会被竞争对手截住。

资料卡 2-3

超市选址：租金与收益的抉择

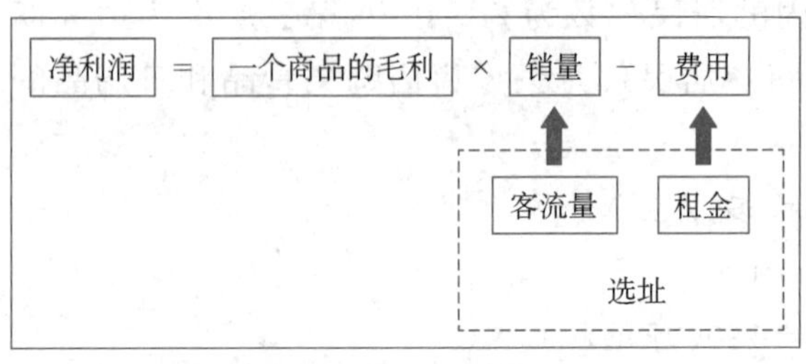

图 2-4 超市净利润与选址的关系

超市要保持持久的盈利，一方面，需要有足够的客流量，才能获得足够多的收入；另一方面，收入要抵扣掉成本，尤其是租金，才能形成净利。而客流量和门店店租都是由选址决定的，因此选址主要是租金与收益的抉择(见图 2-4)。

(一) 收益分析

1. 有效人流量大

一方面，根据选址附近的火车站、汽车站、公交车站、旅游景点、学校、医院等吸引大量人流的因素，进行粗略估计；另一方面，可以亲自去选址位置，挑选周末、非周末，早、中、晚，高峰期、清淡期等不同时间段，记录在 10 分钟或 1 个小时内经过的人数，计算具体的人流量。

2. 竞争店少，互补店多

竞争店是指与本超市销售的商品有替代作用的店铺，消费者去竞争店购买后，就不会在本超市购买，如便利店。竞争店会分散超市的人流量。互补店则刚好相反，消费者在互补店购买后，更容易到本超市购买，如消费者在健身馆健身后，顺便来本超市购买饮料，这会增加超市的人流量。因此，需要考虑这两个因素。

3. 消费习惯符合超市定位

选址时，需要分析附近消费者的消费习惯是否符合超市定位。例如，新零售超市的消费者定位是中产阶级，可以在数人流量时根据行人穿着重点计算中产阶级的数量，也可以用问卷调查分析人们的消费水平和消费习惯，还可以根据用户线上购买记录形成的大数据，分析不同选址附近消费者的消费偏好。

（二）租金与收益的抉择

一般来说，房租超过总收入的3%，超市就较难承受。所以，保证每天的销售额能抵得过一个月的房租，就会比较保险。这只是大略估计，选址时可以具体测算一下，准备开多大面积的超市，每平方米超市租金多少元，需要配备多少员工、设备。

（三）变通之法

当一个选址带来的收益远不及租金高时，超市可以采用一些变通之法。例如，可以把门面的一部分转租给互补小店，收取更高的租金。如永辉超市附近就会开理发店、洗衣店、宠物盆栽店、服饰店、化妆品店、美容美甲店、茶叶店、儿童游乐场等互补小店，分摊租金，共享客流（见图2-5）。

图2-5　永辉超市的互补小店：快剪

考考你

为什么最好的地段开的总是金店、名品服饰店，而不是超市？

（四）店址确定

对于零售店而言，店址选择是重要的战略决策。为了避免投资失误，企业可以咨询专家，聘请他们对备选店址进行分析、比较和综合评价，然后作出最终的选择。这可以称为“自主式选址策略”，即以企业的需要和分析结果为选址依据，选定企业认为最好的店址。

当然，企业在选择店址时，除了这种“自主式选址策略”外，还可以采用其他许多行之有效的策略，如跟随竞争者选址策略、跟随业态互补者选址策略和搭车式选址策略。

1. 跟随竞争者选址策略

跟随竞争者选址策略，是指跟着事先确定好的竞争者走，将企业店址选在竞争者网点附近的一定区域内。比如，深圳的面点王一直跟着麦当劳和肯德基开餐馆。面点王的董事长曾说：“在深圳有50家麦当劳、45家肯德基，面点王现在是30家，有20多家面

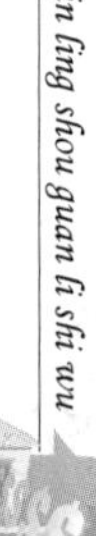

点王与洋快餐相邻或对垒。哪里有肯德基、麦当劳，哪里就会有面点王。”面点王认为，与洋快餐相邻相对开店，并不仅仅是为了竞争。肯德基、麦当劳选址科学，对周围环境、人口密度和结构、道路交通、建筑设施等都有定量分析，把握精准。因此，跟着它们开店，风险小。采用这种选址策略时要注意，一定要选好跟随的竞争者，一般与自己实力相当比较好。如果选择那些优势太大的竞争对象，一定要确保它的一部分客流会流进自己的零售店，否则很容易被对方挤垮。

2. 跟随业态互补者选址策略

跟随业态互补者选址策略，是指有些业态在经营、服务内容上与零售店是互补的，零售店可以开在它旁边，为顾客带来完整的“一条龙”服务。比如，去体育场运动的人会有其他需求，食品店、运动服装店、便利店和咖啡茶饮店等可以开在其周围。又如，在旅游景点旁边，可以开设食品店、照相馆、便利店和纪念品零售店等。

3. 搭车式选址策略

搭车式选址策略，是指与零售店有密切联系的公司结成战略合作伙伴关系，跟随合作伙伴选址。比如，一家服装店可以与那些知名连锁酒店合作，酒店开在哪里，服装店跟着开在哪里。这样做，不仅给酒店的客人带来了购物的方便，也会给服装店带来选址的便利。不仅选址成本低，客流还有保障。很多世界知名零售商常常会与购物中心发展商结成这样的战略联盟，购物中心发展商把购物中心建在哪里，这些零售商就把店开在哪里。这样做的好处在于两者相互信赖、优势互补、共同发展。

（五）选址方案的实施和落实

选址方案确定以后，就需要抓紧时间实施和落实。如果是租店，就需要与业主洽谈租赁事宜，并进行店内外的装修与装饰；如果是自己投资兴建，就需要落实兴建商场的各种手续。其中的重要一步是落实资金。开任何一间零售店，并让其正常营运，都离不开充足的资金。为此，在实施和落实选址方案时，零售店首先要为新开店筹措资金，零售店的资金分为企业自有资金和企业外部资金，如银行贷款和从其他途径筹措的借款。

知识加油站 2-1

盒马鲜生、超级物种、7FRESH、苏鲜生的选址策略

一、盒马鲜生

盒马鲜生的选址完全不按套路出牌，选址均不是热门核心商圈或活力购物中心，而是社区型生活购物中心。盒马鲜生会事先对周边 3 公里范围的人群数量与质量、地产方的配合能力、物业特点等做整体考量，而不是单纯看重位置和流量。盒马鲜生对门店的要求很灵活，并不关心门店的地理位置，关心的是 3 公里生态圈，只要有成熟的社区，有消费者就可以。

二、超级物种

2017 年 11 月，永辉超级物种上海首家店在五角场开业。上海五角场万达是全国万达人流量最大的购物中心之一，虽不是市中心的核心商圈，但是由于居民区和周边生活业态十分成熟，是一个成熟且热闹的老商圈。门店对面，是一家重庆火锅店，主通道是一条美食街，不远处还有港股上市的翠华餐厅，再加上周围餐饮业态中又没有能够对店内 8 大工坊形成冲击的业态，显然想借助美食街的氛围带动店内堂食。

门店选址方面，除了进驻永辉超市系统，还与新城控股达成合作。目前，吾悦广场已与永辉签约 21 家，开业 11 家。

三、7FRESH

7FRESH 选址依托于京东背后强大的数据资源，尤其像北京这样渗透率特别高的城市，通过京东商城线上的用户数据进行分析选址。7FRESH 总裁王笑松表示，大数据可以基于消费者过往的购买行为，精准定位出目标选址范围几公里半径内的用户画像，再根据对用户画像的数据分析，在后端商品池匹配出适合用户购买需求的商品。

7FRESH 不同于传统超市的地方在于，不同选址门店的商品结构是不一样的，7FRESH 通过精准化的选品，尽可能地贴近门店覆盖区域的消费人群特征需求。

四、苏鲜生

苏鲜生精品超市第一家门店选择了苏宁超市门店中营销额最高的一家，位于成都高新区天府大道北段 8 号苏宁广场内，此前，苏宁超市在成都已有布局，拥有春熙路、奥莱和双楠三家门店。据苏宁超市内部人士透露，位于成都春熙路的苏宁超市门店，年营业额相当可观，是苏宁营业额最高的一家线下超市。而苏鲜生精品超市，是在原来奥莱店基础上进行的重装升级。而苏鲜生北京首家店选址北京朝阳路苏宁生活广场负一层，同为苏宁自有物业。

（资料来源：商业地产 V 评论）

考考你

盒马鲜生、超级物种、7FRESH、苏鲜生的选址策略各自有哪些特点？为什么？

任务实施

李明在街道口商圈的几个适合选址的地方考察了多次，挑选周末、工作日，早、中、晚，高峰期、清淡期等不同时间段，记录在 10 分钟或 1 个小时内经过的人数，最终选择

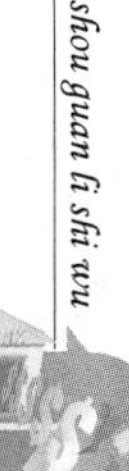

了书香门第附近。

一、竞争店与互补店

根据图 2-6 可见，吉祥超市、蓝天副食品批发是竞争店，珞珈山剧院、湖北省歌剧舞剧院、中国移动、中元大药房、吼吼自助回转火锅、艾薇尔美容养生馆等是互补店。

图 2-6　书香门第选址点的竞争店和互补店情况

二、消费者消费习惯

超市目标消费人群是即刻需求较大的白领人群、学生族、单身一族和城市流动人口。街道口商圈的消费者以学生为主，大学生会比较喜欢文具、日用品、水果、运动饮料，一般要考虑经济划算。此外，还有一些本地居民和白领，具体情况如表 2-5 所示。

表 2-5　周围居民及流动人口消费结构与消费层次

人口分类	特征	收入	消费结构	消费层次
学生	大多为洪山中学与培训机构的学生，年龄在 13～18 岁之间。对于零食、日常生活用品、学习用品有完全决策权。具有追求时尚、从名从众的消费特点	无收入或低收入（零花钱与生活费）	食物、生活用品、学习用品	单次购买金额较低，购买频率高，中低层次的消费水平
白领	在附近的办公楼上班。文化教育水平较高，追求时尚、便捷、健康的消费方式，对快消品的价格不是特别敏感	中高收入	食物、家居、家电、住房、汽车消费、教育、信息、通信消费、旅游、娱乐休闲消费	单次购买金额较高，购买频率高，中高层次的消费水平

（续表）

人口分类	特征	收入	消费结构	消费层次
居民	居住在瑞景华庭、湖北省歌剧舞剧院生活区。文化教育水平较高，追求有品味、有质量的生活	中高收入	食物、家居、家电、住房、汽车消费、教育、信息、通信消费、旅游、娱乐休闲消费	单次购买金额较高，购买频率高，中高层次的消费水平

三、租金与收益的抉择

在选址时，街道口商圈有 3 个备选门面，信息如表 2-6 所示。

表 2-6　备选门面的相关信息

	面积（平方米）	月租（元/月）	位置	日均有效人流量（人次）	人流量/月租
门面 1	110	6 000	洪山区街道口珞狮路马房山黎明村	5 000	0.8
门面 2	85	30 000	武汉大学西门	30 000	1.0
门面 3	100	13 000	书香门第附近	20 000	1.5

门面 1 面积最大，因为位置有点偏，所以月租最低。虽然人流量也较多，但符合超市目标顾客要求的日均有效人流量仅为 5 000 人次，人流量与月租的比率为 0.8。也就是说，每 1 元的月租带来了每天 0.8 人次的有效人流量。门面 2 面积最小，因为位置最好，月租最贵，日均有效人流量也最高，人流量与月租的比率为 1。也就是说，每 1 元的月租带来了每天 1 人次的有效人流量。门面 3 面积居中，月租居中，日均有效人流量也居中，人流量与月租的比率为 1.5。也就是说，每 1 元的月租带来了每天 1.5 人次的有效人流量。由于这三个门面面积对于要开的小店而言差别没有很大，而门面 3 的人流量与月租的比率最高，最划算，因此选择了门面 3，书香门第附近。

技能训练

【项目背景】

以已有的连锁超市门店为例，分析其选址的差异、店址带来的优劣势。

【实训目的】

通过实地调查与分析，在实操中掌握选址的各种方法与技巧。

【实训步骤】

（1）教师罗列出所在城市的典型连锁超市门店。

（2）每组学生选择 2 个连锁超市门店。

（3）学生实地考察，分析其选址的特点与原因。

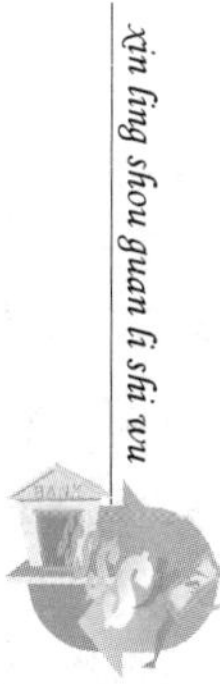

(4) 测算店址的人流量及特点:分节假日、非节假日,早中晚等时段测算人流量,并分析过往行人的特点,包括年龄、职业、消费习惯等。

(5) 将实地考察的照片或视频、对比分析与所得经验制作成视频,进行课堂汇报。

【实训评价】

1. 评价内容

(1) 学生参与性;(2) 数据获得方式的真实性、准确性;(3) 数据计算的正确性;(4) 选址结果正确性。

2. 评价方式

学生成绩由学生自评(20%)、互评(30%)和教师评价(50%)综合评定,评价表具体如下所示。

组别:______　　　　第_次实训

学号	姓名	自评(20%)	互评(30%)	教师评价(50%)	总成绩

小结

划分商圈是零售店选址的第一步,零售店的商圈由核心商圈、次级商圈和边缘商圈组成。商圈的划分可以根据人口状况,零售店可经营商品的品种、规格、价格,交通状况,地理环境,周围零售店的状况等因素进行判断。

零售店选址就是对零售店经营地址的选定。零售店地址是关系到零售店生意好坏的重要因素,零售店选址是一个综合决策问题,零售店选址有什么原则、影响因素和技巧,如何对零售店选址进行评估,怎样权衡租金和收益之间的关系,这都是零售店选址中必须注意的。

单选题

1. 以下哪个不是商业区商圈的特点?(　　)

A. 装修时尚　　B. 往往有大型百货

C. 租金低　　D. 商品高档

2. 李明绘制了顾客 10 分钟步行即可到达店址的居民点范围,这属于哪种商圈?(　　)

A. 核心商圈　　B. 次商圈

C. 边际商圈　　D. 边缘商圈

3. 哪种商圈类型往往布局着果蔬店、小超市、药店、五金店、卤味店?(　　)

A. 商业区　　B. 住宅区

C. 文教区　　D. 办公区

4. 哪种商圈类型的消费者消费习性具有便利性、消费水准较高等特点？（　　）

A. 商业区　　B. 住宅区

C. 文教区　　D. 办公区

5. 下列因素中，哪个不属于为店铺带来有效客流的关键因素？（　　）

A. 商圈内的家庭状况　　B. 客流量

C. 人口有效增量　　D. 购买力

多选题

1. 超市开店前为何要进行商圈调查与分析？（　　）

A. 使商圈内超市有针对性地提供相对应的产品和服务

B. 有助于为战略布局提供依据

C. 为超市的成本投入的项目提供数据参考

D. 为超市物流配送、采购库存规划提供数据参考

2. 商圈调查的内容有哪些？（　　）

A. 商圈潜力情况调查　　B. 商圈人口特征调查

C. 商圈竞争店情况调查　　D. 商圈交通状况

3. 选址的原则包括哪些？（　　）

A. 方便顾客购买　　B. 方便货品运输

C. 有利于竞争　　D. 有利于网店扩充

4. 李明准备开超市，店址附近哪些店是互补店？（　　）

A. 游泳馆　　B. 便利店

C. 火锅店　　D. 潮流服饰

判断题

1. 商圈调查与分析是对零售店商圈的构成、范围、特点以及影响商圈规模变化的因素进行调查、评估和分析。（　　）

2. 商圈分析必须用数据说话，来源有问卷、访谈、政府报告等。（　　）

3. 如果租金过高，超市可以把门面的一部分转租给互补小店，收取更高的租金。（　　）

4. 新零售品牌的IP效应对商圈大小没有影响。（　　）

5. 竞争同行调查与一般的竞争店调查并无异，比较注重经营层面（如调查营业面积、营业额、商品配置、店铺卖场设计与陈列效果及卖场接待顾客能力等）。（　　）

6. 一般来说，房租超过总收入的3%，超市就较难承受。所以，保证每天的销售额能抵得过一个月的房租，就会比较保险。（　　）

思考题

1. 零售店应当怎样进行商圈调查分析?
2. 零售店选址包括哪几个步骤?

案例分析

盒马鲜生:自带流量的门店如何炼成?

传统零售业的选址痛点是算账先行,过于优化成本和控制费用,而不是真正从消费者需求出发。盒马鲜生通过创造体验,提高效率,新零售模式本身自带流量,不仅改变了选址逻辑,也让以百货为主的传统实体零售摩拳擦掌、寻求突破。例如,盒马鲜生翠微百货门店开业后,翠微百货的客流量翻了一番,给整个大成路店其他零售业态的销售也间接带来了约10%的增长。

盒马鲜生在选址时,不一定选择成熟、人气高的地方。仅看北京地区,在四环外的十里堡、五环外的亦庄,商业物业的现有客流和入驻品牌的知名度,似乎都没有太多优势。盒马鲜生会事先对周边3公里范围的人群数量与质量、地产方的配合能力、物业特点等做整体考量,而不是单纯看重位置和流量。

与一般商超不同,盒马鲜生的用户还可以在线上下单,3公里范围内30分钟完成配送。这就决定盒马鲜生需要在一楼完成陈列、配货、铺货、配送,不仅要有保证容纳线下消费人群的场地,还要确保效率最大化,满足线上用户的购买体验,因此对物业的要求很高。北京亦庄的城乡世纪广场,就为盒马鲜生提供了很好的场地基础。它占地15万平方米,拥有超过3 000个停车位。盒马鲜生在这里的门店也因此超过9 000平方米,属于旗舰店级别。

但更多时候,盒马鲜生仍需与商业地产一起,制定符合盒马鲜生新业态需求的场地解决方案。在北京东三环双井区域的乐成中心,因为楼上是高端写字楼,存在人群密集、时间段集中和场地受限等现实困境。于是,工作人员必须得重新规划流动路线,避免盒马鲜生的日常配送与白领上下班产生冲突。还比如东五环外的东坝,地铁、商场等基础商业设施并未完善,但因为看好它将成为北京未来的第四使馆区,便在此落地了盒马鲜生在北京的第三家店。现在来看,因为优质商业的稀缺性,盒马鲜生只要服务好了周边3公里的消费者,黏性反而更高。

(资料来源:新零售智库)

请思考并回答:

1. 盒马鲜生选址与传统的超市相比,有哪些不同点?
2. 盒马鲜生的IP所带来的吸引力,对原有商圈形成怎样的影响?

综合实训

为心爱小店选址

【实训目标】

为自己心爱的小店，模拟选址。

【实训内容和要求】

(1) 学生组成创业团队，模拟开一家心爱的小零售店，讨论好卖什么商品、卖给谁、小店的档次等计划。

(2) 对周边的商圈进行走访考察。

(3) 选择一个较好的地址，详细分析其周围居民情况、学校情况、交通情况、互补店情况、竞争店情况、人流量，如果能打听到门面的租金更好。

(4) 预测收益与租金，做一个简单的预算。

(5) 将选址分析过程及结果用 PPT 进行汇报。

【实训成果与评分】

1. 评价内容

(1) 学生参与性；(2) 调研获得的选址信息；(3) 选址知识运用能力。

2. 评价方式

学生成绩由学生自评(20%)、互评(30%)和教师评价(50%)综合评定，评价表具体如下所示。

组别：________　　　　第__次实训

学号	姓名	自评(20%)	互评(30%)	教师评价(50%)	总成绩

活学活用

如果门店店租上涨了，应该如何应对？

项目三 商品管理

知识目标

1. 熟悉商品分类与编码的方法
2. 理解商品定位的内涵及类型
3. 掌握商品验收和盘点的方法及流程、商品库存管理的要领
4. 熟悉商品采购流程及新品的引入及滞销品淘汰
5. 理解商品采购的原则

技能目标

1. 能对超市商品结构进行简单分析，对不适合的商品进行删除，对确定并导入的新品提出合理化建议
2. 能结合经营实际，进行商品的采购
3. 能结合经营实际，进行商品的验收、库存分析及异常库存的管理
4. 能结合经营实际，进行商品的实地盘存

学习重点

1. 如何进行商品定位及结构优化
2. 供应商的开发及选择
3. 新品引进及滞销品淘汰的业务流程
4. 商品验收及库存管理
5. 商品盘点的方法及其作业流程

教学方法和建议

1. 通过任务驱动＋案例教学＋实战操作的教学方法实施教学

2. 教学过程中体现以学生为主体，教师进行适当讲解，并进行引导、监督、评估
3. 教师授课前准备好丰富的富媒体学习资料、任务单及教学场地和设备

任务一 规划零售商品结构

任务导入

李明的超市终于开业了，小店经营的产品共有300多种，主要包括早餐吃的食品、饮料、休闲食品、日用品（包括洗护用品及一些应急用品）等。开业后经营了一段时间，做了一个市场调查以了解顾客对小店的反映。大部分顾客都认为小店经营的商品品种太少了，休闲食品也不是他们喜欢的品种，日用品的品种也少得可怜，于是李明决定对超市的商品结构进行一些调整。

任务分析

在开办超市时，必然会涉及要经营何种商品，不同商品品种所占的比重应怎样分配等问题。在一定意义上讲，商品的定位及结构的合理性在超市经营中居于枢纽地位，经营目标能否圆满完成，经济效益能否顺利实现，关键不在于经营范围而在于商品的定位及结构是否合理。如果商品定位及结构不合理，就直接影响到经营效果。商品的定位流程将教会我们如何根据消费者需求，进行超市商品的合理定位；而80/20集中度分析、ABC分析法则及象限分析法将教会我们如何针对零售店的自身数据分析商品的表现，如何结合商品市场表现进行商品的淘汰与保留，确定导入的新品，以保证超市能有效地运转。

相关知识

一、商品定位的类型

商品定位是指超市根据所面向的目标消费群体，市场环境和企业的实际情况，在商品的种类、结构、档次、价格等方面制定的商品结构（组合）。通俗地说，就是企业卖什么样的商品来满足目标顾客的需求。

它通常包括两方面的内容：一是商品的价格定位，即超市是走高端路线、中端路线还是低端路线，这要跟企业目标消费群体相吻合；二是商品的种类定位，从商品的宽度和深度两个维度来确定经营商品的种类，商品的宽度指的是商品种类丰富，也就是说超市的商品要有食品、副食品和生活用品，几乎涵盖了消费者所有的基本生活用品，商品

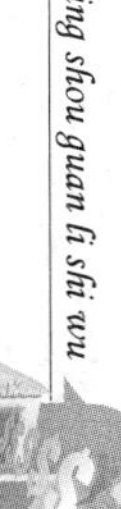

的深度指的是某一类商品的品种是否齐全。

那在日常生活中我们常见的超市商品定位主要有哪些呢?

(一) 区域覆盖型商品定位

超市根据店址所在市场区域、企业业态所具有的经验、商圈范围,以及商圈内大多数消费者所客观存在的某些共同的消费需求来确定商品定位,使超市所经营的商品结构能够满足该市场区域内绝大多数消费者对某类或若干类商品的需求。这类定位多存在于连锁超市,如沃尔玛这样的大型综合超市,几乎满足了所覆盖区域消费群体对日常生活用品的所有需求(见图 3-1)。

图 3-1 沃尔玛超市内景图

(二) 目标市场商品定位

目标市场商品定位,又称细分市场型商品定位,即企业以销售高档次商品为主,以较高的销售价格来吸引一些专门追求名牌和高档商品的消费者,以此来提高本企业的竞争力。如永辉超市绿标店(BRA-VO精品店,见图 3-2),它定位于注重生活品质和追求高品位的消费者。引进了大量的高端进口商品以及时尚品牌精品,打造集精品、时尚品等为一体的购物超市(见图 3-3)。同时,超市在购物环境上也有着全面的提升,更加突出了干净、温馨、时尚的购物环境,让购物者能在享受良好的环境之时,愉悦地购物。

图 3-2 永辉 BRAVO 超市内景图

(三) 差异化型商品定位

差异化型商品定位,即尽量避开或者明显区别于其他商场已经大量经营的商品结构与大量经营的商品结构与定位,专门经营某些其他商场所没有的,或者是弱项的商品,以突出某类商品的经营优势来赢得消费者的竞争方法。

(四) 服务质量优势型商品定位

企业不是在商品的经营方面,而是在所经营商品的服务质量、购物环境等方面为顾客提供具有特色的、优质的服务,从而争取顾客,赢得竞争。

图 3-3　万国码头进口优质品超市图

案例 3-1

小象生鲜是如何升级无锡人民的生活体验?

作为美团旗下的一家集生鲜食品、餐饮、电商和即时配送于一体的线上线下一体化生鲜超市,小象生鲜以"越快越新鲜"为品牌口号,通过提供优质便利的服务,更好地服务消费升级家庭。

(一) 吃得美味

在小象生鲜,你可以买到各种各样的时令果蔬食品,除了无锡当地家中常见的阳山水蜜桃、七头一脑、酱排骨等,还能买到当下流行的网红美食,足不出户就能享受时尚美食。自创的美食品牌"象大厨鲜煮""象大厨日料""象大厨中餐""象大厨海鲜"提供当地特色美食,味道也完全不输专业餐厅。

(二) 吃得放心

逛一逛小象生鲜,商品的品质其实都看得见。货架上的蔬果采用的是独立保鲜包装,规格统一,多温区分类存储。小象生鲜采用的是全程冷链配送,重点生鲜商品自营直采,同时还有严格的品控及食品安全管理体系,从产地到顾客手中,各个环节都保证了食材的新鲜和健康。

(三) 吃得方便

想要吃得方便,就要买得方便、做得方便,在小象生鲜这些都不是问题。通过手机 APP 下单,门店 3 千米配送范围内最快 30 分钟就能送到。小象生鲜自创品牌"象大厨快手菜"则是充分为都市上班族考虑,通过美团点评的餐饮大数据筛选当地最受欢迎的美食，准备好半成品食材，买回家就能直接炒，平均8分钟就能做好一道菜，省时省力又省心。小象生鲜还专门开辟了“美食课堂”用于烹饪教学和互动，有专业的厨师来教大家制作中餐、西餐等各式菜品，帮助年轻都市家庭解决做饭难的问题。

（资料来源：《江南晚报》）

考考你

新零售情境下，超市应该如何选择商品定位？

二、商品定位的流程

商品进行定位时首先要考虑业态，然后找准商圈内的目标消费群体，并分析其消费需求特点，结合企业的竞争战略，确定商品的结构（组合）。当然，这种定位要随着外界环境或企业发展战略的变化而进行动态调整，具体如图3-4所示。

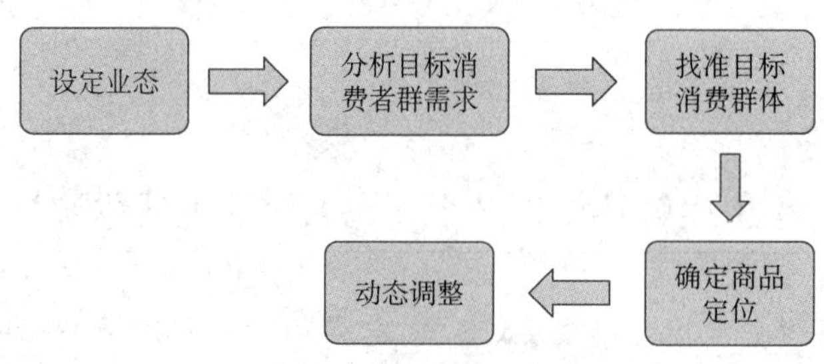

图3-4 商品定位流程图

（一）设定业态

1. 不同业态的种类定位

每一种零售业态都有自己的基本特征、目标消费群体和商品经营范围。正是由于不同业态的差别，才决定了零售企业经营的商品不同。换言之，零售企业的商品定位一定要与其所选择的业态一致，要尽量通过商品定位的特色性，来凸显其业态的特色性；或按业态的要求，来突出商品定位的特殊性。绝不能使零售业态与商品定位不统一。例如，便利店业态绝不能搞成超级市场的商品定位，超级市场绝不能搞成百货商场的商品定位等。图3-5为超市商品定位的流程。

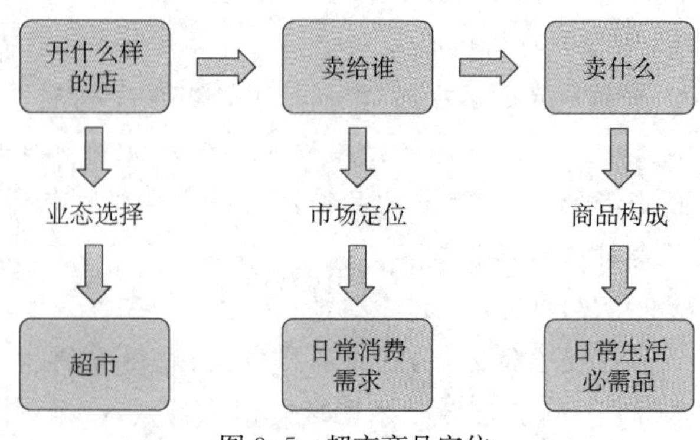

图3-5 超市商品定位

（二）找准目标消费群体

业态一经确定，其基本的目标顾客就明确了。重要的是还要根据门店服务商圈的情况，具体分析顾客的构成。

在市场细分化的今天，任何一家企业或任何一种产品都不可能面向所有消费者，因为消费者是由形形色色的人组成的群体，不可能用同一种商品使他们都满意；同时也不是每位消费者都能给企业带来正价值，优秀顾客带来大价值，一般顾客带来小价值，劣质顾客带来负价值。事实上，很多企业的营销成本并没有花在带来价值的顾客身上，而是花在了不产生价值甚至是产生负价值的顾客身上，浪费了大量的财力和人力。因此，裁减顾客与裁减成本一样重要。定位其实就是裁减顾客的过程，也是选择目标顾客的过程。如何锁定目标消费群体？首先要对消费者进行细分。一般来说，消费者细分主要受地理、人口、心理和行为习惯 4 个变量的影响。

1. 地理变量

地理变量是划分消费群体的一个非常重要的因素，不同地区消费者的收入、消费习惯、社会风俗、价值观念等都是不同的。城市和农村有差别、北方和南方有差别、干燥地区和多雨地区有差别。所以，在进行或调整商品定位时，一定要考虑地理变量。

2. 人口变量

人口变量的划分相对简单，一般从性别、年龄、职业、家庭情况、社会阶层、受教育程度等方面对消费者进行划分。

3. 心理变量

心理变量是最难划分的一个变量，生活方式、个性、价值观等因素都会影响消费者的消费行为。

4. 行为习惯变量

使用时机、追求的效益、使用状况、使用频率、忠诚度等都将影响消费者的购买决定。

（三）分析目标消费群体需求

1. 目标消费群体的需求因素

适应和满足消费者的需求是确定商品定位的首要原则，要使这个原则能够真正落实，就必须进行周密的市场调查。调查的内容包括年龄、性别、民族、婚姻情况、文化程度、职业、户数规模、收入情况，以及行动特征、消费习惯、生活特点、对商品服务的要求等。通过这些方面的市场调查，使企业掌握大量的数据，在进行认真研究这些数据的基础上，寻找到合适的目标市场，确定企业为此目标市场服务的商品定位。

2. 确定消费群体需求的方法

通过细致、周密的市场调查和认真的分析来确定消费群体需求。具体的调查方法如下。

(1) 访谈法。邀请性别、年龄、职业、收入不同的目标消费者代表，通过集体访谈(座谈会或餐会等形式)或个人访谈的形式，征求他们对商品供应的意见。

(2) 观察法。由专业人士观察消费者的购买时间、购买品类、购买频率等。此种方

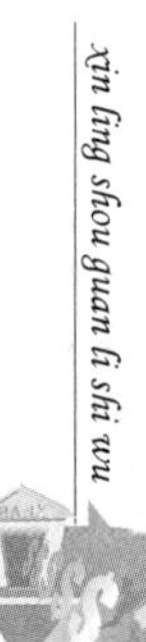

法收集的信息是最有效的，尤其当涉及消费者不愿回答的问题时。

(3) 问卷调查法。这是最传统、最有效的方法，因此也是使用最多的一种方法，其效果关键在于问卷的设计水平。为了提高消费者回答问卷的积极性，可以给消费者赠送小礼品。

(四) 确定商品定位

通过分析企业业态的基本特征、目标消费群体的消费习惯和消费需求，可以确定每种业态的基本定位。例如，超市的基本特征是以周边居民为主要消费对象、购物便利、环境舒适，所以它的商品定位是品种齐全、薄利多销，以食品为主，兼营其他的日用消费品。

案例 3-2

为何超市会售卖组合菜?

喜欢逛超市的人会发现，目前有很多超市都推出了组合菜项目，那么它是怎么出现的呢？因为17:00—19:00时段的超市，主要以职业妇女消费人群为主，她们具有较高的收入，讲究效率，但操持家务时间有限，“如何提供简单、营养又可快速下锅的商品，以满足职业妇女的烹调需求?”组合菜正是基于满足以上需求而产生，它产生的过程完整地体现了商品定位的全过程：从描绘消费者对象的轮廓（职业妇女）到推测消费对象的需求（简单、营养、可快速烹调的下锅菜），然后才有了商品种类的定位（组合菜）。

(五) 动态调整

由于市场环境、消费需求和竞争对手是在不断变化的，商品是在不断创新的，因此，零售企业确定的商品定位也不可能一成不变。企业需按动态管理原则来管理好商品的定位，主要包括两个方面的内容：一是企业要注意现实的市场调查，在充分掌握市场需求变化信息的基础上，及时地调整本企业的商品定位；二是企业要注意潜在市场需求的调查。

三、商品定位策略

(一) 丰富定位策略

丰富定位策略不是要为顾客提供最多的商品，而是要在合理范围内为顾客创造充分选择的机会。因此，20 万平方米与 2 000 平方米的商业面积都能实现丰富性的定位。丰富定位策略可细分为主题化定位、综合性定位。主题化定位是指最大化聚合某一品类的商品，在此类商品中取得最丰富的优势；综合性定位是指融合多种功能业态，以一站式服务为顾客创造方便的策略。

（二）流行定位策略

这里所指的“流行”，指的是大众时尚，是指拥有顾客刚开始大量购买的对路商品的项目。20世纪七八十年代出生的人群已逐渐成为社会消费的主流力量，但是，目前大部分城市的商业市场中占据主导地位的仍是由国有百货商场延续下来的传统百货，其中的货品、布局方式等零售组合都是针对年龄较大的人群。

（三）便捷定位策略

便捷定位的门店是指能够在方便的位置为目标顾客提供针对性购买机会的商业项目。便捷定位的成功有两个要素：一是此位置是目标顾客能够便利到达的位置；二是购物中心的货品应该是针对目标顾客偏好而组合的业态及品牌。

（四）低价定位策略

在国内人均收入水平相对不高、对价格敏感度相对较高的现状下，低价定位将会对顾客产生强劲的吸引力。从世界范围看，沃尔玛、开市客、弗雷德斯等，都是以低价定位赢得市场的零售商。

案例 3-3

全国首家“盒小马”超市开业 传统行业将要面临倒闭

2018年6月2号，大润发与盒马鲜生诞下一个“孩子”，名为“盒小马”，出生地就在苏州高新区文体中心。

根据外媒报道，在冷藏品方面，盒小马迁入盒马鲜生的主力自有品牌“帝皇鲜”，涵盖了厄瓜多尔白虾仁、生冻白沙鱼柳、澳洲精选安格斯西冷牛排等20余款生鲜食材。当然，大润发主打的自有品牌“大润发优鲜”的三杯土鸡等中餐半成品也纳入其中。盒马鲜生的冷藏生鲜、大润发的生鲜半成品，从两者表明盒小马通过售卖蔬菜、冷冻食品、肉类、奶制品，还有少量的面包和熟食等生鲜，主要打造“吃”的场景来构建商品品类。盒小马不仅上了生鲜，还引入了体育用品并陈设了专区，其中包含足球、篮球、排球、乒乓球、羽毛球、水球、泳衣等商品。盒小马之所以会特意设置这个专区，原因落户地点在文体中心。由此可见，未来的走向是根据地理区域、群体市场来决定商品品类，灵活性更强，更加深入了解城市社区。

北京商业经济学会常务副会长赖阳认为：面积大、货品全、满足消费者一站式购物的大卖场业态增长空间已十分有限，社区居民的最大需求为生鲜、应急商品，因此越来越多的零售企业开始看重小而美的社区店形式。遵循以上规律，盒小马经营面积只有

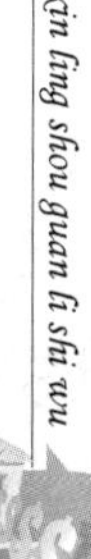

800 平方米。

盒小马运营方式采取了店仓合一，打通线上线下督脉，实现一体化。除此之外，配有线上订购，线下送达的配送服务，承诺 3 千米以内无门槛配送，最迟 1 小时送到。

新业态的盒小马被视为阿里巴巴协同旗下新零售业态的又一标志性动作！未来，盒马鲜生、大润发门店或许成为一个城市的体验、运营中心，而盒小马成为它们的前仓，配合它们更加深入了解 3 千米以内的消费圈。

渗透了解消费者画像、消费水平、日常需求、消费时间……打通这个消费闭环，则会给大润发、盒马鲜生提供更准确的数据。

对用户而言，过往的传统社区超市商品品类非常少又单调。水果方面一般都是国内常见的品种，海鲜亦是如此。用户想要吃个与众不同的水果品类、馋个国外海鲜还需要跑到大老远的商超去购买。随着盒小马不断深入社区，在商品品类上不断完善，更加亲民化，更加丰富化。不仅满足用户日常需求，还能给用户带来更多尝鲜品。这无疑给传统社区超市一个致命打击，也许不久将来传统的社区超市就要面临倒闭了。

总而言之，盒小马的到来，加速新型社区落地发展，给社区超市模式带来翻天覆地变化。淘汰旧的，接纳新的，这就是时代发展趋势。

（资料来源：《电商报》）

考考你

盒小马社区超市应用的哪种商品定位策略？

二、商品分类的相关概念

（一）商品分类

商品分类是指根据一定的管理目的，为满足商品生产、流通、消费活动的全部或部分需要，选择适当的商品属性或特征作为分类标志，将一定范围内的商品集合科学地、系统地逐次划分为大类、中类、小类、细类，乃至品种、细目的过程。对商品进行分类，既要考虑分类对象的属性、特征，也要考虑对分类对象管理上的需要和要求，有时还要兼顾分类对象在传统上已经习惯的管理范围和管理方法。

（二）商品分类的层次及标准

国内一般将商品分为大分类、中分类、小分类和单品四个层次，如表 3-1 所示。

表 3-1 中的商品分类只是一个参考依据，并非一成不变，商店根据自己的业态特征和经营特色，完全可以创造出适合自己的一套商品分类方法，组成与众不同的商品结构，并据此指导商店的采购活动、促销活动和商品陈列。

表 3-1　商品分类层次及其分类标准

分类层次	含义	划分标准	说明
大分类	卖场零售商品中构成的最粗线条划分	商品特征	为了便于管理，商店的大分类一般以不超过10个为宜
中分类	大分类商品中细分出来的类别	功能用途	中分类在商品的分类中有很重要的地位，不同中分类的商品通常关联性不高，是商品间的一个分水岭，所以无论在配置上还是在陈列上都常用它来划分。
		制造方法	
		商品产地	
小分类	中分类中进一步细分出来的类别	功能用途	小分类是用途相同，可以互相替代的商品，往往陈列在一起。相邻陈列的不同小分类商品具有高度相关性。
		规格包装	
		商品成分	
单品	商品分类中不能进一步细分的、完整独立的商品品项	唯一性	单品是最基本的层面，用价格标签或条码区别开来。

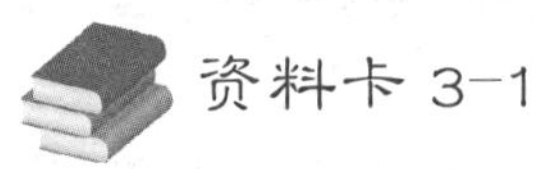
资料卡 3-1

超市分类的标准

超市与便利店的商品分类组合有一定的差异。便利店经营的商品较少，一般将商品分为“速食品”“饮料品”“非食品”“服务性商品”几大类。超市经营的商品繁多，一般将商品分为食用相关商品和居住相关商品两个大类。食用相关商品可分为生鲜食品(日配、水产、肉品、熟食、面包、果菜)，一般食品(干杂、粮油)；居住相关商品可分为家庭杂货(洗漱品、文具、百货)，居住文品(家电、鞋、季节服饰、非季节服饰、休闲服饰)。所有这些商品一般分为3个层次，即大分类、中分类、小分类。

1. 大分类的分类标准

在超级市场里，大分类的划分最好不要超过10个，比较容易管理。不过，这仍须视经营者的经营理念而定，业者若想把事业范围扩增到很广的领域，可能就要使用比较多的大分类。大分类的原则通常依商品的特性来划分，如生产来源、生产方式、处理方式、保存方式等，类似的一大群商品集合起来作为一个大分类。例如，水产就是一个大分类，原因是这个分类的商品来源皆与水有关，保存方式及处理方式也皆相近，因此可以归成一大类。

2. 中分类的分类标准

(1) 以商品的功能、用途划分。依商品在消费者使用时的功能或用途来分类，比如说在糖果饼干这个大分类中，划分出一个“早餐关联”的中分类。早餐关联是一种功能及用途的概念，提供这些商品在于解决消费者有一顿“丰富的早餐”，因此在分类里就可以集合土司、面包、果酱、花生酱、麦片等商品来构成这个中分类。

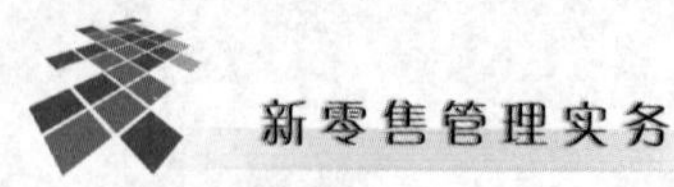

(2) 以商品的制造方法划分。有时某些商品的用途并非完全相同,若硬要以用途、功能来划分略显困难,此时我们可以就商品制造的方法近似来加以网罗划分。例如,在畜产的大分类中,有一个称为“加工肉”的中分类,这个中分类网罗了火腿、香肠、热狗、炸鸡块、腊肉等商品,它们的功能和用途不尽相同,但在制造上却近似,因此“经过加工再制的肉品”就成了一个中分类。

(3) 依商品的产地来划分。在经营策略中,有时候会希望将某些商品的特性加以突出,又必须特别加以管理,因而发展出以商品的产地来源作为分类的依据。例如,有的商店很重视商圈内的外国顾客,因而特别注重进口商品的经营,并列了“进口饼干”这个中分类,把属于国外来的饼干皆收集在这一个中分类中,便于进货或销售的统计,也有利于卖场的管理。

3. 小分类的分类标准

(1) 以功能用途分类。此种分类与中分类原理相同,也是以功能用途来做更细分的分类。

(2) 以规格包装型态来分类。分类时,规格、包装型态可作为分类的原则。例如,铝箔包饮料、碗装速食面、6 kg 的米,都是这种分类原则下的产物。

(3) 以商品的成分为分类的标准。有些商品也可以商品的成分来归类,如 100%的果汁,“凡成分 100%的果汁”就归类在这一个分类中。

(4) 以商品的口味作为分类的标准。以口味来做商品的分类,如“牛肉面”也可以作为一个小分类,凡牛肉口味的面,就归到这一分类来。分类的标准在于提供分类的依据,它源自商品概念。而如何活用分类原则,编订出一套好的分类系统,都是此标准的真正重点所在。

考考你

小型超市该如何进行商品分类?

三、商品编码的方法

(一) 商品分类编码的原则

商品编码是指根据一定规则赋予某种或某类商品以相应的商品代码的过程。商品分类和商品编码分别进行,商品科学分类在先,合理编码在后。商品科学分类为编码的合理性创造了前提条件,但是编码的不合理会直接影响商品分类体系、商品目录的实用价值。

1. 唯一性原则

必须保证每一个编码对象仅有唯一的一个商品代码,即每个商品代码只能与指定的商品类目一一对应。

2. 简明性原则

商品代码应简明、易记、易校验、不宜过长，既便于手工处理，减少差错率，也能减少计算机的处理时间和储存空间。

3. 层次性原则

商品代码要层次清楚，能清晰地反映商品分类关系和分类体系、目录内部固有的逻辑关系。

4. 可扩性原则

在商品代码结构体系里应留有足够的备用码，以适应新类目的增加和旧类目的删减需要，使扩充新代码和压缩旧代码成为可能，从而使分类代码结构体系可以进行必要的修订和补充。

5. 稳定性原则

商品代码确定后要在一定时期内保持稳定，不能频繁变更，以保证分类编码的稳定性，避免人、财、物的浪费。

6. 统一性和协调性原则

商品代码要同国家商品分类编码标准相一致，与国际通用的商品分类编码标准相协调，以利于实现信息交流和信息共享。

(二) 商品分类编码的方法

商品分类代码是含义代码，代码本身具有某种实际含义。此种代码不仅作为编码对象的唯一标识，起到代替编码对象名称的作用，还能提供编码对象的相关信息(如分类、排序等信息)。

1. 系列顺序编码法

系列顺序编码法是一种特殊的顺序编码法，是将顺序数字代码分为若干段(系列)，使其与分类编码对象的分段一一对应，并赋予每段分类编码以一定的顺序代码的编码方法。我国国家标准《全国主要产品分类与代码第 1 部分：可运输产品》(GB/T 7635.1—2002)中的“小麦”(第五层级，小类类目)，在进一步细分到第六层级(细类类目)时，“冬小麦”“春小麦”的代码采用了系列顺序编码法，“白色硬质冬小麦”“白色软质冬小麦”等类目代码则采用了一般的顺序编码法。

第五层级(小类)代码 01111 小麦

第六层级(细类)代码 01111 • 010 冬小麦

(与第五层级代码之间用圆点隔开)-• 099

01111 • 011 白色硬质冬小麦

01111 • 012 白色软质冬小麦

01111 • 100 春小麦

- • 199

01111 • 101 白色硬质春小麦

01111 • 102 白色软质春小麦

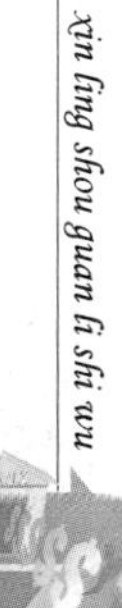

2. 层次编码法

层次编码法是按商品类目在分类体系中的层级顺序，依次赋予对应的数字代码的编码方法。它主要用于线分类体系。国家标准《全国主要产品分类与代码第 1 部分：可运输产品》(GB/T 7635.1—2002)和《全国主要产品分类与代码第 2 部分：不可运输产品》(GB/T 7635.2—2002)，就是采用层次编码法。例如，GB/T 7635.1 全部采用数字代码，其长度是 8 位，代码结构分成六层，各层分别命名为大部类、部类、大类、中类、小类和细类。其中，第一至第五层各用一位数字表示，第一层代码为 0—4；第二层、第五层代码为 1—9；第三层、第四层代码为 0—9。第六层用三位数字表示，代码为 001—999，采用了顺序码和系列顺序码(即分段码)，顺序码为 011—999，系列顺序码为个位数是 0(或 9)的三位代码。第五层和第六层代码之间用圆点(·)隔开。

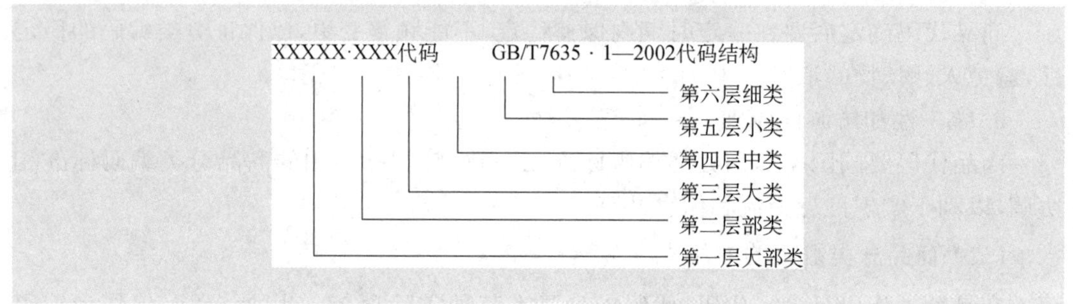

案例 3-4

某超市部分商品分类简例如表 3-2 所示。

表 3-2　某超市部分商品的大、中、小分类表简例

商品大类		商品中类		商品小类					
代码	名称	代码	名称	代码	名称	代码	名称	代码	名称
1	包装食品	101	休闲食品	10101	膨化食品	10102	干果炒货	10103	果脯蜜饯
				10104	肉脯食品	10105	鱼片		
		102	饼干糕点	10201	饼干	10202	派类	10203	糕点
				10204	曲奇				
		103	糖果	10301	香口胶	10302	巧克力	10303	硬糖
				10304	软糖	10305	果冻		
		104	冲调食品	10401	奶、豆粉	10402	麦片/餐糊	10403	茶叶
				10404	夏凉饮品	10405	功能糖	10406	固体咖啡

(续表)

商品大类		商品中类		商品小类					
代码	名称	代码	名称	代码	名称	代码	名称	代码	名称
				10407	藕粉、羹				
		105	营养保健品	10501	参茸滋补	10502	浓缩保健	10503	减肥食品
				10504	药酒	10505	蜂产品		
2	饮料烟酒	201	饮料	20201	碳酸饮料	20102	饮用水	20103	茶饮/咖啡
				20104	果汁	20105	功能饮料	20106	常温奶品
		202	酒类	20201	国产白酒	20202	葡萄酒、色酒	20203	啤酒
				20204	功能酒	20205	进口酒	20206	其他

(三) 商品编号的管理与维护

商品分类表使用一段时间后，常因新品的增加、旧品的淘汰而增删某些编号，因此必须定期修正。此项工作应由专人负责管理。在管理上应注意以下两个方面。

(1) 导入新商品时，应注意分类编号的连贯性和完整性。导入新品时，商品是否正确归类很重要，编号时应注意连贯性和完整性，不可随意插入。例如，新增猪肉水饺时，新品种最好紧接原有的猪肉水饺品种之后。

(2) 淘汰商品时，应定期删除其编号并进行登录管理。对已淘汰的商品不可任意删除，以免造成整个编号系统的混乱，而应在固定的时间进行删除作业(如固定在每月的月初或每 3 个月进行一次均可)。对已删除的编号要登录下来，引进统一分类的新品时，就可优先使用这些编号。

四、优化商品结构

(一) 商品结构

商品结构是指符合公司市场定位及商圈顾客需要的“商品组合”，是零售企业在一定的经营范围内，按一定的标准将经营的商品分成的若干类别和项目，以及各类别和项目在商品总构成中的比重。商品结构是由类别和项目组合起来的。

商品经营范围只是规定经营商品的种类界限，在经营范围内，应该确定各类商品的比例关系，主力商品、辅助商品和一般商品，以及比例关系。项目组合则要决定在各类商品中，品种构成的比例关系，主要经营的档次等级、花色规格等。

(二) 商品结构的分类

超市经营的商品结构，按照不同标准可分为不同类型。按经营商品的构成划分，可

分为主力商品、辅助商品和关联商品。

主力商品，也称拳头商品，是指那些周转率高、销售量大，无论是数量还是销售额均占主要部分的商品。一个企业的主力商品体现它的经营方针、特点和性质。可以说，主力商品的经营效果决定着企业经营的成败。主力商品周转快，就可以保证企业取得较好的经营成果；反之，就很难完成企业销售目标。因此，企业应先将注意力放在主力商品经营上。

超市的主力商品应该是市场上具有竞争力的商品或者是名牌、畅销的商品。要求经营者掌握所经营的主力商品的发展趋势，增长状况和竞争能力。同时还应注意掌握顾客的需求动向和购买习惯的变化。一旦发现主力商品的某些品种滞销就必须及时采取措施加以调整。企业掌握了主力商品的变化情况，也就掌握了经营的主动权。

辅助商品，是指在价格、品牌等方面对主力商品起辅助作用的商品，或以增加商品宽度为目的的商品。是对主力商品的补充，没有主力商品和辅助商品的搭配，商品会显得单调，辅助商品不要求与主力商品有关联性，只要企业能经营的产品就可以。辅助商品可以衬托出主力商品的优点，成为顾客选购商品时的比较对象，它不但能够刺激顾客的购买欲望，而且可以使商品更加丰富，克服顾客对商品的单调感，增加顾客光顾率，还可以促进主力商品的销售。

关联商品，是指同主力商品或辅助商品共同购买、共同消费的商品。在用途上与主力商品有密切联系的商品，如香烟和打火机，皮鞋和鞋油、鞋刷子等。配备关联商品可以方便顾客的购买，可以增加主力商品的销售，扩大商品销售量。配备必要关联商品的目的是适应顾客购买便利的消费倾向。

（三）商品组合的优化方法

商品组合，是指一个卖场经营的全部商品的结构，即各种商品线、商品项目和库存量的有机组成方式。简言之，企业经营的商品的集合，即商品组合。商品组合一般由若干个商品系列组成。商品系列，是指密切相关的一组商品。一组商品能形成系列，有其一定的规定性。商品系列有的是由于商品均能满足消费者某种同类需求而组成，如替代性商品（牛肉和羊肉）；有的是商品必须配套在一起使用或售给同类顾客，如互补性商品（手电筒和电池）；有的是可能同属一定价格范围之内的商品，如特价商品。商品系列又由若干个产品项目组成，商品项目是指企业商品销售目录上的具体品名和型号。

案例 3-5

A 超市的商品构成有问题吗？

A 连锁超市有各类门店数十家，以总店为例，有效流转商品数达 1 万种，日均营业额 80 万元左右。在分析商品构成问题时，发现平均 5 000 个单品实现了 40 万元左右的销售额。该地另一家超市公司却出现了相反的现象:10%左右的商品实现了90%以上的销售。

考考你

A超市的商品构成有问题吗,其合理商品结构的标准是?

1. 80/20集中度分析

商店里经营的单品成千上万,我们稍做分析,便可以发现一个规律:20%的单品贡献了80%生意价值(销售量、销售额、利润)。也就是说,大部分的商品(80%)只带来了少部分的生意价值(20%)。有些商品是在浪费商店宝贵的货架空间、库存资源、现金流、人力资源,甚至是品牌形象。

在图3-6中,纵轴主要衡量指标是销售量、销售额和利润额的占比累积;在横轴上是每个单品销售量从大到小进行排序;每根柱子表现了每个单品的生意占比。横轴从左向右的曲线表示每个单品累加的结果。进行80/20分析时会发现,大约20%的单品贡献了80%的生意价值。如果商店的商品组合做得较好,可能会出现30%的单品贡献70%的情况。数字虽有所不同,但其反映的规律都是一样的,即大部分销售是由少部分商品贡献的。找出这部分主力商品便是80/20集中度分析的主要目的。

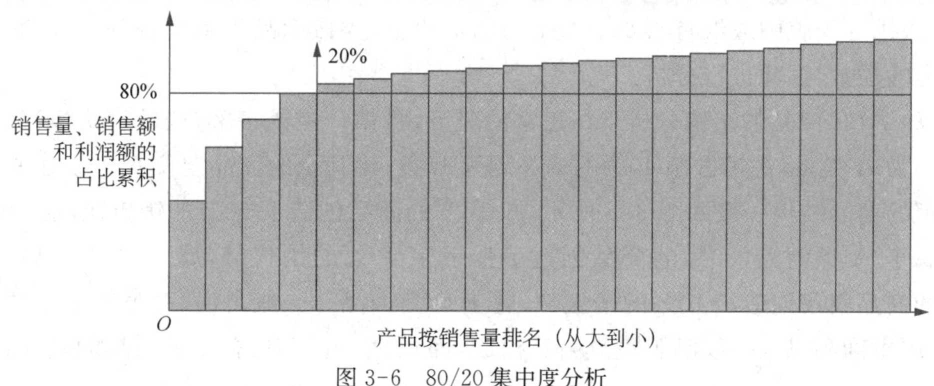

图3-6 80/20集中度分析

除此以外,我们还可以根据每个单品的综合贡献排名名单确定商品删除线,对删除线以上的商品进行有选择的淘汰。如果是目标性品类,可适当覆盖更多的商品,如贡献超过90%生意的商品;如果是便利性品类,建议单品数可以减少,如贡献80%生意的单品。在品类管理初期,不建议一次删除量太大,一方面因为对经营的影响较大,另一方面由于执行力度的问题可能带来较大的生意损失。在实践中,多数会将删除线定在95%,如图3-7所示。

2. ABC分析法

(1) ABC分析法的含义。ABC分析法源于80/20集中度分析,但是比80/20集中度分析更为细化,它按照一定标准对管理对象越行排序分类,区别重点与一般,从而确

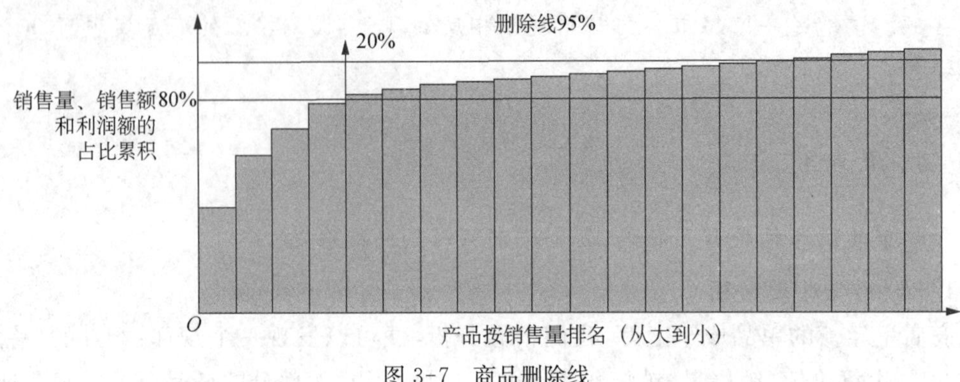

图 3-7　商品删除线

定投入不同管理力量的一种科学方法。它一般把管理对象分成 A、B、C 三类，所以称为 ABC 分析法。ABC 分析法可以应用在从库存单位到部门的任何一级商品分级上。在商品管理中应用 ABC 分析法，就是对库存商品进行分类，根据各类商品的重要程度，投入不同的管理力度，采用不同的管理方式。A 类商品是最重要的商品，应重点管理；B 类商品是非重点商品，可进行一般管理；C 类商品是次要的商品，可投入少量的管理力量。

ABC 分析表有两种形式：一种是全部品种逐个列表的大排队分析表；另一种是对各品种进行分层的分析表。大排队的 ABC 分析表，适用于品种数不太多的分析项目，它是按销售额大小由高至低对所有品种顺序排列。分层的 ABC 分析表，是在品种数较多，无法排列于表中或没有必要全部排列的情况下，先按商品类别进行分层，以减少品种栏内的项数，据此进行分析。

（2）ABC 商品的结构分析。在正常情况下，将累计占销售额（或综合贡献）50%的商品划为 A 类；将占销售额 40%的商品划为 B 类；将其余的商品定位 C 类。正常的比较合理的商品结构一般如图 3-8 所示，即 10%的商品创造了 50%的销售额，这 10%的商品属于 A 类商品，30%的商品创造了接下来 40%的销售额，属于 B 类商品；剩下 60%的商品仅仅创造了 10%的销售额，属于 C 类商品。一般来说，A 类商品主要由促销品、应季商品以及一线品牌主流商品构成，而在这三者中只有应季商品的利润最高，

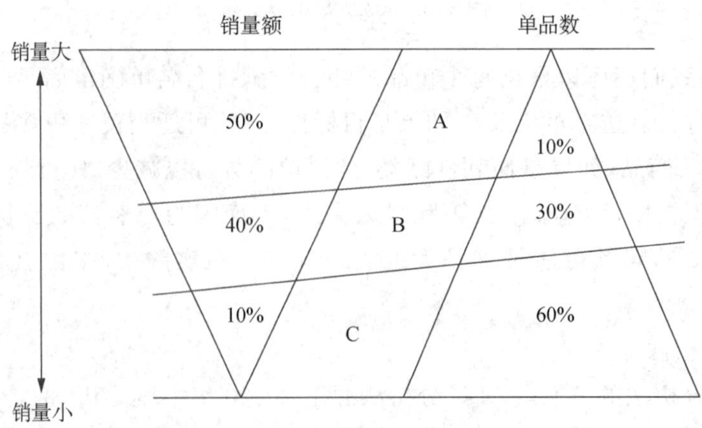

图 3-8　科学合理的商品 ABC 结构

其余两者的利润较低。C类商品属于销售额比较差的商品但是又不能一概而论，因为C类商品如果不是在运营上出现问题（如缺货）而导致销售额差的话，那么C类商品一般包括结构性商品（如价格结构、功能结构等），新品（正处在缓慢的市场导入期），等待淘汰的商品（如衰退期的商品、长期导入不成功的商品等）。

但并不是所有的零售企业都有这种科学合理的商品结构，当运用ABC分析的时候，零售企业的销售业绩可能显现如下分析结果。

① 同等的商品产生同等的销售业绩。如50%的商品贡献了50%的商品销售额，接下来40%的商品贡献了40%的销售额，这属于绝对的平均化，即存在门店主力商品销售不突出，各种商品都能销售一点，因此造成了门店无主力商品可以推广的问题。此时，门店需要寻找有待挖掘的主力商品，调整主力商品销售的陈列和与供应商的合作关系，共同将主力商品提升上去。

② 最小的商品产生了最大的销售业绩。5%的商品贡献了50%的商品销售，如图3-9所示。从结构图直观来看，明显是A类商品过少。这种情况产生的原因多是主力商品过于集中，甚至在门店中只有一小部分商品在吸引消费者，不宜再拿A类商品做进一步促销，因此产生的后果可能会引发零售商的运营危机。如果有竞争对手针对门店的A类商品即主力商品进行竞争，那么企业可能会面临灭顶之灾。这时还要看门店是大店还是小店。如果是小店，门店还有机会慢慢调整，毕竟小店由于其商圈范围较小，竞争对手较少，被竞争对手拿着该门店A类商品来恶性竞争的概率小一些；如果是大店，只要周边的几个竞争对手分别拿出该门店的A类商品来恶性竞争，那么该门店的销售额必然一落千丈。好的一点是B类商品比例相对合理，可以选取部分B类商品做促销，促销之后部分B类商品会上升至A类，以充实A类，这样B类商品的比例会减少，所以需要C类商品来补充。此时，建议所有的促销选品，从B类商品中选择40%，从C类商品中选取60%。

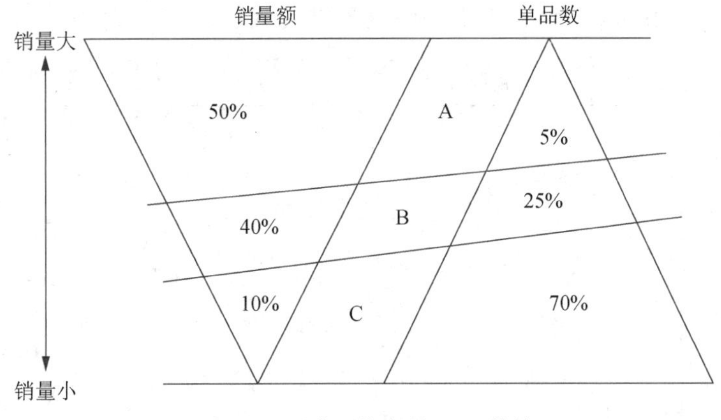

图3-9　不合理的商品ABC结构

③ 从图3-10来看，C类商品过多，占到了70%，说明滞销品较多，麻烦较大。另外A类商品占比15%，比起标准结构的10%稍多，说明主力商品还是不够突出，在促销时

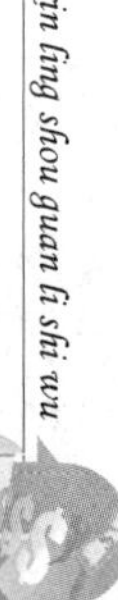

可以选择 A 类商品做促销，以便突出 A 类商品。但是这还不是最麻烦的，最麻烦的是 B 类商品过少，A 类商品加上 B 类商品才占比 30%，比标准结构少 10%，应该从 C 类商品中培养一部分商品发展壮大为 B 类商品，所以现在的问题不是用 B 类商品做促销充实 A 类商品的问题，而是 B 类商品不做促销，直接将应用在 B 类商品上的促销品全部放在 C 类商品上，此时建议所有的促销选品从 A 类商品中选择 30%，从 C 类商品中选择 70%。

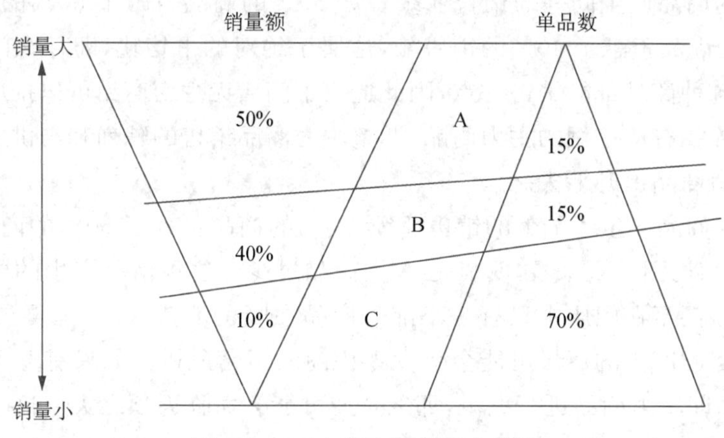

图 3-10　不合理的商品 ABC 结构

④ 从图 3-11 来看，该门店的商品结构非常麻烦，A 类商品过少，因为一旦 A 类商品出现一点风吹草动，门店销售随时有大幅下滑的可能，作为 A 类商品后备军的 B 类商品又过少，A 类商品加上 B 类商品也仅仅占比 18%，远低于健康结构的 40%，也就意味着一旦 A 类商品出问题，B 类商品中又没有合适的商品可以顶上来，销售额必然大幅下滑。所以此时一定不能再拿 A 类和 B 类商品做促销，同时 C 类商品高达 80%以上，意味着货架上充斥着大量的滞销商品，所以此时最重要的是从 C 类商品中通过促销等手段培养发展壮大的商品，逐步缓解这种结构问题。

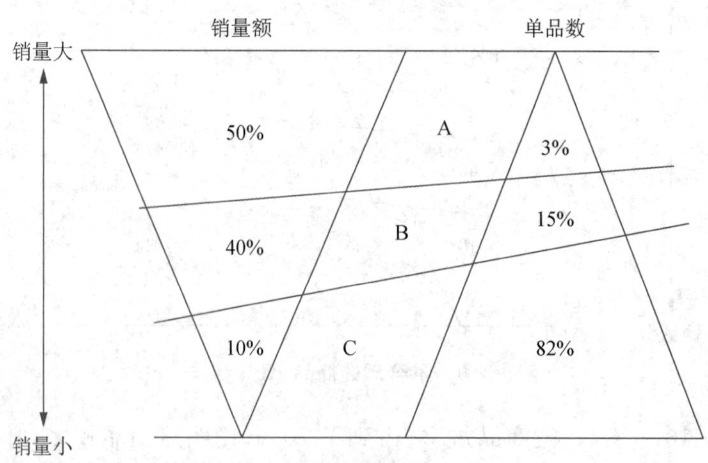

图 3-11　不合理的商品 ABC 结构

(3) 从 ABC 分析到双 ABC 分析。将商品分为 ABC 三类，有效了解商品结构和商品现状。如果将商品结构连续两年的 ABC 分析进行汇总分析，将会进一步了解商品当年和上年的状况，有效指导门店销售策略，这种方法称为双 ABC 分析。通过双 ABC 分析可以将商品划分为 10 个类型(在字母的排序上前一个字母表示该商品当年的类型，后一个字母表示该商品上年的类型，如果只有一个字母，表示该商品上年没有，唯一的字母表示当年的商品类型)。

① A 是当年新品，可能是新上市的大力度促销商品；② AA 是当年和上年都是 A 类商品，可能是一线明星商品、强季节商品、促销商品；③ AB 是上年为 B 类商品，当年为 A 类商品，呈上升趋势；④ AC 是上年为 C 类商品，当年是 A 类商品，培养潜力很大的商品；⑤ B 是当年新品，销售不错；⑥ BA 是上年为 A 类商品，当年是 B 类商品，销售有所下滑；⑦ BB 是当年和上年都是 B 类商品；⑧ BC 是上年为 C 类商品，当年为 B 类商品，可见上年和当年都没大力度促销，可培养；⑨ C 类是刚上市商品，没有经过促销，有待观察；⑩ CA 是当年为 C 类商品，上年为 A 类商品，下滑严重，需要删除；CB 是当年为 C 类商品，上年为 B 类商品，有所下滑，需要删除；CC 当年和上年都为 C 类商品，可能是结构性商品，不能简单删除。

3. 象限分析

80/20 集中度分析以及 ABC 分析主要是针对零售商的自身数据进行商品表现的分析。为了更科学地做出商品的淘汰与保留决定，必须参考商品在市场上的表现。以商品在商店的表现为横轴，以商品在市场的表现为纵轴，可以绘出如图 3-12 所示的象限市场图，将商品分为 4 个部分。

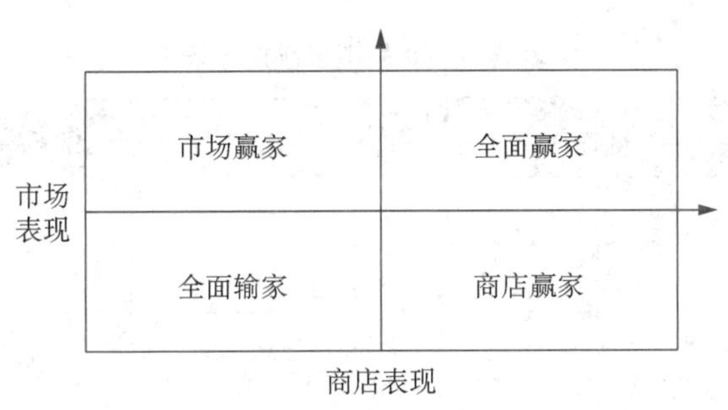

图 3-12　象限市场图

(1) 全面赢家。全面赢家指在市场和商店的表现均优于平均水平的商品。这部分商品往往是前 20%的商品，简称 20 商品，是商店必须高度重视的一部分商品。

(2) 商店赢家。商店赢家指在商店的表现优于平均水平，但在市场的表现却较差的商品。这部分商品有可能是商店的自有品牌，也有可能是商店投入了过多资源使其表现超常的商品。例如，某超市将 30%的货架资源和一半的货架外堆头卖给了某品牌卫生巾，使该品牌的销售跃居超市首位，超过了市场份额最高的苏菲和护舒宝。这部分商品需要得到关注，因为它的超常表现很可能带来主力品牌生意的下降，从而招致整个

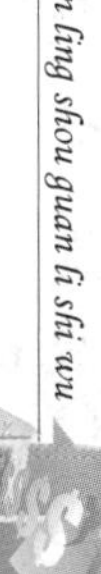

品类生意的下降。这部分商品还可能是商店的目标性商品或差异化商品,需要进行分析以确定其真实状况,以制订下一步行动计划。

(3) 市场赢家。市场赢家指在市场上的表现优于平均水平,但在商店的表现却较差的商品。这部分商品由于有较好的群众基础,是很有潜力提高销售量的,是商店的机会商品。对市场赢家的商品,需要找出其在商店表现不佳的原因,从而推动这部分商品在商店的表现。市场赢家在象限中有一种极端情况,即市场表现优于平均水平但在商店的商品列表中却不存在的商品,也就是零售商没有销售的商品。对这部分商品,零售商可考虑作为新品引进。

(4) 全面输家。全面输家指在市场和商店的表现均落后于平均水平的商品。这部分商品是可替换性商品,落在该象限的商品可能是新品,也可能是由于各种原因脱销的商品。对于这种特殊原因的商品,要适当考虑给他们更长时间的表现期,以公平评估其真实水平。

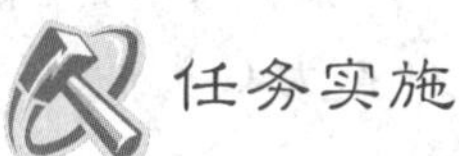

任务实施

李明从 POS 信息系统中导出最近两个月的销售报表,根据电脑统计数据,对每类商品的销售额进行分析比较,确定各自的销售比重,分出 A、B、C 三个级别,具体步骤如下所示。

(1) 排列。将每种商品按销售额多少进行列表,其内容包括商品代号、销售额、销售额占总销售额的比重,按销售额大小由高至低对所有品种顺序排列(见表 3-3)。

表 3-3　商品销售额排序表

商品代号	销售额(元)	销售额占总销售额比重(%)
33201	8 000	25
22201	5 120	16
22202	2 560	8
11102	1 920	6
11101	1 600	5
11201	640	2
33101	576	1.8
	…	…
33102	480	1.5
	…	…
合计	32 000	100

（2）分类。根据所列各类商品销售额的比重，确定它们属于哪个类别（A、B或C），填入ABC分析表格之中（见图3-4）。一般来说，销售额比重在50%以上的商品为A类，是畅销商品或主力商品；在40%的商品为B类，是中间商品或辅助性商品；在10%以下的商品为C类，是滞销商品或附属性商品。A类常处在商品生命周期的成长后期和成熟期过程中，B类处于成长和衰退的前期，C类则处于导入或衰退后期。

表3-4　商品ABC分类表

<table>
<tr><th>商品代号</th><th>销售额</th><th>销售额占总
销售额比重(%)</th><th>累计比率(%)</th><th>分类</th></tr>
<tr><td>33201</td><td>8 000</td><td>25</td><td>25</td><td rowspan="3">A</td></tr>
<tr><td>22201</td><td>5 120</td><td>16</td><td>41</td></tr>
<tr><td>22202</td><td>2 560</td><td>8</td><td>49</td></tr>
<tr><td>11102</td><td>1 920</td><td>6</td><td>55</td><td rowspan="5">B</td></tr>
<tr><td>11101</td><td>1 600</td><td>5</td><td>60</td></tr>
<tr><td>11201</td><td>640</td><td>2</td><td>62</td></tr>
<tr><td>33101</td><td>576</td><td>1.8</td><td>63.8</td></tr>
<tr><td></td><td>……</td><td>……</td><td></td></tr>
<tr><td>33102</td><td>480</td><td>1.5</td><td>90</td><td rowspan="3">C</td></tr>
<tr><td></td><td>……</td><td>……</td><td></td></tr>
<tr><td>合计</td><td>32 000</td><td>100</td><td></td></tr>
</table>

（3）通过ABC分析，我们决定淘汰食品类中的银鹭花生奶，结合市场调查中消费者的需求，引进如太阳牌小米锅巴、手撕牛肉等休闲食品，海飞丝、潘婷等洗发露（小袋装），花露水、蚊香等日用商品。

技能训练

【项目背景】

学生选取临近商圈的一家超市为例，分组撰写门店商品定位方案。

【实训目的】

使学生了解商品定位的方法，了解商品定位的基本程序，掌握问卷调研法，建立对商品定位的整体概念。

【实训步骤】

（1）自由组合成小组，每组6～8个人。

（2）收集二手资料，了解市场环境、商品知识等。

(3) 设计调查问卷,对门店的目标消费群体的消费特征进行调研。

(4) 统计调查问卷,分析消费者的消费特征。

(5) 根据调研结果,撰写定位方案,并在课堂上进行展示。

【实训评价】

1. 评价内容

(1) 学生参与性。

(2) 超市商品定位是否合理。

(3) 学生搜集和处理信息的能力。

2. 评价方式

学生成绩由学生自评(20%)、互评(30%)和教师评价(50%)综合评定,评价表如下所示。

组别:______ 第_次实训

学号	姓名	自评(20%)	互评(30%)	教师评价(50%)	总成绩

任务二　商 品 采 购

任务导入

李明选好地段,租下了门面,预备采购所需经营的商品,在十一国庆黄金周,正式开始营业,但他对超市商品采购的流程及供应商的选择及管理还一头雾水。预备开始进行商品采购,但一时又不知从何开始?

任务分析

超市商品采购遵循采购原则,开发和选择合适的供应商,按照采购业务流程,做好新品的引进及滞销品的淘汰工作。

一、商品采购的原则

(一) 以需定进

以需定进是据目标市场的商品需求状况来决定商品的购进。即"以销定进"卖什么就进什么,卖多少就进多少,完全由销售情况来决定。例如,卖场中销量一直比较稳定且受外界干扰较小的诸如洗发水之类的日用品我们就可以仔细研究进销存报表，销多少进多少，什么品牌受消费者喜爱、卖得好就多购进此类品牌。再比如中秋节的月饼，根据习俗，中秋佳节，大家都习惯吃点月饼来压压节气或是买些馈赠友人，但时节一过，便不再购买。所以对于这种时令性的商品要先进行预测，再决定采购数额，以防止过期造成积压滞销。再有就是新上市商品，卖场除了要进行广告宣传引导和刺激顾客消费外，还应根据市场需求调查的结果决定进货量。

（二）适价

大量采购与少量采购，长期采购与短期采购，在价格上往往有较大差别，比如你买一箱精品红富士共计 20 斤，总共 40 元，平均每斤 2 元，而你在超市买上一斤精品红富士苹果价格则是 6.98 元。所以要界定一个合适的价格首先要多渠道询价，多方面打探市场行情，然后比价，通过分析各供应商提供的商品性能、规格、品质要求等，建立比价标准。然后，成立由采购、技术、成本会计组成的评价小组，估算出符合品质要求的较为准确的底价资料。最后，根据底价资料、市场行情、供应商用料及采购量大小、付款期长短与供应商议定一个双方都能接受的合理价格。

（三）适时

现代企业竞争非常激烈，时间就是金钱，采购计划必须非常精确，太晚采购会造成店铺缺货，从而增加管理费用，影响销售和信誉；太早采购又会造成商品和资金的积压，场地的浪费，所以依据销售计划制定采购计划，并按计划适时采购尤为重要。

（四）适质

采购商品的成本是直接的，而品质成本是间接的，但往往被许多企业忽略。比如，有些企业贪图一时之利，放低了对品质的要求，而造成商品质量不过关而出现经常性的退换货，不仅影响销售计划变更，更是降低了企业的信誉和产品的竞争力，这样看来“物美价廉”才是最佳的选择。

（五）适量

采购量多，价格就便宜，但不是采购越多就越好，因为资金的周转率，仓库储存的成本都直接影响采购总成本，所以应根据资金的周转率、储存成本等综合计算最经济的采购量。

（六）适地

供应商离公司越近，运输费用就越低，机动性就越高，协调沟通就越方便，成本自然就降低了，反之成本将会增加。

二、供应商的开发与评选

（一）供应商开发

一般来说，供应商开发的内容有：供应市场竞争分析，寻找合格供应商，潜在供应商

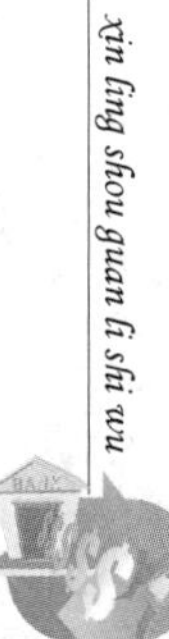

的评估、询价和报价，合同条款的谈判，最终供应商的选择。

1. 供应商开发的基本准则

超市供应商开发的基本准则是“QCDS”原则，即质量、成本、交付与服务并重的原则。在这四者中，质量因素是最重要的。首先，要确认供应商是否已有一套稳定有效的质量保证体系，确认供应商是否具有生产所需特定产品的设备和工艺能力。其次，要运用价值工程的方法对所涉及的产品进行成本分析，并通过双赢的价格谈判实现成本节约。在交付方面，要确定供应商是否拥有足够的生产能力，人力资源是否充足，有没有扩大产能的潜力。最后，要做好供应商的售前、售后服务的记录。

2. 供应商开发流程

在供应商开发流程中，首先要对特定的分类市场进行竞争分析。要了解谁是市场的领导者，目前市场的发展趋势是怎样的，各大供应商在市场中的定位是怎样的，从而对潜在供应商有一个大概的了解。

(1) 寻找潜在供应商。经过对市场的仔细分析，可以通过各种公开信息和渠道得到供应商的联系方式。这些渠道包括供应商的主动询问和介绍、专业媒体广告、互联网搜索等方式。在这个步骤中，最重要的是对供应商做出初步的筛选。

(2) 供应商的实地考察。这一步骤至关重要，必要时在审核团队方面，可以邀请质量部门和工艺工程师一起参与。他们不仅会带来专业的知识与经验，而且共同审核的经历也会有助于公司内部的沟通和协调。

(3) 发出询价。在供应商审核完成后，对合格供应商发出询价文件，一般包括图纸和规格、样品、数量、大致采购周期、要求交付日期等细节，并要求供应商在指定的日期内完成报价。在收到报价后，要对其条款仔细分析，对其中的疑问要彻底澄清，而且要求用书面方式作为记录，包括传真、电子邮件等。

(4) 报价分析。报价中包含大量的信息，如果有条件，应要求供应商进行成本清单报价，并让其列出材料成本、人工、管理费用等，将利润率明示。比较不同供应商的报价，会对其合理性有初步的了解。

(5) 价格谈判。价格谈判是一个持续的过程，每个供应商都有其对应的价格曲线。在供货一段时间后，其成本会持续下降。与表现优秀的供应商达成策略联盟，促进供应商提出改进方案，以最大限度地节约成本。实际上，每个供应商都是所在领域的专家，多听取供应商的建议往往会有意外的收获。通过策略联盟，参与设计，供应商可以有效地帮助降低成本，保证货源。

(二) 供应商评选

1. 筛选和评定供应商的标准

(1) 质量水平：能否提供质量保证体系认证，样品质量，对质量问题的处理。

(2) 交货能力：交货及时性，增、减订货的适应能力。

(3) 价格水平：优惠程度、消化涨价的能力、成本下降空间。

(4) 技术能力：技术的先进性，后续研发能力，产品设计能力，技术问题的反应能力。

(5) 人力资源:精英团队员工素质。

(6) 现有合作状况:合同履约率、合作年限、合作融洽关系

采购部门提出5～10家候选供应商名单,公司成立采购、审计、财务部组成供应商评选小组,依上述标准评定合格的采购,没有通过的继续改进,保留未来候选资格,并在每年对供应商的业绩进行评估,不合格予以淘汰,从候选队伍中补充合格供应商。

案例3-6

盒马鲜生供应商大会传出了哪些信息

2018年8月9日,盒马鲜生在上海召开了首届供应商大会,此次大会传递出以下信息。

一、盒马鲜生要定市场交易的规矩了

盒马鲜生公开宣示不向供应商收取进场费、促销费、新品费等通道费,实际上是要通过变革这种交易制度重新确定新零售的交易制度,盒马鲜生要定零售业市场交易的规矩了。由此可以探窥到新零售的本质是新技术加新制度。

二、盒马鲜生愿意放弃不接受新交易制度的第一品牌供应商

侯毅在大会上还痛斥了品牌商尤其大品牌商甚至是第一品牌商的KA大客户制度,零售商向供应商收取通道费的交易制度是与品牌供应商的KA大客户制度相衔接的,在商超领域如果被品牌商纳入属于KA大客户的企业,品牌商可以满足你关于各项费用的收取,但必须接受品牌商一般要高于市场非KA大客户企业或个体店20%左右的供应价格,这就造成了中国市场的怪象,企业规模越大市场销售价反而比一般小型零售商高,比个体杂货店还要高。盒马鲜生销售的商品品类以生鲜食品为主,在这个领域本身就缺乏品牌商,但当盒马鲜生要大规模进行标品销售,形成阿里巴巴自己的商品供应链并将其上升为整个零售业社会的基础设施时,品牌商的KA大客户供货制度就必须被革命掉,否则阿里巴巴的新零售无法实现。

三、3年50%自有品牌商品是盒马鲜生大会喊话供应商配合的主旨

盒马鲜生在3年内达到自有品牌商品50%,实际上在喊话供应商要么成为盒马鲜生的贴牌生产厂家,要么放弃盒马鲜生这个快速发展的新通路。另外,这一目标也是盒马鲜生在倒逼自己在未来的3年内要盈利,回击业界对盒马鲜生至今没有盈利模式和通过宣传新零售而强行将传统零售商转型的种种说法。

盒马鲜生今天敢于这样说,是因为在盒马鲜生的供应商队伍里出现了一大批用心做产品的企业,这些产品已经在盒马鲜生健康的供应体系中得以发光。三高(高颜值、

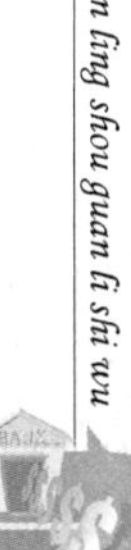

高品质、高周转)，三低(低成本、低毛利、低价格)和三零(零费用、零账期、零退货)商品在盒马鲜生的销售体系占比快速升高，这些产品加上高效的运营形成了盒马鲜生新一轮发展的风向标。“供应商良性协同化时代到来了”，侯毅如是说。

(资料来源：联商网)

考考你

盒马鲜生对供应商选择的标准是?

2. 建立供应商阶段性评价体系

采取阶段连续性评价的方式，将供应商评价体系分为供应商进入评价、运行评价、供应商问题与改进评价及供应商战略伙伴关系评价几个方面。供应商的选择不仅仅是入围资格的选择，而且是一个连续的可累计的选择过程。

(1) 建立供应商进入评价体系。可对供应商管理体系、资源管理与采购、产品实现、设计开发、生产运作、测量控制和分析改进等 7 个方面进行现场评审和综合分析评分，评出合格的供应商。

(2) 建立供应商运行评价体系。一般采取日常业绩跟踪和阶段性评比的方法。采取 QSTP 加权标准，即供货质量 quality(35%评分比重)、供货服务 service(25%评分比重)、技术考核 technology(10%评分比重)、价格 price(30%评分比重)。根据有关业绩的跟踪记录，按照季度、年度对供应商的业绩表现进行综合考核。

(3) 供应商问题的辅导和改进工作。这是通过专项专组辅导和结果跟踪的方法实现的。采购中心设有货源开发组，根据所负责采购物料的特性把货源开发组员分为几个小组，该小组的工作职责之一就是对供应商进行辅导和跟进。

(4) 供应商战略伙伴关系评价。这是通过供应商的进入和过程管理，对供应商的合作战略采取分类管理的办法。采购中心根据收集到的信息，由专门的商务组分析讨论，确定有关建立长期合作伙伴的关系评估，提交专门的战略小组进行分析。伙伴关系不是一个全方位、全功能的通用策略，而是一个选择性战略。是否实施伙伴关系和什么时间实施要进行全面的风险分析和成本分析。

案例 3-7

沃尔玛超市供应商战略管理

在进行正式的采购运营之前，沃尔玛最重要的战略管理是在对供应商管理方面，通过实行战略合作伙伴式的运行模式，即把供应商的生产成本、技术研发、管理费用纳入到沃尔玛公司的管理体系中来，不仅可以在采购和物流的操作层面突破了企业边界，并且在财务绩效方面达到一体化。通过数据库把沃尔玛所有的商店的库存信息、销售信息、产品价格信息、客户反馈信息、内部经营计划信息等与供应商进行共享，从而降低了外部市场的交易成本，同时通过及时市场信息反馈，保证产品质量和创新速度。

考考你

超市应如何处理与评价与供应商的战略关系？

阶段性评价体系的特点是流程透明化和操作公开化。所有流程的建立、修订和发布都通过一定的控制程序进行，保证其相对的稳定性。评价指标尽可能量化，以减少主观干扰因素。

三、采购的流程

（一）新品引进业务流程

“引进新品”能让超市增加毛利、提高销售和建立市场区隔，是超市商品采购管理的重要内容，那什么样的流程能保证这一点？

1. 做好事前控制

超市应当有完善而明确的商品引入标准，并定期制定新商品引入计划，对新商品的引入做系统的规划，其中包括：增加的新分类、增加的商品项目、季节性重点商品的引入计划、自行开发商品计划等。如：新引进商品在试销的3个月内，销售额必须达到目前同类畅销商品销售额的一定比例（通常为60%～80%），或至少不低于所替代的淘汰商品的销售额，方可列入采购计划的商品目录之中。

2. 做好事中控制

（1）审核新商品引入资格。无论是供应商主动报价，还是基于市场需求而由超市主动采价，采购人员都需要根据新商品的进价、售价、毛利率、进退货条件、广告宣传、赞助条件等予以初评。初评之后，交由公司采购部门集体复评，对拟引进的商品进行筛选，复评的项目还需要对产品的口味、包装、售价以及市场接受程度等项目进行具体评估，以防止不合标准的商品流入门店销售。

（2）试销的准备。对于超市来说，随意将新商品引入所有门店销售的风险是很大的，所以通常先进行试销，之后根据试销效果决定是否引入。若是新商品试销效果良好，则采购人员配合进货并制定商品配置表。

3. 做好事后控制

在新商品全面引入超市之前，需要事先以书面或者电子邮件的方式通知门店，并予以一定的前置准备期，以便门店做好新商品引入的各项工作。同时，商品导入卖场后要对销售情况进行观察、记录和分析。

负责该新商品引进的采购人员，应根据新商品在引入卖场试销期间的实际销售业绩（销售额、毛利率、价格竞争力、配送服务水平、送货保证、促销配合等）对其进行评估，评估结果优良的新商品可正式进入销售系统，否则中断试销，不予引进。

（二）滞销品淘汰业务流程

由于卖场空间和经营品种有限，所以每导入一批新商品，就要相应地淘汰一批滞销商品。选择和淘汰滞销商品，成为超市的一项重要内容。

1. 滞销品的内涵

简单来说，就是店内低周转的商品，或是一段时间卖不出去的商品，比如春节的年货，过了春节就成了滞销品。其实对于滞销品我们也没有明确的标准，但一般来说，食品连续 20 天未销售，非食品连续 30 天未销售，化妆品、音像书刊等连续 60 天未销售（新商品、季节性、出清等商品除外）均属于滞销品。

2. 淘汰品的选择标准

（1）销售额排行榜。据企业 POS 系统提供的销售信息资料，挑选若干排名最后的商品作为淘汰对象，淘汰商品数大体上与引入新商品数相当。

（2）最低销售量和最低销售额。对于那些单价低、体积大的商品，可规定一个最低销售量或最低销售额，达不到这一标准的，应将其列入淘汰商品。

（3）商品质量。对被技术监督部门或卫生部门宣布为不合格商品的，理所当然应将其淘汰。

3. 典型滞销品淘汰业务流程模式

（1）数据分析：根据滞销品的标准进行数据分析。如：以销售排行榜 3% 为淘汰基准，以每月销售量未达到 50 个单位为基准、以商品品质为基准，找出销售不佳、周转慢或品质有问题的商品作为淘汰品。

（2）确认原因：采购人员应了解淘汰商品的真正原因，究竟是商品不佳还是人员作业流失，如缺货未补、订货不准确，陈列定位错误等，然后再确认是否淘汰。

（3）告知门店：淘汰滞销品之前，总部应至少在 10 天前向门店告知滞销品的项目及退还作业的程序。

（4）滞销品淘汰作业：列出淘汰品清单，确定淘汰日期；确定淘汰品的数量；查询有无货款可抵扣，超市如有应付款项，可将滞销品退回供应商，滞销品如退给厂家，应及时通知厂家取回退货；无法退回给厂商的商品，可降价销售、廉价卖给员工或作为促销的奖品送给顾客；淘汰作业结束后应做好淘汰品记录，每月汇成总表，整理归档，以避免重新将滞销品引进。

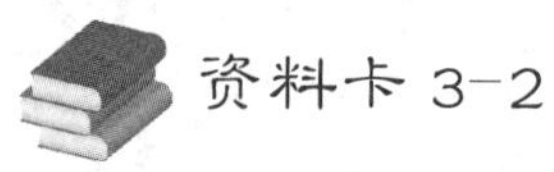

资料卡 3-2

超市商品采购业务流程如图 3-13 所示。

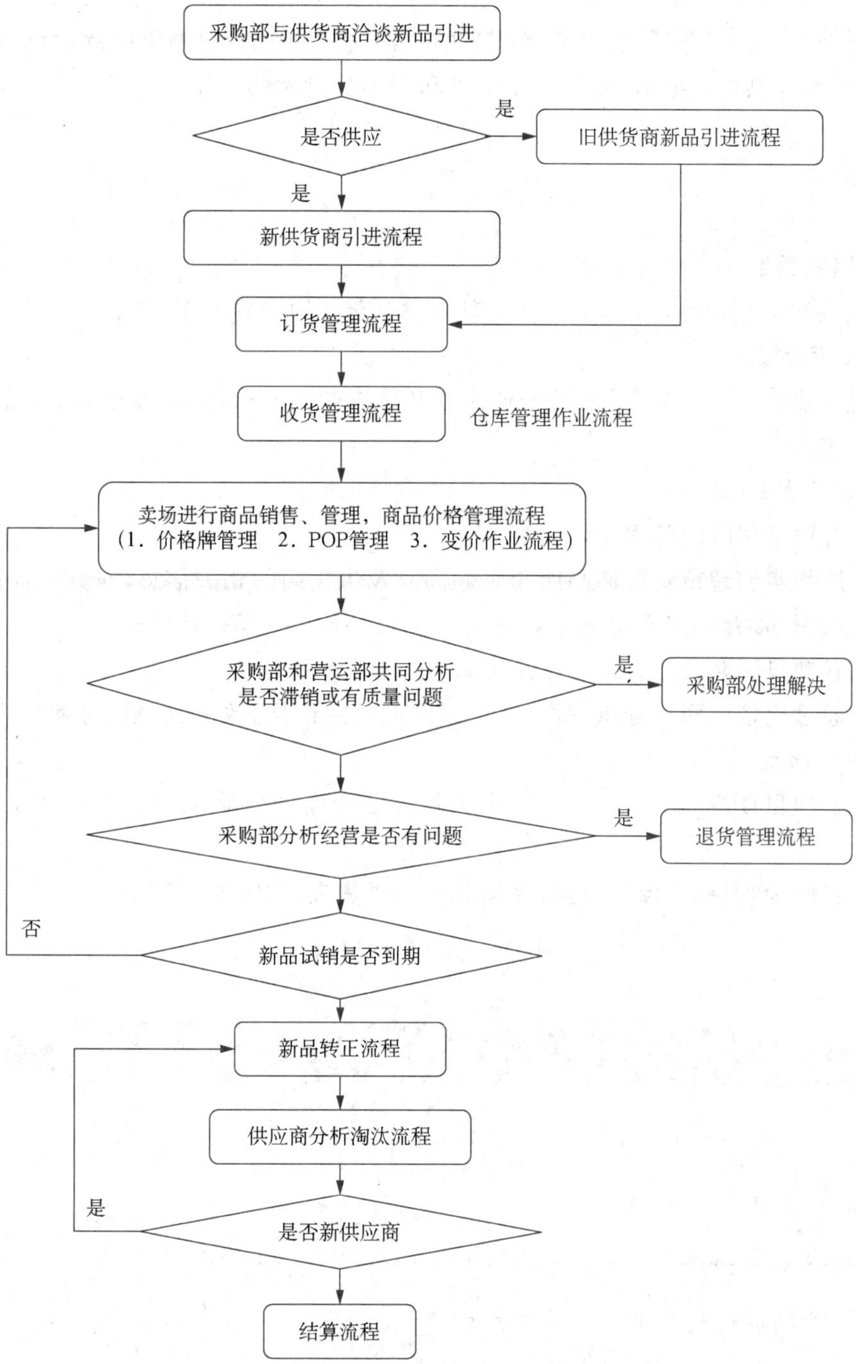

图 3-13　超市商品采购业务流程

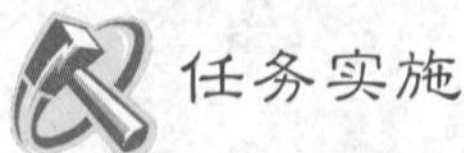

任务实施

李明首先将商品采购的任务交给门店的采购组，采购小组通过各种渠道收集顾客需求信息，研究目标市场的人口统计数据、生活方式和潜在购物计划，得出消费者需求。然后据此选择适销对路的商品、寻找商品的货源，进行询价，根据供应商评估标准评估供应商，选择好供货的渠道，做好新品引进和滞销品淘汰的工作。

技能训练

【项目背景】

学生为实训超市所需经营的商品，完成一次新品的采购工作。

【实训目的】

通过实训，让学生熟悉采购的作业流程及供应商开发和选择，培养学生商品采购的实际操作能力。

【实训步骤】

(1) 各项目团队内部讨论，组织分工。

(2) 搜集实训超市新进商品所需采购商品及供货商的相关信息，对其单品品类(品牌、产地、型号、质量)，各单品的数量进行讨论，并形成相应采购计划。

(3) 各项目团队根据查询的联系方式，进行供货商询价。

(4) 通过比较选择目标供货商，并就采购商品的价格、数量、质量、付款方式及配送等内容进行谈判。

(5) 各项目团队就谈判结果商讨决定与之合作的供货商，形成采购协议，进行采购。

(6) 各组验收货品，保留单据，并据此填写进货表，如表 3-5 所示。

表 3-5　商品日进货报表

年　　月　日

商品品类	价格	数量	来源
×××			
×××			

经手人：

注明：×××为商品代码，涵盖货品的品名、质量、型号等信息。

(7) 各小组统计两周的销量，就商品销量做出分析，并据此优化下期采购计划，选出一名代表就各项目团队商品采购及销售过程中的情况、出现的问题及原因分析在班上进行交流汇报，教师进行点评。

【实训评价】

1. 评价内容

采购单据及表格（是否完整、表格填写是否正确、采购作业流程是否合理、分析是否到位）50%，实施效果（采购是否能满足销售所需、是否适销对路）30%、完成任务时的表现（纪律、态度、团队意识）20%。

2. 评价方式

学生成绩由学生自评（20%）、互评（30%）和教师评价（50%）综合评定，评价表具体如下。

组别：_______ 第__次实训

学号	姓名	自评(20%)	互评(30%)	教师评价(50%)	总成绩

任务三　商品的验收及库存管理

任务导入

李明的超市刚开业不久，经过卖场装修之后，手中只剩下不到一万元进货资金，现在李明正为进多少货精打细算，究竟什么样的库存才是合理库存，如何存储、进货后如何验收才能将损失降到最低等问题一直萦绕心头，他苦思不得其解。

任务分析

商品验收是按照验收业务作业流程，核对凭证等规定的程序和手续，对入库商品进行数量和质量检验的经济技术活动的总称。凡商品进入仓库储存，必须经过检查验收，只有验收后的商品，方可入库保管。商品验收涉及多项作业技术。要做好验收工作就必须明白验收的要求、掌握验收的方式，熟悉商品验收的工作流程、内容及验收过程中所发现问题的各种处理方法。

商品采用何种库存方式，对商家影响很大，高库存会占用大量流动资金，低库存会引起缺货、影响销售，最终影响商家的利润。合理库存是商家不得不考虑的问题。

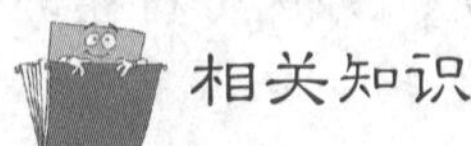
相关知识

一、商品验收

(一) 商品验收的要求

商品验收工作是一项技术要求高,组织严密的工作,关系到整个仓储业务能否顺利进行,所以必须做到及时、准确、严格、经济。

1. 及时

到库商品必须在规定的期限内完成验收工作。这是因为,商品虽然到库,但是未经过验收的商品不算入库入账,不能供应给用料单位。只有及时验收,尽快提出检验报告,才能保证商品尽快入库,满足用料单位需要,加快商品和资金周转。同时,商品的托收承付和索赔都有一定的期限,如果验收时发现商品不合规定要求,要提出退货、换货或赔偿等要求,均应在规定的期限内提出;否则,供方或责任方不再承担责任,银行也将办理拒付手续。

2. 准确

验收的各项数据或检验报告必须准确无误。验收的目的是要弄清商品数量和质量方面的实际情况,验收不准确,就失去了验收的意义。而且,不准确的验收还会给人以假象,造成错误的判断,引起保管工作的混乱,严重者还可以危及营运安全。

3. 严格

仓库有关各方都要严肃认真地对待商品验收工作。验收工作的好坏直接关系到国家和企业利益,也关系到以后各项仓储业务的顺利开展,因此仓库领导应高度重视验收工作,直接参与人员更要以高度负责的精神来对待这项工作。

4. 经济

多数情况下,商品在验收时不但需要检验设备和验收人员,而且需要装卸搬运机具和设备及相应工种工人的配合。这就要求各工种密切协作,合理组织调配人员与设备,以节省作业费用。此外,验收工作中,尽可能保护原包装,减少或避免破坏性试验,也是提高作业经济性的有效手段。

(二) 商品验收的工作流程及内容

(1) 仓管员将供应商(或采购员)的送货单与订货部签字的订货单上的名称、规格、数量、条码、价格进行核对。订货单上有而送货单没有的货物应在订货单上划掉;送货单上有而订货单上没有的应问明情况,并与柜组联系,如系柜组急需商品,应通知柜组按补货程序与订货管理追补订货单。同时给供应商指定卸货地点。送货单的商品价格高于订货单价格的按订货单价格收货,低于订货单价格的按送货单价格收货,并将价格差异报物价质检部。

(2) 验收货物之前，有退换货物的应先办理好退换货手续。

(3) 仓管员和防损部收发货稽查员根据核对好的订货单和送货单共同对商品进行逐件验收，并对部分包装打开抽检。

(4) 送货单上如有数字改动的部分（不管增加还是减少），应由仓管员和防损员以及供应商同时签字核准。送货单上有而未送的货物或因价格、条码、质量不符而未收的货物应在送货单上划掉，并由仓管员和供应商同时签字，未收的货物由承办仓管员开具放行条放行。

(5) 对直接上柜的商品（如：鲜肉、冻品、水果、面包、蔬菜、饮料），应由仓管员、防损员和柜组人员共同验收并签名。最后由值班经理签名确认。

(6) 仓管员对货物验收后，应在送货单和订货单上签字，并交仓库主管签名。

(7) 由仓库文员将一联送货单和订货单传电脑文员录入电脑，另一联给供应商作为换取结算蓝单的凭证。

(8) 电脑部打制进货单同时生成调拨单。

(9) 打印好的进货单、调拨单应传回仓库由主管核对并签名。

(10) 通知柜组验收、调拨商品。

(三) 商品验收的方法

商品验收方法分为全验和抽验。

在进行数量和外观验收时一般要求全验。在质量验收时，当批量小，规格复杂，包装不整齐或要求严格验收时可以采用全验。全验需要大量的人力、物力和时间，但是可以保证验收的质量。

当批量大，规格和包装整齐，存货单位的信誉较高，或验收条件有限的情况下，通常采用抽验的方式。商品质量和储运管理水平的提高及数理统计方法的发展，为抽验方式提供了物质条件和理论依据。

商品验收方式和有关程序应该由存货方和保留方共同协商，并通过协议在合同中加以明确规定。

(四) 商品验收中发现问题的处理

商品验收中，可能会发现诸如证件不齐、数量短缺，质量不符合要求等问题，应区别不同情况，及时处理，具体措施有如下 7 个方面。

(1) 凡验收中发现问题等待处理的商品，应该单独存放，妥善保管，防止混杂、丢失、损坏。

(2) 数量短缺规定在磅差范围内的，可按原数入账，凡超过规定磅差范围的，应查对核实，做成验收记录和磅码单交主管部门会同货主向供货单位办理交涉。凡实际数量多于原发料量的，可由主管部门向供货单位退回多发数，或补发货款。在商品入库验收过程中发生的数量不符情况，其原因可能是因为发货方面在发货过程中出现了差错，误发了商品，或者是在运输过程中漏装或丢失了商品等。在商品验收过程中，如果对数

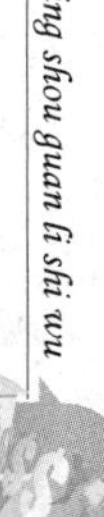

量不进行严格的检验,或由于工作粗心,放过了商品数量的短缺,就会给仓库造成经济损失。

(3) 凡质量不符合规定时,应及时向供货单位办理退货、换货交涉,或征得供货单位同意代为修理,或在不影响使用前提下降价处理。商品规格不符或错发时,应先将规格对的予以入库,规格不对的做成验收记录交给主管部门办理换货。

(4) 证件未到或不齐时,应及时向供货单位索取,到库商品应作为待检验商品堆放在待验区,待证件到齐后再进行验收;证件未到之前,不能验收,不能入库,更不能发料。

(5) 凡属承运部门造成的商品数量短少或外观包装严重残损等,应凭借运提货时索取的"货运记录"向承运部门索赔。

(6) 凡价格不符,供方多收部分应该拒付,少收部分经过检查核对后,应主动联系,及时更正。凡"入库通知单"或其他证件已到,在规定的时间未见商品到库时,应及时向主管部门反映,以便查询处理。

(7) 在商品验收过程中,如果发现商品数量或质量的问题,应该严格按照有关制度进行处理。验收过程中发现的数量和质量问题可能发生在各个流通环节,如可能是由于供货方或交通运输部门或收货方本身的工作造成的。按照有关规章制度对问题进行处理,有利于分清各方的责任,并促使有关责任部门吸取教训,改进今后的工作。

所以,在对验收过程发现的问题进行处理时应该注意以下 3 个方面。

(1) 在商品入库凭证未到齐之前不得正式验收。如果入库凭证不齐或不符,仓库有权拒收或暂时存放,待凭证到齐后再验收入库。

(2) 发现商品数量或质量不符合规定时,要会同有关人员当场做出详细记录,交接双方应在记录上签字。如果是交货方的问题,仓库应该拒绝接收;如果是运输部门的问题,就应该提出索赔。

(3) 在数量验收中,计件商品应及时验收,发现问题要按规定的手续,在规定的期限内向有关部门提出索赔要求;否则,超过索赔期限,责任部门对形成的损失将不予负责。

(五) 验收过程中应注意的事项

超市在商品验收过程中,应当注意以下 4 个方面。

(1) 明确质量标准:对于新开发研制的商品,或者商店新经营的品种,在订货的时候就按照货物样品,明确质量标准,并将样品封存,作为商品验收时的依据。

(2) 逐层验收:从商品转运到商店开始,直到商品上架销售,每个流转环节中都要随着商品管理权的转移,进行逐层验收,以明确责任。

(3) 随时验收:商品一转运到达商店,就要组织有关人员,及时、准确、迅速地进行验收,即做到随时进货随时验收。验收完毕,填好验收单等应填单据,以备核查。

(4) 及时处理问题:验收商品时,如果发现商品质量不符合标准,或者与供货商协商退货,或者换货,或者按质论价,降价接收;如果商品数量不合,通知供货商及时补足,或扣除货款差额;对于危及消费者利益的假冒伪劣商品,坚决清退,撤出货架。

二、商品存货管理

(一) 存货管理的工作重点

商品存货是超市门店管理必不可少的环节,科学的存货管理能降低库存成本、有效防止缺货。目前卖场存货管理主要包括存货结构管理、存货数量管理和存货时间管理以达到防止缺货,减少库存费用及损坏商品的数量的目的。

(二) 存货分析

1. 存货结构管理

无论是仓库空间还是资金都是有限的。如何使这些有限的空间和资金取得更大的效益,加强商品库存结构管理是非常重要的。有的超市将商品分为 A、B、C 三类,分别采取不同管理方式,通常将这种方法称为 ABC 分类管理法。在超市的经营中,实际上大部分销售额只来自一小部分的商品,所以要不断发掘创造大比例销售额的小比例商品,精心培育顾客和产生利润的 A 类商品。

知识加油站 3-1

如何运用 ABC 库存分类管理法进行库存结构管理

ABC 库存分类管理法即是将库存物品按品种和占用资金的多少分为特别重要的库存“A”类,一般重要库存“B”类,不重要库存“C”类三个等级,然后针对不同等级分别进行管理的控制,找到关键的少数和次要的多数。

1. ABC 分类的依据

ABC 分类的依据是库存中各物品每年消耗的金额(该品种的年消耗量乘以其平均单价)占年消耗的总金额的比例。对于怎样划分各物品在每年消耗的总金额的比例,ABC 分类没有一个统一的标准,一般是遵循下面的规律(见表 3-6)。

表 3-6 ABC 分类比重表

类别	品种平均比例(%)	品种比例(%)	年消耗平均比例(%)	年消耗比例(%)
A类	10	5~15	70	60~80
B类	20	15~25	20	15~25
C类	70	60~80	10	5~15

(1) A 类物品:品种比例在 5%~15%之间,平均 10%,品种比例非常小,年消耗的金额比例在 60%~80%之间,平均为 70%,占用了大部分的年消耗的金额,是关键的少

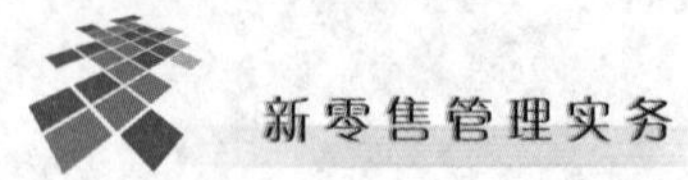

数，是需重点管理的库存。

(2) B类物品：品种比例在15%～25%之间，平均是20%，年消耗的金额比例在15%～25%之间，平均为20%，可以发现其品种比例和金额比例大体上相近似，是需要常规管理的库存。

(3) C类物品：品种比例在60%～80%之间，平均是70%，品种比重非常大，年消耗的金额比例在5%～15%之间，平均为10%，虽然表面上只占用了非常小的年消耗的金额，但是由于数量巨大，实际上占用了大量的管理成本。是需要精简的部分，是需要一级管理的库存。

2. ABC分类的步骤

(1) 判出需要分析的基础信息，所有品种的年销售出店数量，平均供给单价。

(2) 将两者相乘，求出其年销售出库的金额，用Excel电子表格公式自动计算，并求出总销售额。

其计算公式：年销售出库金额＝年销售出库数量×平均单价

(3) 金额的大小排序：数据排序—扩展选定区域（不选扩展选定区域，数据之间没有联系）—选定排序关键字—递增递减（一般选递减，便于直接观察数据由大到小的变化情况）。用公式求出各个品种占总销售额的比重：

其计算公式：品种占总销售额的比重＝销售出库金额/总销售额

(4) 按由大到小的顺序计算累计比重：把累计占总销售额的70%左右的物品划分为A类物品；把剩余累计20%左右的物品划分为B类物品；余下的10%左右物品划分为C类物品。对应分类结果，安排重点管理，一般管理和盘点。

3. ABC库存分类管理法应用

在对物品进行ABC库存分类后，应依据各企业的经营策略，进行重点管理。A类物品在品种数量上仅占10%左右，管理好A类物品，就能管好70%左右的年消耗金额，是关键的少数，要进行重点管理。即在保证安全库存的前提下，小批量多批次按需储存，尽可能地降低库存总数，减少仓储管理成本，减少资金占用成本，提高资金周转率。

2. 存货数量管理

存货数量与商品流转相适应，是最佳效益点。存货量过小，会造成商品不足，市场脱销，影响销售额。存货量过大，会造成商品积压，浪费效益。商品存货数量管理必须采用科学的方法，通常我们会采用库存天数这个指标来对可持续销售期内的库存加以监控，其公式如下：

$$库存天数=\frac{期末库存数量}{某个销售期的销售数量÷销售期天数}$$

如图3-14是某超市在2017年11月30日的库存天数对比图，我们按照往年的销售数据，结合市场调研，得出现在季节的标准库存天数。这是商品存量的下限，将超市即时库存与之相比较，如果库存天数小于标准的，赶紧补货，高于标准的想办法退货或提升销量。

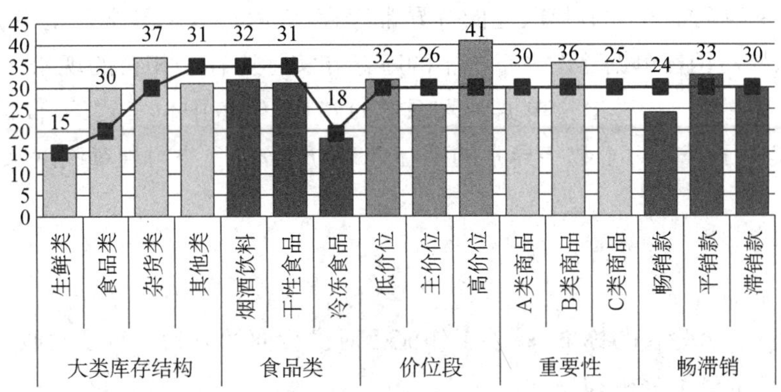

图 3-14　某超市即时库存与标准库存天数对比图

3. 存货时间管理

加快商品周转等于加快资金周转，这样自然会提高商业运作效率，这是超级市场能否获得利润的关键，所以应加强存货的时间管理。这个环节我们重点关注的是库存周转率这个指标值的变化，其公式如下：

$$库存周转率=\frac{标准库存天数}{库存天数}$$

在库存分析中，我们通常运用四象限分析图来分析，如图 3-15 所示，假设超市饮料品类的标准库存为 30 天，标准季度周转次数为 3 次，库存比较安全的应该是靠近交叉点附近，即圆心内的产品，图中圆圈外第四象限（右下角）中的产品问题非常大，库存天数高，周转率低，容易出现死库存，而图第二象限（左上角）内的产品库存天数低，周转很快，有断货影响销售的风险。

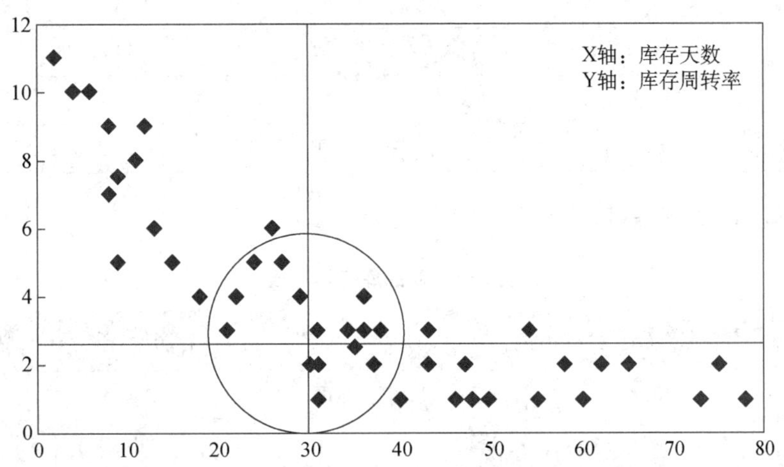

图 3-15　饮料品类库存天数及库存周转四象限分析图

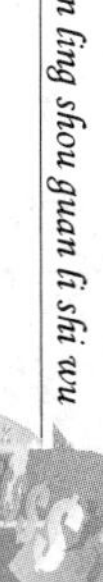

(三) 异常存货管理

在库存管理中就是要对这些异常库存多加关注,前面所说的异常库存为销售异常,是因为销售不正常而产生的过高、过低等异常库存,而库存数字异常则是指通过盘点、查看销售报告、核对销售单据等发现系统中的库存和实际库存不相符的现象。库存数字异常产生的原因主要包括进退货单据录入系统时错误,销售中付货错误,商品丢失,商品超卖,商品卖串了等。对于数字异常的库存处理,严格按照公司规章制度来就可以了。

李明严格按照验收的标准、验收工作流程对供货商的货物进行了验收,并结合实际对自己的库存做出了分析和规划。

1. 收集资料

对库存的 20 种商品进行了盘点,各库存品种占用的资金如表 3-7 所示。为了节省管理精力,试用 ABC 库存分类法进行管理。

表 3-7　商品库存信息表

品名	库存金额(千元)	品种占比(%)	品名	库存金额(千元)	品种占比(%)
A	44	5	K	160	5
B	46	5	L	32	5
C	48	5	M	28	5
D	120	5	N	320	5
E	280	5	O	180	5
F	1 200	5	P	70	5
G	40	5	Q	46	5
H	30	5	R	50	5
I	1 000	5	S	44	5
J	220	5	T	42	5

2. 根据库存金额进行从大到小排序(见表 3-8)

表 3-8　商品库存排序表

品名	库存金额(千元)	品种占比(%)	品名	库存金额(千元)	品种占比(%)
F	1 200	5	E	280	5
I	1 000	5	J	220	5
N	320	5	O	180	5

（续表）

品名	库存金额(千元)	品种占比(%)	品名	库存金额(千元)	品种占比(%)
K	160	5	A	44	5
D	120	5	S	44	5
P	70	5	T	42	5
R	50	5	G	40	5
C	48	5	L	32	5
B	46	5	H	30	5
Q	46	5	M	28	5

3. 计算库存金额累计和累计比例(见表 3-9)

表 3-9　商品库存金额累计及比例表

品名	库存金额(千元)	品种占比(%)	库存金额累计(千元)	库存金额比例(%)	库存金额比例累计(%)	品种累计(%)
F	1 200	5	1 200	30	30	5
I	1 000	5	2 200	25	55	10
N	320	5	2 520	8	63	15
E	280	5	2 800	7	70	20
J	220	5	3 020	6	76	25
O	180	5	3 200	4	80	30
K	160	5	3 360	4	84	35
D	120	5	3 480	3	87	40
P	70	5	3 550	2	89	45
R	50	5	3 600	1	90	50
C	48	5	3 648	1	91	55
B	46	5	3 694	1	92	60
Q	46	5	3 740	1	94	65
A	44	5	3 784	1	95	70
S	44	5	3 828	1	96	75
T	42	5	3 870	1	97	80
G	40	5	3 910	1	98	85
L	32	5	3 942	1	99	90
H	30	5	3 972	1	99	95
M	28	5	4 000	1	100	100

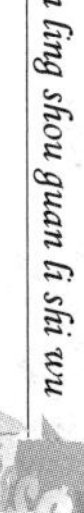

4. 库存分类

表 3-10 商品库存分类表

品名	库存金额（千元）	品种（%）	库存金额累计（千元）	库存金额比例（%）	库存金额比例累计（%）	品种累计（%）	库存分类
F	1 200	5	1 200	30	30	5	A
I	1 000	5	2 200	25	55	10	
N	320	5	2 520	8	63	15	
E	280	5	2 800	7	70	20	
J	220	5	3 020	6	76	25	B
O	180	5	3 200	4	80	30	
K	160	5	3 360	4	84	35	
D	120	5	3 480	3	87	40	
P	70	5	3 550	2	89	45	
R	50	5	3 600	1	90	50	
C	48	5	3 648	1	91	55	C
B	46	5	3 694	1	92	60	
Q	46	5	3 740	1	94	65	
A	44	5	3 784	1	95	70	
S	44	5	3 828	1	96	75	
T	42	5	3 870	1	97	80	
G	40	5	3 910	1	98	85	
L	32	5	3 942	1	99	90	
H	30	5	3 972	1	99	95	
M	28	5	4 000	1	100	100	

5. 绘制 ABC 分类管理图（见图 3-16）

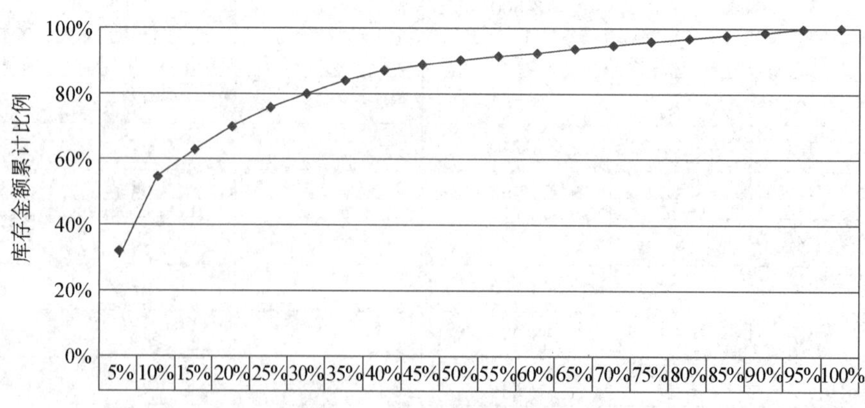

图 3-16 ABC 库存分类图

【项目背景】

学生提取实训超市某一品类的商品最近一个月的库存数据，对其进行库存结构、时间及数量的分析。

【实训目的】

通过实训，让学生熟悉库存分析的方法。

【实训步骤】

(1) 各项目团队内部讨论，组织分工。

(2) 提取实训超市某一品类商品最近一个月的库存数据。

(3) 各项目就库存结构、时间及数量进行分析，并就分析结果制作 PPT。

(4) 选出一名代表就库存分析中反映的问题及其原因在班上进行交流汇报，教师进行点评。

【实训评价】

1. 评价内容

(1) 库存分析是否合理、分析是否到位。

(2) 完成任务时的表现(纪律、态度、团队意识)。

2. 评价方式

学生成绩由学生自评(20%)、互评(30%)和教师评价(50%)综合评定，评价表具体如下所示。

组别：________　　　　　　　　　　　　　　　　　　　　第__次实训

学号	姓名	自评(20%)	互评(30%)	教师评价(50%)	总成绩

任务四　商品的盘点

经营了一段时间，李明想确认超市门店在一段经营时间内的销售损益情况，了解目前商品的存放位置和缺货状况，掌握门店的存货水平、积压商品的状况；发现并清除门店临界报警期商品、过期商品、残次品或滞销品，但一时不知从何下手。

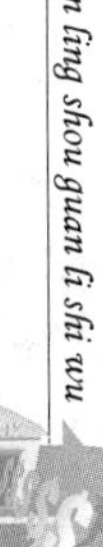

任务分析

盘点作业对于超市门店来说，是一件非常重要的工作，其目的：一是控制存货，以指导门店日常经营业务，二是掌握损益，以便店长真实把握经营绩效，并及时采取防漏措施。具体地说，在盘点作业过程中，我们主要要做的是：(1)确认门店在一段经营时间内的销售损益情况；(2)了解目前商品的存放位置和缺货状况，掌握门店的存货水平、积压商品的状况；(3)发现并清除门店临到报警期商品、过期商品、残次品或滞销品等；(4)对于经常出现异常的商品部门，采用抽查的方式，进一步发现其弊端，杜绝不轨行为；(5)环境整理并清除死角。

相关知识

一、盘点目的

所谓盘点就是指定期和不定期地对卖场内的商品进行全部或部分清点，以确定该期间内实际损耗及库存信息，为超市的日常经营和商品采购提供信息资料。盘点是衡量门店营运业绩的重要指标，也是对一年的营运管理的综合考核和回顾，具体来说，通过盘点我们可以达到以下目标。

(1) 掌握盈亏状况。店铺在营运过程中存在各种损耗，有的损耗是可以看见和控制的，但有的损耗是难以统计和计算的，如偷盗、账面错误等。因此需要通过年度盘点来得知店铺的盈亏状况。

(2) 恢复正常库存。通过盘点，可以得知每种商品最准确的当前的库存金额，将所有商品的电脑库存数据恢复正确。

(3) 优化商品管理。通过盘点数据分析可以发掘并清除滞销品、临近过期商品，整理环境，清除死角。

(4) 发现问题控制损耗。通过盘点，可以发现损耗较大的营运部门、商品大组以及个别单品，以便在下一个营运年度加强管理，控制损耗。

二、盘点作业流程

超市的盘点作业流程如图 3-17 所示。

关于盘点作业流程有 3 点需要特别说明的。具体如下：

(1) 盘点作业的制度应由超市总部统一制定，其内容包括：①盘点的方法(如实盘还是账盘)；②盘点的周期(一个月或一季度盘点一次)；③账务的处理规定；④盘点出现

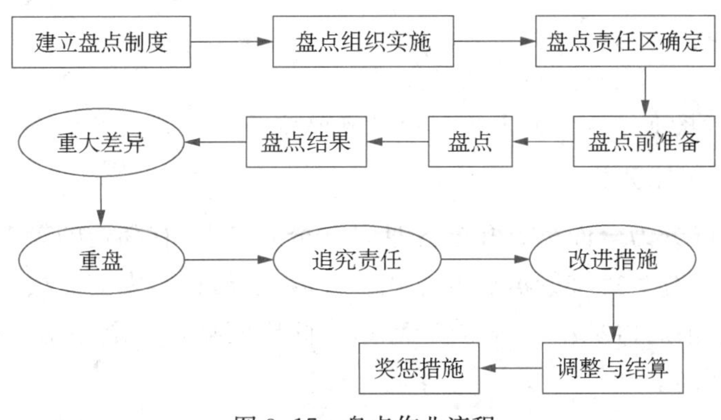

图 3-17　盘点作业流程

差异的处理方法及改进对策；⑤对盘点结果的奖罚规定。

(2) 盘点作业人员组织由各门店负责落实，总部人员在各门店进行盘点时分头下去指导和监督盘点。一般来说，盘点作业是超市门店人员投入最多的作业，所以要求全员参加盘点。

(3) 盘点作业要确定责任区域落实到人。为使盘点作业有序有效，一般可用盘点配置图来分配盘点人员的责任区域。每个门店应作盘点配置图，图上应标明卖场的通道、陈列架、后场的仓库编号，在陈列架和冷冻、冷藏柜上标上与盘点配置图相同的编号。用盘点配置图可以周详地分配盘点人员的责任区域，盘点人员也可明确自己的盘点范围。在落实责任区域的盘点人时，最好用互换的办法，即商品部 A 的作业人员盘点商品部 B 的作业区域，依此互换，以保证盘点的准确，防止“自盘自”可能造成的不实情况。

三、盘点作业方法

(一) 按账或物来区分

按账或物来区分，盘点方法可分为账面盘点法和实地盘点法。账面盘点法，书面记录进出货的变动情况，从而得到期末存货余额或估算存货成本。实地盘点法，指实际清点存货数量。账面盘点法和实地盘点法的优缺点如表 3-11 所示。

表 3-11　账面盘点法与实地盘点法

盘点方法	优点	缺点
账面盘点	时间短、效率高；很快掌握库存情况；作为实地盘点的理想标准	资料准确性较差；无法掌握坏品、滞销品信息
实地盘点	可以掌握实际情况(在作业无疏失的情况下)；可了解坏品；滞销品、存货堆积或缺货的真实性	耗费人力、时间；有时会影响顾客购物

什么情况下,超市门店需要采用实地盘点的方法来进行商品盘存?

(二) 按盘点区域区分

盘点方法可以分为全面盘点和分区盘点。全面盘点,有固定的盘点日期,在规定的时间内将店内的所有存货进行盘点的方式。分区盘点,将店内商品按类别分区,每次依序盘点一定区域,最后再从第一区重新盘点,如此周而复始。全面盘点和分区盘点的优缺点如表 3-12 所示。

表 3-12　全面盘点法与分区盘点法

盘点方法	优点	缺点
全面盘点	盘点日期明确,易于事先准备;周期固定,易于比较准确率及存货水平的变动	每次盘点均劳师动众
分区盘点	可机动掌握库存动态;不必花费太多人力、时间;盘点作业分散,人力较易安排	各区盘点时若不一致会影响损益估算;每天分区盘点会导致员工对盘点不重视

什么情况下,超市门店会选择分区盘存的方法来进行商品盘存?

(三) 盘点作业准备

盘点前门店要告知供应商,以免供应商直送的商品在盘点时送货,造成不便。如果采用停业盘点,门店还必须贴出安民告示(最好在盘点前 3 天就贴出,告知顾客,以免顾客在盘点时前来购物)。

1. 环境整理

门店一般应在盘点前一日做好环境整理工作。主要包括:检查各个区位的商品陈列,仓库存货的位置和编号是否与盘点配置图一致;清楚现场和作业场死角;将各项设备、备品工具存放整齐。

2. 商品整理

在实际盘点开始前两天,门店应对商品进行整理,这样会使盘点更有效。在对商品进行整理时要抓住几个重点。

(1) 中央陈列架端头的商品整理。

中央陈列架前面(靠出口处)端头往往陈列的是一些促销商品,商品整理时要注意该处的商品通常是组合式的,要分清每一种商品的类别和品名,进行分类的整理,不能混同于一种商品。

中央陈列架尾部(靠卖场里面)的端头往往是以整齐陈列的方式陈列一种商品,整理时要注意其间陈列的商品中是否每一箱都是满的，要把空的箱子拿掉，不足的箱子里要放满商品，以免把空箱子和没放满商品的箱子都按实计算，出现盘点时的差错。

(2) 中央陈列架的商品整理。

中央陈列架上的商品定位陈列的多，每一种商品陈列的个数也是规定的，但要特别注意每一种商品中是否混杂了其他的商品，以及后面的商品是否被前面的商品遮挡住了，而没有被计数。

(3) 附壁陈列架商品的整理。

附壁陈列架一般都处在主通道上的位置，所以商品销售量大，商品整理的重点是点计数必须按照商品陈列的规则进行。

(4) 随机陈列的商品整理。

对随机陈列的商品要点清放在下面的商品个数，并做好记号和记录，那么在盘点时只要清点上面的商品就可快速盘点出商品的总数。

(5) 窄缝和突出陈列的商品整理。

对这两种陈列的商品要有专人进行清点，最好由设计和陈列这些商品的人来进行清点。

(6) 库存商品的整理。

库存商品的整理要特别注意两点：一是要注意容易被大箱子挡住的小箱子，所以要在整理时把小箱子放到大箱子的前面；二是要注意避免把一些内装商品数量不足的箱子当作整箱计算，所以要在箱子上写上内在商品确切的数量。不注意前一点就会造成计算上的实际库存遗漏，而不注意后一点则会造成计算上的库存偏多，从而使盘点失去准确性。

(7) 盘点前商品的最后整理。

一般在盘点前两个小时对商品进行最后的整理，这时特别要注意，陈列货架上的商品，顺序绝对不能改变，即盘点清单上的商品顺序与货架上商品的顺序是一致的。如果顺序不一致，盘点记录就会对不上号。

3. 准备好盘点工具

将有关的盘点工具与日用品加以准备，若使用盘点机盘点，需先检验一下盘点机是否可正常操作，如采用人员填写的方式，则需准备盘点表及红、蓝圆珠笔。

4. 单据整理

为了尽快获得盘点结果(亏或盈)，盘点前应整理好如下单据：进货单据、变价单据、移仓单、报废品单据、商品调拨单、前期盘点单据整理。报废品、赠品汇总，经销货收入汇总(分免税和含税两种)等。

(四) 盘点作业实施

盘点作业正式开始前，首先分配盘点区域的责任人员，店主应简要说明盘点工作的重要性、盘点的要求、盘点常犯的错误及异常情况的处理，特别要告诫大家，大家动手清点的商品不单单是商品，而是金钱，应该以点钱的责任心来清点商品，来不得半点马虎；

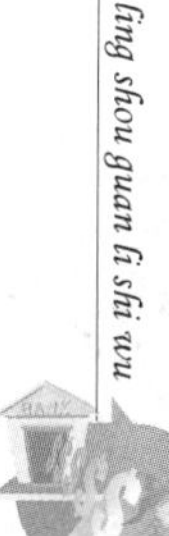

再后是发放盘点清单，告知填写盘点单的方法。盘点单如表 3-13 所示，在告知盘点单的填写方法时，也要告知劣质或破损商品的处理方法，如将这些商品汇总起来，与正常的商品区别开来，汇集到指定地点统一处理等。

表 3-13　盘点单

部门：　　　　　　　　　　　　　　　　　　　　　　　　　　　　货架编号

项次	货号	品名	规格	数量	售价	金额	复点	抽点	差异
小计									

抽点：　　　　　　　　　　　　　　　复点：　　　　　　　　　　　　　　　初点：

1. 初点作业

盘点人员在实施盘点时，应按照负责的区位，依序由上而下，由左而右展开盘点。对已盘点存货做“已盘点”标识，详实记录于“盘点明细表”，并每小段应核对一次，无误后与该表上互相签名确认，以便查核。例如，在超市内先点仓库、冷冻库、冷藏库，后点卖场；若在营业中盘点，卖场内先盘点购买频率低且售价较低的商品；盘点货架或冷冻、冷藏柜时，要依序由左而右，由上而下进行盘点；每一台货架或冷冻、冷藏柜都应视为一个独立的盘点单元，使用单独的盘点表，以便按盘点配置图进行统计整理；最好两人一组进行盘点，一人点、一人记；盘点单上的数据应填写清楚，以免混淆；不同特性商品的盘点应注意计量单位不同；盘点时应顺便观察商品的有效期，过期商品应及时取下，并作记录；若在营业中进行盘点时，应注意不可高声谈论，或阻碍顾客通行；店主应注意掌握好盘点的进度；做好收银机处理工作。

2. 复点作业

复点可在初点进行一段时间后再进行。复点人员应手持初点盘点表，依序检查，把差异填入差异栏；复点人员须用红色圆珠笔填表；复点时应再次核对盘点配置图是否与现场实际情况一致。

3. 抽点作业

对各小组和各责任人员的盘点结果，门店店长等负责人要认真加以抽查，抽查的重点是：①抽点的商品可选择卖场的死角，或不易清点的商品，或单价高、数量多的商品，做到确实无差错；②检查每一类商品是否都已记录到盘点单上，并已盘点出数量和金额，并已签名；③对初点与复点差异较大的商品要加以实地确认；④复查劣质商品和破损商品的处理情况。

4. 盘点作业检查

在整个盘点作业进行过程中，店长还需填写由总部设计的门店商品盘点操作规范检查表，它是供店长在完成盘点作业过程中，检查门店是否按照盘点操作规范进行的表格。其基本要求如下：①每次盘点时必须由店长实事求是地填写，以保证盘点作业的严密性。②该表格在盘点作业工作结束后，由店长在店长会议上提交。③门店执行《门店盘点操作规范检查表》的工作情况，将纳入超市门店考核指标内。

四、盘点记录的善后工作

在确认盘点记录无异常情况后，就要进行第二天正常营业的准备和清扫工作。这项善后工作的内容包括补充商品，将陈列的样子恢复到原来的状态，清扫通道上的纸屑、垃圾等。其目的是要达到整个门店第二天正常营业的效果。

（一）资料整理

将盘点表全部收回，检查是否都有签名或遗漏，并加以汇总。

（二）计算盘点结果

在营业中盘点应考虑盘点中所出售的商品金额，并进行盘点作业的账册工作（计算商品的盘点金额）。进行这项工作时，要重新复查一下数量栏，审核下有无单位上的计算差错，对出现的一些不正常数字要进行确认，订正一些字面上看就能明显发现的差错。将每一张盘点单上的金额相加就得出了合计的金额。

（三）盘点结果报送财务部

物理的盘点作业结束后，就要进行盘点作业的账册工作。盘点账册的工作就是将盘点单的原价栏上记录的各商品原价和数量相乘，合计出商品的盘点金额。这项工作进行时，要重新复查一下数量栏，审核一下有无单位上的计量差错，对出现的一些不正常数字要进行确认，订正一些字面上看就明显看出的差错。将每一张盘点单上的金额相加，就得出了合计的金额。门店要将盘点结果送总部财务部，财务部将所有盘点数据复审之后就可以得出该门店的营业成绩，结算出毛利和净利，这就是盘点作业的最后结果。

（四）根据盘点结果事实奖惩措施

商品盘点的结果一般都是盘损，但只要盘损在合理范围内应视为正常。商品盘损的多寡，可表现出门店内从业人员的管理水平及责任感，所以有必要对表现优异者予以奖励，对表现差者予以处罚。一般做法是事先确定一个盘损率、盘损金额（期初库存＋本期进货），当实际盘损率超过标准盘损率时，门店各类人员都要负责赔偿；反之，则予以奖励。

（五）根据盘点结果找出问题点，并提出改善对策

超市都有盘损率的基本限额（一般情况下，对超级市场来说，盘损率应在2%以下），如超过此限额，就说明盘点作业结果存在异常情况，要么是盘点不实，要么是企业经营管理状况不佳，采取的对策是：重新盘点或查找经营管理中的缺陷，改善经营管理。因而各门店必须对缺损超过指标的商品查找原因，并说明情况。

考考你

你认为应该怎样处理盘点亏损？

一、做好盘点前准备

制定盘点计划；准备盘点资材；检查单据（包括订货单、退货单、代销单、售价变更单、价格变更指示书、内部调拨单、经费转用单等）。

二、进行盘点教育

为了能正确迅速的实施盘点，要事先对全店员工进行教育。

三、做好充分的事前准备

制作盘点配置图，整理售货场和后库。

（1）按盘点计划作出商品的应有动向，如处理退货等。

（2）找出不良商品进行售价变更或退货处理。

（3）台布、地毯等需丈量商品事前整理。

（4）确认陈列台后方和下面、平台等货架有无遗漏的商品。

（5）检查商品与物价牌是否一致，有无价签脱落的商品。

（6）对后方仓库的商品按部门进行整理，整理人清点数量后，将商品所属部门、售价、数量完整的填写到表上，在“整理系”处签字，在箱子正面贴上《事前整理表》，如图3-18所示。

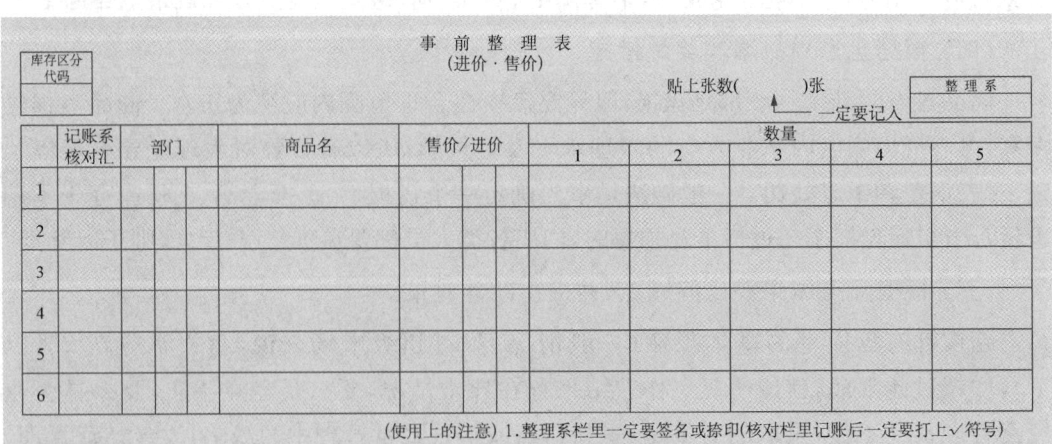

事 前 整 理 表
（进价 · 售价）

库存区分代码

贴上张数（　　）张 ← 一定要记入

整理系

	记账系核对汇	部门			商品名	售价/进价			数量 1	数量 2	数量 3	数量 4	数量 5
1													
2													
3													
4													
5													
6													

（使用上的注意）1.整理系栏里一定要签名或捺印(核对栏里记账后一定要打上✓符号)

图 3-18　事前整理表

（7）对仓库内无价签商品需贴上扫描的打印小票，标明部门、商品名和售价。

（8）确认非在库商品，并贴上《非在库品票》。非在库品票用于标注在样品、赠品、代销商品、联销商品、顾客已买但未送的商品、已做退货处理但未拿走的商品上。

（9）制作 HT 原账簿（见图 3-19）。

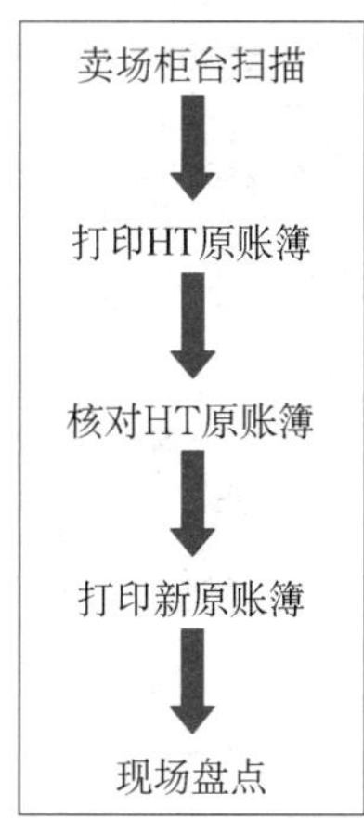

事先将柜台编号，按柜台号及层号的顺序逐一扫描商品，原则：由上到下、由左到右、由内到外。（扫描结束后柜台陈列原则上不允许再改变）

扫描结束后，商管打印HT原账簿

持打印的原账簿到相关柜台对商品进行逐一核对，以免错扫、漏扫及多扫

将核对出的问题进行修正后，重新打印原账簿

盘点当天持HT原账簿进行盘点

图 3-19　HT 原账簿制作流程

四、实施盘点

（一）事前准备

事前整理就是将同一种商品进行集中放置，整理到容易清点的状态，以便盘点能顺利进行。另外需检查商品与物价牌是否对应，有无不良品。事前整理通常使用：事前整理表、隔开标签、事前整理标签。

（1）用隔开标签将悬挂的商品按部门、商品名、售价区分，如图 3-20 所示。

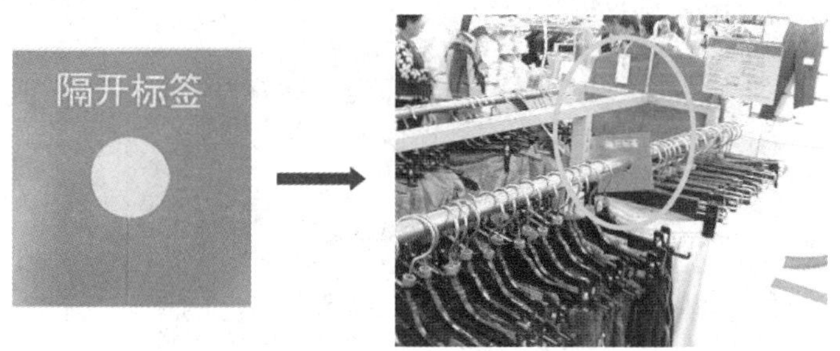

图 3-20　隔开标签

（2）用事前整理标签整理零碎的商品（如饰物等），用铁丝捆绑在一起，或装到袋子和购物筐里，用此标签扎上，如图 3-21 所示。

（二）盘点位置确认

盘点前 3 天在布告栏会张贴盘点配置图，盘点人员可根据配置图上分配的货架号，找到自己所负责的盘点区域，并到现场进行确认，如图 3-22 所示。

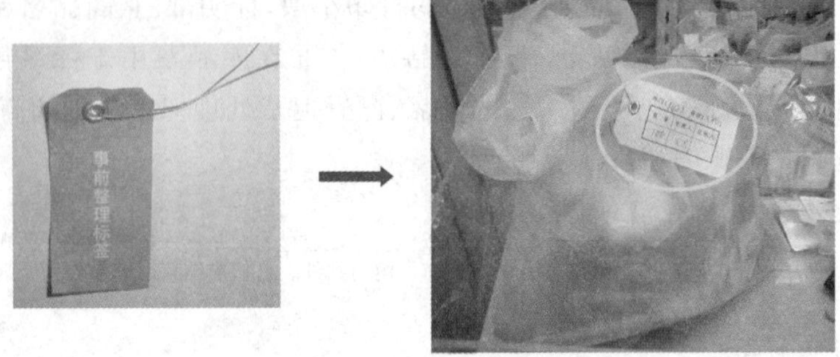

图 3-21　事前整理标签

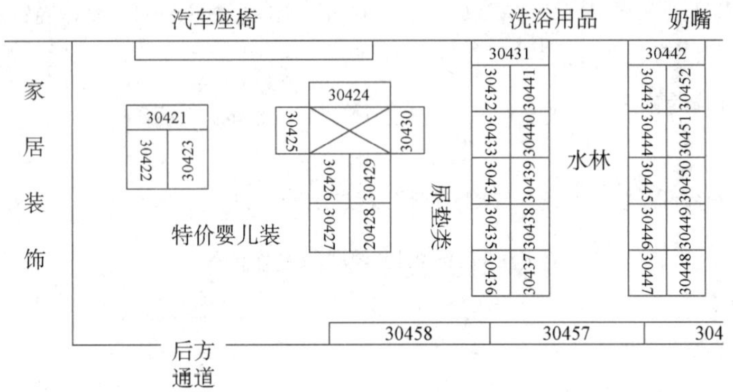

图 3-22　盘点配置图

（三）盘点确认票

盘点当天到达盘点现场后，每个货架的左上角会贴有《盘点确认票》（已事先编号并附在袋子上），与盘点配置图的编号是一一对应的，如图 3-23 所示。

图 3-23　盘点确认票

（四）定量整理

定量整理是指把同一种商品整理成以一定数量为一个单位的商品组，可以一眼得出商品的数量，提高盘点效率。

定量整理的单位尽量使用“5、10、20、50、100”等易算的整数，如有余数就放在右边，如图 3-24 所示。

整理前:销售状态
按花色摆放

整理后:盘点状态

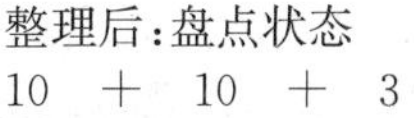

图 3-24 定量整理图

(五) HT 原账簿领用

盘点人通过配置图知道自己负责的区域并需记住货架号,领用与货架号对应的HT 原账簿,在《分发回收一览表》上确认无误后签字,同时领用的还有板夹。注意:货架号与原账簿号为一组号,在《分发回收一览表》对应位置签字。

(六) HT 初点作业

(1) 领到 HT 原账簿到达盘点区域,除了按前面所讲的事前整理方法对所盘柜台进行整理外,还要按 HT 原账簿的顺序对商品进行整理。盘点原则不变:由上到下、由左到右、由内到外。一是货架上有而 HT 原账簿上没有的商品,到领 HT 原账簿的地方领手写原账簿,将此商品按手写原账簿的方法记录,另外需在商品名后写上商品的条形码;二是 HT 原账簿上有而货架上没有的商品。可在数量处填“0”,需确认商品的确没有,而不是换了地方。

(2) HT 原账簿中序号、层号、系统、商品名、条形码和规格自动产生。盘点时以条码为准,售单价:需确认与物价牌是否一致,如不一致需按物价牌改正,并需盘点人签字,监查人也要审核签字。数量:是 3 组 3 位数,填写方法同手写原账簿。数量写错时,用双横线划掉,在此列上面的对应位置填写正确的数量并签字,监查人要审核签字。

注意:进行数量修正的一行,要在修正处划“√”。

(3) HT 原账簿回收。根据盘点进展情况按区域进行回收,HT 原账簿与手写原账簿同时回收,在哪里领的到哪里去还。在《分发回收一览表》上的领用时对应位置签字。

(七) 手写原账簿初点

采用手写原账薄对后库商品、货架上有 HT 原账簿上没有的商品、特卖区商品及需丈量或称重商品实施盘点。

(1) 盘点人需到“原账簿分发回收处”领用盘点原账簿,注意:HT 盘点区域的使用手写原账簿时,需到领 HT 原账簿的地方领用;归还时同 HT 原账簿同时进行。检查原账簿的页数是否齐全(封面一页,内容十页,共十一页)编号是否顺号。如正确无误,在分发回收 览表上签字。如有问题立即要求更换。原账簿是非常重要的票据,不能丢

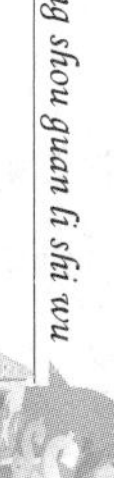

失、损坏或扔掉。在盘点结束后，不管是否使用必须统一交回。

(2) 手工原账薄盘点时需记录下盘点日期、柜台号、实际记入的张数(不包括作废张)、商品名、售单价、数量、有效行数、盘点人签字。

五、复点作业

初点进行一段时间后再进行。复点人员应手持初点盘点表，依序检查，把差异填入差异栏；复点人员须用红色圆珠笔填表；复点时应再次核对盘点配置图是否与现场实际情况一致。

六、抽点作业

李明对于卖场的死角或不易清点的商品，或单价高、数量多的商品，初点与复点差异较大的商品进行抽点，并加以实地确认。

七、盘点后处理

将盘点表全部收回，检查是否有签名，并加以汇总，报送财务部计算盘点结果，并根据结果实施奖惩措施，找出问题所在提出改善对策，并将结果汇总成商品盘点执行报告(见表 3-14)。

表 3-14　超市商品盘点执行报告

	执行状况	问题点	改善对策
初盘			
复盘			
抽盘			

当盘点出现差错，账实不符时，填写盘点差异记录表和商品处理报告单(见表3-15和表 3-16，并仔细排查是否由于以下原因引起的盘亏：①忘记填写降价传票，传票上

表 3-15　商品盘点差异记录表

×××商品 原因分析 处理意见：	账面金额：	短少金额：

负责人：

表 3-16　商品处理报告单

配货仓卡号	厂家或经销商	商品名称	单位	数量	零售价	金额	处理原因	处理意见

制单人：　　　　　　　　负责人：

价格错误，收银员价格打错；②盘点过程不正确，如盘点数字不实、计量错误、商品漏盘、串号等；③收货过程中出现差错，如收货时原包装细数短少，规格牌号等级不符，计量单位折算差误等；④仓库管理不严格，商品被盗；⑤其他人为造成的差错事故。

技能训练

【项目背景】

学生根据实训超市的库存报表的账面存货情况对实训超市进行实地盘存，对进销存报表的准确性进行核对。

【实训目的】

通过实训，加深学生对商品盘点的基本方法和技巧的理解及运用，培养学生商品盘点的实际操作能力。

【实训步骤】

(1) 各项目团队内部讨论，组织分工，准备有关实训超市中盘点的相关资料。

(2) 各团队负责初点作业的人员采用手写原账薄对库存商品、卖场货架上的商品及特卖区商品实施盘点。

(3) 复点人员手持初点盘点表，依序检查，把差异填入差异栏；复点人员须用红色圆珠笔填表；复点时应再次核对盘点配置图是否与现场实际情况一致。

(4) 组长对于卖场的死角或不易清点的商品，或单价高、数量多的商品，初点与复点差异较大的商品进行抽点，并加以实地确认。

(5) 组长将盘点表全部收回，检查是否有签名，并加以汇总，计算盘点结果，并根据结果实施奖惩措施，找出问题所在提出改善对策，并将结果汇总成商品盘点执行报告，如表 3-17、表 3-18 和表 3-19 所示。

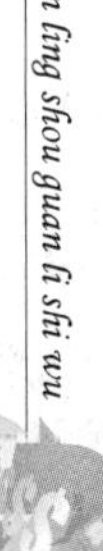

表 3-17　商品盘点执行报告

	执行状况	问题点	改善对策
初盘			
复盘			
抽盘			

当盘点出现差错，账实不符时，填写盘点差异记录表和商品处理报告单。

表 3-18　商品盘点差异记录表

×××商品	账面金额：	短少金额：
原因分析 处理意见：		

负责人：

表 3-19　商品处理报告单

配货仓卡号	厂家或经销商	商品名称	单位	数量	零售价	金额	处理原因	处理意见

制单人：　　　　　　　　　　负责人：

(6) 各项目团队选出一名代表就各项目团队卖场盘点的情况及出现的问题集原因分析在班上进行交流汇报，教师进行点评。

【实训评价】

1. 评价内容

汇报内容质量(是否完整、盘点出现的问题分析是否到位、盘点知识点是否突出、盘点作业流程是否合理)50%，实施效果(盘点的实际情况)30%、完成任务时的表现(纪律、态度、团队意识)20%。

2. 评价方式

学生成绩由学生自评(20%)、互评(30%)和教师评价(50%)综合评定，评价表具体如下所示。

组别：________　　　　　　　　　　第__次实训

学号	姓名	自评(20%)	互评(30%)	教师评价(50%)	总成绩

小结

商品规划是在有限的资源条件下尽可能满足消费者对商品选择的需要，并突出商店的经营特色。制定商品规划，首先必须对商品进行分类，将商品分为大分类、中分类、小分类和单品。由于消费者的口味在不断变化，今天畅销的商品明天就可能变成滞销品，零售商要跟上消费者变化的脚步，就必须经常分析自己的商品组合状况和结构，判断各项商品在市场上的生命力，评价其发展潜力和趋势，不断地对原有商品组合进行调整，优化商品结构。

商品采购管理需要做好的是供应商的开发和选择、新品的引进及滞销品的淘汰等工作。

商品验收记录是仓库提出退换货和索赔的依据。验收方式分为全验和抽验。而商品库存管理则需做好存货结构管理、存货数量管理和存货时间管理以达到防止缺货，减少库存费用及损坏商品的数量的目的。

商品盘点分为定期和临时盘点。作业流程主要包括盘点前准备工作，盘点实施和盘点后处理。

单选题

1. 沃尔玛超市，几乎满足了所覆盖区域消费群体对日常生活用品的所有需求属于(　　)商品定位。

A. 区域覆盖型商品定位　　B. 目标市场商品定位

C. 差异化型商品定位　　D. 服务质量商品定位

2. 01111·011 白色硬质冬小麦采用的(　　)编码方法。

A. 系列编码法　　B. 层次编码法

C. 系列层次编码法　　D. 都不是

3. 咖啡馆中属于辅助商品的是(　　)。

A. 咖啡　　B. 甜点　　C. 咖啡杯　　D. 简易咖啡机

4. 商品采购应遵循的原则是(　　)。

A. 适时　　B. 适地

C. 以需定进　　D. 趁低引进，多多益善

5. 将超市即时库存天数与标准库存天数相比较，如果库存天数高于标准的，不应(　　)。

A. 即时退货　　B. 提高销量

C. 赶紧补货　　D. 加大促销力度

判断题

1. 商品定位就是企业卖什么样的商品来满足目标顾客的需求。　　(　　)

2. 导入新商品时，应注意分类编号的连贯性和完整性。（　）

3. 50%的商品贡献了50%的商品销售，70%商品贡献了11%的商品销售，应加大促销力度，故将所有的促销品从B类商品中选择30%，从C类商品中选择40%。（　）

4. 一般在进行数量和外观验收时一般要求全验。（　）

5. 靠出口处端头陈列的一般是促销商品，为组合式商品，盘点时要注意分清每一种商品的类别和品名，进行分类盘点。（　）

思考题

1. 简述商品定位类型及其流程？
2. 简述滞销品淘汰的标准？
3. 引入新品的流程是什么？
4. 供应商选择的标准有哪些？
5. 减少盘点误差的方法有哪些，你认为应该怎样分析盘点差异？

案例分析

日本卡斯美超市的采购管理

日本卡斯美目前拥有102家超级市场，年销售额约为1 480亿日元，折合人民币123亿元，经营品种约为1.2万种。在商品的经营和管理上，卡斯美有一套根据自家的理解而设定的分类框架。按照使用者的用途或TPOS（时间、场所、动机、生活方式）设定商品分类。分类框架设定好后，再筛选、找寻应备齐的具体商品品种，最后建立起自己的MD体系（商品体系）。

卡斯美在确定商品陈列面上认为，商品陈列的货架越多、展示越充分，所实现的销售额也就越大。但是摆放多少货架总有个度，什么是适当规模、各个小类引进多少个名目、摆在多少个货架上最出效益呢？并没有现成的计算方法，需要采购员对每个小类的陈列面与销售额进行对比、分析。

在日本，厂商推出新品有固定的日期，一般是春、秋两季各1次。每年年初，日本大厂商召开新产品发布会，各商业单位采购员到那里去看，对感兴趣的新品就会索取资料。在导入新品的时候，先要把旧的商品砍掉。由于计算机程序比较完备，采购员在商品底账上敲进一个记号，第一次导入新品时，为了避免风险，一般先选择标准店铺进行试销，作堆头陈列，统计每天的顾客量、销售额、计算PI值。试销一星期，如卖况较好可引进，其陈列面数的安排可与老产品进行类比做出，如卖况不好就不再引进。

在卡斯美，老产品的淘汰也是采购员的职责之一。当有新品引进时必先淘汰老产品，否则货架上的商品品目就会越来越多，而陈列面会越来越少，销售额就会下降。淘汰老产品的标准主要是依据销售额。采购员根据计算机系统提供的小分类销售报表、商品销售额排序、商品销售量排序、ABC分析、部门管理表等资料，能够非常精确地淘汰掉那些卖况差的品目。

思考并回答：

(1) 日本卡斯美超市的采购有什么独到之处？

(2) 通过案例你发现超市的商品采购流程应该是怎样的？

实训设计

商品结构优化

【实训目标】

通过实训，对商品结构分析和优化的方法有进一步的认知，并能运用所学方法进行格子铺和相关网店的实际销售分析。

【实训内容和要求】

(1) 各小组搜集自己近期两个月的销售数据及消费者对商品的最新需求信息。

(2) 各组对销售数据进行统计汇总，应用ABC分类法对数据进行分析。

(3) 结合商品的市场销售情况和ABC分析法的结果拟定滞销品名单。

(4) 结合市场调研的结果拟定新品引进名单。

(5) 按名单引进新品，淘汰滞销品，调整商品结构后试销一个月，并将数据统计记录。

(6) 各项目团队结合前期商品分析及后期试销数据完成商品结构优化报告，并选出一名代表就各项目团队的商品结构分析报告在班上进行汇报，团队现场答辩，并接受大评委(各组代表和老师共同组成)的质疑和问询，教师就汇报展示结果进行点评。

【实训成果与评分】

1. 评价的内容

汇报内容质量(是否完整、分析是否到位、商品结构分析的知识点是否突出、商品销售数据分析是否合理)50%，实施效果(店铺销售数据的增长情况)30%、完成任务时的表现(纪律、态度、团队意识)20%。

2. 评价方式

学生成绩由学生自评(20%)、互评(30%)和教师评价(50%)综合评定，评价表具体如下。

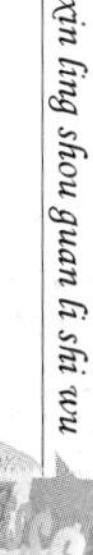

组别：________ 第__次实训

学号	姓名	自评(20%)	互评(30%)	教师评价(50%)	总成绩

活学活用

（1）假日里到几家大的超市，仔细观察他们的商品组合，指出他们各有什么特点，并说说哪家的商品组合最合理？

（2）如果让你经营一家社区小超市，你就如何优化它的商品结构？

（3）请绘制社区小超市的盘点流程图并进行解释。

项目四 卖场的布局与陈列

知识目标

1.掌握运用灯光、色彩、音乐等元素营造零售店优美购物氛围的方法
2. 熟悉货架各类布局的优缺点
3. 理解并掌握磁石点理论、动线调查法
4. 掌握商品陈列的方法和技巧
5. 熟悉商品配置表的制作及修正技巧
6. 熟悉排面与堆头制作方法及优化技巧
7. 熟悉 POP 海报的绘制要领

技能目标

1. 能据卖场经营实际,进行店内货架布局设计及优化
2. 能结合经营商品特点制作商品配置表
3. 能据卖场经营实际,进行商品排面及堆头设计及实操
4. 能据销售数据,优化陈列面
5. 能结合商品特点及卖场经营实际,设计并绘制 POP

学习重点

1. 理解并掌握磁石点理论与动线调查法的应用
2. 掌握排面与堆头的陈列实操方法
3. 掌握 POP 设计与绘制方法
4. 掌握根据销售数据优化陈列面的方法

教学方法和建议

(1) 教师可借助超市布局图+邀请学生黑板上绘图的方式讲授顾客动线、磁石点

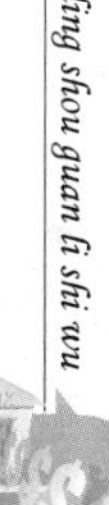

理论。

(2) 教师可用以赛代练、两两 PK 等方式组织学生进行排面和堆头陈列的实操。

(3) 教师可通过超市分组实操+集中点评的形式让学生在实践中掌握运用销售数据对陈列面进行优化的方法。

(4) 教师可以根据需要选择手绘或 Photoshop 的方式制作 POP,并邀请作品最优者到讲台分享制作经验。

任务一 卖场布局设计

任务导入

李明的超市面积 100 m²,经营 1 000～1 200 种单品,在新店开业前他不知如何划分卖场的区域、规划货架布局才最为合理。

任务分析

超市卖场区域如何分布,卖场的货架应当采用什么形式、应当按照哪些原则和要点进行布置,这是在商品陈列前需要考虑好的。卖场各区域的面积占比、位置分布也直接关系零售店的运营成本,关系顾客购买时是否方便,是否更容易被商品所吸引,促成更高的销售额。

相关知识

一、超市主要区域的分布

超市主要区域的分布需要考虑两点,一是各区域的分布位置,二是各区域的面积占比。

(一) 超市门店包含区域

超市门店包含区域大致分为三种,一种是商品陈列和顾客购物的区域,如蔬果区、粮油区、烘焙区;第二种是为顾客提供直接接触性服务的区域,如收银、服务中心、就餐区;第三种是员工的工作场所,如烘焙间、蔬果工作间等。

案例 4-1

广州“盒马鲜生”首家门店的区域分布

广州“盒马鲜生”首家门店面积 4 500 平方米。一共有 8 个区，分别是水产区、卖生蔬肉禽的日日鲜、卖进口海鲜的帝皇鲜、卖熟食的联营档口、卖甜品面包的烘焙区、冷冻冷藏区、休闲食品区和就餐区。

一、水产区

水产区有十多个海鲜池，海鲜来自俄罗斯、澳洲、挪威等地，有波士顿龙虾、面包蟹、帝王蟹、黄金蟹、象拔蚌、鲍鱼、扇贝、皮皮虾等，如图 4-1 所示。

图 4-1　盒马鲜生的水产区

二、卖生蔬肉禽的日日鲜

“日日鲜”卖生蔬肉禽等商品。这些商品每天一早从广东各地运来的，凌晨送到店，早上开卖，只卖 1 天，当天上架，当天下架，如图 4-2 所示。

图 4-2　盒马鲜生的日日鲜区域

三、冷冻冷藏区

冷冻冷藏区的商品是原产地直接采购。法国生蚝、挪威三文鱼、文莱蓝虾、加拿大北极甜虾等，都是统一的贴体膜包装，冷藏状态，保鲜力超强，如图 4-3 所示。

图 4-3　盒马鲜生的冷冻冷藏区

四、网红店聚集的"联营档口"

联营档口里有 8 家"盒马鲜生"邀请入驻的餐饮商家，分别是狮头牌卤味研究所、华辉拉肠、Butcher（牛排肉铺）、曦牛、鲍参味、星港岛、棒棒鸡传奇和调啤。

图 4-4　盒马鲜生的联营档口区

五、海鲜吧

海鲜吧一共有 11 名资深大厨掌勺，有近 20 种烹调海鲜的方法：清蒸、蒜蓉蒸、上汤焗、避风塘炒、铁板干煎等。从确认烹饪方式到上菜，需要 20～30 分钟的时间，如图 4-5 所示。

图 4-5　盒马鲜生的海鲜吧区域

图 4-6　盒马鲜生的烘培区

六、烘焙区

烘焙区的面包、甜点都是"盒马鲜生"自己做的，从经典的法棍到网红的半熟芝士都有，如图 4-6 所示。

七、就餐区

用餐区有150个座位，环境简约大方，约会聚餐都合适，顾客吃完可继续逛盒马鲜生，如图4-7所示。

图4-7　盒马鲜生的用餐区

（资料来源：商业地产V评论）

考考你

盒马鲜生广州门店的区域分布有哪些特点？

（二）各区域分布位置

在考虑区域分布时，一是商品类别相似的尽量在靠近的区域；二是重点商品类型放在最吸引顾客的区域，最好能让顾客在店外就能被特色商品所吸引；三是考虑商品上货的物流线路。

案例4-2

盒马鲜生金桥店的区域分布位置

图4-8是盒马鲜生金桥店内的区域布局图。如图所示，门店包含的区域有烟酒、服务中心、肉类、水产、休闲食品、收银台、广播中心、百货、鲜花、米面粮油、蔬果、冷冻冷藏、烘焙、烘焙间、蔬果工作间、餐厅、熟食、牛排、刺身和就餐区。

入口有两处，而主打海鲜的盒马鲜生，将水产、肉类、冷藏冷冻放在了两个入口之间，让顾客一进门就能看到各色海鲜，甚至在门外就能看到，赚够眼球。

烟酒区在服务中心附近，一是烟酒单价高，在服务中心有人专门看管，不容易被盗；二是烟酒需求划分非常细致，有服务中心的人专门推荐，顾客更好购买。

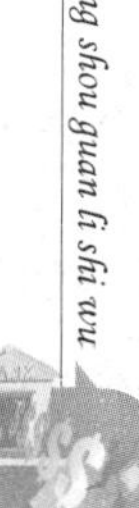

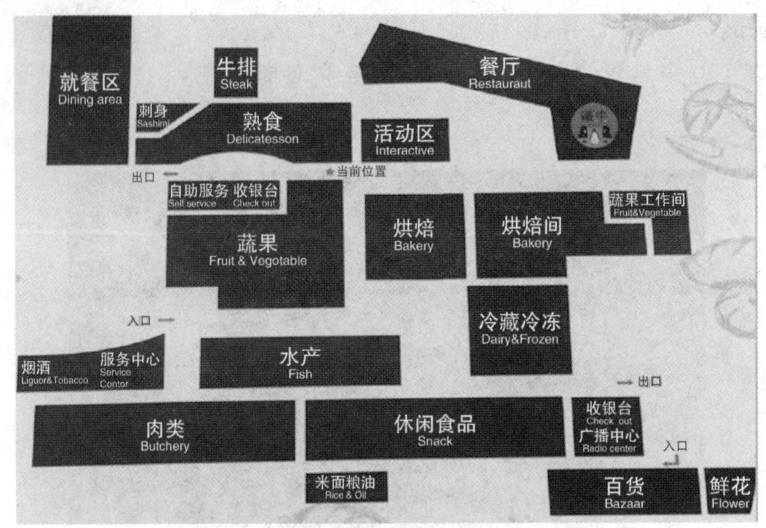

图 4-8 盒马鲜生金桥店区域布局

盒马鲜生的区域布局也符合相似分类在一起的原则。肉类、水产、冷藏冷冻、米面粮油都是烹饪需要的，所以放在一起。顾客在熟食区、刺身区购买商品后，可以在紧挨着的就餐区就餐，也是比较便利的。

员工的工作场所是紧挨着相应的商品位置的，例如烘焙间在烘焙区旁边，这样方便提供服务，缩短物流距离。

考考你

盒马鲜生上海金桥店里，各个区域的面积比例是怎样的？为什么？

（三）各区域面积占比

各区域面积占比，一是要考虑商品种类、数量、单品体积；二是要考虑超市的主打特色是什么。这些都要充分考虑目标消费者的消费习惯。例如，在主要面向大学生的超市中，方便面、饮料、薯片、水果等的面积占比更大；在主要面对本地居民的超市中，米油、菜肉、调料等的面积占比更大。

案例 4-3

家乐福“渔夫厨房”将会继续增加生鲜区域

在 2018 年农历春节之前，家乐福在沈阳和武汉的 2 个“餐饮+超市”业态门店开张了，还取了两个不同的名字——“渔夫厨房”和“极鲜工坊”，如图 4-9 和图 4-10 所示。

沈阳这家新开张的新零售业态被命名为“渔夫厨房”，营业面积约 150 平方米，固定用餐区域约占20%。这家店拥有龙虾、帝王蟹、三文鱼等海鲜类产品，单品数量接近100种，这和此前风靡零售圈的盒马鲜生、超级物种的做法类似，不过家乐福这家渔夫厨房聚焦于海产品，面积也更小。

图4-9　家乐福沈阳店的“渔夫厨房”

图4-10　渔夫厨房部分堂食区域餐椅

而“极鲜工坊”所在的武汉十升店略大一点，有200平方米左右，同样以海鲜类产品为主，不论是就餐区域、现场炒制贩售品类的面积，都与800平方米的超级物种和数千平方米的盒马鲜生相差较大，如图4-11所示。

图4-11　家乐福武汉店的“极鲜工坊”

家乐福只选择海鲜类产品进行小心尝试，因为它希望借助其供应链优势来试探消费者对新零售的热情程度。家乐福全球供应链体系的采购源头遍及各大水产主产区，例如产自法国布列尼塔的生蚝、加拿大的波士顿龙虾等，均被纳入家乐福全球供应链体系中，在产品品质和鲜度上可以做到较高级别。

“渔夫厨房”和“极鲜工坊”还可以通过美团和饿了么等外卖平台为3公里周边的消费者提供配送服务。未来还有增加至家乐福线上平台销售的可能。

家乐福方面称，武汉和沈阳目前的销售超出预期，武汉十升店的极鲜工坊的几款爆品几乎每天下午就会沽清。沈阳的消费者则对进口高档海鲜，如帝王蟹、波士顿龙虾尤为喜爱。

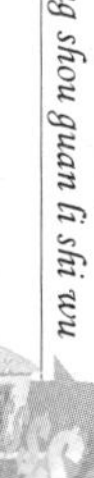

这家公司下一步还会加大自有渠道采购生鲜产品的力度，同时对生鲜区域的陈列进行改造和优化，引入餐饮品牌，增设堂食区域。今年上半年，家乐福上海会有一家全新打造生鲜概念门店开业。

（资料来源：《商业地产V评论》，2018年2月9日）

考考你

各大超市都在增加生鲜和餐饮的区域面积，对于自身而言有什么好处或不良影响吗？

二、货架形式

零售店的最基本陈列器具是柜台和货架。

（一）柜台

形状上，柜台分两种式样：一种是标准的长方体；另一种前面是坡形的坡面柜台，更便于顾客观看柜台中下层的商品，而不需要频繁弯腰或低头。

高度上，以中国人的身高为基础，柜台的高度一般为90～100 cm为好，宽度在50～70 cm之间，长度可自选，但一般在120 cm，柜台内部可单层或二三层，底座高不应超过20 cm。

材质上，传统柜台多为木质，而现代柜台则由金属框架和玻璃镶嵌而成，玻璃柜台一般装有固定或可转换角度的照明灯，多为单色灯。为了更好地陪衬柜内商品，有些柜台内也会装饰多色串灯。

柜台适合陈列香烟、珠宝、化妆品、手表、手机等贵重物品或没有包装的商品，柜台的重点陈列便于顾客看到自己喜欢的商品，柜台对商品的保护也有利于防止被盗或者损坏，剃须刀的柜台如图4-12所示。

图4-12　剃须刀的柜台

（二）货架

目前的零售店内，货架是最主要的商品陈列方式。形状上，货架一般分为两种。一种是靠墙货架，沿着商场四周墙壁摆放。靠墙货架根据使用条件不同又分为上、下两部分和上、中、下三部分两种。三部分货架中，上部一般专用陈列商品、中部用于展示销售、下部用于储存。另一种是中心货架，摆放在商场中间不同的位置上，被广泛应用于大型超市或仓储店。这两种形式的货架在材质上都是以可拆卸组合的钢制货架为主，日化商品的货架如图 4-13 所示。

图 4-13　日化产品的货架

货架在高度上通常可分为 1.35 m、1.65 m、1.8 m，长度以 0.9 m、1.2 m 等为最常用的规格。不同业态的店面应使用符合各自标准的货架。

（1）便利店和个体零售店使用的是 1.3～1.4 m 高的货架。

（2）一般超市使用的是小型平板货架，高度为 1.6 m 左右。

（3）大型超市使用的是大型平板货架，高度为 1.8～2.2 m。

（4）量贩店和仓储店使用的是高达 6～8 m 的仓储式货架。

三、货架布局原则及要点

在规划商品货位分布时，一般应注意以下 7 个问题。

（1）交易次数频繁、挑选性不强、色彩造型艳丽美观的商品，适宜设在出入口处。如，文化用品、化妆品、日用品等商品放在出入口，使顾客进门便能购买。某些特色商品布置在出入口，也能起到吸引顾客、扩大销售的作用。如好又多超市经常将图书和音响

用品放在入口位置，吸引顾客进入超市购物，尤其是节假日，可以大大吸引人气，提高客流量。

（2）贵重商品、技术构造复杂的商品，以及交易次数少、选择性强的商品，适宜设置在多层建筑的高层或单层建筑的深处。

（3）按照商品性能和特点来设置货位。如把互有影响的商品分开摆放，将异味商品、食品、试音试像商品单独隔离成相对封闭的售货单元，有效减少卖场内的噪音，集中顾客的注意力。

（4）将冲动性购买的商品摆放在明显的部位以吸引顾客，或在收款台附近摆放小商品或时令商品，可使顾客在等待结账时随机购买一两件。

（5）可将客流量大的商品与客流量小的商品，组合起来相邻摆放，借以缓解客流量过于集中的压力，并可诱发顾客对后者的连带浏览，增加购买的机会。

（6）按照顾客的行走规律摆放货位。我国消费者行走习惯于逆时针方向，即进零售店后，自右向左浏览，可将连带商品顺序排列，以方便顾客购买。

（7）选择货位还应考虑是否方便搬运卸货，如体积笨重、销售量大、续货频繁的商品应尽量设置在储存场所附近。

案例 4-4

春节重庆大坪永辉绿标店的卖场布局

顾客一进入门店，第一眼看到的是旺旺大礼包的堆头，营造着过年的喜庆氛围；第二看到的是茅台酒、五粮液这些高档酒，衬托出门店高端大气上档次。

旺旺大礼包的后面是整理箱和电暖器。之所以放在这里，是因为整理箱是重点促销商品，电暖器是冬天的应季商品。这都是超市希望获得大销量的商品。

顾客如果进门时往左看，会看到草莓、车厘子这些高价水果。这些水果颜色鲜艳，让人垂涎欲滴。

顾客继续往前走，会来到家居家电、糖果、饮料区域。顾客继续前行，走到了离出入口最远的地方，也就是超市最偏的地方。这里陈列的商品一是冷冻品，二是水产，三是鲜肉。这样布置原因有二：一是这些是顾客愿意多走一点路仔细挑选的商品，二是水产、鲜肉容易弄脏地面，放在卖场中间容易弄脏其他区域。放在靠里的地方更容易集中清理。

顾客绕过U型弯道，来到牛奶区。牛奶区的商品区域有一个特点，就是紧挨燕麦区，组合起来就是牛奶燕麦，正好是早餐需要买的商品，这是关联陈列。顾客买了牛奶，正好再买燕麦。

最后，顾客逛完超市，准备付账。收银台附近陈列了可乐、七喜、美年达、口香糖、儿童糖果。这些商品如果放在卖场，顾客不一定会购买，但是放在收银台旁，大家在等待收银排队时，就可能会随手放到购物车里。比如小朋友，就可能拿起一个儿童糖果，放到购物车里，爸爸妈妈就顺便结账了。

根据前面的描述，超市的货架布局图如图4-14所示。

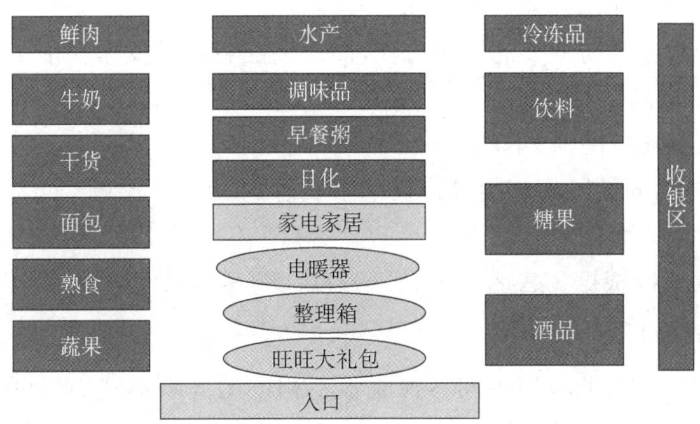

图4-14　春节重庆大坪永辉绿标店的卖场布局

考考你

从春节重庆大坪永辉绿标店的卖场布局你获得了哪些启发？

四、货架布局类型

（一）格子式布局

格子式布局是传统的零售店布局形式。超市卖场一般呈格子式布局，格子式布局是商品陈列货架与顾客通道都成长方形分段安排，而且主通道与副通道宽度各保持一致，所有货架相互呈平行或直角排列。这种布局在国外或国内超市中常可以看到，当购物者在走道上推着购物车，转个弯就可以到达另一条平行的走道上，这直直的走道和90度的转弯，可以使顾客以统一方向有秩序地移动下去，就像城市的车辆依道而行一样，如图4-15所示。

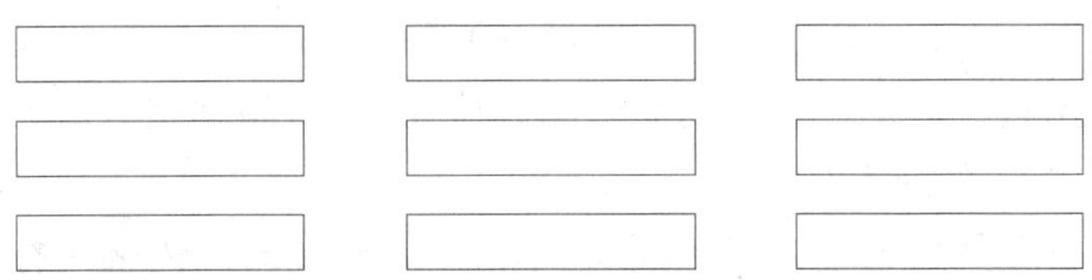

图4-15　格子式布局

1. 格子式布局的优点

（1）创造一个严肃而有效率的气氛。

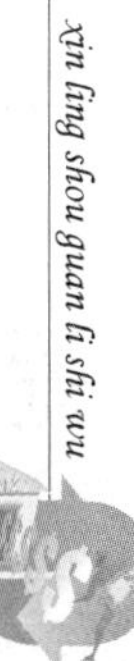

(2) 走道依据客流量需要而设计,可以充分利用卖场空间。

(3) 由于商品货架的规范化安置,顾客可轻易识别商品类别及分布特点,便于选购。

(4) 易于采用标准化货架,可节省成本。

(5) 有利于营业员与顾客的愉快合作,简化商品管理及安全保卫工作。

2. 格子式布局的缺点

(1) 商场气氛比较冷淡、单调。

(2) 当拥挤时,易使顾客产生被催促的不良感觉。

(3) 室内装饰方面创造力有限。

格子式布局可以根据零售店规模、卖场特点、顾客习惯而采取各种具体形式。

(二) 岛屿式布局

岛屿式布局是在营业场所中间布置成各不相连的岛屿形式,在岛屿中间设置货架陈列商品(见图 4-16)。这种形式一般用于百货零售店或专卖店,主要陈列体积较小的商品,有时也作为格子式布局的补充。现在国内的百货零售店在不断改革经营手法,许多商场引入各种品牌专卖店,形成"店中店"形式,于是,岛屿式布局被改造成专业店布局形式正被广泛使用着,这种布局是符合现代顾客要求的。专业零售店布局可以按顾客"一次性购买钟爱的品牌商品"的心理规律。例如,在顾客买某一品牌的皮革、西装和领带时,以前需要走几个柜台,现在采用专业零售店式布局,则在一个柜台即可买齐。

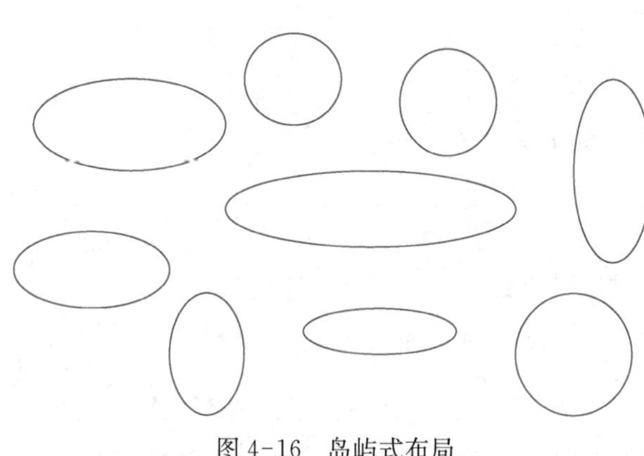

图 4-16 岛屿式布局

1. 岛屿式布局的优点

(1) 可充分利用营业面积,在消费者行走畅通的情况下,利用建筑物特点布置更多的商品货架。

(2) 采取不同形状的岛屿设计,可以装饰和美化营业场所。

(3) 环境富于变化,使消费者增加购物的兴趣。

(4) 满足消费者对某一品牌商品的全方位需求,对品牌供应商具有较强的吸引力。

2. 岛屿式布局的缺点

(1) 由于营业场所与辅助场所隔离,不便于在营业时间内临时补充商品。

(2) 存货面积有限,不能储存较多的备售商品。

(3) 现场用人较多,不便于柜组营业员的相互协作。

(4) 岛屿两端不能得到很好利用,也会影响营业面积的有效使用。

(三) 店中店布局

店中店布局是以自由布局方式为基础，每一个商品品牌在该店卖场形成若干个“店中店”，每家“店”均有明确定位(见图 4-17)。

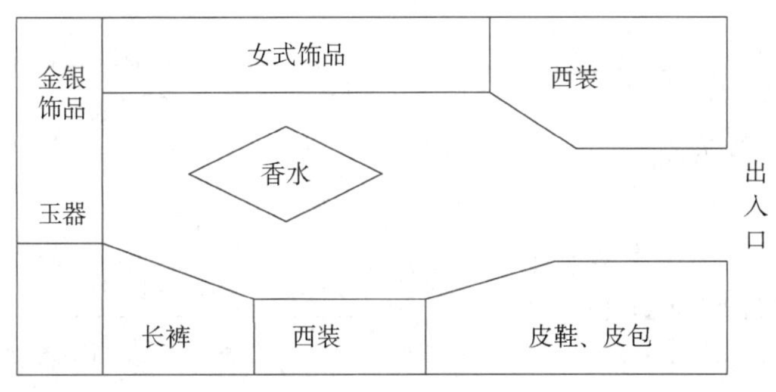

图 4-17　店中店布局

1. 店中店布局优点

店标、颜色、风格和气氛设计都有个性特点。

2. 店中店布局缺点

由于店中店方式的建筑安全成本较高，这种布局方式只适用高档大型百货零售店。

案例 4-5

盒马鲜生集市的店中店布局

2016 年 12 月 12 日，盒马鲜生集市首店在上海浦东八佰伴面世。盒马鲜生集市被定义为“盒马鲜生基本定型的 2.0 版”，经营体量相比盒马鲜生大幅增加，从 4 500 平方米扩充到 10 000～11 000 平方米。盒马鲜生集市最大特色在于提升了餐饮的经营比重，餐饮占门店经营比重达到 50%。

在盒马鲜生集市，餐饮商家基本是对外招商，扣点在 20%左右。盒马鲜生集市里到处都是座椅，部分餐饮商家把超市商品和档口混合陈列。

盒马鲜生集市增加餐饮面积有以下 4 个好处。

(1) 餐饮的毛利率比较理想，20%左右的扣点。

(2) 经营餐饮成本比较低，招商餐饮商家，不需要自营管理。

(3) 餐饮与超市都属于高频消费，餐饮能为超市引流。

(4) 与餐饮合作能降低生鲜商品耗损，一些临期生鲜商品可销售给餐饮商家。

(资料来源：搜狐网)

(四) 自由流动式布局

自由流动式布局是以方便顾客为出发点，它试图把商品最大限度地展现在顾客面

前。这种布局有时既采用格子形式，又采用岛屿形式，是一种顾客通道呈不规则路线分布(见图 4-18)。

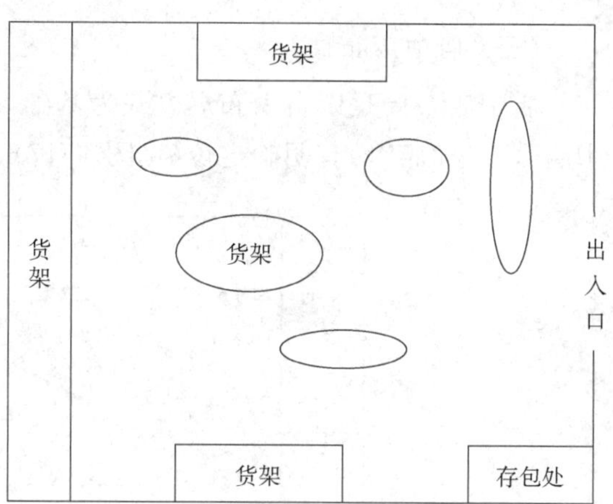

图 4-18　自由流动式布局

1. 自由流动式布局的优点

(1) 货位布局十分灵活，顾客可以随意穿行于各个货架或柜台之间。

(2) 卖场气氛较为融洽，可促使顾客的冲动性购买。

(3) 便于顾客自由浏览，不会产生急迫感，增加顾客的滞留时间和购物机会。

2. 自由流动式布局的缺点

(1) 顾客难于寻找出口，难免心生怨言。

(2) 顾客拥挤在某一柜台，不利于分散客流。

(3) 不能充分利用卖场，浪费场地面积。

这种布局方便了顾客，但对零售店的管理要求却很高，尤其要注意商品安全的问题。

任务实施

李明为超市绘制了区域布局图，如图 4-19 所示。出入口处是促销区，主要陈列促销、特价、快到期急需出售的商品。超市中心区域是主推产品，离出入口最远的角落是食品区，其他地方是非食区。

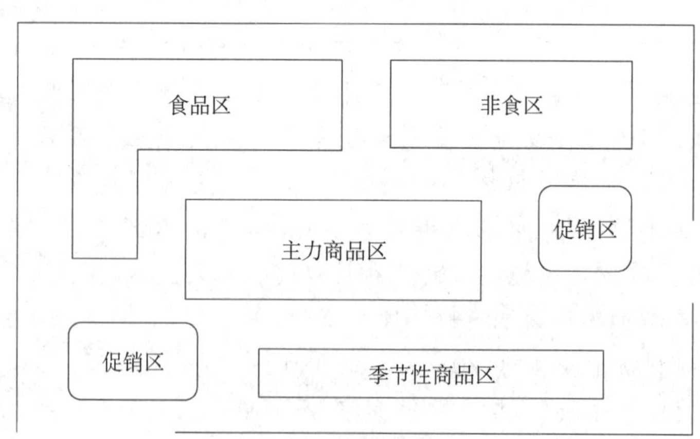

图 4-19　李明超市的区域布局图

结合自营店铺的面积及经营货架的类型(1.8 cm 的普通货架以及 1.5 cm 的格子式货架＋2×1 m 的长方形橱窗＋1×1 m 的岛屿式货架)，对超市的货架布局做了初步的规划，具体如图 4-20 所示。

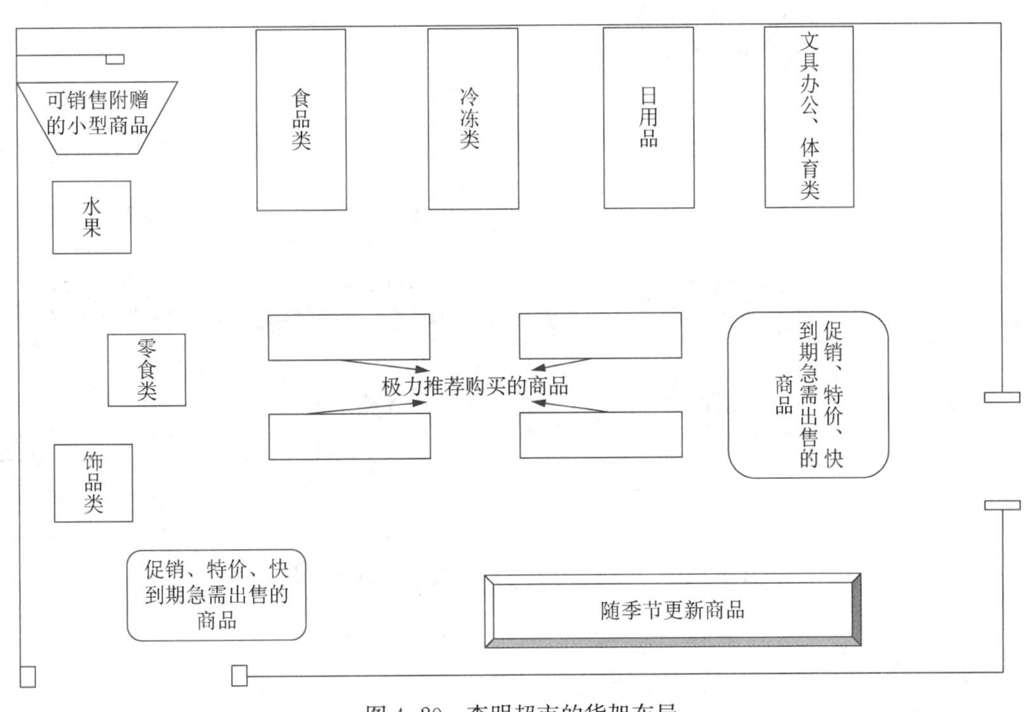

图 4-20　李明超市的货架布局

技能训练

【项目背景】

学生通过走访超市，绘制超市的区域布局图、货架布局图，了解超市的区域布局、货架布局。

【实训目的】

学生通过绘制并点评超市的区域布局图、货架布局图，能更好的理解、掌握区域与货架布局的方法与原则；观看其他组的展示，能进一步拓宽知识面，学习其他同学的分析方法。

【实训步骤】

(1) 学生挑选一家超市(各组不同)，现场走访，将每个区域的局部布局进行拍照，再根据每个区域的拍照绘制超市的整体区域布局图、货架布局图。

(2) 用白板/PPT 绘制整体布局图，给全班同学分享，每说到一个区域，给大家观看该区域的局部布局照片，并分析超市布局的合理之处与不合理之处。

(3) 学生互评，教师点评。

【实训评价】

1. 评价内容

(1) 学生参与性。

（2）调研获得的超市布局信息。

（3）学生搜集和处理信息的能力。

2. 评价方式

学生成绩由学生自评（20%）、互评（30%）和教师评价（50%）综合评定，评价表具体如下所示。

组别：______ 第__次实训

学号	姓名	自评（20%）	互评（30%）	教师评价（50%）	总成绩

任务二　卖场布局调整

任务导入

李明已经将货架布局好了，但发现存在一些问题。一些位置的货架老是没有顾客光顾，一些准备热销的商品也很少顾客关注，李明想对卖场布局进行一些调整。

任务分析

货架布局并不是一成不变的，要根据顾客在购物行为中的反应、热销商品的改变进行调整，让重点商品得到顾客的青睐，让每一个货架都容易被顾客光顾。

相关知识

一、磁石点理论的运用

磁石是指在卖场中最能吸引顾客注意力的地方。磁石点就是顾客的注意点，要创造这种吸引力就需依靠商品配置的技巧来完成的。商品配置中的磁石点理论运用的意义就在于，在卖场中最能吸引顾客注意力的地方配置合适的商品以促进销售，并且这种配置能引导顾客走遍整个卖场，最大限度地增加顾客购买率。如图 4-21 所示，卖场磁石点分为 5 个，应按不同的磁石点来配置相应的商品。

1. 第一磁石点：主力商品

第一磁石点位于主通路的两侧，是消费者必经之地，能拉引顾客至内部卖场的商品,也是商品销售的最主要的地方。此处应配置的商品为:(1) 消费量多的商品。(2) 消费频度高的商品。消费量多、消费频度高的商品是绝大多数消费者随时要使用的,也是时常要购买的,所以将其配置于第一磁石的位置以增加销售量。(3) 主力商品。主力商品即是每天有大量的销售额、消费频率和经济效益较高的商品。如蔬果、肉类、牛奶与面包应放在第一磁石点内,可以增加销量。

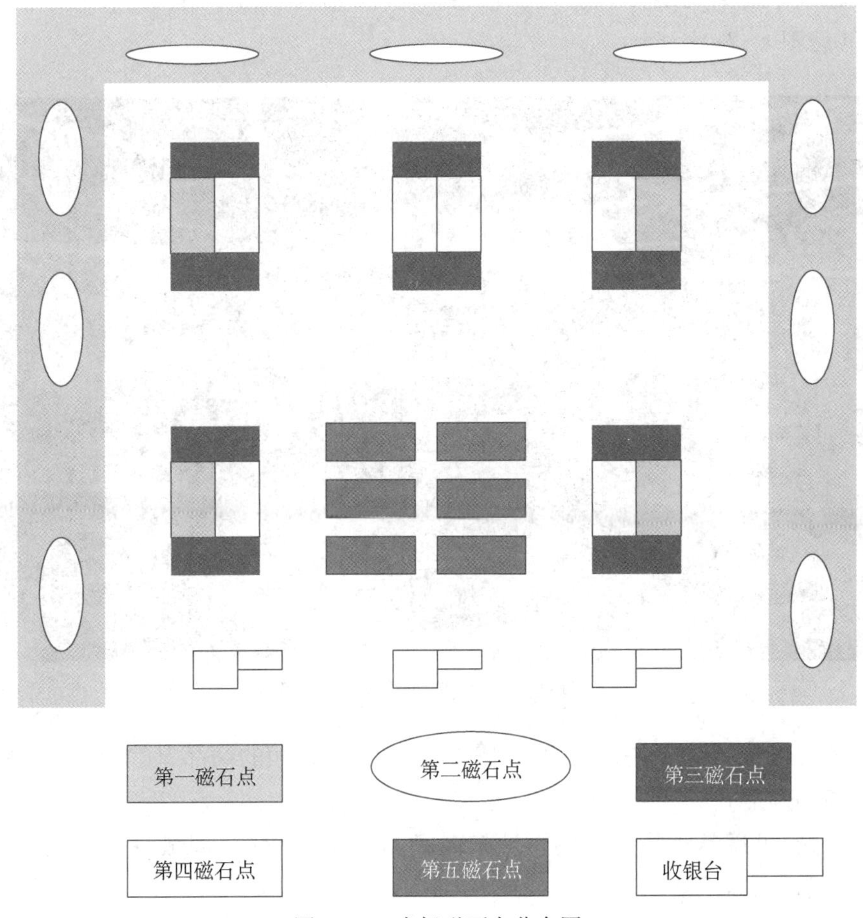

图 4-21　卖场磁石点分布图

2. 第二磁石点:展示观感强的商品

第二磁石点位于通路的末端,通常是在超市的最里面。第二磁石商品负有诱导消费者走到卖场最里面的任务。在此应配置的商品有:(1) 最新的商品。消费者总是不断追求新奇。10 年不变的商品,就算品质再好、价格再便宜也很难出售。新商品的引进伴随着风险,将新商品配置于第二磁石的位置,必会吸引消费者走入卖场的最里面。(2) 具有季节感的商品。具有季节感的商品必定是最富变化的,因此,超市可借季节的变化做布置,吸引消费者的注意。(3) 明亮、华丽的商品。明亮、华丽的商品通常也是流行、时尚的商品。由于第二磁石的位置都较暗,所以配置较华丽的商品来提升亮度。

第二磁石点需要超乎一般的照明度和陈列装饰，以最显眼的方式突出表现，让顾客一眼就能辨别出其与众不同的特点。同时，第二磁石点上的商品应根据需要隔一段时间便进行调整。

3. 第三磁石点：端架商品

第三磁石点指的是端架的位置。端架通常面对着出口或主通路货架端头，是卖场中顾客接触频率最高的地方。因此，第三磁石商品其基本的作用就是要刺激消费者、留住消费者(见图 4-22)。

图 4-22　第三磁石点：端架商品

通常情况可配置如下的商品：(1) 特价品；(2) 高利润的商品；(3) 季节商品；(4) 购买频率较高的商品；(5) 促销商品。

端架商品，可视其为临时卖场。端架商品需经常变化(一周最少两次)。变化的速度，可刺激顾客来店消费的次数。

4. 第四磁石点：单项商品

第四磁石点指卖场副通道的两侧，是充实卖场各个有效空间的摆设商品的地点。这个位置的配置，不能以商品群来规划，而必须以单品的方法。包括热门商品、特意大量陈列商品、广告宣传商品。

5. 第五磁石点：卖场堆头

第五磁石点位于收银区域前面的中间卖场，可根据各种节日组织大型展销、特卖的非固定性卖场，以堆头为主。其目的在于通过采取单独一处多品种大量陈列的方式，造成一定程度的顾客集中，从而烘托门店气氛。同时展销主题不断变化，也给消费者带来新鲜感，从而达到促进销售的目的(见图 4-23)。

图 4-23　第五磁石点:收银前的卖场堆头

考考你

卖场中销量最高的烧鸡应该放在哪个磁石点?

二、顾客动线分析

所谓顾客动线,是指顾客在店内的流动路线,又称"客导线",是指顾客从门外进店四处浏览购物或走进之后兜一圈又走出去的流动路线。顾客动线的现实意义在于店方可以有计划地引导店内顾客的流动方向。一般来讲,店铺经营成果主要由两个因素决定,一是来店的顾客数;二是顾客的平均购买单价,即客单价。这两个数字以店内收款机所统计的数字为准。

店铺销售额＝客流量×停留率×购买率×购买件数×商品单价

客单价＝流动线长×停留率×购买率×购买件数×商品单价

以上公式可以看出,客流量的多少对销售额有很大影响。要把门店做好,就需使顾客尽可能多逗留、多购买,尽可能提高来店顾客数和购买单价。合理的动线使顾客很方便地进入或走完全商场,使店员服务更加方便。

(一) 卖场动线的形式

根据建筑结构的不同超市客流"动线"也有许多种形状,一般单层超市"动线"常为:U 形、L 形、F 形和 Y 形动线。

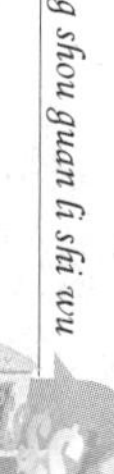

1. U形动线

U形动线适合的建筑是方形或接近方形的超市，因超市主通道形状像字母“U”故称U形动线，如图4-24所示。顾客从超市入口进入，在宽大的主通道指引下，不用刻意用商品引导，顾客就能自主按照设计路线到达超市每个商品区域，方便顾客的购买。

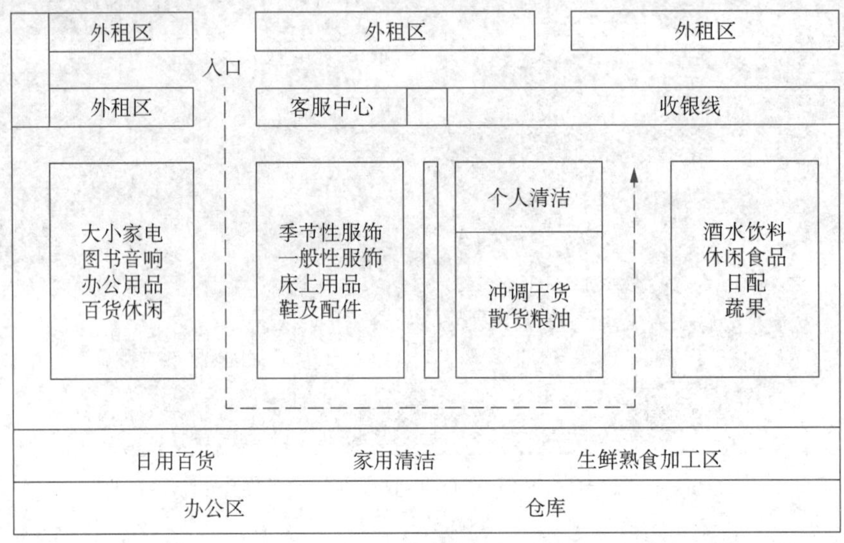

图4-24　U形动线

2. L形动线

L形动线适合建筑形状是长方形的超市，主通道像倒放的字母“L”，如图4-25所示。长方形超市横向长，一般很难把顾客引导到超市内部，而使用L形动线可以引导顾客到达超市内部，分散到每个商品区域和货架间过道，顾客停滞店中的时间也使之拉长，进而也可借此提高客流量。但是如果长方形建筑的纵深较长，L形动线的长L过道对于部分区域商品就会存在死角，顾客难以到达每一个长的过道，影响商品销售。一般纵深较浅，横向较长的超市使用L形动线会非常合适。

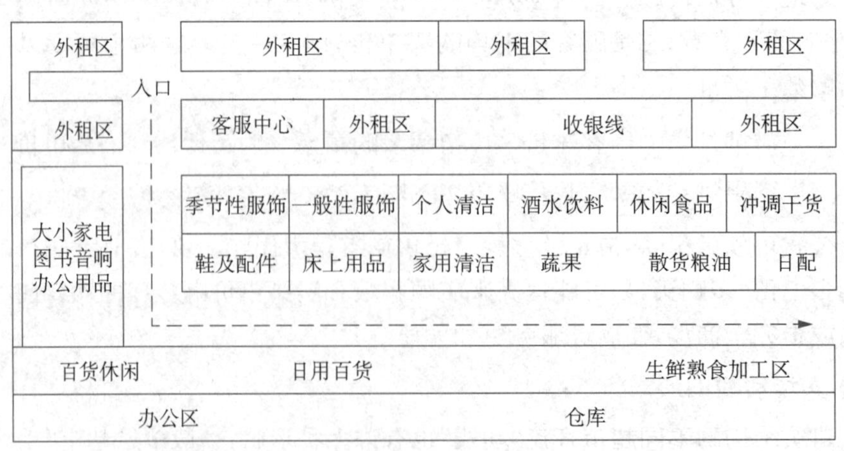

图4-25　L形动线

3. F 形动线

针对长方形超市纵深的问题，综合 U 形动线和 L 形动线的优点，设计出适合这类超市的 F 形动线，图 4-26 中通过功能性商品的引导及增加的一条通道，使顾客可以看到和轻易到达所要商品区域，解决了 L 形动线的弊病。顾客走在 F 形通道里，可以近距离到达任何一个过道和看到过道货架上陈列的商品，使超市里的商品更通透，让更多的顾客买到需要的商品。

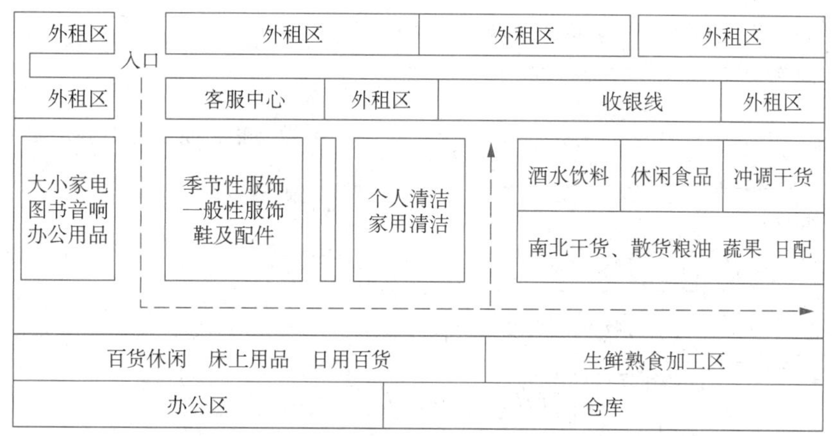

图 4-26 F 形动线

4. Y 形动线

Y 形动线呈现字母“Y”的形状，这种动线具有很明显的引导，顾客一看就知道超市的货架摆放，具有很强的引导作用，这样的动线适合面积在 1 000 平方米左右的店（见图 4-27）。

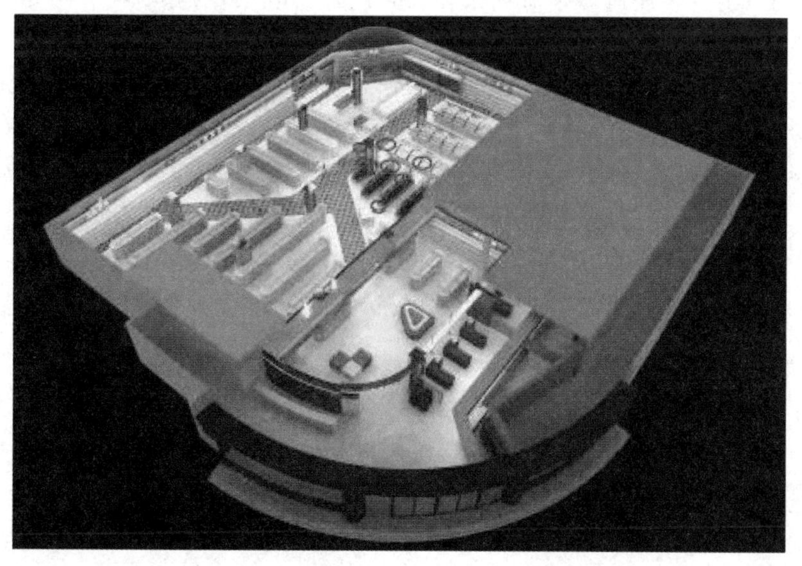

图 4-27 Y 形动线

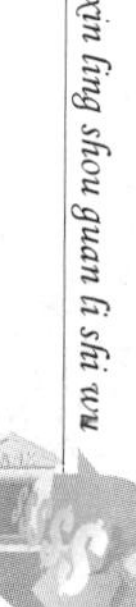

案例 4-6

盒马鲜生与家乐福的动线对比

从图 4-28 中可以看出，盒马鲜生在整个场的布局方面更加地自由，出入口其实都是一些高频消费的商品，顾客选择也会更加开放自由。但家乐福不是，如果你要买瓶水，尤其是急需的情况下，会非常的麻烦（见图 4-28）。

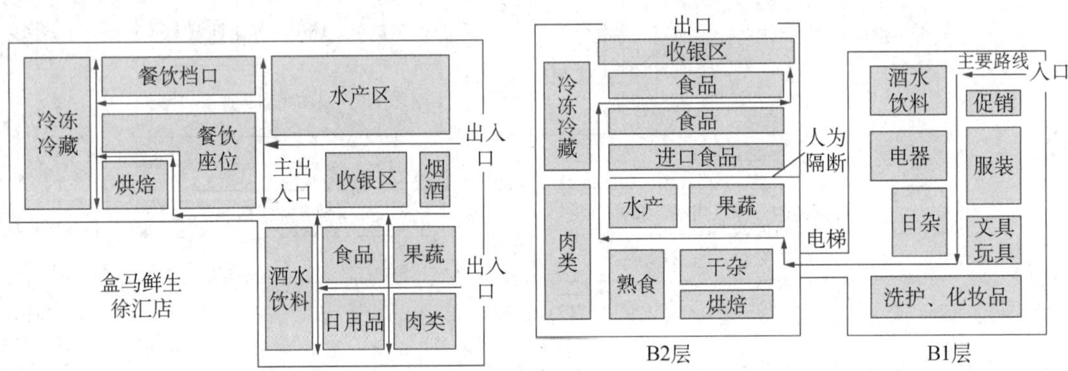

图 4-28　盒马鲜生动线图（左）和家乐福动线图（右）

传统超市的动线设计就是为了增加顾客门店停留时间，接触更多的商品，盒马鲜生在动线设计理念上与传统超市就存在较大差异，店内四通明亮：一是盒马鲜生是真正意义上的全渠道超市，每件商品都有电子标签，可通过 app 扫码获取商品信息并在线上下单，无需在线下设计复杂动线。二是店内分拣更加高效方便。

传统超市出入口固定而单一，对顾客有明显的路线指引，生鲜等购买频次高或受欢迎的商品布局在超市后方，而将电器、促销商品或其他冷门商品放置在靠近入口处，传统超市的逻辑是通过这种方式增加顾客逗留时间、关注冷门商品，通过高频低毛利的生鲜带动低频高毛利的服装、电器的销售。

而盒马鲜生的水产、海鲜通常放在主要入口位置，以大龙虾、帝王蟹等给用户强视觉冲击，能吸引客户进店，同时树立具有档次感的第一印象。此外盒马鲜生通常有多个出入口，消费者行动自由，真正体现以用户为中心。生鲜入口即见、超市布局动线都极大地提升了消费者体验感。

线下用户强体验和档次感为线上服务背书。线下在动线、布局上的新变化均体现出盒马鲜生以用户为中心的经营理念，给予用户充分的自由度和选择空间，提升客户体验。

（资料来源：海商网）

考考你

盒马鲜生和家乐福的动线设计分别是哪种形式，各有哪些优劣势？

(二) 好的顾客动线的要求

好的顾客动线设计要求具体如下5点。

(1) 充分利用商场空间，合理组织顾客流动与商品配置。

(2) 顾客从入口进入后，在商场内部步行一圈，离店之前必须通过收银台；在扶梯或电梯区域，最好在直接通向主通道的入口陈列具有魅力的卖点商品以吸引更多的顾客。

(3) 避免出现顾客只能止步往回折的死角。

(4) 采取适当的通道宽度，以便顾客环顾商场，观察商品。

(5) 尽量避免与商品配置流动线交叉。

(三) 采用动线调查法优化货架布局

货架布局确定下来后，可以采用动线调查法检查零售店的货架布局是否理想。零售店先绘制好一张店内配置图，仔细观察每一位顾客的行走路线，再绘成动线，最后将大量顾客的动线画在一起，可显示出哪些部位是顾客经常走到的地方，哪些部位是很少走到的死角。面对死角的成因进行分析。是商品配置不当，或是通道设置不良，或是照明不佳等，然后根据原因调整布局。

知识加油站 4-1

怎样将卖场的死角盘活

1. 合理处理柱子

将柱子埋入货架或进行包柱处理，或围绕柱子陈列量身定做的商品或货架，在视觉上淡化柱子造成的空间隔断。

2. 增加死角处的通透性

可以是在货架的选择上采取前低后高或全部采用矮货架的方法，提高通透性，让顾客从较远的地方就看到角落最深处的商品。也可以在死角的前方采用地堆、堆头或陈列网篮的方式，这种陈列工具高度较低，增加了视觉上和空间上的通透性，而且这种陈列工具易于移动，可以留出足够宽的通道，让顾客直达死角。

3. 陈列顾客必选商品

可以将每个品类中顾客的必选商品陈列在死角处，比如米面油等民生用品，宠物用品或家居清洁用品等。这些目的性很强的商品是顾客必选商品，即使处于偏僻角落，也不会影响顾客对此类商品的选择。

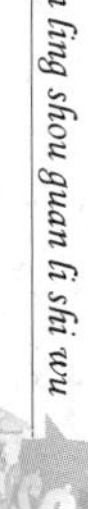

4. 陈列大件等特殊商品

将大件商品陈列在死角以增加直观性。大件商品不需特别的标识或说明就可以让顾客直观地看到，比如自行车、大件家居用品，或者家电类的电视机等具有声光功能的商品吸引顾客。

5. 作为促销区或出租区

促销区常会举行一些促销活动，不论是路演、试吃、特价促销还是其他顾客参与的活动，都可以带动死角的人气。将较偏的位置用于出租区，可以充分利用租户的资源带动死角，达到店中店的效果。

6. 特殊布置

餐饮会带动较大客流，将偏僻的位置设置为餐饮区可以充分利用死角。而餐饮业的厨房、后厨等加工间对位置并无特殊要求。

（资料来源：赢商网）

任务实施

李明在初步布局设计的基础上，根据自己的行走、顾客的行走轨迹，绘制了动线。李明发现，食品类、冷冻类、日用品、文具办公、体育类的货架直接抵着北墙，导致顾客走到这些货架端就无法转向另一个货架，只能掉头走，形成了一个路线的死角（见图 4-29）。

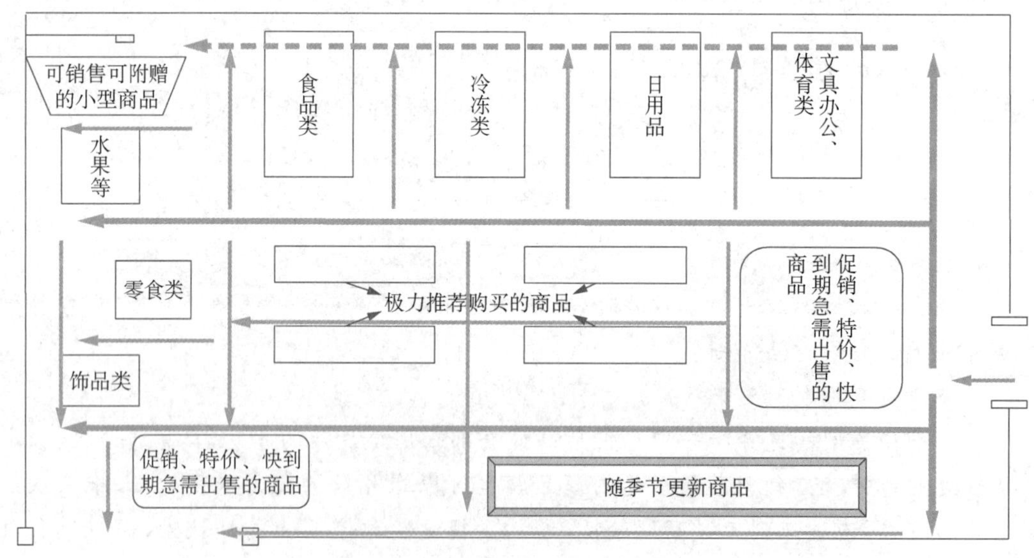

图 4-29　动线调整前的布局图

为了让动线更加通畅，李明决定把这几个货架向南移，留出这几个货架与北墙之间的空间，形成新的动线（红色虚线部分），打破这几个死角，还多了几个端头可以放置商品，如图 4-30 所示。

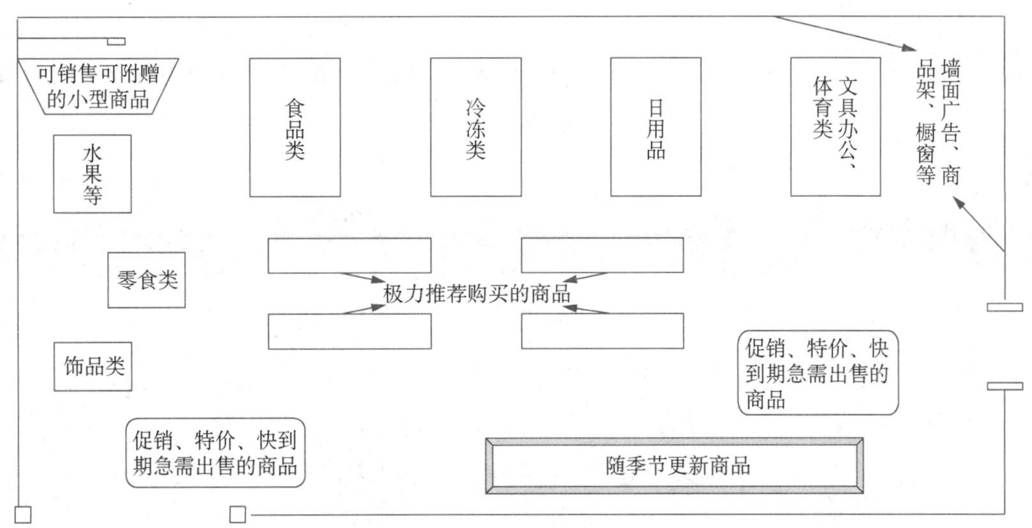

图 4-30　调整动线后的货架布局图

在此基础上，李明根据商品特性与超市位置找到了不同的磁石点，并进行了调整。对布局、灯光、商品进行了改变，让卖场的动线更加顺畅。

技能训练

【项目背景】

学生以团队的形式，观察超市的五大磁石点、顾客动线，并进行绘制和分析。在此基础上，找出卖场的死角并绘制优化后的卖场磁石点图和顾客动线图。

【实训目的】

学生通过观察与分析掌握超市卖场磁石点理论的运用方法及顾客动线设计方法，通过动手实践掌握如何运用磁石点理论及动线设计方法对卖场布局进行优化。

【实训步骤】

（1）学生自选一个典型超市，看看超市内的五大磁石点分别布置了哪些商品，用什么方法布置的，并与同学们分享。

（2）学生自行绘制所选超市 10～20 个顾客的顾客动线，并据此分析各个位置特点，找出卖场死角，结合磁石点理论给出调整建议。

【实训评价】

1. 评价内容

（1）学生参与性。

（2）磁石点理论的运用程度。

（3）动线分析理论的应用程度。

（4）学生搜集和处理信息的能力。

2. 评价方式

学生成绩由学生自评(20%)、互评(30%)和教师评价(50%)综合评定,评价表具体如下所示。

组别:________　　　　　　　　　　　　　　　　　　　　　　　第__次实训

学号	姓名	自评(20%)	互评(30%)	教师评价(50%)	总成绩

任务三　卖场气氛营造

任务导入

李明经营的社区小超市起初因为前期资金有限,所以没有在店面氛围打造上多做考虑,只是简单做了个牌匾挂上去,而把资金都用在进货、选货上。但是,开业一个月后,他发现离他200米的地方也有个社区小超市,店内货品质量不如他的店,但客流量明显好于他,仔细研究后,才明白对方的卖场气氛营造的比自己好,所以引来了大量的顾客。于是,李明想:"我该如何营造卖场氛围来改变这个现状,让顾客在卖场内爱上购物,从而提升店铺销售业绩呢?"

任务分析

要使进店顾客产生购买冲动,必须营造好店内的卖场氛围。可通过照明、声音、气味、颜色等方面营造出门店氛围,使那些只是想看看的顾客产生购买欲望。

相关知识

一、照明设计

由于卖场中各区域功能的不同,卖场的照明规划会采用不同类型的照明方式,主要有一般照明、重点照明、装饰照明三种。一般照明是基础照明,是对卖场空间全面的照明。重点照明主要是对橱窗等重要区域的照明。装饰照明主要的功能是营造卖场特殊的氛围。

装饰照明主要包括人工光源使用与色彩的搭配。它不仅可以照亮店门和店前环境,而且能渲染零售店气氛,烘托环境,增加店铺门面的形式美(如图4-31)。

图 4-31　超市门面照明

色彩是人视觉的基本特征之一，不同波长的可见光引起人们视觉对不同颜色的感觉，形成了不同的心理感受。如玫瑰色光源给人以华贵、幽婉、高雅的感觉；淡绿色光源给人以柔和、明快的感觉；深红色刺激性较强，会使人的心理活动趋向活跃、兴奋、激昂或使人焦躁不安；蓝靛色刺激较弱，会使人的心理活动趋向平静，控制情绪发展，但也容易产生沉闷或压抑的感觉。色彩依红橙黄绿蓝靛紫的顺序排列，强弱度依次由强转弱。

二、色彩设计

消费者进入卖场的第一感觉就是色彩。精神上感到舒畅还是沉闷都与色彩有关。在卖场内恰当的运用和组合色彩，调整好店内环境的色彩关系，对形成特定的氛围空间能起到积极的作用。在对店内进行空间色调处理时应把握好色泽的类别、深度和亮度。

作为色泽的类别，人们按照各种颜色对人们造成的基本不同感受分为暖色调和冷色调。暖色调主要有红色、黄色和橙色。而冷色调有蓝色、绿色和紫色。总体上暖色调给人一种舒适、随意的感觉，而冷色调给人一种比较严肃、正式的感觉，使人不太容易接近。然而只要应用得当，冷、暖色调均可创造出诱人的商业氛围。例如，对于狭长的店堂来说，把两侧墙壁涂成冷色，里面的墙壁涂成暖色，就能给人以店堂宽敞的印象。相反，对于短宽的店堂来说，把两例的墙壁涂成暖色，把里面的墙壁涂成冷色，能给人以店堂变大的印象。为了更好地运用色彩营造卖场气氛，我们下面将有关色彩的具体含义罗列如下。

红色——象征热情、喜庆、光荣、正义和力量

绿色——象征和平、生命和青春

紫色——象征高贵、威严和神秘

黄色——象征和谐、宗教和信仰

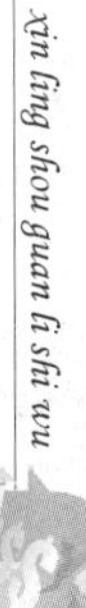

黑色——象征深沉、神秘、寂静、悲哀、压抑
蓝色——象征平静、纯洁
青色——象征深远、沉着、虔敬和诚实
白色——象征纯洁、朴素、无邪气、信实
灰色——象征平凡、朴实、困苦
金银色——象征富贵和华丽
咖啡色——象征坚实、含蓄
银色——象征纯洁

案例 4-7

超市中色彩的运用

色彩在超市中主要有两大作用，一是营造气氛，例如，过春节时，一般超市选用大红色作为主色调，传达喜气洋洋的感觉；然后在果菜区用绿色作为辅助色，给人以新鲜的感觉；在百货区用黄色，制造积极的氛围；在收银台用金色，象征着荣华富贵。二是起到指示作用，为顾客提供信息，帮助顾客找到自己想要的东西。比如指示生鲜蔬果，使用绿色；指示牛肉猪肉，使用红色；指示水产，使用蓝色。这样，顾客一眼看到就明白，按着颜色的方向就能往那个地方去。

资料卡 4-1

顾客文化及年龄对色彩的偏好

文化水平较低或经济不发达地区的顾客偏爱比较鲜艳的颜色，尤其是纯色，配色也多为强烈的对比色调；经济发达或文化教育水平较高的国家或地区的顾客则对相对富丽、柔和的色调或浅淡的中间色有兴趣。

在一定文化水平下，不同年龄段的人，对色彩的兴趣偏好也不尽相同，具体如表 4-1 所示。

表 4-1　年龄与色彩偏好对比表

年龄段	偏爱的色彩
幼儿期	红色、黄色(纯色)
儿童期	红色、蓝色、绿色、黄色(纯色)
青年期	蓝色、红色、绿色

(续表)

年龄段	偏爱的色彩
中年期	紫色、茶色、蓝色、绿色
老年期	茶色、深灰色、暗紫色

红色是一种比较刺激的色彩,在使用过程中必须小心谨慎,它一般只用作强调色而不是基本的背景颜色。作为一种用于着重特定部位的颜色,其效果往往不错。在元旦或春节及其他重要节日红色是一种非常合适的展示色。黄色同红色一样,也非常惹眼并且造成视觉上的逼近感。对一些背景光彩较为暗淡的墙壁、标记等地区可以运用黄色。另外黄色被认为是一种属于儿童的颜色,所以在装饰婴儿或儿童用具部门常用黄色。橙色是一种比较特殊的颜色,它常常同于秋季,代表丰收的时节。一提起蓝色,常常用苍凉蔚蓝的天空和平静湛蓝的大海联系在一起。通过蓝色的添加能够创造一种恬静、极为放松的购物环境,尤其是在男人用品部,代表一种深沉的力量。绿色则表示清新的春天以及和平安详的大自然。许多人认为它是一种最为大众广泛接受的颜色。另外绿色的空间感较强,能让较小的地区显得更为宽阔。紫色在零售店内景中用得较少,除了为了达到一些特殊效果。如果零售店内部运用过多的紫色会挫伤顾客的情绪。

知识加油站 4-2

如何运用色彩提高商品销售业绩

日本的一项调查显示,色彩在商品中的价值分别为食品 52%、化妆品 29.3%、服装 38.6%。这充分说明色彩的运用在商品销售中所起的作用。换言之,商品陈列的安排如果在色彩方面处理得好,就会增加商品的销售量。通过不同商品各自独特的颜色搭配,顾客更易辨识商品并对其产生亲近感。暖色系统的货架,一般放食品;冷色系统的货架放清洁剂;色调高雅、肃静的货架上,可放化妆用品等。这种商品的色彩倾向性,也可体现在商品本身,销售包装及其广告上。如玩具和儿童文具多采用鲜艳活泼的对比色调。

考考你

六一儿童节,超市店内儿童商品搞促销,该如何运用色彩来营造卖场气氛?

三、声音设计

卖场内部的声音对顾客的购物情绪有着很大的影响,因此,超市必须做好对声音的设计工作,为顾客创造一个良好的购物氛围。

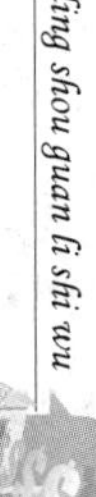

(一) 音乐的选择

一项调查研究显示,在美国有70%的人喜欢在有音乐播放的门店购物。在超市里播放柔和而节拍慢的音乐,会使销售额增加40%,快节奏的音乐会使顾客在门店流连忘返的时间缩短而购买的商品减少。所以,一般情况下,卖场背景音乐宜采用优雅轻松的轻音乐,音乐选择一定要结合零售店的特点和顾客的特征,以形成一定的店内风格。必须适应顾客一定时期的心态,如在炎热的夏季,卖场播放舒缓悠扬的乐曲,能使顾客在炎热中感受到清新和舒适,在卖场进行大拍卖时,播放一些节奏较快的,旋律较强劲的乐曲,使顾客产生不抢购不罢休的心理冲动。

(二) 背景音乐设计注意事项

1. 注意音量高低的控制

既不能影响顾客用普通音量说话,也不能被店内的噪音所淹没。

2. 音乐的播放要适度

如果音乐给顾客的影响过于嘈杂,使顾客产生不适感或注意力被分散,甚至厌烦,不仅达不到预期效果,反而适得其反。

3. 音乐的播放要适时

播放时间控制在一个班次播放两小时左右。

考考你

超市店内中秋节搞促销,该选择何种背景音乐营造卖场气氛?

知识加油站 4-3

超市卖场促销气氛烘托的两个"面"

1. 色彩的应用

超市的地理位置决定超市内主色彩的选用。在不同的地区,不同的城市,超市内的标准色的选用都会与当地的风俗习惯、人文文化密不可分,这在超市领域中是无法明确规定的,只要用色的组合能使超市的卖场显得系统化、明亮化、清晰化和丰富化,也就达到了确定标色的目的。这个用色的组合是经年不变的,无论促销活动是在什么季节、促销活动的主题是什么都是不会改变的。

季节性又决定超市内点缀色彩的选用。这是超市内流动的颜色,因为如果一个超市的卖场内日日月月年年只会见到一种用色的组合,整个卖场会显得没有新意,缺乏变化。因此,就像人类着装换季一样,在不同季节的时候要给超市的卖场增加一种与季节相符或类似的颜色,可变换的地方体现在:悬挂类、门头宣传画、展板、员工的服装和各种小的装饰物也就是说在超市VI基调、实用和应用部分以外的区域都可以进行更换。

超市内的色彩有两个特点：一是遵循商品本身的色彩规律，二是使用高纯度、高亮度、高冲击力的色系。例如生鲜区通常使用绿色，从灯具、蔬果架到顶部的装饰物都采用绿色系。而特价系列则经常使用红色和黄色系。

超市内大面积色系的使用使得超市的区域划分变得更加明显，顾客购物变的更加轻松和趣味性，同时，在不同的季节，不同的促销活动期间的流动性色彩变化又使超市变的更加热烈和生机勃勃，使顾客在购物的过程中因为情绪高涨加大消费的额度。

2. 卖场内的声音设计

卖场内可以在大型促销活动期间有此起彼伏的叫卖声，以增强卖场气氛和吸引顾客。

考考你

超市促销气氛的烘托还可以依靠哪些元素？

四、气味设计

在卖场中的气味大多是和商品相关的，不少顾客正是以卖场散发的气味来判断商品的质量状况。和声音一样，气味也有积极的一面和消极的一面。

(一) 气味的正面影响

气味正常，会吸引顾客购买这些商品。人们的味蕾会对某些气味作出反应，以致可以只是凭藉嗅觉就可嗅出某些商品的滋味。例如巧克力、新鲜面包、桔子、玉米花和咖啡等等。气味对增进人们的愉快心情也会有所帮助。花店中花卉的气味，化妆品柜台的香味，面包店的饼干、糖果味，蜜饯店的奶糖和硬果味，零售店礼品部散发香气的蜡烛，皮革制品部的皮革味，烟草部的烟草味，均是与这些商品协调的，对促进顾客的购买是有帮助的。

(二) 气味的负面影响

正如有令人不愉快的声音一样，也有令人不愉悦的气味。这种气味会把顾客赶走。如果这些场所气味异常，那么，商品的销售是不会达到可能达到的数量的。令人不愉快的气味，包括有霉味的地毯，吸烟的烟气，强烈的染料味，啮齿类动物和昆虫的气味，残留的尚未完全熄灭的燃烧物的气味，汽油、油漆和保管不善的清洁用品的气味，洗手间的气味等。邻居的不良气味，也像外部的声音一样，会给零售店带来不好的影响。这些气味不仅令人不愉快，与零售店的环境、气氛也不协调，比如医生或牙科医生诊室的很浓的药品气味飘入面包店等等。

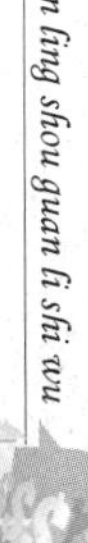

（三）消除不良气味的方法

常见的消除不良气味的方法有以下5个。

(1) 合理进行卖场的通风设计。

(2) 采用空气过滤设备。

(3) 定期释放一些芳香的气味。

(4) 加强对商品的检查，防止商品发霉腐烂，散发异味。

(5) 防止商品串味，例如，不要把香皂和茶叶放在一起。

任务实施

李明决定选择淡绿色光源装饰店头灯箱，给人一种柔和、明快的感觉；店内色彩根据季节及节庆的特色加以变换，商品陈列遵循商品本身的色彩规律，使用高纯度、高亮度、高冲击力的色系。例如生鲜区通常使用绿色，从灯具、蔬果架到顶部的装饰物都采用绿色系，给人以新鲜的感觉；牛肉、猪肉则使用红色；在百货区用黄色，制造积极的氛围；采用优雅轻松的轻音乐或当下的节奏比较舒缓的流行歌曲作为背景音乐，每两小时为一个播放班次，增加顾客在舒缓的音乐中的购物舒适感，选择面包、糖果或花卉摆放在店门的入口处，利用食物及花卉的芳香吸引更多顾客进入门店消费，并让他们爱上在此购物的感觉进而延长他们的购物时间，提升门店销售业绩。

技能训练

【项目背景】

学生选择2～3家超市典型店铺作为实地走访对象，就超市节庆促销店内气氛营造的方法和技巧进行实地走访，并将其运用到实训超市的一次节庆促销活动中。

【实训目的】

通过分组实训，让学生理解并掌握如何运用照明、色彩、声音及气味来营造超市促销的卖场气氛的方法及技巧。

【实训步骤】

(1) 组织学生对2～3家超市典型店铺进行走访，对店内如何运用照明、色彩、声音及气味来烘托促销气氛的图片进行收集，实地采访店长了解店内卖场促销气氛打造的技巧。

(2) 将实地走访结果绘制思维导图（思维导图格式，要求精炼、客观、真实、有见地、配图片）进行课堂交流和讨论。

【实训评价】

1. 评价内容

(1) 学生参与性。

(2) 超市促销气氛烘托的技巧汇报成效。

(3) 学生搜集和处理信息的能力。

2. 评价方式

学生成绩由学生自评(20%)、互评(30%)和教师评价(50%)综合评定,评价表具体如下所示。

组别:________　　第__次实训

学号	姓名	自评(20%)	互评(30%)	教师评价(50%)	总成绩

任务四　商品陈列

任务导入

李明的超市面积 100 m^2,经营 1 000～1 200 种左右的单品,在新店开业前他不知将单品如何陈列上货架才最为合理。圣诞节即将来临,要进行针对圣诞的促销,李明也不知道应该怎样设计堆头,制作 POP 海报。

任务分析

好的商品陈列可以激发顾客的购买欲,对顾客的冲动购买、情感性购买、即兴购买的贡献很大。科学的商品陈列可以有效的节约顾客选购的时间,艺术的商品陈列可以使顾客的购买过程不再枯燥,增加他们美的感受。在商品陈列前,需要做一系列的准备,包括了解商品陈列的原则、陈列视觉原理、陈列具体要求,这能为良好的陈列打下基础。此后,应当制定商品配置方案,这包括制作商品配置表、选择陈列方法,适时根据业绩分析进行陈列面优化。最后,开始商品陈列,包括排面制作、堆头制作、POP 制作等内容。

相关知识

一、商品陈列准备

(一) 认知陈列的视觉设计原理

1. 色相与色环

色相,即色彩相貌。图 4-32 中的陈列颜色有橙色、红色、绿色、棕色,这是色相。

色相按一定的顺序组成色环。顺序是由美术调色决定的。首先是三原色红黄蓝，然后红黄调出橙色，黄蓝调出绿色，以此类推，最终生成色环(见图 4-33)。

图 4-32　陈列的色相

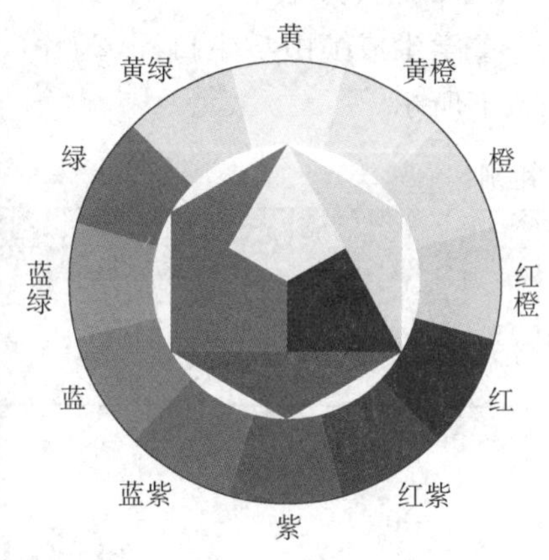

图 4-33　色环

在色环里，越是临近的颜色，组合起来就越和谐。距离越是远的颜色，组合起来就越醒目突出。

2. 让陈列更和谐的搭配法

商品本身自带着各种颜色，用商品制作堆头和排面时，画面容易显得杂乱，可以应用以下 4 种方法让陈列的视觉效果更加和谐。

(1) 3 色搭配和黑白灰的妙用。

3 色搭配是指同一个画面最好只有 3 种以内的颜色，最纯净的是一种色彩，超过 3 种颜色就容易显得杂乱无章。同一种色彩的深浅变化不会增加颜色种数，例如深红配浅红，依然算作一种颜色，看上去是比较协调的。如果实在要加第四种颜色，可以选择黑、白、灰，因为黑白灰是百搭色，放在画面中可以不算颜色的种数。

图 4-34　三色搭配法的易拉罐堆头

例如，易拉罐色彩本身是比较纷杂的，为了更加和谐一致，以红色为主色，蓝色为点缀色，再配以黑白灰，整个堆头只有两种颜色，分别是红色、蓝色，降低了堆头视觉上的杂乱感(见图 4-34)。

图 4-35 中的堆头陈列只有一种颜色，即天蓝色，再配以百搭色白色，有蓝天白云的简洁感。纯色搭配法会使陈列更加整洁。

(2) 同类色搭配。色环上间隔 30 度以内的两种颜色，被称为同类色，搭配起来比较和谐。

图 4-35　三色搭配法的纯色搭配堆头

图 4-36 中的茉莉清茶堆头有两种颜色，即浅绿和浅黄，两种颜色在色环中的角度在 30 度以内，是同类色，看起来比较和谐。

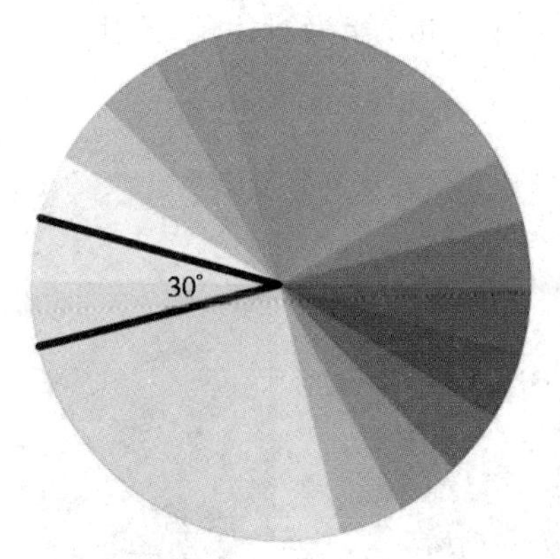

图 4-36　同类色的茉莉清茶堆头

（3）彩虹色搭配。图 4-37 图中拖鞋虽然有很多颜色，但显得比较整洁，因为它按照色环顺序，从左到右分别是蓝、紫、红、橙、黄、绿，有一种层次感和律动感。

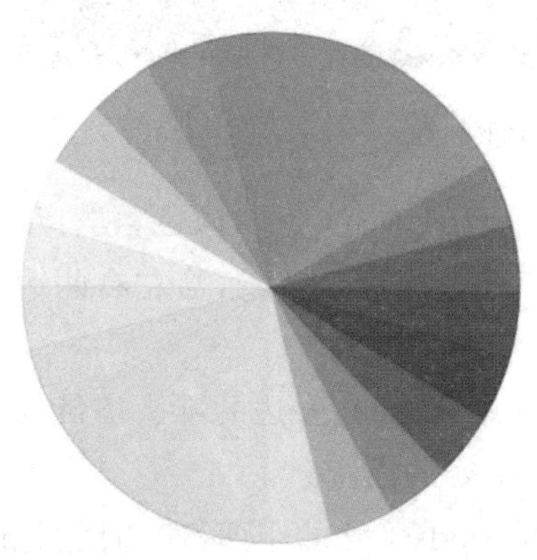

图 4-37　彩虹色搭配的人字拖陈列

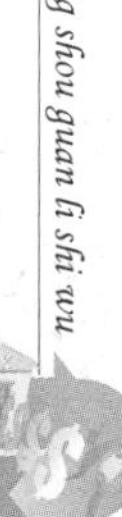

图 4-38　对称搭配的沐浴花陈列

(4) 对称搭配。图 4-38 中孔雀的尾巴颜色虽然多,但颜色是按轴对称分布,透出一种缤纷而和谐的美。

3. 让陈列更吸引眼球的搭配法

商品陈列如果能吸引顾客眼球,就能获得更多的关注和购买。商品陈列中吸引顾客的技巧有以下 5 种。

(1) 对比色搭配。色环上间隔 120 度的色彩被称为对比色。在图 4-39 中的毛巾陈列里颜色有三种,分别是红、黄、蓝,这三种在色环上刚好间隔 120 度,互为对比色,产生了鲜明的对比感,引人注目。

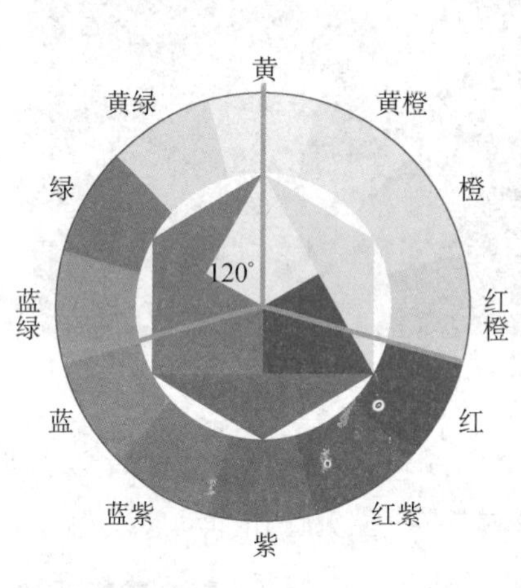

图 4-39　对比色搭配法的毛巾陈列

(2) 互补色搭配。色环上间隔 180 度的色彩被称为互补色,又叫撞色,具有很强的视觉冲击力。图 4-40 中为了衬托红色的鲜肉,用互补色绿色做背景,与左右两边用银色不锈钢做背景的鲜肉相比更加显眼。

(3) 不平衡感。图 4-41 中的陈列有意制造一些不平衡感,左边的堆头仿佛要倒下来,右边的挖掘机仿佛要掉下来,这些都很容易吸引顾客的注意。

(4) 尺寸冲击。图 4-42 中的堆头陈列把一些平时小尺寸的东西,比如饮料盒、牙杯等放大尺寸,会形成一种与常识截然不同的夸张感,非常醒目。

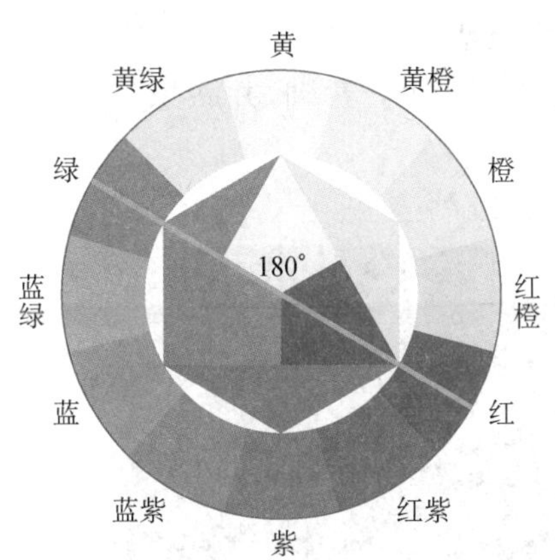

图 4-40　互补色的肉类陈列

图 4-41　不平衡视觉效应的堆头

图 4-42　尺寸冲击下的堆头

（5）动态陈列。活动的画面比静止不动的画面更吸引人的眼球。图 4-43 中永辉超市用小风扇扇动红布，模拟火锅燃烧的火焰，顾客一眼就会看到，并联想到吃火锅时的美味与好心情。

图 4-43　永辉超市模拟火锅的动态陈列

4. 引发特殊情绪

商品经过精心的陈列，可以引发一些特殊情绪，勾起顾客的购买欲。图 4-44 中的绿色令人联想到大自然，进而让顾客觉得螃蟹是纯天然的。

图 4-44　大自然风的陈列

黑色、深棕、深灰给人以沉稳庄重、高端大气的感觉。图 4-45 中的水果篮采用接近黑色的深棕色，把水果衬托得更加高端大气。

图 4-45　深棕色的水果篮

图 4-46 中盒马鲜生的这个海鲜陈列，用了哪些视觉设计原理？

图 4-46　盒马鲜生的海鲜陈列

（二）确认上架的商品清单

在掌握了陈列视觉设计原理后，需要做第二项准备，即确定要上架的商品清单。这些清单的确定要考虑商品结构、采购情况、季节主打热销商品等因素。在确定商品清单时，也要明确哪些是主力商品，哪些商品是辅助商品，它们之间应该保持怎样的比例关系，花色品种、质量等级如何分配等。

(三) 明确商品陈列的原则

1. 显而易见的原则

要使顾客一眼能看到商品并看清商品,必须注意陈列商品的位置、高度、商品与顾客之间的距离以及商品陈列的方式等。要做到商品陈列使顾客显而易见,就必须符合以下 8 个要求。

(1) 所陈列的商品要保持将商品的“正面”呈现给顾客。

(2) 每一种商品不能被其他商品挡住视线。

(3) 商品的价格标签与商品对应,位置正确。

(4) 商品摆放要从左到右,标价签固定在第一件商品的左下端,作为商品位置起点标记和隔邻商品的分界线。

(5) 标识必须填写清楚,产地名称不能用简称,以免顾客不清楚。

(6) 货架下面不易看清的陈列商品,可以向后倾斜式陈列,方便顾客观看。

(7) 颜色相近的商品陈列时应注意色带色差的区分。

(8) 陈列器具、装饰品以及商品 POP 不要影响店内购物顾客的视线,也不要影响店内照明光线。

2. 伸手可取的原则

商品陈列在做到显而易见的同时,还必须使顾客自由方便拿到手。贯彻商品陈列伸手可取的原则需要做到以下 3 点。

(1) 注意商品陈列的高度。在陈列商品时,与上隔板之间应留有 3～5 cm 的空隙,让顾客的手容易进入,并方便放回原处。特别对一些需要量感陈列的商品,商品往往堆的很高,这时就要考虑近旁再堆放陈列一些该种商品,让顾客伸手可取。

(2) 考虑到顾客的身高,商品陈列时不要把商品放在顾客无法拿到的位置。如超市中的高个子男营业员常常将商品陈列自己手够得着的地方,而来超市购物的大多数

图 4-47　商品与隔板的空隙和商品堆放考虑顾客身高

是女性，统计资料表明，女性平均要比男性矮 10～20 cm，因而拿取不是很方便。

(3) 货架上瓶装商品陈列时，不要叠放太高，以方便顾客取放商品，并兼顾到商品的安全性。比如说分量较重、家庭装的金威洗衣粉，若摆在最上面一层，恐怕没有多少家庭主妇能拿得到。因此，我们在高层上一般只摆一些下面有的商品，起到展示作用。

3. 丰满陈列的原则

货架上的商品必须要放满陈列，放满陈列的意义有 3 个方面(见图 4-48)。第一，如货架常常空缺，有效的陈列空间被白白浪费了；第二，货架不是放满陈列，对顾客来说商品的表现力就降低了，卖场中不是放满陈列的商品，销售状况往往是不准的，会让顾客形成“这是剩下的商品”的不良印象；第三，货架上的商品都放满，既可以给顾客一个商品丰富的印象，起到吸引顾客注意力的效果，也可以起到提高商品周转的物流效益。为了保障丰满陈列的原则，需要做到以下 3 点。

图 4-48　丰满陈列图

(1) 每一个货架至少陈列 3 个品种，以保证量感。

(2) 避免使顾客看到货架层板及货架后面的背板。

(3) 确定每种商品的安全库存，低于其安全库存时应及时补货。

4. 容易判断原则

卖场中有成千上万种商品，要使顾客能很容易判断什么商品在什么地方，这是任何一家超市在按商品的部门、类别而实施的商品配置工作时要解决的问题。

(1) 悬挂 POP 指示说明。

一是设置各商品品类的标志牌，且标志应与其商品品类相符；二是在零售店醒目位置展示出店内商品的分布图，并根据商品的变化及时修改。当然，也可以用 LED 标识牌指示说明(见图 4-49)。

图 4-49　熟食、冷冻水产的 LED 分区说明

（2）分区定位陈列。

分区定位陈列，就是要求每一类、每一种品项都必须有一个相对固定的陈列位量，商品一经配置后，商品陈列的位置和陈列面尽量不要变动，除非出于某种营销目的而修改陈列的位置。在分区定位时要注意把相互影响大的商品货位适当分区，如易串味的食品，熟食制品与生鲜食品，化妆品与烟酒、茶叶、糖果饼干等。

（3）购物者购买决策树原则。

购物者在选择商品的过程中，其思维模式是有先后顺序的，这称为购物者购买决策树。在对商品进行陈列时，要遵循购买决策树，才能使顾客容易进行商品的挑选和比较。如洗发护发产品，根据购物者购买决策树的原则陈列时，首先，应将商品先按照品牌来进行划分，如飘柔、海飞丝、多芬等；其次，在品牌内再根据功能分类，如去屑、去油、滋养、黑亮等；再次，同一功能的商品根据价格进行分类陈列，如高价位的滋润去屑，中价位的茶树长效柔顺去屑，低价位的焗油去屑；最后是商品的包装，如飘柔人参滋养洗发露 200 mL、400 mL、750 mL 等。

5. 先进先出原则

当商品第一次在货架上陈列后，随着商品不断的售出，就要进行商品的补充陈列，就要依照先进先出的原则来进行。就是说，商品的补充原则是从后面开始的而不是从前面开始的。

（1）检查补充商品是否与原货架上的商品生产日期或保质期相同。

（2）若生产日期或保质期相同，且货架干净，则可以直接上货。

（3）若生产日期不同，要将原先的陈列商品取下来，用干净的抹布擦干净货架。然后，将新补充的商品放在货架的后排，原先的商品放在前排。因为商品的销售是从前排开始的，为了保证商品生产的有效期，补充新商品必须是从后排开始。

（4）当某一商品即将销售完毕时，暂未补充新商品，这时就必须将后面的商品移至前排面陈列销售，决不允许出现前排面空缺的现象。

（5）对一些保质期要求很严的食品，如生鲜、冷冻冷藏等保质期较短的食品，更要严格执行先进先出的方法补充商品，这既保护了消费者的利益，确保顾客购买商品的新鲜度，又不会使排在后面的商品超过保质期，给零售店造成损失。

6. 相关联系原则

超市的商品陈列强调商品之间的关联性。关联陈列的目的是使顾客在购买了某一商品后，可以顺便购买陈列在旁边的具有一定关联性的商品。例如，在陈列面包旁边也可以同时陈列果酱、牛奶。关联陈列法可以使得整体陈列更生动，带动了关联产品的销量，提高了客单价（见图 4-50）。

图 4-50　三文鱼与日式芥末、鸡尾酒的关联陈列

（1）相关品类商品陈列，这也是超市在陈列时经常使用的关联陈列方法，即按照商品的类别进行陈列，如洗衣液、衣物护理液、衣领净等。

（2）品牌关联陈列，即将同一品牌的商品集中陈列。

（3）互补商品关联陈列，使顾客在购买商品 A 后，也顺便购买陈列在旁边的商品 B 或 C。如在陈列的肥皂旁边也可以同时陈列肥皂盒。

关联陈列原则的应用主要是关注商品之间的关联性和互补性，充分挖掘商品在消费者使用或消费时的连带性。由于关联陈列往往要打破原本的商品分类，尽可能再现消费者在生活中的原型，因而在使用时经常会与主题陈列相结合。

要注意，关联性商品，应陈列在人行通道的两侧，而不应陈列在同一组双面货架的两侧。

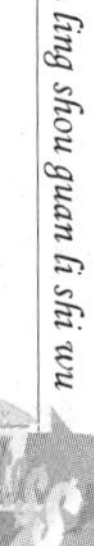

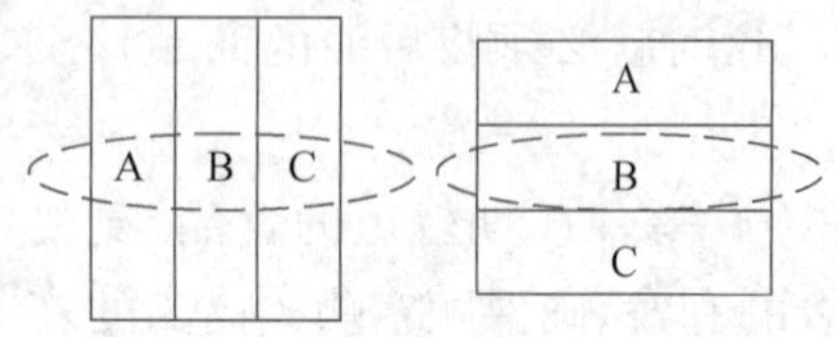

图 4-51　垂直陈列和横向陈列的差异

注：虚线圈代表顾客的视线范围，ABC 代表不同的商品，长方形代表商品摆放的位置。

7. 同类商品垂直陈列的原则

相同功能用途、同一品牌不同规格型号商品垂直陈列到货架上，从而使其他品牌的商品享受到货架段位的平均销售利益。如果商品畅销程度差不多，可以用垂直陈列，以便无论哪一种商品群，都会有一部分被陈列在黄金区域，都有被顾客浏览的几率（见图 4-51）。

8. 安全稳定原则

超市和卖场有成千上万种商品，在对这些商品进行陈列时一定要遵守安全性原则，排除危险陈列，尽可能地减少商品的破损，降低对顾客产生伤害的风险。

（1）对于较重的商品、大型的商品要考虑位置及高度的安全性进行陈列，在陈列商品时，一般根据商品的重量自上而下进行陈列，商品越重越往下放。

（2）对玻璃容器的商品，如调料、酱菜、水果罐头、咖啡、乳品等，要采取安全措施，设置隔护栏。一层货架只能摆放 1～2 层，如果摆放得太高，不便于顾客取放，而且稍不注意，就有碰倒商品砸伤顾客的危险，不仅损失了商品，也破坏了顾客的购买情绪。

（3）注意顾客行走路线，注意货物搬上货架的路线。

（4）注意堆头陈列的安全性。当顾客从堆头拿取商品时，堆头不会坍塌甚至砸伤顾客。

（四）准备陈列的基本工具

1. 货架层板

货架层板是最基本的陈列工具，是配合货架来进行商品陈列最常用的设施（见图 4-52）。但在陈列中使用效果却不一，最主要的问题是未能及时根据商品规格灵活调整层板高度，导致出现留白。因此，在使用货架进行陈列时，首先就要根据商品规格、尺寸灵活调整层高，留出顾客拿取商品的空隙即可；其次，当商品高度相差过大，可考虑将矮小商品进行双层陈列，出于安全陈列原则，一般选择那些稳定性较好的商品进行双层陈列；最后，当商品陈列完毕后，应能够完全覆盖背板白色，达到目视效果丰满的目的。

图 4-52　货架上的层板

2. 拐角层板

拐角层板分为内拐和外拐，它可以使角落处的货架处理更为自然，商品的表现力更为丰富（见图 4-53）。

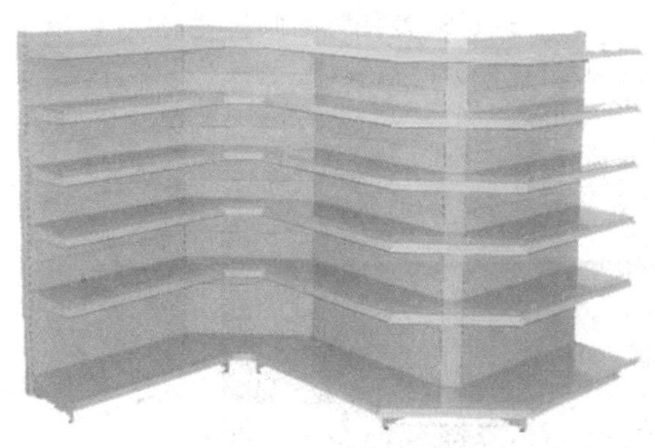

图 4-53　拐角层板

图 4-54　护栏

3. 护栏

护栏，顾名思义起保护作用的工具，同时商品也可参照护栏进行排面对齐。对于货架顶层、玻璃/陶瓷制品，应该优先设置护栏保护商品（见图 4-54）。

4. 挂钩

挂钩是用来吊挂商品的，可以使不规则商品得到整齐的陈列，同时将商品的正面准确的展示给顾客。一般使用于打孔袋装商品、无外包装的不规则商品。生活用品类包括菜刀、剪刀、勺子；食品类包括瓜子、花生、开心果、牛肉脯、蜜饯等。挂钩一般与横通一起使用，并且针对不同的产品，也要选择不同型号的挂钩以配套使用。像零食、酱菜类别中的袋装商品，如果陈列在普通层板上，在库存数量有限的情况下，商品很难直立起来，这样就不能保证正面面向顾客，而在同一排面上，则会出现有的商品直立、有的商品平躺，非常不整齐。所以，这类袋装商品，如果包装本身已经打孔的，一定要使用挂钩陈列。使用挂钩的陈列面看上去要整齐得多，如果再稍微注意一下规格和颜色的区分，陈列效果会更丰满、美观（见图 4-55）。

图 4-55　超市挂钩陈列

5. 平口篮、斜口篮

通过不同深度的平口篮及其分割片的组合使用，在调整托臂倾斜度的情况下，可以取得不同的陈列效果。平扣篮、斜口篮主要适用于外包装上未打孔的包（袋）装商品，如

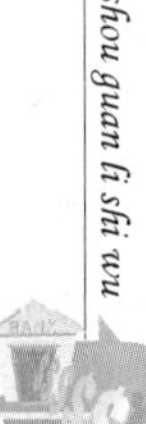

巧克力、面包、盐、糖、火腿肠、方便面、面条、薯片等。通过调整托臂的倾斜度，不仅可以增加陈列层数，商品正面也能最大限度展示给顾客（见图 4-56）。

图 4-56 超市斜口篮的堆头陈列

6. 隔栏

对于无法整齐摆放的商品，或容易被顾客挑选形成大杂烩的相近商品，最好使用分隔片或商品基座等隔栏，主要应用于酱菜、冷柜、小文具等商品（见图 4-57）。

图 4-57 超市牛肉陈列中的隔栏

7. 特价台

特价台是为了刺激顾客的需求欲望而设置的（见图 4-58）。因此，应当把最能刺激顾客的商品陈列在特价台上容易取放的地方，达到诱导顾客进店买东西的目的。根据销售方针，廉价甩卖商品要单设一个地方，诱人的商品放置一个地方，季节性商品和时兴商品放在另一个地方。这样可使整个零售店繁华、活跃起来，易于引起顾客购买的冲动。

使用特价台应当注意的是特价台的作用，如果特价台放在店门口，要使顾客在特价台前面停留后，再进入店内。特价台不宜过大。因为特价台是随手可以取到商品的，特价台做得过大，陈列在中央部位的商品用手就够不着；而陈列数量过少了，又显得太空。另外，为了更好地把顾客引进店内，一定要保持店前和通路不被堵塞。

图 4-58　特价台

（五）明确商品陈列的具体要求

有了视觉原理、陈列原则做指导，准备好陈列的基本工具之后，接下来的工作就是进行商品陈列。在具体的陈列工作中，陈列原则衍生成了陈列的具体要求。

1. 商品陈列要保持丰满、整齐、有量感

丰满的商品陈列可以刺激顾客的购买欲，即使是同一质量的商品，顾客也愿意从丰富的商品中选择。商品陈列杂乱会影响顾客的购买欲，因此商品陈列要整齐有序，尤其是经常被顾客翻拣的商品，如水果、牛奶、蔬菜、粮油等，要及时整理被顾客翻乱后的陈列，将商品及时上架，补充货架空白，保持丰满、整齐、有量感。

2. 突出商品的实用价值，促进购买欲望

在进行商品陈列时要将商品的主要价值凸显出来，如样式新颖的商品应陈列在消费者视觉最易感受的位置；气味芳香的商品应陈列在柜台上最能刺激消费者嗅觉的位置；用途多样的商品应陈列在消费者最易于观察、接触的位置；新商品、流行商品、名牌商品应摆放在显要醒目的位置；玻璃制品应借助于灯光显示其玲珑剔透的质感；黄金首饰应彰显其华贵高雅的质感。

3. 充分利用营业空间，扩大陈列面积

图 4-59　利用电梯的空间陈列商品

在不影响顾客顺利走动的前提下，凡是顾客能接触到的部位，应尽量利用各种陈列设施和方法陈列商品，以便顾客随时随地都可以看到商品，提高营业场所的利用效率。同时，还要注意陈列场地的合理使用，要将最好的位置用于冲动性购买商品、重点推销商品的陈列，以充分发挥陈列场地的潜力，如利用电梯旁的空间陈列商品（见图 4-59）。

4. 随季节而变化陈列

对于季节性明显的地区，其超市内的商品也应该随季节的变化而调整陈列位置。季节性商品的陈列应在季节前开始，门店应了解顾客的潜在需要，根据节气的变化改变商品的陈列，否则将丧失适时销售的良机。如夏季来临前，就要准备好凉席、蚊帐、花露水、蚊香等产品的订货，及时将其陈列在显眼的位置上。

5. 合适的包装

合适的包装能保护商品不容易被磨损，也能提升档次感，使人更加愿意购买。

案例 4-8

盒马鲜生商品陈列的包装之道

盒马鲜生的生鲜商品全部都是包装后销售，仅有少量海鲜商品（比如帝王蟹之类）是以个为单位销售。

图 4-60　盒马鲜生包装后的日日鲜

这样的陈列方式有以下 4 个优势。

(1) 卖场不需要称重台，购物过程更快捷。

(2) 经过包装更加有高端大气上档次的感觉，符合精品菜的定位，定价可以更高。

(3) 由于顾客不能挑选，耗损会降低。

(4) 根据盒马鲜生的公开数据，盒马鲜生每份蔬菜都在 300～500 g 左右，正好供三口之家炒一盘菜的分量，不用囤货，明天想吃就明天再来买新鲜的。

当然，也有以下 2 个要求。

(1) 包装生鲜和散卖相比，会多出包装成本和人力成本。不过，这可以和供应商合作。盒马鲜生的蔬菜的供应商中，有一家叫景瑞，送货时的商品 80%都已经包装完成，少量生鲜商品在盒马鲜生门店后仓加工包装。

(2) 包装商品一定要高销量支持，提高周转，否则包装好的商品过期，处理更麻烦。

(资料来源：搜狐网)

考考你

超市的商品包装有哪些技巧？

6. 陈列高度适宜，提高商品的能见度

畅销、重点推销、高利润、高周转率的商品，应该注意在高度方面与消费者进店后无意识的环视高度一致，按照不同的视觉、视线和距离，确定其合适的位置，尽量提高商品的能见度，使消费者对商品一览无余。

7. 陈列的商品需附有说明和价格标签

在开架自选的门店中，对于特殊商品而言，为了更好地向消费者介绍该商品的品质、特点、使用方法等，需要在产品周围附加说明卡，将商品的突出之处三言两语简练地表达出来，唤起顾客心中的购买欲望。例如，某门店销售的橄榄油旁有一个产品的使用说明，告诉顾客橄榄油几种食用方法。有的顾客对橄榄油的认知较少，故顾客不知如何选购以及买回去后怎样使用效果最好。而增加一个产品说明之后，会增加顾客对该产品的认知度，进而提高购买率。

8. 相差过大的商品不宜邻近陈列

在化学性质上有互相影响的商品，不宜就近陈列。形象上、档次上相差较大的商品不宜邻近陈列。连带消费商品之间则要保持相互衔接、邻近陈列。

9. 特殊品陈列在“特区”

有的商品价格昂贵、功能独特，是名贵商品，如珠宝首饰、高档化妆品、手表、工艺精品、高级电子产品等。消费者在选购这类商品需要反复考虑，周密计划。因此，这类商品应摆放在环境比较优雅，离日常杂品较远的地方，以便于消费者安心地仔细挑选。同时，为了确保昂贵商品的安全性，也建议使用封闭式玻璃柜台陈列。

10. 日配品的陈列设备应以冷藏柜为主

日配品是指蔬菜、水果、肉类、水产和调味品以外的副食品，如果汁、面包、饮料、冷饮、豆制品和乳制品等。这类副食品是顾客每日生活的必需品，也是超市的畅销品，为了让顾客有廉价感、季节感、新鲜感和满足感，应考虑选择冷藏柜作为陈列设备。

二、制定商品配置方案

(一) 制作商品配置表

1. 商品配置表

商品配置表即是把商品的排面在货架上做出一个最有效的合理分配，并以书面表

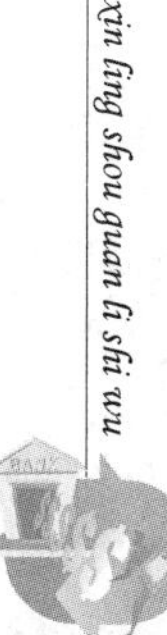

格规划出来。在门店营运之前，应先把商品配置表规划好，然后再根据商品配置表的规划内容进行商品陈列。

2. 商品配置的面积分配方法

各类商品的面积分配可以采用两种方法。

（1）利润率法。

利润率法即零售店根据消费者的购买比例以及某类商品的单位面积利润率来确定商品的配置面积，超市和书店采用此法较适宜。如超市卖场内的商品面积配置就是与消费者日常支出的商品比例相同的。超市的商品面积分配如表 4-2 所示。

表 4-2　某超市的商品面积分配

商品部门	面积比例
水果蔬菜	10%～15%
肉食品	15%～20%
日配品	15%
一般食品	10%
糖果饼干	10%
调味品与南北货	15%
小百货与洗涤用品	15%
其他用品	10%

（2）陈列需要法。

陈列需要法即是零售店根据某类商品所必需的陈列面积来定，服装部和鞋部采用此法较适宜。

需要说明的是，这种面积配置比例不是绝对的，每一地区消费水平、消费习惯都不尽相同，每个经营者必须根据自己所处区域的特点及竞争的状况作出商品面积配置的抉择。

案例 4-9

新店商品配置表

康复前街超市面积 18 平方米，包括一个雪糕柜、一个单门冰柜、一个双门冰柜，单面货架共计五组，中间是小格架。预计上 800～1 200 种商品，商品配置具体包括：饮料类，占比 30%；泡面类，占比 5%；洗化类，占比 10%～15%；办公文具小百货，占比 10%～15%；进口食品，占比 15%左右；其余饼干、蛋糕、小零食之类的挑选一些小包装的放到中间小格架里，占比 20%。

3. 商品配置表的制作原理

制作商品配置表时应当根据顾客的视线移动规律、商品的特点进行设计。顾客的视线移动，一般由左到右；视线焦点一般在视线水平的商品；最不容易注意到最底层商品。在商品方面，具体应考虑的因素为：

（1）周转率：高周转率的商品一般都是顾客要寻找的商品，即必需品，其位置应放在商品配置图较明显的位置，尤其要与低周转率的商品有区别。

（2）毛利：毛利高的商品通常也是高单价的商品，其位置应放较明显位置。

（3）空间分配：运用高需求或高周转商品来拉动顾客的视线焦点，纵横贯穿整个商品配置图；避免将高需求商品放在视线第一焦点，除非该商品具有高毛利的特性；高毛利且具有较强销售潜力的商品，应摆在主要视线焦点区内；潜在的销售业绩越大的商品，就应该给予最多的排面。

4. 商品配置表的制作步骤

（1）收集商品资料。

根据前面的商品规划，我们已经按照毛利、周转率等选择好了商品结构。现在我们收集要陈列的商品的资料，包括规格、售价、陈列单位等，如表4-3所示。

表 4-3　超市将要陈列的商品资料

商品代码	品名	规格	售价	单位
12001	美汁源果粒橙	450 mL	3.5	瓶
12002	美汁源C粒柠檬	450 mL	3.5	瓶
12003	美汁源爽粒葡萄	450 mL	3.5	瓶
12004	美汁源热带果粒	450 mL	3.5	瓶
12005	康师傅水蜜桃	450 mL	3	瓶
12006	康师傅鲜果橙	450 mL	3	瓶
12007	康师傅水晶葡萄	450 mL	3	瓶
12008	康师傅冰糖雪梨	500 mL	3	瓶
12009	康师傅芒果多	450 mL	3	瓶
120010	康师傅红葡萄	500 mL	3	瓶
120011	康师傅酸枣饮品	450 mL	3	瓶
120012	康师傅酸梅汤	500 mL	3	瓶
120013	康师傅冰红茶	450 mL	3	瓶
120014	康师傅绿茶	500 mL	3	瓶
120015	康师傅茉莉清茶	500 mL	3	瓶
120016	康师傅冰红茶	1 L	5	瓶

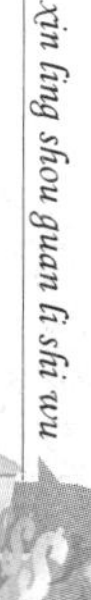

(续表)

商品代码	品名	规格	售价	单位
120017	康师傅茉莉蜜茶	500 mL	3	瓶
120018	统一鲜橙多	450 mL	3	瓶
120019	统一冰绿茶	500 mL	2.5	瓶

(2) 制作商品平面配置图。

根据商品的关联性、需求特征、能见度等因素绘制商品平面配置图(见图 4-61),这样可以把握商品的整体分布情况。

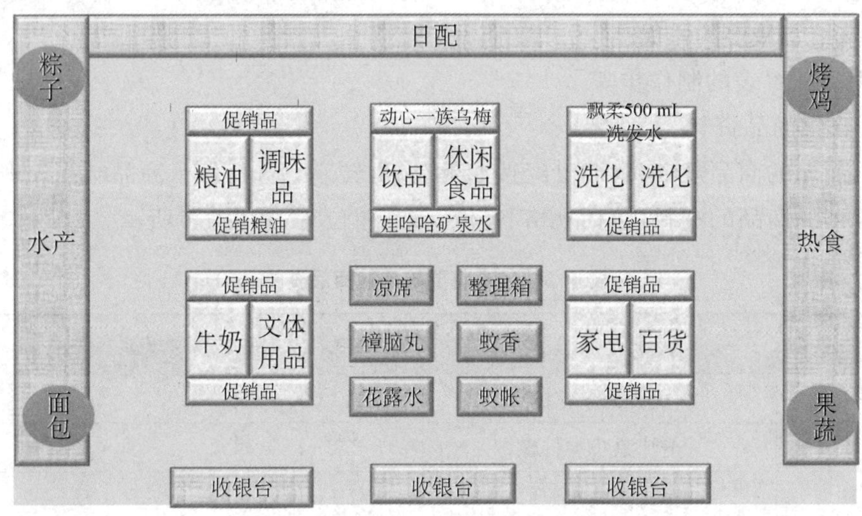

图 4-61 超市中的商品平面配置图

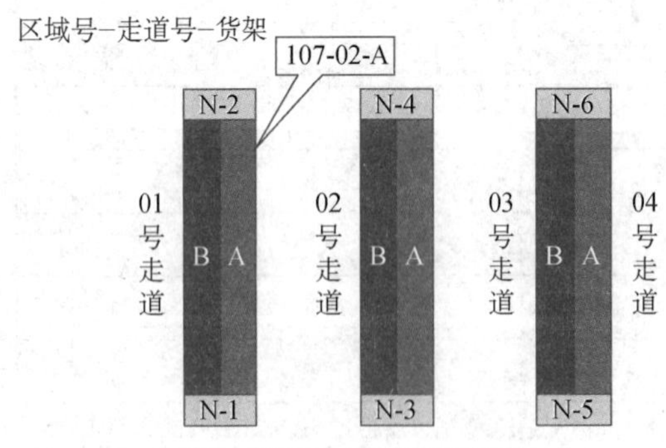

图 4-62 超市中的货架编号

(3) 给货架编号。

可以按照一定规律将卖场中的货架编号。例如,在图 4-62 中按照区域号-走道号-货架的方法给这个货架编号为 107-02-A,编号代表的位置是超市编号为 107 区域的 2 号走道 A 面货架。

(4) 绘制出货架上的商品配置具体位置。

在绘制商品配置表时,有两种形式可供选择:一是表格式商品配置表,二是图式商品配置表。

在绘制表格式商品配置表时,将商品在货架上的位置编号与商品信息对应的写到商品表格中,便形成了表格式商品配置表。例如,在图 4-63 中统一绿茶是放在从下到上第三层，也就是C层，从左到右第6种商品，所以它的陈列位置是C6。因为最外面的一面要陈列3瓶，所以我们的排面写3。

图4-63 超市中商品的货架位置编号

将统一绿茶的位置编码写到表格中，再将所有商品配置的位置都写到表格里，就形成了商品配置表，如表4-4所示。

表4-4 表格式商品配置表

商品代码	品名	规格	售价	单位	位置	排面	货架号
120020	统一水晶葡萄	500 mL	3	瓶	D4	3	107-02-A
120021	统一绿茶	500 mL	2.8	瓶	C6	3	107-02-A
120022	统一冰糖雪梨	500 mL	3	瓶	B4	3	107-02-A
120023	统一冰红茶	500 mL	2.8	瓶	B5	3	107-02-A
120024	统一冰红茶	1 L	5	瓶	A5	4	107-02-A
120025	统一晴蓝英式伯爵奶茶	500 mL	4	瓶	C9	1	107-02-A
120026	统一英式伯爵奶茶	450 mL	4	瓶	B9,C8	1,2	107-02-A
120027	娃哈哈晶莹葡萄	500 g	2.8	瓶	C4	3	107-02-A
120028	娃哈哈蓝莓冰红茶	500 mL	3	瓶	C5	3	107-02-A
120029	娃哈哈水果绿茶	500 g	3	瓶	B6	3	107-02-A
120030	娃哈哈水蜜桃汁	500 mL	3	瓶	D3	3	107-02-A
120031	娃哈哈呦呦奶茶原味	500 g	4	瓶	D8	2	107-02-A

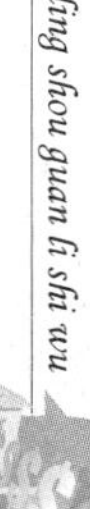

（续表）

商品代码	品名	规格	售价	单位	位置	排面	货架号
120032	娃哈哈呦呦奶茶茉莉味	500 g	4	瓶	D9	2	107-02-A
120033	三得利乌龙茶无糖	500 mL	3.5	瓶	B7	3	107-02-A
120034	三得利乌龙茶低糖	500 mL	3.5	瓶	C7	3	107-02-A
120035	三得利利趣拿铁	480 mL	4.5	瓶	B8,E8	2,2	107-02-A
120036	农夫果园	500 mL	4.5	瓶	C3	3	107-02-A
120037	冰红茶	500 mL	2.8	瓶	D5	3	107-02-A

表格式的商品配置表是以商品分类为基础设计的，能够用较小的空间容量较大的商品信息。只是看起来比较复杂，不够直观。想要直观一点，可以用图式商品配置表。

在绘制图式商品配置表时，只需把货架画成平面图，把商品信息直接填写到平面图上的相应位置即可，如图 4-64 所示。图式配置表的制作过程是先把货架画出来，标注货架的高度（图左边的数字），再填写货架编号，将商品名称、规格、第一排摆放的个数、价格等信息画到对应的地方，在上架时就可以直接对照着配置表把商品放到相应的位置。图式配置表的优点有直观、具体、易于陈列，对于负责理货上架的人来说非常方便，但画起来比较复杂，而且超市有很多的货架，每个货架都要画一张图，工作量很大。因此，对于设计整个门店陈列的工作人员而言，不太方便。不过，复杂的陈列位置，就适合用图式配置表。

货架号：107-02-A

高度									
150	美汁源爽粒葡萄 450mL 4瓶 3.5	康水蜜桃 450mL 3瓶 3	统一蜜桃多 450mL 3瓶 3	康师傅水晶葡萄 450mL 3瓶 3	康师傅冰红茶450mL 3瓶 3	康师傅绿茶500mL 3瓶 3	康师傅茉莉蜜茶 500mL 2瓶 3	三得利拿铁 2瓶 4.5	
120	美汁源热带果粒450mL 4瓶 3.5	康师傅鲜果橙450mL 3瓶 3	娃哈哈水蜜桃汁 500mL 3瓶 3	统一水晶葡萄 500mL 3瓶 3	冰红茶 500mL 3瓶 2.8	统一冰绿茶 500mL 3瓶 2.5	康茉莉清茶500mL 3瓶 3	娃呦奶原 500g 2瓶 4	娃呦奶茉 500g 2瓶 4
90	美汁源果粒橙 450mL 4瓶 3.5	统一鲜橙多450mL 3瓶 3	农夫果园 500mL 3瓶 4.5	娃哈哈晶莹葡萄 500g 3瓶 2.8	娃哈哈蓝莓冰红茶 500mL 3瓶 3	统一绿茶 500mL 3瓶 2.8	三得利乌龙茶低糖 500mL 3瓶 3.5	统一英伯 2瓶 4	统一晴英伯1瓶 4
60	美汁源C粒柠檬 450mL 4瓶 3.5	康师傅芒果多450mL 3瓶 3	康师傅红葡萄 500mL 3瓶 3	统一冰糖雪梨 500mL 3瓶 3	统一冰红茶 500mL 3瓶 2.8	娃哈哈水果绿茶 500g 3瓶 3	三得利乌龙茶无糖 500mL 3瓶 3.5	三得利拿铁 2瓶 4.5	统一英伯 1瓶 4
30	康师傅酸枣饮品 450mL 3瓶 8	康师傅酸梅汤 500mL 4瓶 3	康雪梨 2瓶 3	康师傅冰红茶 1L 4瓶 5	统一冰红茶 1L 4瓶 5				

图 4-64　图式商品配置表

(5) 根据顾客的反应修正。

商品按照商品配置表陈列好后,需要挂好价签,并观察记录顾客对商品配置与陈列的反应,便于修正。商品配置表不能一成不变地执行下去,要根据经营状况,一个月一个季度小变动一次,一年大变动一次。这样才能保证店铺具有活力,增加店铺的新鲜感。

(二) 选择陈列方法

1. 量感陈列

量感陈列一般指商品陈列的数量的多寡。但这种观念正在逐渐的发生变化,从只强调商品数量多寡的做法,改变成注重陈列的技巧,从而使顾客在视觉上感到商品很多。譬如,所要陈列的商品是 50 件,通过量感陈列让人觉得不止 50 件商品。所以,量感陈列一方面是指"实际很多",另一方面指"看起来很多"。

量感陈列的具体方法很多,如店内吊篮、店内岛、店面敞开、铺面、平台、售货车及整箱大量陈列等。其中,整箱大量陈列是中型超市常用的一种陈列手法,或在卖场内辟出一个空间或拆除端架,将单一商品或 2~3 个品项的商品做量感陈列。

量感陈列一般适用于食品杂货,以亲切、丰满、价格低廉、易挑选等来吸引顾客。量感陈列适用的情境有:低价促销、季节性促销、节庆促销、新品促销、媒体大力宣传、顾客大量购买等。

2. 展示陈列

展示陈列是指零售店内为了强调特别推出的商品魅力而采取的陈列方法。这种陈列一般适于百货类和食品类,虽然陈列成本较高,但能吸引顾客的注视和兴趣,营造店铺的气氛。

常用的陈列场所有:橱窗、店内陈列台、柜台及手不易够到的地方(如货架顶端)等。

体现展示陈列魅力的基本要求有以下 3 点。

一是明确展示主题,弄清楚要表现什么或要向顾客诉求什么,如新鲜还是营养,时尚还是廉价?

二是注意构成方法,要求商品陈列的空间结构、照明与色彩相互有机配合,如正三角形的空间结构给人以宁静、安定的感觉,而倒三角形则给人以动态感、不安定感和紧张感。

三是注意表现手法,采用一些独特的展示手法吸引顾客的注意力。

展示陈列常用的表现手法是:突出陈列、端头陈列、岛型陈列、去盖包装整箱陈列、悬挂陈列、树丛式陈列、散装或混合陈列等。

3. 突出陈列

将商品放在篮子、车子、箱子或突出板(货架底部可自由抽动的搁板)内,陈列在相关商品的旁边销售,主要目的诱导和招揽顾客,应注意以下 3 个问题。

(1) 突出陈列的高度要适宜,既要能引起顾客的注意,又不能太高,以免影响货架上商品的销售效果。

(2) 突出陈列不宜太多,以免影响顾客正常的动线。

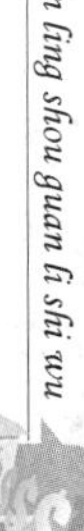

(3) 不宜在窄小的通道内做突出陈列，即使比较宽敞的通道，也不要配置占地面积较大的突出陈列的商品，以免影响通道顺畅。

突出陈列适用的商品：新产品、推销过程中的商品、廉价商品等希望特别引起顾客注意、提高其回转率的商品。冷藏商品应尽量避免选用此种陈列方法。

4. 端头陈列

端头即货架两端，这是销售力极强的位置。端头陈列可以是单一品项，也可以是组合品项，以后者效果为最佳。端头组合陈列应注意以下 3 个方面。

(1) 品项不宜太多，一般以 5 个为限。

(2) 品项之间要有关联性，绝对不可将无关联的商品陈列在同一端架内。

(3) 在几个组合品项中可选择一个品项作为牺牲品，以低廉价格出售，目的是带动其他品项的销售。

5. 岛型陈列

岛型陈列是指运用陈列柜、平台、货柜等陈列工具，在卖场的适当位置展示陈列商品。这种陈列能强调季节感、时鲜和丰富感，需注意以下 5 个方面。

(1) 陈列工具应与商品特征相配合。

(2) 陈列工具一般适宜于放置在卖场的前部和中部，这样就能向顾客充分展示岛型陈列的商品，如果陈列在后部往往会被货架挡住视线。

(3) 陈列工具不宜太高，以免影响顾客的视线。

(4) 陈列工具最好装有滑轮和搁板，以便根据需要而调整。

(5) 陈列工具要牢固，安全。

6. 去盖包装整箱陈列

去盖包装整箱陈列是指将非透明包装商品的包装箱的上部切除（可用斜切方式），或将包装箱底部切下来，作为商品陈列的托盘的陈列方式，适用于整箱的饮料、啤酒、调味品等，充分显示商品包装的促销效果。

7. 悬挂陈列

悬挂陈列是指用固定或可以转动的装有挂钩的陈列架，陈列缺乏立体感的商品。适用于此种陈列方法的商品一般是：小中型轻量、往常规货架上很难实施立体陈列及多尺寸、多颜色、多形状的商品，如剃须刀片、电池、袜子、手套、帽子、小五金工具、头饰等。

8. 树丛式陈列

树丛式陈列是指用篮、筐或桶，将商品随插在里面，陈列于出入口或端头边，能使顾客产生便宜感。常用十分低廉的价格整篮、整筐或整桶出售。

9. 散装或混合陈列

散装或混合陈列是指把商品的原有包装拆下，或单一品项或几个品项组合在一起陈列出售。往往是以一个统一的价格出售，这种陈列方式也能使顾客产生便宜感。

10. 分类陈列

在零售超市内，出售的商品种类很多，每件商品占地面积又小，这时就要分类陈列。

因为商品的种类繁多，所以分类要明确，可以按照消费者购买习惯、按细分市场甚至商品的色别、款式等划分。例如，服饰部往往配合服装的功能，根据商品色彩和款式，甚至它的使用场合等来作为卖场的陈列分类，以便于顾客选购。分类陈列是整个零售超市陈列范围最广的部分，凡是陈列在陈列台、展示柜、吊架、平台、橱柜的商品都属于分类陈列，因此在陈列时特别要注意商品的丰富感与特殊性。

在分类陈列时，不可能把商品的所有品种都陈列出来，这时应把适应本店消费层次和消费特点的主要商品品种陈列出来，或将有一定代表性的商品陈列出来，而其他的品种可放在货架上或后仓内，出售时可根据具体情况向顾客予以推荐。如出售女性羊毛大衣，可以从一般常见的小规格到较大规格依次分类陈列，但对于颜色或式样不能全部顾及时，则可以对每一规格都以不同颜色或式样出样陈列。这样不仅体现每个规格均有货，而且展示出商品的色彩与款式的多样性，唤起顾客的购买欲望。

11. 主题陈列

主题陈列也称展示陈列，必须明确打出一个主题，吸引顾客的注意力，使其产生联想和强烈的购买欲望。因此，展示陈列的商品往往是配合某些节日或具有时间性和主题性等方面而作出的精心选择，尤其是新开发的商品更是展示陈列的重点。有时也可以是一种商品，如某牌号热水器、蒸汽电熨斗、洗碗机等；有时也可以是一类商品，如新型化妆品、工艺小礼品、装饰品等。由于顾客越来越注意视觉、听觉、触觉等各种感觉，为了吸引大量的顾客，展示陈列的商品应尽量少而精，必须运用各种辅助器具或装饰物来突出商品的特性，而且在商品的色彩、设计、外形等方面要让顾客留下深刻的印象。如果陈列时有店员配以解释、说明，会加大商品的吸引力。

主题陈列注意事项：陈列位置醒目，与其他商品有明显的区别；主题明确，重点突出；营造主题陈列区的小环境，烘托气氛。

主题陈列的适用范围为以下两个。

(1) 特定的节日。将与节日相关的畅销品单独陈列，在热闹的节日气氛中，加上热烈的色彩点缀，突出陈列场所的气氛，将使这类商品取得良好的销售效果。如中秋节的月饼陈列、春节的年货陈列、情人节的巧克力陈列等。

(2) 与厂商合作。生产厂商为了开展某种商品的展销促销活动，而将该厂商的主要商品进行主题陈列。具体方式为专门辟出一块场地，配以适当的用具展示出来，使这类商品同其他同类商品明显区别开来，既给商品陈列带来变化，又促进这类商品的销售，增加了市场占有率。

12. 季节商品陈列

在季节变换时，零售超市应相应地按照季节变换，随时调整一批商品的陈列布局。季节商品陈列要永远走在季节变换的前面，尚未到炎热的夏季，无袖衬衫、裙子、套裙都应早早地提上柜台，同时注意商品前景色调的变化，给顾客创造一个凉爽的购物环境。一般来说，零售店内的商品不可能都是应时应季商品，因此应做到不同商品的不同面积分配和摆放位置。一般应时应季商品应多占卖场面积，并摆放在靠近入口、通道边等显

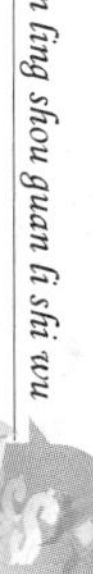

眼的位置上，而淡季商品则适量地陈列，以满足部分消费者的需求，即使是那些没有季节性的商品，也应经常地从商品颜色、大小、式样等方面进行交换陈列。

季节商品陈列主要强调一个“季节性”，要随着季节的变化而提早调整，及时更换。陈列场所要与周围出售商品的部位、环境相协调，陈列的背景、色调要与陈列商品相一致。

13. 情景陈列

情景陈列是为再现生活中的真实情景而将一些相关商品组合陈列在一起的陈列方式（见图 4-65）。如用室内装饰品、床上用品、家具布置成一间室内环境的房间；用厨房用具布置一个整体厨房等。目前国内外很多门店专柜都十分注重这种情景陈列，尤其是家具专卖店，其陈列组合包括墙上挂有艺术壁挂，床头柜上有雅致的台灯，餐桌上摆着精美的花饰，酒柜里陈列着各色名酒等：这种陈列使商品在真实中显示出生动感，对顾客有强烈的感染力，是一种很流行的陈列方式。

图 4-65　情景陈列：永辉红酒陈列的私家酒窖情景

（三）业绩分析和陈列面优化

任何一家超市，商品配置并不是永久不变的，必须根据市场和商品的变化做出调整，这种调整就是对原来的商品配置表进行修正，具体来说就是要分析商品在货架上摆放的位置是否合理，商品陈列面数量是否合理，不同商品所占的空间位置同他们的综合业绩占比是否成正比，根据分析考虑如何进行商品配置的调整、货架装置上是否还有更好的选择、货架空间中还有哪些可以优化的方面。为避免出现商品配置凌乱、不易控制的现象，我们须将商品配置表修正按以下程序进行。

1. 业绩分析

超市不管是单体店、附属店还是连锁店必须每月对销售情况进行统计分析。有POS设备的超市，每个月一定要检视商品的销售状况，看看哪些商品畅销，哪些商品滞销，列印出这些商品，并讨论畅销及滞销的原因。假如超市仍未设置POS系统，则可从进货量中去检视哪些商品特别畅销及滞销，当然从进货量中去判断时，要检查库存的情形才能判断出畅销及滞销情况。

(1) 业绩分析的五大指标。

① 销售结构占比。销售结构占比指单品销售收入额占所有商品销售收入额的比例，即销售结构占比＝单品销售额/总销售额×100%。如超市中，怡宝550 mL纯净水一天的销售额是240元，而所有瓶装水一天中销售额是12 750元，240/12 750×100%＝1.9%，计算可知，怡宝550 mL纯净水在所有瓶装水中的销售结构占比1.9%。

② 商品毛利率。商品毛利率即毛利与销售价格的百分比，其中毛利是销售价格和进货价格之间的差额，即毛利率＝(销售价－进货价)/销售价×100%。如:某商品进价是20元，售价是25元，则其毛利率为(25－20)/25＝20%。

③ 毛利占比。毛利占比是指单品所获毛利占所有商品所获毛利的比例，即毛利占比＝单品毛利额/总毛利额。

④ 毛利贡献度。毛利贡献度指将销售结构比乘上商品毛利率所得的结果，即毛利贡献度＝销售结构×商品毛利率。在贡献度里，数额越大，即表示该类商品是此超市的主力商品。例如，某超市的毛利贡献度如表所示。由此可知，日配、一般食品是这个超市的主力商品(见表4-5)。

表4-5 超市各部门商品毛利贡献度汇总表

部门	销售结构比A(%)	商品毛利率B(%)	毛利贡献度C＝A×B(%)
果蔬	13	18	2.34
水产	8	25	2
日配	20	18	3.6
一般食品	18	15	2.7
……	……	……	……
合计	100		18.24

⑤ 排面占比。排面占比是指商品所占排面在总排面中的比例，在排面计算中我们会以货架的长度作为计量单位。例如，单个货架长度120 cm，货架层数6层，所有的瓶装水陈列在两个货架上，因此总排面为120×6×2＝1 440 cm，若怡宝550 mL纯净水，所占货架长度为60 cm，则怡宝550 mL纯净水的排面占比为60/1 440×100%＝4.17%。

(2) 业绩分析。A超市瓶装水共有12个品牌，23个单品，陈列在两个长120 cm、

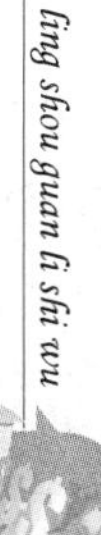

共6层的货架上，经过一段时间的销售，相关销售业绩汇总表如表4-6所示。

表4-6 A超市瓶装水的相关销售业绩汇总表

商品名称	销量（瓶）	销售金额（元）	销售占比（%）	毛利额（元）	毛利占比（%）	毛利率（%）	毛利贡献度（%）	排面占比（%）
百岁山矿泉水348 mL	609	1 218	6.69	121.8	10	6.67	0.67	4.17
农夫山泉380 mL	1 086	1 411.8	7.75	108.6	5.95	7.69	0.60	6.67
雀巢矿泉水330 mL	313	406.9	2.23	37.56	2.06	9.23	0.21	3.75
……	……	……	……	……	……	……	……	……
5100西藏冰川矿泉水330 mL	2	17	0.09	1.6	0.09	9.41	0.01	2.5
达利园矿泉水550 mL	86	86	0.47	36.98	2.03	43	0.2	1.67
奥运农夫矿泉水550 mL	1 320	1 848	10.15	264	14.46	14.29	1.45	7.5
……		……	……	……	……	……	……	……
怡宝纯净水550 mL	137	212.35	1.17	20.55	1.13	9.68	0.11	4.17
农夫山泉矿泉水1.5 L	487	1 266.2	6.95	97.4	5.33	7.69	0.53	3.33
5100西藏冰川矿泉水1.5 L	1	20.9	0.11	1.9	0.1	9.09	0.01	1.67
屈臣氏矿泉水4.5 L	25	362.5	1.99	45	2.46	12.41	0.25	5.83
……	……	……	……	……	……	……	……	……
共计	12 750	18 215.62	100	1 825.75	100	100	10.03	100

① 容量在330～380 mL的瓶装水。销量方面：销量最好、周转率高的单品为农夫山泉矿泉水380 mL，销量上千瓶；其次为百岁山矿泉水348 mL；销量最差的是5100西藏冰川矿泉水330 mL，只有2瓶，其他单品的销量在200～300。销售金额方面：销售收入最高仍然是农夫山泉矿泉水380 mL，其次是百岁山矿泉水348 mL，销售收入都超过1 000元。最差还是5100西藏冰川矿泉水330 mL。毛利方面：毛利率最高的百岁山矿泉水348 mL；毛利率稍低一些（9%左右）的是5100西藏冰川矿泉水330 mL、雀巢矿泉水330 mL。而毛利额方面，较高的是百岁山矿泉水348 mL、农夫山泉矿泉水380 mL。毛利贡献度方面：毛利贡献度较高的百岁山矿泉水348 mL、农夫矿泉水380 mL为主力商品、畅销商品；毛利贡献度低的5100西藏冰川矿泉水330 mL是滞销商品。

② 容量在550～600 mL的瓶装水。销量方面：奥运农夫矿泉水550 mL销量较好，1 320瓶。而达利园矿物质水550 mL销量很差，还不到100瓶。销售金额方面：销售收入较高的是奥运农夫矿泉水550 mL，销售额达到千元以上。相反，达利园矿泉水550 mL销售收入还不到100元。毛利方面：毛利率上，达利园矿泉水550 mL最高达

到 43%，其余瓶装水毛利率都在 8%～15%。毛利额的情况大体与销售收入相似，奥运农夫矿泉水 550 mL 次之 264 元，其余几种的毛利额都不太理想。毛利贡献度方面：毛利贡献度高的奥运农夫山泉矿泉水 550 mL 是主力商品、畅销商品。

③ 容量在 1.23～4.5 L 的瓶装水。农夫山泉矿泉水 1.5 L 的销量、毛利额、毛利贡献度都排在最前面，是主力商品，与其他瓶装水拉开了较大的差距。5100 西藏冰川矿泉水 1.5 L 的销量只有 1 瓶。屈臣氏饮用矿物质水 4.5 L 虽然毛利率较高达到 13%左右，但销量只有几十瓶，很不理想。

考考你

判断超市商品是主力商品及畅销品的依据是？

2. 优化陈列空间

优化陈列空间可以分为大调整和小调整。大调整包括根据季节、品类策略、品牌战略、品类角色的要求进行调整，在大调整中对 20%～40%的商品进行调整，一般 3～6 个月调整一次。小调整包括根据日常品类管理、新品引进和业绩分析优化组合的要求进行调整，一般 2～4 周调整一次。这里主要介绍如何通过业绩分析进行陈列空间的优化。

根据业绩分析结果进行陈列空间优化是指淘汰滞销品、调整畅销品、引入新品，具体而言即缩减滞销品排面甚至下架、增加畅销商品的陈列排面，依据陈列策略调整其位置及在货架上的段位，将新品导入因淘汰滞销品而空置的货架排面，以保证货架陈列的充实。

只有将畅销品、高毛利的商品陈列到货架上，才能让有限空间创造出更大的利润，为了实现这点，应当做到销售占比＝毛利占比＝排面占比。

现仍以 A 超市为例，根据表里的数据，通过业绩分析提出空间优化的建议，具体如下 3 个。

(1) 容量在 330～380 mL 的瓶装水。畅销品是百岁山矿泉水 348 mL，其销售占比和毛利占比都远高于排面占比，因此需增加陈列空间以达到更高的销量；滞销品是 5100 西藏冰川矿泉水 330 mL，其销售占比和毛利占比都远低于排面占比，应立即减少陈列空间。而销售一般的雀巢矿泉水 330 mL 的销售占比和毛利占比也都低于排面占比，可以适当减少排面。

(2) 容量在 550～600 mL 的瓶装水。畅销品是奥运农夫矿泉水 550 mL，其销售占比和毛利占比都高于排面占比，因此需增加陈列空间；而滞销品达利园矿泉水550 mL，虽然销售占比低于排面占比，但其毛利占比高于排面占比，可稍微增加一些陈列空间。怡宝纯净水 550 mL 虽然销量一般，但其销售占比和毛利占比远低于排面占比，应减少排面。

(3) 容量在 1.23～4.5 L 的瓶装水。畅销品是农夫山泉矿泉水 1.5 L，其销售占比和毛利占比都高于排面占比，应增加排面；滞销品是 5100 西藏冰川矿泉水 1.5 L，其销售占比和毛利占比都远低于排面占比，应减少排面。屈臣氏矿泉水 4.5 L 及农夫山泉

4.5 L 的销售占比和毛利占比都远低于排面占比，应减少排面（见表 4-7）。

表 4-7　A 超市瓶装水陈列排面调整表

商品名称	销量数量占比（%）	销售结构占比（%）	毛利占比（%）	毛利贡献度（%）	排面占比（%）	业绩分析	建议	调整后排面占比（%）
百岁山矿泉水 348 mL	4.78	6.69	10	0.67	4.17	畅销品	增加排面	5.56
农夫山泉 380 mL	8.52	7.75	5.95	0.60	6.67	畅销品	增加排面	6.94
雀巢矿泉水 330 mL	2.45	2.23	2.06	0.21	3.75	排面占比过高	减少排面	2.78
……	…	…	…	…	…	…	…
5100 西藏冰川矿泉水 330 mL	0.02	0.09	0.09	0.01	2.5	滞销品	减少排面	1.39
达利园矿泉水 550 mL	0.67	0.47	2.03	0.2	1.67	排面占比过低	增加排面	2.08
奥运农夫矿泉水 550 mL	10.35	10.15	14.46	1.45	7.5	畅销品	增加排面	8.33
……	……	……	……	……	……	……	……	……
怡宝纯净水 550 mL	1.07	1.17	1.13	0.11	4.17	排面占比过高	减少排面	2.08
农夫山泉矿泉水 1.5 L	3.82	6.95	5.33	0.53	3.33	畅销品	增加排面	2.08
5100 西藏冰川矿泉水 1.5 L	0.01	0.11	0.1	0.01	1.67	滞销品	减少排面	5.56
……	……	……	……	……	……			
屈臣氏矿泉水 4.5 L	0.2	1.99	2.46	0.25	5.83	排面占比过高	减少排面	5.56
农夫山泉 4.5 L	1.18	5.6	3.29	0.33	10	排面占比过高	减少排面	8.33

考考你

依据业绩分析，超市在什么情况下应当增加此类商品的货架排面？

3. 调整陈列位置

在确定了滞销商品的淘汰、畅销商品的调整和新商品的导入之后，这些修正必须以新的商品配置表的制定来完成。修改配置的最后一个步骤当然是实际的调整工作，牵一发则动全身，修改一品项有时可能会动到整个货架陈列的修改，但为维持好的商品结构，过程虽然繁琐，也必须要执行，这是不可避免的。有些店经营时间长之后，商圈人口、交通状况、竞争情形都出现了变化，这时必需大幅度地修改商品配置，甚至连部门配置都要变，这是大修改。这种情况，则应比照新开店的方式来制作商品配置表，如此会来得比较顺畅完整。

经过了前期的业绩分析、空间优化之后，还要结合陈列的相关策略才能对 A 超市瓶装水进行陈列位置的调整，比如，大包装的陈列在下端、重点商品陈列在黄金位置等。A 超市的商品陈列位置调整应当根据瓶装水的规格大小进行从上至下的陈列，容量在 330～380 mL 的瓶装水陈列在最上面的第六层和第五层，容量在 550～600 mL 的瓶装水陈列在中间的第四层和第三层，容量在 1.23～4.5 L 的瓶装水陈列在最下面的第二层和第一层。

根据品牌进行垂直陈列，同一品牌的瓶装水应当在同一垂直线上。比如农夫山泉做到从最上面的第六层到最下面的第一层都在垂直线上。

根据销售业绩，将畅销及高毛利贡献度的百岁山、农夫山泉品牌陈列在货架右侧，而销量一般的怡宝、雀巢陈列在货架的左侧，销售最差的 5100 西藏冰川矿泉水陈列在最右侧的货架边缘。

因此，在考虑到业绩分析的结果、陈列空间的优化建议和陈列原则策略后，最终形成最后商品配置图，如表 4-8 所示。

表 4-8　调整后的配置图

货架长度		30 cm	20 cm	30 cm	40 cm	60 cm	40 cm	20 cm
六层	品名	……	雀巢水 330 mL	……	百岁山水 348 mL	……	农夫山泉 380 mL	5100 西藏 冰川 330 mL
五层	品名	……	雀巢水 330 mL	……	百岁山水 348 mL	……	农夫山泉 380 mL	5100 西藏 冰川 330 mL
四层	品名	怡宝水 550 mL	……	……	……	……	农夫山泉 550 mL	
三层	品名	达利园水 550 mL	……	……	……	……	农夫山泉 550 mL	
二层	品名	……	……	……	……	……	农夫山泉 1.5 L	5100 西藏 冰川 1.5 L
一层	品名	……	屈臣氏矿泉水 4.5 L			农夫山泉 4.5 L		

三、商品陈列的实操技巧

（一）排面的制作

排面陈列是指超市将商品一排排地陈列在货架上的陈列方法。良好的排面陈列能够给人以美观、整洁的印象，并能方便顾客找到、拿到想买的商品，也可以帮超市提高销售额与毛利。

1. 制作排面的步骤

(1) 陈列准备。

① 准备好陈列道具。第一,选择货架和配件,确定选择用什么型号的货架和配件来进行商品陈列,以达到陈列的效果。第二,准备好商品配置表,按陈列的原则进行富有弹性的陈列设计,并用商品配置表的方式进行详细描述。

② 准备好即将上架的商品。确定陈列的商品的类别、尺寸、形状、颜色、性能、存货量等详细资料,并把商品从仓库中运送到货架旁边。

③ 清理空货架。将之前的商品下架,注意也要把价签拿下来。如果商品类别有变化,也要把分类的标志取下来。清空货架后,可以用抹布擦一下货架保持清洁(见图 4-66)。

图 4-66　准备好即将上架的商品和清理空货架

④ 调整货架层高。应当根据商品的高度再加上方便拿取的空间来估算,可以一边用商品试着摆放,一边调整层高(见图 4-67)。

图 4-67　调整货架层高

（2）商品上架。

① 商品上架时，根据商品的类别、包装的类别进行摆放。例如，虽然都是白市驿板鸭，却有盒装的、袋装的等等差异。应当根据它们的特点进行设计、摆放，并根据摆放的效果做现场调整。

② 假底陈列。如果货量不多，但商品后面的货架有很大的空白，商品容易倒。在这种情况下，应当用假底陈列，放一个纸质长方体在后面撑着商品（见图 4-68）。

图 4-68　用美味豆豉鱼的盒子为袋装板鸭做假底陈列

③ 商品上架后，注意放上新的标签。

④ 上货时，货物应当尽可能放多一些，保证货架上没有空余的地方，同时不能离上层太近，要方便顾客取用。这是丰满原则、伸手可取原则。

（3）检查。

① 查看商品，是否正面朝外。如果不符合，要及时调整。

② 查看价签，是否与商品一一对应。如果不符合，要及时调整。

2. 突出重点商品的方法

（1）在旁边放一个小试吃台、小促销台。这样可以吸引顾客前来试吃或挑选，顾客试吃或挑选时如果觉得商品不错，会增加购买量（见图 4-69）。

（2）加大排面。把商品在货架上最外面的一排面积扩大，增大视觉影响力，让顾客更容易看到重点商品。

（3）用醒目的 POP。例如，用颜色鲜艳的、尺寸大的 POP。

图 4-69 排面陈列旁的小促销台

3. 缺货处理技巧

有时候因为供应商供货不及时或者其他原因，排面陈列出现了缺货现象。如果是长期的缺货，可以直接拿掉价签，增大旁边商品的摆放量，挡住货架空白。如果只是暂时的，可以用 POP 说明热卖脱销，给消费者一个暗示：这个商品很好，都卖断货了。然后，用旁边的商品继续填充空位，尽可能缩小货架上的空白，不浪费空间。

知识加油站 4-4

超市生鲜商品陈列技巧

一、肉类的陈列要求

(1) 开店前玻璃要干净。

(2) 肉类商品可做关联陈列，陈列柜上可放相应的调味品。

(3) 包装内有血水时要及时收回，重新打包。

(4) 肉类商品应每小时整理一次货架。

(5) 肉类陈列区域要保证地面无积水。

二、水产品的陈列要求

(一) 鲜活的水产品陈列法

在日常生活中，水中游曳的鱼虾常常备受消费者的喜爱，它们的价格明显高于非活着的水产品。活鱼、活虾、活蟹等水产品要以无色的玻璃水箱进行陈列，以满足顾客求新鲜的需要。淡水鱼和咸水鱼要分开陈列。鱼池内的鱼不能太少，保证每个品种在早上八点前不少于陈列标准要求。不能有翻肚的鱼、死虾、死蟹在池内。价格牌正确无误，每一个鱼池至少有一个价格牌。保持鱼池、海鲜陈列台干净，鱼池玻璃清洁明亮。

（二）新鲜的非活着的水产品陈列法

新鲜的非活着的水产品是指出水时间较短，新鲜度比较高的水产品。这种水产品一般用白色托盘或平面木板进行陈列。陈列时在水产品的周围撒上一些碎冰，以确保其质量和新鲜度；摆放时整鱼鱼头朝里，鱼肚向下，碎冰覆盖的部分不应超过鱼身长的1/2；不求整齐划一，但要有序；给人一种鱼在微动的感觉，以突出鱼的新鲜感。冰台的冰不能太多太高，冰面要有倾斜度，让远处的顾客一眼看到冰鲜鱼。冰鲜鱼的颜色要搭配和谐，装饰有新意，每天有不同的花样。冰鲜鱼要充分和冰接触，防止鱼因脱水而变质。陈列在冰台的包装商品，要高出冰面2/3，不能埋入冰内，而且要归类陈列。三文鱼柳、鱼头、北极贝等即食产品要和冰鳟鱼间隔开，防止细菌感染。每种冰鲜鱼要有醒目的价格牌且一一对应。冰鲜鱼陈列将要风干时，必须用盐冰水泡五分钟后再陈列，保证色泽光亮新鲜。

（三）冷冻水产品陈列法

冷冻水产品食用时需要解冻，一般被陈列在冷柜中。产品的外包装应该留有窗口，或者用透明的塑料纸包装，使消费者能够透过包装清楚地看到产品实体。冷冻陈列柜里应当整齐有序、饱满且方便顾客拿取，不能有包装破损、漏气的商品，或者商品结霜、结冰现象，有正确的价签。

（四）盐干类水产品陈列法

盐干类水产品用食盐腌制过，短期不会变质，例如，盐干贝类、壳类等。这类水产品应使用平台陈列，以突出其新鲜感。由于地域的差异，我国北方许多消费者不习惯食用贝壳类水产品，因此超市应提供调味佐料，提供烹饪食谱，必要时还可以提供烹饪好的食物照片，以增加产品的销售。

（资料来源：中国连锁经营协会校企合作小组，《门店布局与商品陈列》）

（二）堆头的制作

在节假日，超市常常会用商品制作堆头陈列，达到吸引顾客、营造氛围和促进销售的目的。本部分以芒果堆头为例，具体分析堆头的制作步骤与方法。

1. 准备阶段

陈列小组首先应当讨论本次堆头的制作目标，然后通过头脑风暴设计堆头陈列，并制作经费预算，申请上级的批准。以芒果堆头为例，经过陈列小组的沟通，芒果具有易损耗、不耐压、不耐摔、颜色艳丽与不易堆放的特点。为了减少芒果被压坏或摔坏造成的损耗，本次陈列采用空篮子做堆头架子，同时简化堆头形状，并使用防滑垫。由于陈列道具是已经购买的常用道具，不需要特别的经费，也就不需要经费预算。

在设计堆头位置时，应当考虑周围堆头的品类、色系和大小。同一品类或同一色系的商品，还可以相互呼应。比如，三个堆头都是橘子，都在一条对角线上，而且是按照从小到大的顺序，会让整个卖场更加和谐。即使是不同的水果，也可以选择同样大小的水果放置在一起。例如，青枣、小番茄、马蹄、提子都是小果，放在一起更加和谐

(见图 4-70)。

图 4-70　青枣、小番茄、马蹄、提子大小相似，因此放在一起

2. 布置打底/支架

打底和支架主要起着支撑的作用，有以下 5 个可选项。

(1) 木架。木架打底看上去更加天然，环保。非常适合果蔬等商品的堆头陈列(见图 4-71)。

图 4-71　木架打底

(2) 藤筐打底。藤筐打底，有一种柔和亲切的感觉，也可以保护商品(见图 4-72)。

(3) 商品空箱。商品空箱做底架不需要额外支出成本。此外，包装上的商标能增大顾客浏览到的几率，也能形成量感陈列。不过如果空箱不够美观，会影响堆头的美观度。

(4) 铁架。铁架打底更加耐磨损。铁架打底也容易磨损商品，易损耗的商品如果用铁架打底，需要中间隔一些柔软的材质来保护商品。

(5) 海报打底。用厂商促销宣传的 POP 包围遮挡商品下面的支架，视觉效果更好。不过这需要与供应商合作(见图 4-73)。

图 4-72　藤筐打底

图 4-73　海报打底

本次的芒果堆头采用空的塑料篮子做支架。第一，陈列小组估算一下便于顾客拿商品的高度，根据这个高度计算篮子的数量，并把篮子整齐地堆放起来(见图 4-74)。

第二，用假底陈列减少芒果的层数，防止层数过多压坏芒果。比如用柔软有弹性的白色塑料泡沫，可以对芒果起到缓冲的作用。第三，铺上防滑垫，增大商品与打底篮子的摩擦，防止芒果从堆头向四周滑落。因为顾客会在堆头上翻拣芒果，芒果果皮光滑，很容易从堆头滑落，导致摔坏损耗。防滑垫是一层薄薄的防滑黑布，有助于增大摩擦，对芒果滑落有一定的缓冲作用(见图 4 75)。

图 4-74　芒果堆头:塑料篮子做支架

图 4-75　芒果堆头铺上防滑垫

3. 堆放商品

堆放商品的时候,注意尽可能让四面来的顾客都能看到堆头好的形象。拿起商品时,注意挑选优质商品,如果遇到次品,比如有斑点、过于损耗的芒果,应当拣出来放在打折区(见图 4-76)。

图 4-76　优质芒果和过于损耗的芒果

要保持芒果的倾斜度,有一定的倾斜度,可以形成从堆头顶端发散到周围的花一样的形状,对于顾客来说,商品好像流向展示的方向一样,形成瀑布陈列。

但倾斜度过高,很容易滑落,因此,要保持适量的倾斜度(见图 4-77)。

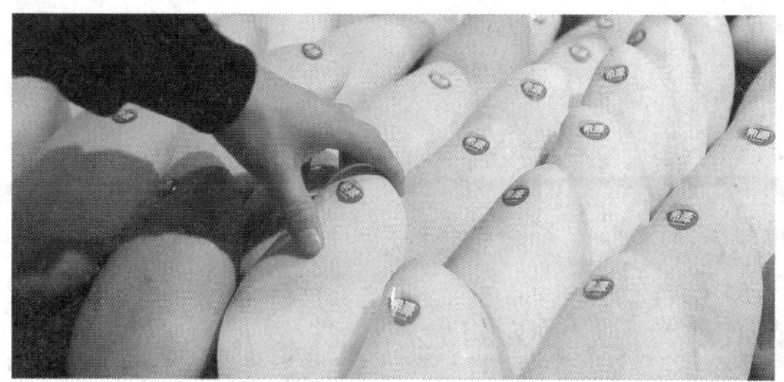

图 4-77　芒果的瀑布陈列

4. 放置装饰物

在商品堆好后,可以放一些装饰物让堆头更加美观,突出主题。

(1) 洋娃娃。洋娃娃比较软萌可爱,能吸引顾客,产生温馨温暖的感受(见图 4-78)。

图 4-78　洋娃娃装饰

(2) 花朵。花朵颜色鲜艳美丽,非常吸引人的目光。花朵适合营造温馨浪漫的氛围,也适合打造春天、节日庆典的主题陈列(见图 4-79)。

(3) 与商品有关的提升档次的道具。例如,英国进口牛排,插上英国的旗帜,非常吸引人的关注(见图 4-80)。

(4) 用篮子等形成瀑布陈列。可以用篮子盛放一部分商品,形成瀑布陈列的流动感(见图 4-81)。

本次陈列中,芒果堆头只要简洁装饰即可,因此选择写着促销价格的 POP 为装饰,主要想达到顾客一眼就能看到促销价格,被优惠价所吸引前来购买的效果。

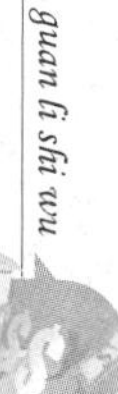

图 4-79　花朵装饰

图 4-80　与商品有关的道具装饰

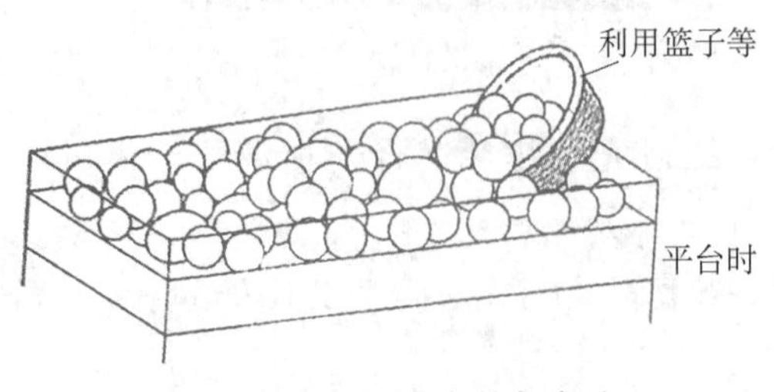

图 4-81　篮子形成瀑布陈列

(三) POP 海报的制作

1. POP 海报的含义及作用

POP 的全称是“point of purchase”，中文意思是“卖场海报”。需要张贴 POP 的商品种类有新商品、推荐商品、广告商品（划算、流行、大众媒体介绍）、应季商品、需要说明的商品（特征、多功能、提案、比较）。

虽然海报不说话，但它能介绍商品，吸引顾客购买，所以又叫做沉默的导购员。例如，下图中的商品陈列中，海报上写着“大荔冬枣，日销售 4 000 斤，产自冬枣之乡——陕西大荔”“进口车厘子，产自美国，水果中的钻石,核小肉厚,硬脆多汁”,并绘制了皇冠。顾客看到海报,仿佛听到营业员极具技巧的推销吆喝一样,一下子就看到了商品的特色,唤起了顾客的购买欲望(见图 4-82)。

图 4-82　冬枣、车厘子上 POP 的效果

2. POP 海报的类型

海报有各种形式。从材质来看,有小黑板和海报纸,有的还以 LED 灯来制作海报(见图 4-83)。

图 4-83　小黑板、塑料夹与纸质海报

从制作方法来看,海报有纯手绘、半手绘和纯电脑印制的海报。半手绘是指海报的背景是印刷的,但可以用手绘在上面写字或价格(见图 4-84)。

3. POP 海报的制作步骤与方法

海报制作的步骤包括明确主题、设计文字内容、装饰文字、画插图、画边框等步骤。本部分以手绘 POP 为例,具体说明 POP 制作的步骤与方法。手绘 POP 使用的工具包括海报纸和马克笔。

图 4-84　纯手绘、半手绘、纯电脑印制海报

（1）明确主题。

制作海报之前需要明确海报的主题是什么、制作海报的目的是什么以及希望达到什么效果。海报的主题有新品推介、标示价格、促销活动说明以及产品使用说明等，如图 4-85 所示。

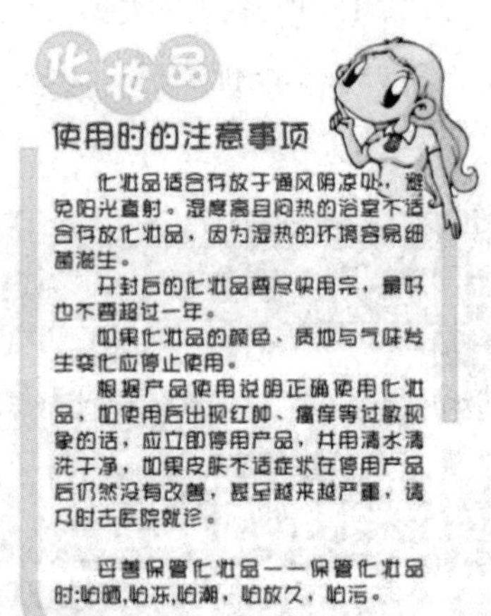

图 4-85　主题为新品推介、促销活动说明、产品使用说明的海报

案例 4-10

POP 在盒马鲜生海鲜产品中的标示作用

在盒马鲜生中，海鲜是主打产品。海鲜产地可能来自全球的任何一个角落，产地不同，口味和价格也会有所差异，好的产地甚至会形成吸引顾客的特色；计价方式可能是

按个数，也可能是按重量，是否可以现场烹饪，也直接关乎顾客是否能购买后马上吃到海鲜。这些内容都需要详细的 POP 在旁边说明，顾客可以清楚明白的看到产品的亮点，直接购买；工作人员也不用忙不迭地回答顾客的咨询（见图 4-86）。

图 4-86　盒马鲜生的海鲜 POP

由于海鲜众多，盒马鲜生用 POP 制作了价目表，可以一眼看到所有海鲜的品种与价格（见图 4-87）。

图 4-87　盒马鲜生的价目 POP

考考你

盒马鲜生的海报有哪些值得借鉴的地方？

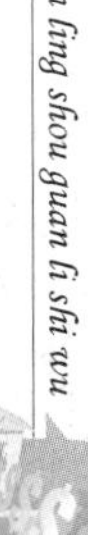

确定海报的主题后，在此基础上确定海报的风格。风格的确定会决定海报的色彩、卡通形象、字体等设计风格。不同的海报可以呈现不同的风格，例如热闹鲜艳的风格，用对比色红黄为主色，绿蓝紫为点缀，高亮度，高饱和度；清凉惬意的风格，用浅绿色为主色（见图 4-88）。

图 4-88　热闹鲜艳风格、清新惬意风格、清晰简洁风格的海报

（2）设计文字内容。

海报内容可以用 FABE 原则进行设计，即商品的特色（feature），相对于其他商品的优势（advantage），能够给顾客带来的利益（benefit），有充分的证据（evidence）（见图 4-89）。例如，老四川牛肉干，特色是“原料好、味道好”，相对于其他商品的优势是“吃起来更加原汁原味，更有嚼劲”，能够给顾客带来的利益是“加班饿了吃能补充营养、看电视时吃味道鲜美、作为川渝特产可以送朋友”，充分的证据是“80 年畅销的老品牌，深受好评，经久不衰”。

图 4-89　FABE 设计的海报文字内容

考考你

图 4-89 中的海报文字内容体现了怎样的 FABE?

知识加油站 4-5

设计趣味横生的海报内容

好的 POP 文字设计应当是有趣的,让顾客看了愿意购买的。设计趣味横生的海报内容可以有以下 6 种形式。

(1) 谈话式。“您有过这样的经历吗?”“您是否因为 * * 而烦恼呢?”此类宣传口号可以直接接触顾客的内心,让顾客怦然心动。

(2) 新闻式。“在各大媒体中掀起了热潮”“抖音爆款”“网红款”“成功的从产地引进高品质商品”,这类 POP 文字,让顾客觉得错过会很可惜。

(3) 建议式。“用礼物说话”“享受您的庭院派对”以动词为重点的宣传内容,能给顾客带来极好的建议,而如果使用“庭院用品专柜”的话,就无法感受到厂商提供的建议。

(4) 顾客对话式。“为什么妈妈的手一直都那么嫩滑?”,用顾客群的日常对话代替厂商的话语作为宣传口号可以让 POP 广告妙趣横生。

(5) 推荐式。“最适合梅雨时节的防御商品”,在推荐特定商品的时候,使用这类宣传口号也颇有效果,特别是当挑选商品的顾客犹豫不决时,不妨直接向其推荐这些商品很不错。

(6) 营造季节感。“哇! 夏天来了!”“冬日准备 OK!”,让顾客更能联想到即将换季,需要提前购买换季需要的商品。

可以针对不同的商品类型设计诱人的 POP 文字,如表 4-9 所示。

表 4-9 商品类型与对应的诱人 POP 文字

商品类型	对应的诱人的 POP 文字
新产品	NEW
折扣商品	现在购买更加实惠!
重点商品	店长推荐
热销商品	爆款! 人气商品! 热销中! 网红商品
季节性商品	如今正是最好的时节

好的 POP 文字设计应当是从顾客的视角出发的。首先,找到商品对于顾客的价值点。例如,在销售绞肉时可以标注“25%的脂肪”,也可以标注“瘦肉 75%”,但对于顾客来说,瘦肉比脂肪更有价值,因此应当用后者。一件电器如果可以标注“9 折”“折扣

10%”和“直降 100 元”，对于顾客而言 100 是三位数，感觉价值更大，所以用标注“直降 100 元”。第二，用顾客平时看到的东西、身边的东西传达对商品的感觉。例如，这个食物含有维生素，可以标注“含有维生素二十毫克”，也可以标注“维生素含量相当于一个柠檬”，很明显后者更佳。

（资料来源：永岛幸夫，《卖得好的陈列》）

（3）书写文字。

标题一般用各种艺术字体，可以在网上搜集素材。正文一般用基础字体，注意写时从左到右，从上到下。海报中的文字要有重点，重要的文字可以加大字号，用醒目的颜色，放在居中的位置。

（4）装饰文字。

文字经过装饰后可以更加美观，尤其是标题，可以用装饰将其突出展示。在文字笔画的内部，可以表现出纹理、质感、高光。例如，在图 4-90 中，“平安夜”用了积雪进行点缀，“happy”用的是钉子与木板的内饰；“店长精选”用的笔刷痕迹做内饰；“会员日”用不同色彩的斜线进行装饰。

图 4-90　海报文字的装饰

在文字的周围，可以用其他颜色做阴影，画花纹，衬托文字。例如，图 4-91 中“贺新

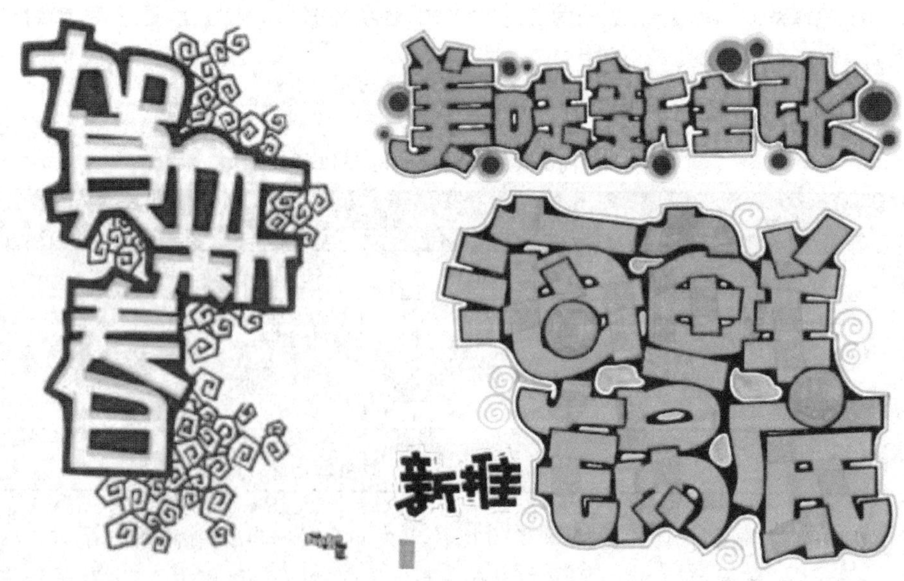

图 4-91　文字周围的装饰

春”用了蓝色的线条画黄色字的周边阴影，并用了类似玫瑰的曲线进行装饰；“美味新主张”用蓝色的圆形进行周边装饰；“海鲜锅底”用绿色的海浪波纹进行周边装饰。

（5）画插图。

写好文字后，可以选择与主题吻合的插图，让画面更加丰富，也能吸引顾客的注意。如果是海鲜促销，可以画海鲜；如果是护肤品促销，可以画美女；如果是文具促销，可以画笔、本子等；如果是端午节，可以画粽子。用图像的形式吸引眼球，引导顾客注意并理解文字。

（6）画边框。

海报应当是一个封闭空间，把文字、插图都归纳到一处，免得视觉上过于散乱。如图 4-92 所示，“冷面，现价 5 元”用了两个十字交叉线在右上方和左下方做边框，将视线收到中间，形成闭合空间；“新款上市”用了类似云朵的曲线进行封闭；整个海报用蓝色线条在下方进行封闭。一般而言，边框都要留一些缺口，形成一种自然美。

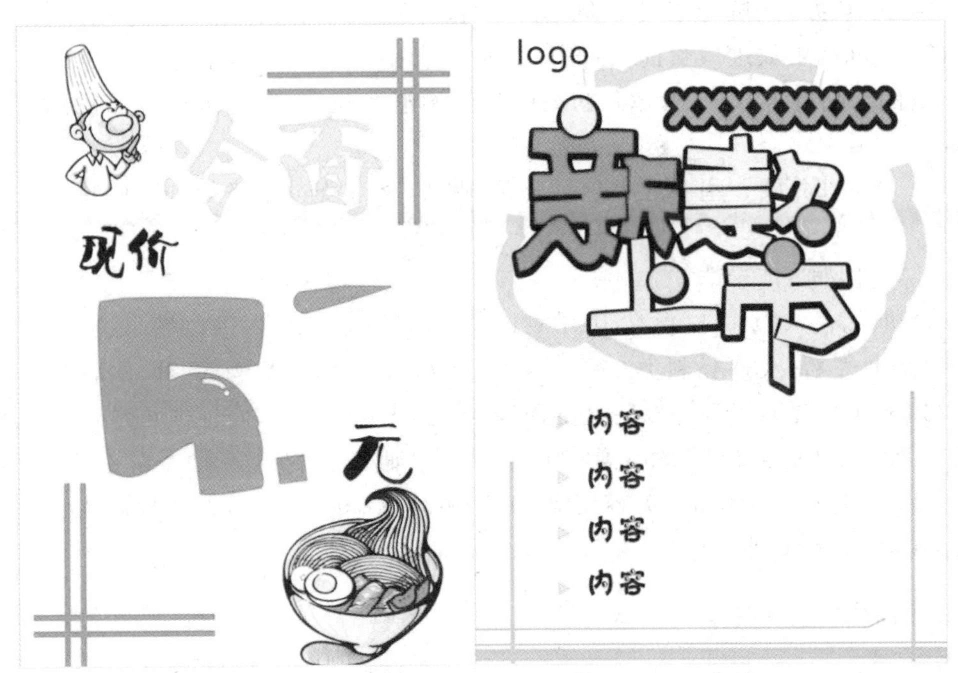

图 4-92　海报的边框

一、商品配置面积分配

规划出各商品种类的配置面积。李明根据市调结果，结合自身店面内部设备情况（一个雪糕柜，一个单门冰柜，一个双门冰柜，两侧单面货架四组，共计八组，中间双面货

架一组，两个端头，预计商品 1 000～1 200 种）。

（1）鉴于天气变暖，饮料类销量的增加，三门冰柜可能不够用，现预留出一组货架供常温饮料的使用，还包括啤酒、白酒和红酒等；

（2）因收银台面积比较小，仅够放一些计生用品，现将糖果巧克力类单放一组货架，包括条装口香糖、条装糖、一元威化饼、小块巧克力、润喉糖、瓶装木糖醇、礼盒巧克力、棉花糖等；

（3）方便速食类是一组货架，包括三层桶面（康师傅 8～9 种、统一 2～3 种），一层袋面（康师傅统一挑 2～3 种，北京方便面、小当家），最后一层放火腿和鸡蛋；

（4）饼干、面包、膨化类的商品共占两组，酸奶、纯奶等奶类饮品放到饼干和面包层上；挂钩类包括干果、果脯、瓜子类占一组；

（5）洗化类包括牙膏、牙刷、毛巾、洗发护发、香皂、沐浴露、卫生巾、纸巾、洗衣粉之类共占一组；

（6）文具、办公用品包括小百货共占一组；

（7）中间两组放进口食品，首先因为进口食品也包含了其上除洗化类的各种分类，其次因为临着十八中，考虑到初高中学生的消费观念，所以进口食品比例相对高一些。

（8）端头部分放一些冲泡类包括奶茶、咖啡、杯装类冲泡类等和一些特定需要的商品。

商品占比如下所示。

（1）烟 5%。（2）进口食品 10%～15%。包括进口饮料、进口糖果、进口零食等 100～150 种左右。（3）饮料类 25%～30%，包括水 150 种、啤酒 50 种、白酒红酒等 50 种左右。（4）零食类 30%～35%，包括糖果巧克力 50～80 种、面包饼干类 100 种、膨化食品 70 种、方便速食 30 种、冲泡类 20 种、果干果脯等小食品 50 种左右。（5）洗化类 10%～15%，包括洗护用品、美容用具、卫生用品等 100 种左右。（6）文具小百货类 5%，文具小百货 50 种左右。

二、商品配置表制作

在进行完各商品种类的配置面积分配后，李明制作了商品配置表。此处以洗衣粉为例展示如表 4-10 所示。

三、排面陈列

（1）准备阶段。准备好洗衣粉、价签、配置表，做好了货架清洁，调整好货架板，由于最下面一层洗衣粉的体积最大，因此调高了层高。

（2）商品上架。将洗衣粉上架，摆满整个货架，丰满陈列不露出货架，并将价签摆上。

表 4-10　洗衣粉商品配置表

商品分类 No.洗衣粉(1)
货架 No.12　制作人:×××

高度				
180 170 160	立白无泡洗衣粉 250 克 4F12000112.2	雕牌手洗洗衣粉 250 克 4F12000112.3	汰渍经典洗衣粉 250 克 4F1200618.5	碧浪浓缩洗衣粉 750 克 4F1200518.5
150 140 130 120	立白两用洗衣粉 500 克 2F120026.5	雕牌手洗洗衣粉 500 克 2F120026.6	汰渍经典洗衣粉 500 克 3F1200612.5	碧浪超浓缩洗衣粉 500 克 3F1200712.5
110 100 90 80	立白无泡洗衣粉 500 克 2F120032.5	雕牌机洗洗衣粉 500 克 2F120032.6	汰渍花香洗衣粉 500 克 6F120682.5	碧浪手洗洗衣粉 180 克 6F120082.5
70 60 50 40	立白洗衣粉 1 kg 4F120042.5	雕牌机洗洗衣粉 1 kg 4F120042.6	汰渍花香洗衣粉 1 kg 6F120592.8	碧浪洗衣粉 200 克 6F120092.8
30 20 10	立白洗衣粉 3 kg 4F1201112.8	雕牌机洗洗衣粉 3 kg 4F1201112.8	汰渍花香洗衣粉 3 kg 4F180104.9	碧浪洗衣粉 450 克 4F120104.9

注:(1) 位置是最下层为 A,二层为 B,三层为 C,四层为 D,最高层为 E,每一层从左至右,为 A1、A2、A3……B1、B2、B3……C1、C2、C3……D1、D2、D3……E1、E2、E3…… (2) 排面是每个商品在货架上朝顾客陈列的面,一面为 1F,二面为 2F。(3) 最小库存以一日的销售量为安全存量。(4) 最大库存为货架放满的陈列量。其余商品分类的货架商品配置表制作以此类推。

(3) 检查。检查洗衣粉是否正面朝外,是否价签刚好放在正确的位置。没有做到的及时调整。

(4) 为了突出其中的一种洗衣粉,放置了一个悬挂的 POP,吸引顾客。

四、堆头制作

由于供应商要求制作汰渍洗衣粉的促销堆头,因此李明制作了一个堆头。在准备阶段,李明考虑到洗衣粉要把正面面向顾客,所以要以一定的倾斜做成方形堆头,这样四面的顾客都能看到洗衣粉的正面,并竖立放置。由于竖立放置时洗衣粉不能承受上一层的压力,因此需要在中间制作假底支撑整个堆头,在最上层放满洗衣粉,供顾客拿取。

(1) 布置打底。李明使用了塑料打底,经济耐用。由于汰渍洗衣粉主色是红色,选用了红色的打底。并在中间垒出了四层打底,每层向外伸出一个平台,以便放洗衣粉。

(2) 堆放商品。洗衣粉竖立放置,正面朝外,保持一定的倾斜度。不要放得太外面,以免不稳定脱离堆头。

(3) 放置装饰物。为了达到促销效果,制作促销价格的 POP,悬挂在堆头的上方,吸引顾客。

五、绘制 POP

圣诞来临，李明手绘了圣诞促销的 POP。海报的主题内容定为圣诞促销。由于是圣诞促销，海报的主题风格定为热闹鲜艳，并加上圣诞元素，营造圣诞氛围。根据 FABE 原则，本次海报文字内容从顾客的利益出发，主要是提醒顾客买这些商品可以做圣诞礼物，一年一次折扣不容错过。因此海报的内容是："圣诞快乐！Merry Christmas！全场 8 折大促，错过再等一年！"。文字字体和颜色方面，为了突出"8 折"，我们用红色写"8"这个数字。为了吸引眼球，将"圣诞快乐"四个字放大，营造圣诞范围。在文字装饰方面，内部为"圣诞快乐"加一点积雪，更有圣诞氛围；文字外部则用黑色阴影，凸显文字。在插画方面，用一些有圣诞元素的插画，例如圣诞老人、礼品盒、圣诞树、袜子、圣诞帽来营造圣诞氛围。最后，用红色线条与"Merry Christmas"组合成边框，形成封闭空间，将"全场 8 折大促，错过再等一年"封闭起来。最终，圣诞节的促销海报绘制完成，如图 4-93 所示。

图 4-93　圣诞促销海报绘制成品

技能训练

【项目背景】

学生先搜集网上精美的 POP 作品并向其学习，再根据教师的要求自己绘制 POP。

【实训目的】

通过观察、学习和操作，学生掌握设计和绘制 POP 的技能。

【实训步骤】

(1) 学生上网搜集手绘 POP、电脑打印 POP、小黑板上的海报，将自己认为优秀的作品展示给大家，并对主题、内容、整体设计、文字装饰、插图等方面分析其优点和不足。

(2) 教师选择即将来临的节日，学生以团队的方式，选择超市的某种商品，制作节日促销 POP。如果是手绘必须课堂完成，教师需要提前准备好海报纸、马克笔等道具；如果是电子版的，放大尺寸时必须是清晰的，以避免学生用网上已有的劣质模板做 POP。

【实训评价】

1. 评价内容

(1) 学生参与性。

(2) 作品的美观性、准确性、功能性。

(3) 学生搜集和分析信息的能力。

2. 评价方式

学生成绩由学生自评(20%)、互评(30%)和教师评价(50%)综合评定,评价表具体如下所示。

组别:________ 第__次实训

学号	姓名	自评(20%)	互评(30%)	教师评价(50%)	总成绩

小结

卖场的布局与陈列是整个门店经营的重要指标,是门店体现差异化经营的主要方式。超市主要区域的分布和区域面积占比需要突出主打商品、考虑商品上架与维护的便利,还需要根据顾客动线、磁石点分析对卖场布局进行调整,确保无死角,动线通畅。为了营造卖场气氛,可以通过照明、色彩、声音、气味进行相应的设计。商品陈列是零售门店的"门面",是顾客"购买的向导",是促进门店销售的"无形之手",它能将真实的商品通过艺术性处理(商品陈列的方法与技巧)直接展现在顾客的面前。商品配置表的制作与修正是进行商品陈列的"计划书";排面陈列能体现量感陈列;堆头陈列能更好的体现主题;POP 是"画龙点睛之笔"。商品陈列是一个动态修正的过程,必须根据门店经营的实际环境进行适当的修正和控制,才能保障商品陈列对门店经营的有效性。

单选题

1. 特价商品、高利润商品、厂家促销商品应当放在(　　)。

A. 主通道两端　　B. 货架两侧　　C. 堆头　　D. 通路末端

2. 中秋节超市店内悬挂类、门头宣传画、展板、员工的服装和各种小的装饰物也就是超市的 VI 基调都会更换成什么颜色?(　　)

A. 淡黄色　　B. 绿色　　C. 红色　　D. 金黄色

3. 红色猪肉配绿色叶子,非常醒目,这是使用了(　　)。

A. 彩虹色搭配　　B. 对比色搭配　　C. 互补色搭配　　D. 三色搭配

4. 三文鱼与日式芥末陈列在一起,这是用了什么陈列原则(　　)。

A. 先进先出　　B. 相关联系　　C. 垂直陈列　　D. 安全稳定

5. 商品的进价是 30 元,售价是 45 元,商品的毛利率是(　　)。

A. 30%　　B. 45%　　C. 33.3%　　D. 50%

6. 高利润商品建议陈列在货架的(　　)。

A. 120～160 cm 之间　　B. 50～85 cm 之间

C. 85～120 cm 之间　　D. 10～50 cm 之间

7. 把先进货的商品移到货架前端,把后进货的更加新鲜的商品放在货架后端,这是什么原则?(　　)

A. 伸手可取原则　　B. 垂直陈列原则　　C. 先进先出原则　　D. 丰满陈列原则

8. 上货时,货物尽可能放多一些,保证货架上没有空余的地方。这是什么原则(　　)。

A. 伸手可取原则　　B. 垂直陈列原则　　C. 先进先出原则　　D. 丰满陈列原则

9. 牛肉干"加班饿了吃能补充营养、看电视时吃味道鲜美、作为川渝特产可以送朋友",这是用 FABE 的哪个内容设计的?(　　)

A. 商品的特色(feature)　　B. 相对于其他商品的优势(advantage)

C. 能够给顾客带来的利益(benefit)　　D. 有充分的证据(evidence)

10. 哪种文字设计更能让顾客喜欢?(　　)

A. 9 折　　B. 直降 100 元

C. 折扣 10%　　D. 原价 5 800,现价 5 700

多选题

1. 商品的色彩倾向性体现在哪些方面?(　　)

A. 商品本身　　B. 销售包装　　C. 广告　　D. 顾客对其的偏好

2. 以下选项属于评判商品陈列业绩好坏的指标有(　　)。

A. 销售结构比　　B. 毛利贡献度　　C. 排面占比　　D. 毛利占比

3. 陈列准备包括(　　)。

A. 准备好商品　　B. 准备好商品配置表

C. 准备好价签　　D. 准备好配件

4. 需要张贴 POP 的商品种类有(　　)。

A. 常用商品　　B. 推荐商品

C. 广告商品　　D. 需要说明的商品

5. 从材质来看,海报的种类有(　　)。

A. 纸质　　B. 小黑板　　C. LED 灯　　D. 铁质

判断题

1. 商品类别相似的尽量陈列在靠近的区域。　　(　　)

2. 一般情况下,卖场内乐曲音量应控制为既不影响说话,又不致被噪音所淹没。　　(　　)

3. 一个画面内最好只有 3 种以内的颜色,会更加和谐纯净。　　(　　)

4. 绘制海报时，在文字笔画的内部，可以表现出纹理、质感、高光。（　　）
5. 春节期间，高档酒不应该放在超市门口，避免碰坏、被盗。（　　）
6. 柱子周围可以布置货架，或者挂与商品有关的 POP，充分利用空间。（　　）
7. 制作商品配置表前，需要收集陈列的商品资料，包括规格、售价、陈列单位等。（　　）
8. 毛利贡献度越大即表示该类商品是超市的主力商品。（　　）
9. 调整货架层高时，可以根据商品的高度再加上方便拿取的空间来估算。（　　）
10. 如果货量不多，商品后面的货架有很大的空白，商品易倒，可以用假底陈列。（　　）

永辉超市“精标店”要做中国的 Eataly

永辉“精标店”入口处是 9.3 米宽的超大门头。卖场与购物中心的主通道被完全打通，采用开放式的隔断区分卖场与购物中心，这使得消费者远远就能看到超市内部丰富的商品陈列（见图 4-94）。

图 4-94　直接能从外面看到里面的场景

在卖场入口处，是一平方米见方的鲜花陈列堆头。鲜花容易损耗、经营难度大、管理成本很高，而“精标店”大胆用鲜花开门，迎客引流。客流量大时，小小的鲜花陈列日销售额能达到 2 000～3 000 元（见图 4-95）。

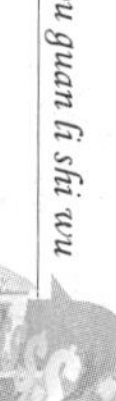

图 4-95　入口的鲜花陈列

绕过鲜花陈列的堆头，来到门店进深大约三分之一的位置，咖啡吧和红酒吧的轻餐饮组合，一方面成为吸引客流进店的“磁石点”；另一方面提升了店面的整体形象与气质（见图 4-96）。

图 4-96　红酒吧

在动线设计方面，这家“精标店”采用德国进口的弧形货架系统，通过环形，弧形动线引导消费者依次通过鲜花、咖啡（茶饮）、生鲜、有机食品、包装食品、肉类、厨房用品、日用百货等品类，最终来到收银台和就餐区。此时消费者有两个选择，一是直接结账出门；另一个选择是在就餐区品尝一下永辉超市自营餐厅的美食。

永辉"精标店"运用了三种颜色来区分不同区域。其中,主动线是灰色的、专区为咖啡色、日用百货区域又是采用白色(见图 4-97)。"在食品区域,我们调暗背景灯光,将射灯直接照射在商品上,营造高端、优雅的购物环境;而在日用百货区域,我们则调亮所有的背景灯光,使得整个区域通透明亮,从而增加该区域商品的销售机会。"

图 4-97　主动线的灰色和日用百货区的白色

在商品陈列层面,"精标店"擅于运用关联陈列。鲜花旁边摆放水果,水果又细分类别进行关联,从鲜果到干果到果酱,都进行关联陈列,通过暗示激发了顾客的购物欲望。

此外,永辉"精标店"对立柱的处理也很见功底。由于是地下一层,4 300 多平方米的面积共计有 20 多根立柱。永辉对其取巧利用,一边根据立柱间的距离因地制宜进行了商品分区,一边通过立柱上的方格镂空设计进行摆台与装饰,配合有着门店 logo 的地上投影,顾客在浏览商品的同时不经意地完成了和品牌的实时互动(见图 4-98)。

图 4-98　利用灯光投影在地面分区指引

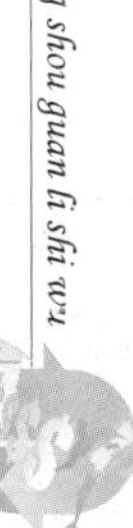

货架上随处可见的LED屏幕装置为顾客讲解产品(见图4-99)。

图4-99 商品旁的LED屏幕宣传

Bravo还通过体验和Bravo独特的主题营销培养顾客的消费习惯。临近圣诞，Bravo在店内多点陈列与圣诞相关的装饰或产品，而甜品店还应景推出圣诞蛋糕新品(见图4-100)。

图4-100 圣诞主题的陈列

鲑鱼工坊以日料店的木质风格装修，提供吧台、四人桌、包厢等多种用餐空间，同时满足多人聚会和私密性体验。餐厅主打海鲜系列产品，包括刺身、寿司和锅物料理，同时还搭配南极鳌虾、北极贝等精选食材，特设的铁板烧区域，可以跟随季节变化(见图4-101)。

图 4-101　鲑鱼工坊

“精标店的基本模式已经打磨出来了，但具体到不同店面，将会有 10%左右的调整度。譬如南京店，初步定位于旅客群体，所以餐饮业态里将会加大简餐部分，百货业态里则会加重旅行用品比重，包括会推出一款非常受市场欢迎的面膜。”

（资料来源：《第三只眼看零售》）

思考并讨论：

从永辉精标店的材料中，可以总结出哪些卖场布局与商品陈列的技巧？

综合实训

卖场商品配置陈列设计与制作

【实训目标】

学生通过网络搜索及实地走访拍摄好的超市陈列、排面及堆头图片，并上传到微博上进行分享讨论，然后通过绘制商品配置表，并进行排面、堆头实操掌握商品陈列技能。

【实训内容和要求】

（1）学生在网络上寻找 10 张好的超市陈列图片，分析其色彩搭配，并总结经验，在微博上分享、讨论。

（2）学生根据图 4-102 和图 4-103 所示的陈列实景图，或去超市自己拍摄的陈列实景图，或在网络上搜集的陈列实景图，绘制表格式/图式商品配置表。

（3）学生分组到实训超市进行排面陈列、堆头陈列的实操。如果没有实训场地，也可以搜集相关图片进行展示、点评。

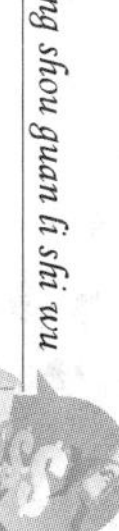

图 4-102　酒类的陈列实景

图 4-103　水果的陈列实景

【实训成果与评分】

1. 评价内容

(1) 学生参与性。

(2) 商品陈列的整洁性、艺术性、稳定性。

(3) 商品陈列知识运用能力。

2. 评价方式

学生成绩由学生自评(20％)、互评(30％)和教师评价(50％)综合评定,评价表具体如下所示。

组别:________　　　　　　　　　　　　　　　　　　　　　　　　　　　　　第__次实训

学号	姓名	自评(20％)	互评(30％)	教师评价(50％)	总成绩

项目五 超市商品定价与促销

知识目标

1. 理解并掌握影响超市定价的因素
2. 理解并掌握超市商品常见的定价方法、策略及价格带的制定
3. 熟悉超市常见促销方式及促销方案的撰写
4. 理解并掌握促销实施注意事项及常见的促销效果评估指标

技能目标

1. 能根据环境变化为不同商品制定合理的价格
2. 能根据超市实际制定合理促销方案并组织实施
3. 能根据促销数据合理评估促销效果提升促销盈利

学习重点

1. 理解并掌握影响超市商品定价的因素
2. 熟悉常见的超市商品定价方法、策略及价格带的制定
3. 理解并掌握调价的时机与技巧
4. 掌握超市常见的促销方式及促销活动方案的撰写
5. 掌握常见的几种促销效果评估指标内涵及计算

教学方法和建议

1. 通过任务驱动＋案例分析＋实地走访＋实战操作实施教学
2. 通过案例分析＋实战操作加深对超市定价方法、策略及价格带制定的理解和认识
3. 通过案例分析＋实战操作熟练掌握超市促销活动的方案制定、组织实施及效果评估

任务一　超市商品定价

任务导入

李明创立的超市经过运营后，在高校园区内取得了一定的口碑。为了满足顾客的需求，超市也在不断的引进新的商品，那么新品该如何定价？面对激烈竞争，又该如何调整价格获得顾客满意，赢得市场竞争优势？

任务分析

商品定价是零售竞争中最重要的因素，消费者对商品价格的变动也最敏感，对企业经营起着决定性的影响。故超市在给商品定价时需要考虑企业利益和顾客满意度两方面，并根据环境变化随时对各种商品的价格进行调整。

相关知识

一、定价影响因素

超市在对零售商品进行定价时，要综合考虑多种因素如定价目标、市场需求、成本、竞争对手的价格及国家政策法规等。

（一）定价目标

定价目标是指超市在制定特定水平的价格时，期望该价格水平所产生的销售效果所达到的预期的目的和标准。定价目标是超市进行价格决策的主要因素，定价目标越明确，制定价格时就越容易。定价目标取决于企业战略，同一超市在不同的时期，不同的市场条件下，都有可能有不同的定价目标。超市定价目标主要有：生存目标、获取利润、提高市场、防止竞争等。

1. 生存目标

生存目标是任何企业遭遇激烈竞争，或者消费者需求变动时，或者企业面临转型风险时，面临的首要目标。零售业为了维持生存，使库存加快周转，通常在价格敏感型市场上采用低价策略，以期适应消费者需求变动，在市场激烈竞争中达到生存目标。

2. 获取利润

获取利润是企业从事生产经营的最终目标。获取利润目标一般分为四种：获取投资收益、获取合理利润、获取最大利润、利益相关者利益最大化等。投资收益定价目标

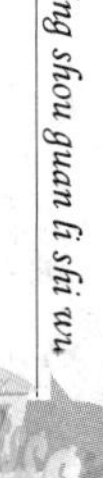

是指使企业实现在一定时期内能够收回投资并能获取预期的投资报酬的一种定价目标。合理利润定价目标是指企业为避免不必要的价格竞争，以适中、稳定的价格获得长期利润的一种定价目标。最大利润定价目标是指企业追求在一定时期内获得最高利润额的一种定价目标。实现利润最大化是超市追求的最终目的，企业生存和发展的前提条件是不断获得更多利润。其中当期利润最大化是大多数企业追求的直接目标。这就要求超市在定价时，先对需求和成本进行估计，然后评价可供选择的价格，通过比较选定一种能够产生当期利润最大、现金流量或投资收益率的价格。利益相关者利益最大化定价目标是具有社会责任的企业在充分考虑顾客、员工、政府、社区等利益相关者的合理诉求的一种定价目标。

3. 提高市场定价目标

提高市场定价目标即市场份额定价目标，把保持和提高企业的市场占有率(或市场份额)作为一定时期的定价目标。占领市场份额是超市定价策略的一个重要目标。提高市场占有率，就是扩大市场份额，增加产品的销售额，也就为提高企业利润总额提供了可靠的保证。此外获得市场份额领先地位的企业，可以在拥有较大的市场份额后充分享有规模经济效益。

4. 防止竞争

任何企业对竞争者的行为尤其是价格的变动都十分敏感，在市场竞争日趋激烈的今天，企业在实际定价前，都要广泛收集资料，仔细研究竞争对手产品价格情况，通过自己的定价目标去对付竞争对手。根据企业的不同条件，一般有稳定价格目标、追随价格目标和挑战价格目标三种。稳定价格目标以保持价格相对稳定，避免正面价格竞争为目标的定价。追随价格目标是指企业有意识地通过对市场价格有影响的竞争者的价格为依据给商品定价主动应付和避免市场竞争。挑战价格目标是指企业具备强大的实力和特殊优越的条件时，主动出击，挑战竞争对手，获取更大的市场份额的一种定价目标。

(二) 市场需求

商品价格的高低，最终取决于市场的供求关系。市场需求是企业定价策略的导向。超市要确定商品价格，必须了解市场需求的变动。

1. 市场需求与价格变动

微观经济学认为，价格是影响需求的主要因素，但在这种决定关系中还存在着一些非价格的因素。非价格因素对需求的影响时刻在起作用，因此，要确定出价格对需求的真正作用程度，还应该先排除非价格因素的干扰。非价格因素主要有以下 3 种。

(1) 收入。当消费者的收入增加时，需求量也会增加。

(2) 替代品价格的变化。很多商品都有替代品，当某一产品的替代品的价格降低时，人们往往会倾向于购买它的替代品，从而使该产品需求量减少。

(3) 消费者偏好。消费者一旦对某种产品产生了偏好，即使其价格升高，仍会购买，需求量并不一定因提价而降低。

2. 需求价格弹性

需求价格弹性是指因价格变动而引起的需求量的相应变动率，反映了需求变动对价格变动的敏感程度。

影响需求价格弹性的因素有很多，主要有如下 5 个方面。

(1) 产品的用途。产品用途越多，需求越有弹性。

(2) 替代品的数目及替代程度。某种产品的替代品越多，替代品越相近，其需求弹性也越大。因为替代品多，当这种商品的价格上涨时，消费者就可以购买其替代品。

(3) 消费者在这一商品上的消费支出占总消费支出的比重。如果这一比重大，则该产品需求弹性就大；比重小，则产品的需求弹性小。

(4) 消费者改变购买和消费习惯的难易程度。如果消费者的消费习惯容易改变，则产品的需求弹性大；若不易改变，则产品需求弹性小。

(5) 文化价值的取向或偏向。产品越接近消费者核心价值观，则消费者越愿意消费，其需求弹性就小。

(三) 成本

在很大程度上，市场需求决定着超市为商品制定价格的最高限，而成本则是最低限。超市制定的价格，应尽可能覆盖所有的成本。

1. 固定成本

固定成本是指在短期内不随商品销售量变化而变化的成本。如资产折旧费用、超市管理人员工资等。

2. 变动成本

变动成本是指在上述的同一时期内，随商品的销售量变动而成正比例变化的成本。例如，产品包装费用、理货员的工资、收银员的工资、POP 促销费用、商品陈列费用以及其他销售费用等。

3. 总成本

总成本即固定成本和变动成本之和。当销售量为零时，总成本等于固定成本。

(四) 竞争对手的价格

在有明确的定价目标后，市场需求决定了价格的最高限，成本决定了价格的最低限，制定商品价格时还应该考虑竞争对手的价格。竞争对手的价格以及它们对本企业价格变动所作出的反应也是超市定价时应考虑的一个重要因素。超市必须对每一个竞争者的商品价格状况及其产品质量情况有充分的了解。这可以通过以下几种方法来实现：①派市场调查人员了解行情，比较竞争者所提供的商品质量和价格；②获取竞争者的价格表并购买竞争者的商品，然后进行比较研究；③企业还可以向顾客了解他们对于竞争对手所提供的产品的价格和质量的看法。

超市可以把了解到的竞争者的价格和产品情况作为自己定价的基点。如果企业所经营的产品与主要竞争者的产品相类似，那么超市必须根据自己的市场定位来制定价格策略，以避免在竞争中被淘汰。

（五）国家政策法规

中国因日本海啸核爆炸引起缺盐、非典时食盐涨价等等行为都是部分不良奸商散播谣言以达到其获取不正当利益的行为。

商品零售价格在短缺经济社会中普遍是受政府管制的，我国长时期以来商品价格都是政府行为。随着社会商品生产的丰富，消费者已有足够的经济能力去承受价格的上涨，政府对价格管理的作用日益弱化，商品定价退位到由零售商和制造商自主决定了。但是零售经营者进行价格活动，应当遵守法律、法规，执行依法制定的政府指导价、政府定价和法定的价格干预措施、紧急措施。在销售、收购商品和提供服务，应当按照政府价格主管部门的规定明码标价，注明商品的品名、产地、规格、等级、计价单位、价格或者服务的项目、收费标准等有关情况。

超市在制定价格时，除了要考虑以上几方面的因素外，还应考虑市场购买心理，如消费者的价值观念、消费者的质量价格心理、消费者的价格预期心理和消费者对价格变动的反应心理等因素。

案例 5-1

探访无人超市：价格不便宜　棒棒糖比超市贵 5.7 元

2016 年开始，“无人超市”陆续在全球各地出现，国内的无人便利店也率先实现商用，一批无人便利店品牌接连出现，并开始跑马圈地。

居然之家在京开出的首家无人便利店——怡食盒子（EAT BOX），经过两周低调实测后开始正式营业。据了解，其每天有 2 000～3 000 元的销售额。

没有人工成本，无人超市的价格到底怎么样？北青报记者在北京这家无人超市内随机抽选了饮料、方便面、咖啡、零食、面膜共计 10 款商品，通过将其价格与大卖场和社区型超市比较，除了个别大超市无货外，10 件商品价格无一胜出。即便与“7-11”、全时这样人工成本极高的 24 小时便利店比，本次筛选的怡食盒子店内商品也有 3 款商品的价格高于全时和“7-11”便利店，即便其他 7 款商品，价格优势也不突出。

与大超市比价中，以每袋 210 克黄飞红麻辣花生为例，永辉恒基中心店的售价为 10.9 元，这比无人超市里每袋 12.6 元的价格便宜 1.7 元；不二家棒棒糖 20 支粉色装在乐天超市售价 14.2 元，比无人超市一下子便宜 5.7 元。

与 24 小时便利店相比，如 210 克的黄飞红麻辣花生，怡食盒子售价 12.6 元，全时和“7-11”售价 14 元，相差 1.4 元，但这已经是最高差价，合味道方便面怡食盒子售价 6.9 元，全时售价 7 元，相差仅 0.1 元。

另外此次对比商品中，无人超市里销售的维他奶、不二家棒棒糖、水之密语旅行套装这 3 款商品的价格还高于全时和“7-11”便利店，其中每盒维他奶售价 4 元，这比全时、“7-11”便利店 3.8 元的价格高 0.2 元；不二家棒棒糖 20 支粉色装售价 19.9 元，这比“7-11”便利店 14.5 元的价格高 5.4 元；水之密语旅行装售价 45 元，这比全时、“7-11”便利店高 3 元。

由此看来，怡食盒子房租和人工成本大幅降低，但目前该店商品销售价并没有完全让利给顾客，相同商品的价格在便利店业态中相比较而言并不占优势，而且对比大中型超市还要贵一些。

（资料来源：《北京青年报》）

考考你

无人超市为什么价格不便宜？

资料卡 5-1

中华人民共和国价格法(节选)

1997 年 12 月 29 日第八届全国人民代表大会常务委员会第二十九次会议通过，1997 年 12 月 29 日中华人民共和国主席令第九十二号公布，自 1998 年 5 月 1 日起施行。

第二章　经营者的价格行为

第六条　商品价格和服务价格，除依照本法第十八条规定适用政府指导价或者政府定价外，实行市场调节价，由经营者依照本法自主制定。

第七条　经营者定价，应当遵循公平、合法和诚实信用的原则。

第八条　经营者定价的基本依据是生产经营成本和市场供求状况。

第九条　经营者应当努力改进生产经营管理，降低生产经营成本，为消费者提供价格合理的商品和服务，并在市场竞争中获取合法利润。

第十条　经营者应当根据其经营条件建立、健全内部价格管理制度，准确记录与核定商品和服务的生产经营成本，不得弄虚作假。

第十一条　经营者进行价格活动，享有下列权利：

（一）自主制定属于市场调节的价格；

（二）在政府指导价规定的幅度内制定价格；

（三）制定属于政府指导价、政府定价产品范围内的新产品的试销价格，特定产品除外；

（四）检举、控告侵犯其依法自主定价权利的行为。

第十二条　经营者进行价格活动，应当遵守法律、法规，执行依法制定的政府指导价、政府定价和法定的价格干预措施、紧急措施。

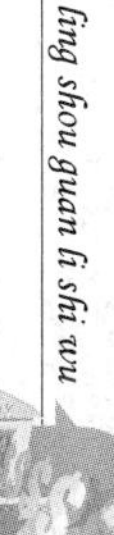

第十三条　经营者销售、收购商品和提供服务，应当按照政府价格主管部门的规定明码标价，注明商品的品名、产地、规格、等级、计价单位、价格或者服务的项目、收费标准等有关情况。

经营者不得在标价之外加价出售商品，不得收取任何未予标明的费用。

第十四条　经营者不得有下列不正当价格行为：

（一）相互串通，操纵市场价格，损害其他经营者或者消费者的合法权益；

（二）在依法降价处理鲜活商品、季节性商品、积压商品等商品外，为了排挤竞争对手或者独占市场，以低于成本的价格倾销，扰乱正常的生产经营秩序，损害国家利益或者其他经营者的合法权益；

（三）捏造、散布涨价信息，哄抬价格，推动商品价格过高上涨的；

（四）利用虚假的或者使人误解的价格手段，诱骗消费者或者其他经营者与其进行交易；

（五）提供相同商品或者服务，对具有同等交易条件的其他经营者实行价格歧视；

（六）采取抬高等级或者压低等级等手段收购、销售商品或者提供服务，变相提高或者压低价格；

（七）违反法律、法规的规定牟取暴利；

（八）法律、行政法规禁止的其他不正当价格行为。

第十五条　各类中介机构提供有偿服务收取费用，应当遵守本法的规定。法律另有规定的，按照有关规定执行。

第十六条　经营者销售进口商品、收购出口商品，应当遵守本章的有关规定，维护国内市场秩序。

第十七条　行业组织应当遵守价格法律、法规，加强价格自律，接受政府价格主管部门的工作指导。

（资料来源：全国人大法规库）

二、定价方法

定价方法是超市在特定的定价目标指导下，依据对价格影响因素的分析研究，运用价格决策理论，对产品价格水平进行计算决定的具体方法。零售商品的定价方法主要有成本导向、需求导向和竞争导向三类。

（一）成本导向定价法

成本导向定价法是以产品单位成本为基本依据，再加上预期利润来确定价格的定价法，是中外企业最常用、最基本的定价方法。以成本为基础的定价方法，只关注企业成本状况而不考虑市场需求状况，需要考虑的成本主要包括变动成本、制造成本、全部成本费用。

以成本为基础的定价方法分为全部成本费用加成定价法、保本点定价法、目标利润定价法、边际贡献定价法等，基本原理为：

价格＝单位成本＋单位税金＋单位利润＝单位成本＋价格×税率＋单位利润

1. 成本加成定价法

成本导向的初始价格确定往往采用成本加成定价法，这种定价法又可称为毛利率定价法、加额法或标高定价法。成本加成法的计算方法是按商品的成本加上若干百分比的加成(预期毛利)。

计算公式如下：

单位利润＝单位价格×销售利润率

单位产品价格×(1－适用税率)＝单位成本＋价格×销售利润率

成本加成定价法具有计算简单、方便易行的特点，在正常情况下，按此方法定价可以使企业获取预期利润。但是，如果同行业中的所有企业都使用这种方法定价，他们的价格就会趋于一致，这样虽然能避免价格竞争，过多的关注商品成本，却忽视了市场需求和竞争状况的影响，缺乏灵活性，难以适应市场竞争的变化形势，失去许多获得利润的机会。

2. 目标利润定价法

目标利润定价法是指根据盈亏平衡点的总成本及预期利润和估计的销售数量来确定产品价格的方法。运用目标利润定价法确定出来的价格能带来企业所追求的利润。目标利润定价法要借助于盈亏平衡点这一概念。

假设：Q_0表示保本销售量，P_0表示价格，C 表示单位变动成本，F 表示固定成本，则保本销售量可用公式表示如下：

$$Q_0 = F/(P_0 - C)$$

在此价格下实现的销售额，刚好弥补成本，因此该价格实际上是保本价格，根据上述公式可推出：

$$P_0 = F/Q_0 + C$$

在超市实际定价过程中，可利用此方法进行定价方案的比较与选择。如果超市要在几个价格方案中进行选择，只要估计出每个价格对应的预计销售量，将其与此价格下的保本销售量进行对比，低于保本销售量的则被淘汰。在保留的定价方案中，具体的选择取决于超市的定价目标。假设企业预期利润为 L，预计销售量为 Q，则实际价格 P 的计算公式如下：

$$P = (F + L)/Q + C$$

超市在运用目标利润定价法时，对销售量的估计和对预期利润的确定要考虑多方面因素的影响，以保证制定出的价格的可行性。

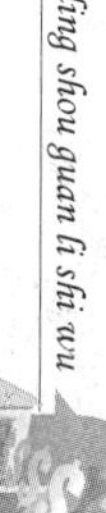

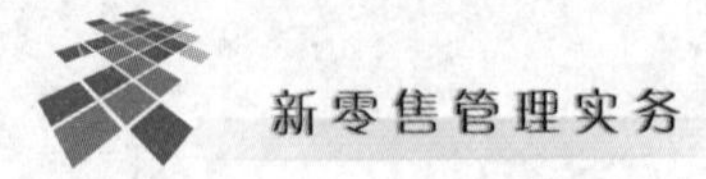

3. 边际贡献定价法

边际贡献定价法是指在变动成本的基础上，加上预期边际贡献来计算确定商品价格的定价方法。

计算公式如下：

单位价格＝单位变动成本＋单位边际贡献

该方法适用于企业的商品直销积压或企业经营两种以上的商品寻求最佳组合。

（二）需求导向定价法

需求导向定价法是指根据市场需求状况和消费者对产品的感觉差异来确定价格的定价方法。其具体形式主要有认知价值定价法、需求强度定价法和习惯定价法。

1. 认知价值定价法

认知价值定价法，又叫理解价值定价法、感受价值定价法，是指企业根据顾客对商品的认知价值来制定价格的一种方法。如美国沃尔弗林环球股份公司生产的"安静的小狗"牌猪皮便鞋上市时就采用了认知价值定价法。认知价值定价法是伴随现代营销观念的发展而产生的一种新型定价方法。越来越多的企业已经开始把它们的价格建立在消费者对商品的认知价值上，因为随着科技的迅速发展，生产力得到了大幅度的提高，消费者追求商品的体验价值，因此商品定价不再只是单纯地去考虑商品成本，还要注重消费者对所需商品的价值认知程度。

认知价值定价的关键在于准确地估计顾客对商品的认知价值。运用认知价值定价法一定注意要把自己的产品和竞争者的产品进行比较，准确地确定市场对产品的认知。如果估计过高，定价就会过高，这样销量就会减少；如果估计过低，定价就会过低，这样固然可以多销，但利润就会减少。

认知价值定价法一般用于企业推出新产品或进入新市场。企业以计划好的质量和价格为一特定的目标市场提供一种新产品概念时，首先估计消费者对该产品的接受程度，预测这一价格水平下产品的销售量，并据此估算必需的工厂生产能力、投资额和单位产品成本；然后，综合所有情况和数据，测算这种产品的赢利水平，如果盈利令人满意，企业就投资开发此产品，否则，就放弃开发。

下面结合实例，具体讲述把握认知价值的方法。

假设某超市经营 A、B、C 三家企业所生产的同一种产品，现抽取一组顾客作为样本，要求他们分别就三家企业的产品作出评判，这里有三种方法可供使用。

（1）直接价格评判法，即要求顾客为三家企业的产品确定能代表其价值的价格。例如，他们可能将 A、B、C 三家企业的产品分别定价为 2.55 元、2 元和 1.52 元。

（2）直接认知价值评判法。即要求顾客根据他们对三家企业所生产的产品的价值进行认知，将 100 分在三者之间进行分配，假设分配结果为 42、33、25。如果这种产品的平均市场价格为 2 元，则我们可得到三个反映其认知价值的价格分别为 2.55 元、2 元和 1.52 元。

(3) 诊断法。即要求顾客就三种产品的属性分别予以评分，然后把每种属性的得分乘以其重要性权数，再把其结果相加就可得出每种产品的认知价值。假设该产品有产品耐用性、产品可靠性、交货可靠性和服务质量四种属性，对每一种属性，分配 100 分给三家企业，同时根据四种属性重要程度的不同，也将 100 分分配给四种同性，假设结果如表 5-1 所示。

表 5-1　诊断法

重要性权数	属性	产品		
		A	B	C
25	产品耐用性	40	40	20
30	产品可靠性	34	33	33
30	交货可靠性	50	25	25
15	服务质量	45	35	25
100	认知价值	41.95	32.65	25.40

由表 5-1 可以看出，A、B、C 三家企业产品的认知价值分别为 41.95，32.65 和25.40。由于平均市场价格为 2 元，平均认知价值为 33，按认知价值的比例定价，则 A、B、C 三家产品的价格可分别定为 2.52 元、1.96 元和 1.52 元。如果把三家企业的产品均按此定价，则每家企业的产品都可以保持一定的销售量，因为它们提供的价值与价格之比相等。如果某一家企业产品的定价低于其认知价值，则它将得到一个高于平均数的市场占有率，因为在这时顾客支付同样的货币可换回更多的价值。这样将会迫使其他企业或降低价格或提高其认知价值。提高认知价值的措施主要包括：增加服务项目、提高产品质量和服务质量，以及进行更有效的宣传促销等。

2. 需求强度定价法

需求强度定价法是根据市场需求的强弱利用需求函数来制定产品价格的一种方法。

需求函数是在需求表、需求曲线及需求规律的基础上形成的对需求规律的数学描述。它表明价格与需求之间呈反方向变化的关系。需求函数的形式很多，为简便起见，我们只分析线性需求函数。

假设某商品的价格为 P，销售量为 Q，商品的线性需求函数的形式如下：

$$Q = a - bP$$

其中，参数 $a > 0, b > 0$。

我们可以找出该直线与坐标轴相交的两点 (O, a) 和 $(a/b, O)$，给出线性需求函数图，如图 5-1 所示。

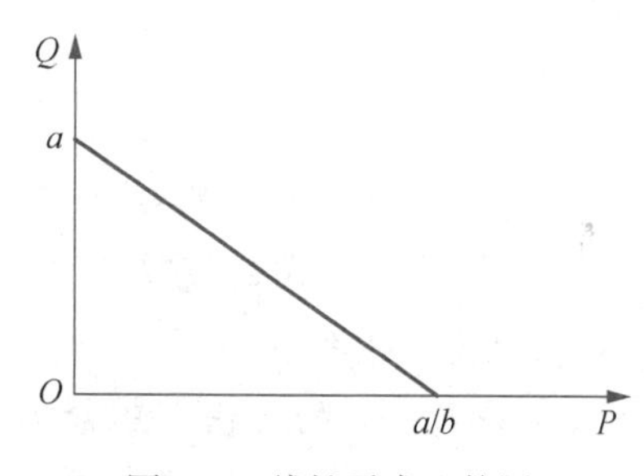

图 5-1　线性需求函数图

在这一需求函数条件下，企业的定价方法是：求出需求函数的反函数，即 $P=a/b-1/bQ$。然后根据企业对市场需求量的调查和统计确定具体的销售价格。

3. 习惯定价法

习惯性定价指的是消费者在长期中形成了对某种商品价格的一种稳定性的价值评估，是指按照消费者的习惯性标准来定价。主要用于日常用品的定价。在我国，火柴每盒 2 分，这个习惯价一直稳定了 20 多年。1984 年湖南省的火柴涨至每盒 3 分，一段时间，当地消费者宁愿买 2 分一盒的小盒旅行火柴，也不愿买本省的火柴。这个案例就涉及习惯定价法。

（三）竞争导向定价法

竞争导向定价法是企业通过研究竞争对手的生产条件、服务状况、价格水平等因素，依据自身的竞争实力，参考成本和供求状况来确定商品价格。具体形式主要有随行就市定价法和差别定价法。竞争导向定价法优点在于考虑是产品定价在市场上的竞争力，但是过分关注在价格上的竞争，容易忽略其他营销组合可能造成产品差异化的竞争优势；容易引起竞争者报复，导致价格战，使企业毫无利润可言。

1. 随行就市定价法

又称流行水准定价法，是以本行业的平均价格水平为标准的定价方法。是竞争导向定价方法中广为流行的一种。其原则是使本企业产品的价格与竞争产品的平均价格保持一致。超市中大米、面粉、食油以及某些日常用品多采用随行就市定价法。

随行就市定价法这种定价方法的优点是：平均价格水平通常被认为是“合理价格”，易为用户所接受；容易与竞争对手和平共处，避免激烈竞争产生的风险；一般能为企业带来适度的利润；可适用于任何市场结构。值得注意的是流行水准价不是固定价格，而是随着行业产品需求和成本的变化而变化。

2. 差别定价法

差别定价法根据顾客细分、产品形式、形象、地点和时间差别来定价，如景区对老人、学生、军人等特殊群体施行半价等。

案例 5-2

永不落幕的“价格战”

2002 年 11 月 8 日，位于广州市的两家大型综合超市上演了一场激烈的价格大战，引起众媒体和市民的高度关注。此次激烈的价格大战从华润万佳河北店开业拉开帷幕，并由“烤鸡争斗”引爆。首先是万佳的自制烤鸡打出了每只 5.9 元的“开业特价”，很快，仅隔 300 米的百佳金田店将同类烤鸡价格由每只 6.8 元降到 5.8 元。临近当日中午，万佳又将烤鸡价格猛降到每只 4.9 元，百佳遂将烤鸡价调至 4.8 元。最终万佳将烤鸡价格降到了每只 8 角钱的超低价！

“战火”并未就此停歇，而是又从烤鸡蔓延开来，副食品、日化、家电等大批商品齐齐上演多个回合你来我往的价格“拉锯战”，两超市里相当多的同类商品连续 5 次降价。华润万佳店里共有逾千种商品加入和百佳的低价比拼中，甚至有的商品以低于对手 50%的超低价出售。

2018 年 1 月，京东首家生鲜超市 7FRESH 正式开业，加上阿里巴巴的盒马鲜生、永辉的超级物种、苏宁的苏鲜生、美团的掌鱼生鲜等，“新零售门店”开始扎堆出现，并在创新模式甚至价格上互相“叫板”。资本的争相入局，让目前以生鲜超市为代表的新零售火药味十足。

考考你

阐述“价格战”产生的根源。

三、常见定价策略

(一) 心理定价策略

心理定价策略是依据消费者的购买心理来修改价格，主要有以下 5 种形式。

1. 尾数定价策略

尾数定价也称零头定价，尾数定价策赂是指保留价格尾数、采用零头标价，将价格定在整数水平以下，使价格保留在较低一级档次上。如将价格定为 19.80 元，而不是 20 元。尾数定价策略通常适用于基本生活用品。一方面给人以便宜感，满足消费者求廉的心理；另一方面，因标价精确给消费者以可信感。对于需求弹性较强的商品，尾数定价往往能带来需求量的大幅度增加。

2. 整数定价策略

整数定价正好与尾数定价相反，就是在调整产品价格时采取合零凑整的办法，把价格定在整数或整数水平以上，给人以较高档次产品的感觉，以显示产品具有一定的质量。如将价格为 1 000 元或 1 050 元，而不是 990 元。整数定价多用于价格较贵的耐用品或礼品，以及消费者不太了解的产品，对于价格较贵的高档产品，顾客对质量较为重视，往往把价格高低作为衡量产品质量的标准之一，容易产生“一分价钱一分货”的感觉，从而有利于销售。

3. 声望定价策略

声望定价策略是指针对消费者“便宜无好货、价高质必优”的心理，对在消费者心目中享有声望，具有信誉的产品制定较高价格。价格高低时常被当做商品质量最直观的反映，特别是在消费者识别名优产品时，这种意识尤为强烈。这种声望定价技巧，不仅在零售商业中应用，而且在餐饮、服务、修理、科技、医疗、文化教育等行业也被广泛

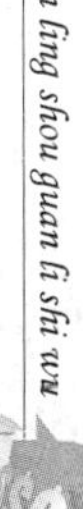

运用。

4. 习惯定价策略

习惯定价策略是指按照消费者的习惯性标准来定价。日常消费品价格，一般采用习惯定价。因为这类商品一般易于在消费者心目中形成一种习惯性标准，符合其标准的价格容易被顾客接受，否则易引起顾客的怀疑。高于习惯价格常被认为是变相涨价，低于习惯价格又会被怀疑产品质量存在问题。因此，这类产品价格应力求稳定，在不得不涨价时，应采取改换包装或品牌等措施，减少消费者的抵触心理，并引导消费者逐步形成新的习惯价格。

5. 招徕定价策略

招徕定价策略是指将产品价格调整到低于价目表的价格，甚至低于成本费用，以招徕顾客并促进其他产品的销售。例如，有的超级市场和百货商店大力降低少数几种商品的价格，特别设置几种低价畅销商品，有的则把一些商品用处理价、大减价来销售，以招徕顾客。顾客多了，不仅卖出了低价商品，更重要的是带动和扩大了一般商品和高价商品的销售。

（二）折扣定价策略

折扣定价是在正常价格的基础上给予一定的折扣和让价。采用这种定价策略是为了鼓励消费者购买。常用的折扣定价策略有以下 5 种。

1. 数量折扣

数量折扣是指按购买数量的多少，分别给予不同的折扣，购买数量愈多，折扣愈大。其目的是鼓励大量购买，或集中向本企业购买。数量折扣包括累计数量折扣和一次性数量折扣两种形式。累计数量折扣规定顾客在一定时间内，购买商品若达到一定数量或金额，则按其总量给予一定折扣，其目的是鼓励顾客经常向本企业购买，成为可信赖的长期客户，它尤其适合于不宜一次大量购买易变质的产品，如食品、蔬菜、水果等。一次性数量折扣规定一次购买某种产品达到一定数量或购买多种产品达到一定金额，则给予折扣优惠，其目的是鼓励顾客大批量购买，促进产品多销、快销。

数量折扣的促销作用非常明显，企业因单位产品利润减少而产生的损失完全可以从销量的增加中得到补偿。此外，销售速度的加快，使企业资金周转次数增加，流通费用下降，产品成本降低，从而促进企业总盈利水平上升。

运用数量折扣策略的难点是如何确定合适的折扣标准和折扣比例。假如享受折扣的数量标准定得太高，比例太低，则只有很少的顾客才能获得优待，绝大多数顾客将感到失望；购买数量标准过低，比例不合理，又起不到鼓励顾客购买和促进企业销售的作用。因此，企业应结合产品特点、销售目标、成本水平、企业资金利润率、需求规模、购买频率、竞争者手段以及传统的商业惯例等因素来制定科学的折扣标准和比例。

2. 现金折扣

现金折扣是对在规定的时间内提前付款或用现金付款者所给予的一种价格折

扣，其目的是鼓励顾客尽早付款，加速资金周转，降低销售费用，减少财务风险。采用现金折扣一般要考虑三个因素：折扣比例；给予折扣的时间限制；付清全部货款的期限。典型的付款期限折扣表示为“3/20，n/60”。其含义是在成交后 20 天内付款，可以享受 3% 的折扣，超过 20 天，在 60 天内付款不予折扣，超过 60 天付款要加付利息。

由于现金折扣的前提是商品的销售方式为赊销或分期付款，因此，有些企业采用附加风险费用、管理费用的方式，以避免可能发生的经营风险。同时，为了扩大销售，分期付款条件下买者支付的货款总额不宜高于现款交易价太多，否则就起不到“折扣”促销的效果。

提供现金折扣等于降低价格，所以，企业在运用这种手段时要考虑商品是否有足够的需求弹性，保证通过需求量的增加使企业获得足够利润。此外，由于我国的许多企业和消费者对现金折扣还不熟悉，运用这种手段的企业必须结合宣传手段，使顾客更清楚自己将得到的好处。

3. 会员折扣定价策略

会员折扣定价策略是指消费者只需缴纳少量费用，或达到一定购买量，即可获得会员资格，成为超市的会员。会员可享受超市的会员价格，购物时可以享受比非会员更多的折扣。目前有不少商家向顾客发放会员卡，在出售商品时按顾客的购买金额给予一定的折扣。对团体会员和个人会员可以采取不同的折扣率，这种折扣策略对扩大商店的目标顾客群作用很大，但要对购买不同数量商品的顾客给予不同的折扣率。

4. 限时折扣定价策略

限时折扣定价策略是指在特定的营业时段对商品进行打折，以刺激顾客的购买欲望。例如，限定在下午 1～2 点，某商品五折优惠。限时折扣可分定时和非定时两种：定时的限时折扣是指商店在固定时间实行限时折扣价。例如，有些超市在每晚关门前的一小时内，将当天未售完的面包、蔬菜等商品打折销售；非定时限时折扣则是随机抽取一个时段，对个别或部分商品进行折扣销售。限时折扣定价可增强商场的人气，活跃气氛，激发顾客购买欲望，使一些临近保质期的商品在到期前全部销售完。当然，必须保证质量。

5. 季节折扣定价策略

季节折扣是零售商为了平衡各季节的销售，对一些季节性商品进行折扣销售的策略。例如，有些商店在夏季以 1～3 折的价格销售皮装、大衣等冬令服装；在冬季则以低价销售电风扇等夏令用品。商家在采用此策略时要注意，在消费高潮时的季节折扣要与竞争对手的同类商品价格拉开差距，从而具有明显的价格优势；而在销售淡季时，折扣要体现反季节促销的特点，实现季节性清货。前者能够扩大销售，后者能清理库存。

案例 5-3

亚马逊进一步整合全食超市

自电商巨头亚马逊收购全食以来，便承诺要尽快降低全食的商品价格。近期，亚马逊决定让佛罗里达州的 Prime 会员们每周都能收到新的优惠。

要享受优惠，Prime 会员们必须在结账时扫描全食应用程序，或提供电话号码，只要该号码绑定 Prime 账户即可。

据摩根士丹利称，全食的价格一直以来都高于普通超市 15% 左右。而亚马逊希望降低全食产品的价格，以改变其作为健康食品零售商高端、高价的形象。

先前亚马逊为所有客户提供了一些季节性和永久性的折扣，同时也想方设法地整合全食门店与旗下 Prime 会员计划，例如予以使用亚马逊联名信用卡购买全食商品的 Prime 会员 5% 购物返还，以及 Prime 会员购买全食商品可享受免费送货和视频流媒体等服务。

Prime 会员在佛罗里达州全食门店购物可享有 10%优惠。该优惠适用于超过一百多样商品，其中包括罗非鱼、有机羽衣甘蓝和鸡胸肉。

另外针对部分每周销量最好的商品也有折扣优惠。例如，野生比目鱼排的价格降至 9.99 美元一磅，约为正常价格的一半；而有机草莓则是 2.99 美元一磅，比先前低了 2 美元；以及购买一件特定品牌 12 罐装的气泡水可以免费获赠第二件。

考考你

超市为何要选择商品做会员折扣?

(三) 新产品定价策略

新产品定价策略是超市价格策略的一个关键环节，它关系到新经营产品能否顺利进入市场，并能否为以后占领市场打下良好的基础。企业在推出产品时，主要有两种定价策略可供选择。

1. 市场撇脂定价策略

市场撇脂定价策略是指在新产品初上市时，把产品的价格定得很高，以攫取最大利润，有如从鲜奶中撇取奶油一样。根据实践经验，在以下条件下可以采取市场撇脂定价策略：(1)市场有足够的购买者，他们的需求缺乏弹性，即使把价格定得很高，市场需求也不会大量减少。(2)高价使需求减少一些，单位成本增加一些，但这不至于抵消高价所带来的利益。(3)在高价情况下，仍然独家经营，别无竞争者。有专利保护的产品就是如此。(4)某种产品的价格定得很高，使人们产生这种产品是高档产品的印象。

案例 5-4

《超级马里奥跑酷》仅 1%～2%玩家购买完整版为什么

“超级马里奥跑酷”作为首款在非任天堂设备上推出的马里奥系列作品，玩家对于这款游戏也自然给予了更高的关注度。正式发售后 24 小时下载量突破 500 万，前四天累计超过 4 000 万，各大媒体争相报道。据美国知名应用市场调查研究公司 App Annie 的数据分析，《超级马里奥跑酷》这款于 2016 年 12 月 16 日凌晨（北京时间）正式登陆 iOS 平台的游戏，在圣诞节 12 月 24 日和 25 日两天已经跌落神坛。

排名下降或许反映了该应用的定价机制问题：《超级马里奥跑酷》可以免费下载，但在玩过三关之后，必须支付 10 美元才能继续运行该游戏。这有悖于行业传统：通常而言，手机游戏都可以免费运行，但却会通过各种各样的游戏内购道具来帮助用户加快通关速度。玩家们似乎更喜欢后一种模式，导致《超级马里奥跑酷》遭遇了很多批评。

《超级马里奥跑酷》的另外一大问题在于 10 美元的定价，很多玩家认为这一价格过高。根据 Apptopia 的统计，在下载该游戏的所有玩家中，只有 1%～2%购买了完整版。如果定价降至 2 美元，就有可能将转化率提升到 10%以上。研究人员估计，更低的定价可以帮助任天堂在本月通过该游戏创收约 5 000 万美元，但按照目前的定价只能创收约 3 000 万美元。

考考你

《超级马里奥跑酷》为何采用高定价进入市场？

2. 市场渗透定价策略

市场渗透定价策略是指超市把新产品的价格定得相对较低，以吸引大量顾客，提高市场占有率。

企业采取市场渗透定价策略须具备以下条件：(1) 市场需求对价格极为敏感，低价会刺激市场需求迅速增长；(2) 企业的生产成本和经营费用会随着生产经营经验的增加而下降；(3) 低价不会引起实际或潜在的竞争。

市场渗透定价策略常用的方式有：限制价格、消除价格、促销价格和封闭价格。限制价格应用于通货膨胀期间，这样价格可以保持在特定水平上。消除价格是指价格被保持在可以威胁竞争对手生存的水平上。服装专卖店的定价是典型的促销价格。专卖店常常强调其产品质量与百货商店相同，但价格低廉。封闭价格是指价格被保持在阻止竞争对手进入市场的水平上，其目标是在最高可支付价格水平上单独占有市场。

渗透定价策略中低价是唯一的卖点，但市场应该足够广阔，以保证低价也可获利。这也说明需求弹性是决定价格究竟能降到多低的重要因素。

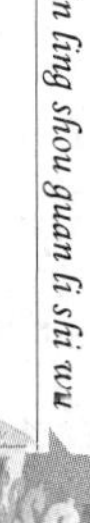

案例 5-5

市场颠覆者:低价渗透

比如当年奥克斯做空调的时候制作了空调成本白皮书,大大拉低了空调的利润率,虽然奥克斯在空调领域的作为并不是非常大,但也成功的进入了这一领域,并彻底改变了空调行业的利润水平。

而周鸿祎开始做安全软件的时候,直接把杀毒软件免费,把原来很难撼动的瑞星、金山和江民这三座大山推倒了,带动了杀毒行业的免费趋势,将 360 安全软件布满电脑终端。

考考你

企业在何种情况下,会采用低价渗透策略?

(四) 促销定价策略

1. 特殊事件定价策略

有些超市喜欢利用一些特殊的时间和事件,把全部或部分商品临时降价以吸引顾客并刺激购买。特殊节日包括公共性节日,如春节、元旦和中秋节等;另外一种特殊节日是商家的开业、店庆或装修后重新开张等。此外,商店还可利用各种与经营相关的特殊事件,实行折扣价格策略以吸引顾客关注和光顾,这是一种“借势”经营行为。

无论是哪一种特殊事件定价策略,其主要目的都是通过这些特殊事件来引起顾客的注意,以实现宣传本店、扩大销售的目的。由于特殊事件定价只是临时性的降价,因而不会导致其与竞争对手之间的价格战,也不会在顾客心目中产生价格定势,因此是一种良好的促销价格策略。

2. 提供赠品定价策略

提供赠品定价策略是指向顾客免费赠送礼品或者当顾客的购买金额达到一定幅度时向其赠送礼品。主要有三种操作方式:一是免费赠送,只要进店即可免费获得一件礼品;二是买后才送,即顾客购物满一定金额才能获得礼品,如酱油、色拉油、洗洁精、玩具等;三是随商品配赠礼品,像买咖啡送咖啡杯、买生鲜食品送保鲜膜等。对某些新商品或利润较高的商品,也可以采用销售赠品的定价方法来刺激这类商品的销售。临近保质期的商品,在与供货商协商以非实际退货方式退货后,也可将其作为附赠品向消费者附带赠送。此外,还可将新商品以小包装方式作为赠品附送。这样,一方面可以促使顾客尝试购买新商品,另一方面,也是用实物反映价格优惠,有利于扩大销售。

四、价格带怎么做

商品的价格带是指一种同类商品或一种商品类别中的最低价格和最高价格的差

别。价格带的宽度决定了超市所面对消费者的受众层次和数量。

在做价格带的时候，首先要确定每个小分类的最高价和最低价，同时参考竞争对手和行业标杆。最低价有一个要求，就是在商圈的某个小分类中，最低价一定要比竞争对手还要低，比如你的竞争对手的最低价是三块钱，你就要做两块九。小分类的最高价，原则上一定要高于同级别的竞争对手，但是要根据顾客的消费能力设定。

以洗发水为例，发现竞争对手的最低价格为5元左右，你就可以把洗发水的最低价定到5元，竞争对手的最高价是60多元，考虑到要比这个价格略高一点，可以把价格设定到80元。这样就把两头定下来了，小分类的最高价格洗发水80元，最低价5元，但是中间会有一个高中低的价格区间，这个怎么分？

最高价80元，最低价5元，低价格带的区间计算方法是(80－5)×20%，结果是15元。中间价格带的区间价格上限是多少？这个值根据商圈的情况可以算出为37.5元[(80－5)×50%＝37.5元]。用这种方法，把高中低价格带做一个框定，每一级的价格带，都有一个最低价和最高价，低价格带5～15元，中间价格带15～37.5元，高价格带37.5～80元。

知识加油站 5-1

红葡萄酒两家门店价格带分析

在进行竞争门店商品结构的对比分析时，商品价格带分析方法可为市场调查提供简单而明确的分析结果。

以红葡萄酒为例，A超市有5个规格，分别是5元、10元、20元、30元、50元共计5种价格；B超市也有5个规格的红葡萄酒，分别是8元、10元、15元、20元、30元共计5种价格。

经过价格带的对比后我们发现：

(1)A超市的价格带(5～50元)比B超市宽(8～30元)；(2)A超市的最低价格比B超市便宜；(3)如果B超市增加4.5元和45元规格价格，那就会改变品类定位；(4)如果同一种商品价格偏高时，需要查看该商品的销售排名，如果销售不好，就可以考虑淘汰这种商品；如果销售比较好，消费者也需要，那就可以把它作为牺牲商品对待。

考考你

为何同样是红葡萄酒在不同的门店价格带却有所不同？

五、超市商品的价格调整

超市处在一个动态的市场环境中，产品价格的制定与修改都不能是一成不变的。

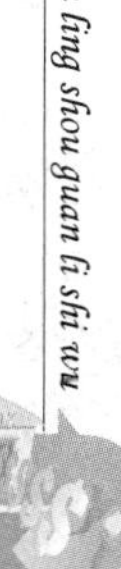

必须根据市场环境的变化，不断地对价格进行调整，发动价格进攻战略。价格进攻战略包括两种情况：一是根据市场条件的变化主动进行调价，即主动变价战略；二是针对竞争对手的价格变动进行的调价，即应对变价战略。但无论是主动变价还是应对变价，超市所面临的价格变动方向都是两个：提价或降价。

(一) 提价

提价是指超市在制定的初始价格的基础上调高价格的行为。提价往往会导致消费者的抵触，对企业的经营造成风险，但是由于一些客观原因企业必须提价时，企业应该考虑各方面的因素，采取灵活的提价策略。

1. 提价的原因

(1) 成本上升。

由于原材料等生产要素的价格上涨，造成生产企业的成本提高，导致超市的商品进价上升，因此超市不得不提高商品价格，否则就会造成经营亏损。

(2) 需求上涨。

由于市场需求大幅度上涨，造成商品供不应求，无法满足所有顾客的需要。在这种情况下，超市可采取提价策略，一方面可以抑制需求，另一方面，可以取得更大收益。超市的提价方式包括：取消价格折扣、在商品大类中增加价格较高的商品、直接提价。

(3) 定价目标调整。

当超市进入市场时，为了在市场上立足，会以维持生存为定价目标，商品价格较低，其经营状况是微利或亏损。当超市在市场上站稳了脚后，则要考虑获得更高的回报，此时可能考虑提价。

在以上三种提价原因中，第一种是被动的提价，后两种属于主动提价。无论是被动提价，还是主动提价，都存在风险，必须慎重。

2. 超市提价策略

由于顾客对于价格较为敏感，直接提价可能招致顾客反感，超市可通过以下提价策略，既提高实际价格，又不会对销售产生大的负面影响。

(1) 在价格不变的情况下减少成本。

具体来说，有以下 3 种做法。

① 可通过减少数量折扣或提高数量折扣的累计金额，从而实现实际价格的提高。

② 可减少促销活动和促销人员，通过减少促销成本开支，来实现不提价而实际价格上升。

③ 可通过减少服务项目，或对某些服务项目收费等措施，在不提价的前提下，使实际价格提高。

(2) 与供应企业协商，改变商品而价格不变。

可与制造企业进行协商，通过压缩商品重量、使用相对便宜的原材料、使用大包装、改变商品特点等，使成本降低，这样，可在最后的零售价格不变的基础上使实际价格提高。但这样会改变商品的质量，也有可能会影响商品的销量。

(3) 分类商品提价。

可以只对价格不敏感的商品提价或对大幅度提价商品不提价改成小幅提价，从而使总体价格上升。

(4) 提高商品的认知价值。

在只有提价一条路可走时，还可以通过提高顾客对商品的认知价值来实现提价。可通过加强促销人员的介绍、说服和服务等来促使顾客对商品价值有更好的理解。

3. 超市提价时应该注意的问题

顾客通常有一种"买涨不买落"的心理，有时适当的提价可能使顾客产生商品质量过硬、可能价格还要上升等想法，因此，合适的提价可能并不一定就面临风险。

在提价前，企业必须充分了解政府部门对提价的态度、市场上顾客和竞争者对提价的反应。在超市提价的具体操作过程中还应注意提价的时机、提价的方式和提价的幅度。

总之，合理采取提价策略既能适当地增加利润，又能提升商品和企业形象。

(二) 降价

超市的降价是指企业调低零售价格的行为。

1. 超市降价的原因

在现代市场经济条件下，企业降价的原因主要有以下几个方面。

(1) 需求减少或销售萎缩。

在需求方面，由于商品的需求不足，为了刺激购买，扩大销售，超市必须实行降价。

(2) 竞争者降价。

在竞争方面，在强大的竞争者的压力之下，企业的市场占有率下降，企业只有通过降价来扩大自己的市场份额。

(3) 商品成本下降。

在成本方面，由于经营规模扩大、成本下降，超市为了让利顾客、扩大销售，而实行降价。

(4) 商品自身的问题。

在商品方面，由于商品过时、商品处于销售淡季、商品质量有瑕疵等原因实行降价甩卖。

2. 超市降价策略的运用

(1) 明确降价目的。

必须明确降价的目的是为了应付竞争，还是让利顾客，或者是商品的低价处理，因为不同的降价目的，其采取的降价策略应有所区别。

(2) 选择合适的降价时机和合理的持续时间。

应根据以往的销售记录和市场的需求变化，选择适当的降价时机。同时降价持续时间的长短不仅关系到降价的效果，而且会影响企业的经营成本。一般来说，降价持续时间为一周较为合适，当然具体操作时可根据降价目的进行调整。

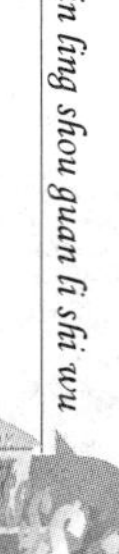

(3) 确定合适的降价幅度。

降价幅度应根据具体情况确定，一般来说，应与其降价目标相适应，同时考虑其他相关因素。例如，如果是商品库存处理，则降价幅度可以较大；而如果商品进价下降，则要根据进货成本下降幅度以及竞争者的降价幅度来设定降价幅度。

3. 降价应该注意的事项

超市应明确降价不是竞争的唯一出路，如果因为竞争者降价而降价，应避免出现恶性竞争、两败俱伤的局面。可通过加强售后服务等非价格手段来提高竞争力。在降价的时候还应该做好计划和具体的安排，尽量减少降价次数，同时注意降价不能降质量，以免给消费者造成企业经营不善等不良印象，得不偿失。

巧妙降价——美国法林自动降价商店

自动降价是针对消费者心理采用的一种价格促销技巧，其特点是让顾客对降价情况了如指掌，顾客甚至能说明某种商品某月某日降价百分之几。下面是美国法林商店自动降价的做法：

商品上架时间	价格变动情况
1～12 日	原价销售
13～18 日	降价 25%
19～24 日	降价 50%
25～30 日	降价 75%
31 日	赠送慈善机构

考考你

美国法林自动降价为什么会取得成功？还有没有其他的巧妙降价方法？

任务实施

李明经过消费者需求调查后，引进了部分新产品，在综合考虑超市市场定位、市场需求、成本、竞争对手价格及国家政策法规等因素，结合价格带，决定采用市场渗透策略，价格普遍比竞争对手低。

针对部分顾客对商品定价不满意，李明计划开展以下 3 个措施。

(1) 加强对员工的培训，提升员工素质，制定服务标准，提升服务质量，使顾客感知价值提升。

(2) 对于部分商品通过促销活动如赠送赠品、买二送一等方式来达到降价目标。

(3) 多引进新产品，价格定得相对较低，以吸引大量顾客，提高市场占有率。

技能训练

【项目背景】

学生在当地自主选择 2～3 个超市，对某类商品进行价格带分析，并据其经验为实训超市对应品类的价格带制定提出对策与建议。

【实训目的】

通过分组实训让学生为自己任务书中所标注的品类制定价格带，并提出经营对策。

【实训步骤】

(1) 组织学生调研本地 2～3 家超市，通过对超市某一品类的商品价格带进行分析，为实训超市的对应品类商品的价格带制定提出相应的对策与建议。

(2) 将价格带调研结果及其策略建议写成报告(PPT 格式，要求精炼、客观、真实、有见地、配图片)进行课堂交流和讨论。

【实训评价】

1. 评价内容

(1) 学生参与性。

(2) 学生搜集和处理信息的能力。

(3) 分析、制定价格带的有效性。

2. 评价方式

学生成绩由学生自评(20%)、互评(30%)和教师评价(50%)综合评定，评价表具体如下所示。

组别：________　　　　　　　　　　　　　　　　　　　　　　　　第__次实训

学号	姓名	自评(20%)	互评(30%)	教师评价(50%)	总成绩

任务二　超市商品的促销管理

任务导入

西方圣诞节和我国元旦节马上就要到了，李明想针对圣诞节和元旦节策划一个促销活动，来扩大销售量，提升超市在高校园区的影响。那么，选择什么样的主题来配合圣诞节和元旦节销售黄金周，以何种促销方式，什么样的促销商品来吸引顾客？又该如何来有效实施以达到预期的效果，在实施过后，又该如何来评估此次促销活动的效果，以此来提升促销的盈利？

任务分析

策划促销活动，需要进行促销调研，确定促销目标，制定促销主题，选择促销时机、促销商品、促销方式、促销媒体，制定促销预算，进行促销效果评估。超市需要根据企业的环境特点及商圈顾客特点来策划促销活动。

促销活动实施方案是促销实施的基础和成功的保证。一份完整的促销活动方案应该包括活动目的、活动对象、活动主题、活动方式、活动时间和地点、广告配合方式、前期准备、中期操作、后期延续、费用预算、意外防范、效果评估等。在促销活动开始前应充分准备，加强宣传，在执行过程中应注意活动纪律和现场控制，后期要对促销活动进行效果评估。

在执行促销活动后，需要对促销活动评估进行业绩评估、促销效果评估、供应商配合状况评估、自身运行状况评估，来了解促销活动效果。

相关知识

一、促销活动策划

零售促销是零售商为扩大、占领市场，培育顾客忠诚度而向目标顾客群传递企业经营愿景、产品/服务等企业相关信息，促进销售的一系列活动。旨在与消费者进行沟通，这种沟通，从零售商的角度看，其作用在于吸引、刺激消费者感知并接受零售商的经营政策；对现在的顾客，是提高他们的认知度；对潜在的顾客，是吸引他们了解零售商经营店铺的手段。同时，对供应商、政府管理机关、新闻媒体等产生不同程度的影响。针对消费者的促销活动随处可见，消费者在各种形式的促销活动面前越来越理性，一个有效的促销活动要求连锁门店制定出好的促销策划方案。进行促销策划方案主要包括以下步骤：

（一）促销调研

为了使促销活动达到预期的目标，在促销活动开始之前，针对促销商品，商店需要进行促销调研。常见的调研方式有典型调研、抽样调研、问卷调研和访谈法等。门店可以根据需要采用不同的调研方法对促销目标、竞争对手、促销方式、促销时机进行调研。对竞争对手的调研包括竞争对手的商品质量、价格、陈列、来源等。

（二）零售促销目标

要对整个促销活动进行有效的管理，营销人员必须预先确定促销目标，这应当是零售商店营销活动战略计划的自然结果。门店的促销目标就是通过各种有效的促销工具通知、劝说和提醒顾客，从而提高销售业绩。因此，所有促销目标，归根到底是要提高零售商店的经营效果，而这正是零售商店促销战略计划所要达到的目标。

1. 以清库存为目的的促销活动

超市里的一些商品一旦超过了特定的时间点，就会变得难以卖出或根本无法继续销售了，这时就需要通过促销，把这类商品在过期前处理掉。如生鲜类、奶制品、果蔬类等具有时效性的商品和棉被、电风扇、冰激凌等具有季节性的商品要经常进行清库存的促销活动。

2. 以提升销量为目的的促销活动

超市为了把控经营状况，会对超市里的每种商品做一个季度和年度销量计划。当商品即将无法达到目标计划时，就需要通过促销活动加快商品卖出。

3. 以新品上市为目的的促销活动

超市里商品的大结构虽然不会经常改变，但难免会有需要配合厂家推出新商品的情况。这时我们就需要利用促销，让更多顾客知道新产品上架的事情，并激发他们的兴趣。比如原有的商品出了新品种(如巧克力出了新的口味)和全新的品牌进驻超市等都需要促销打开市场。

4. 以提升知名度为目的的促销活动

超市想要提高销量，挖掘更多顾客，首先要扩大超市的知名度，尤其是新开业的超市，就要通过这样的促销来提升自身的知名度，让更多人知道这家超市的存在。

案例 5-7

食用油今年第二轮降价　超市促销清库存

价格连续涨了 3 年的食用油，2013 年 5 月迎来首次降价，如今又将进入第二轮降价。近日有媒体报道称，湖南、云南、辽宁、山东等省食用油价格下降。昨日，金龙鱼品牌相关负责人表示，公司旗下的花生油正着手降价计划，具体幅度暂未知晓。而鲁花华南区相关负责人则表示，目前没有接到相关消息，并指超市食用油促销每天都在进行中。

记者走访市内各商场看到，很多超市的油品都在促销中。记者从百佳公关部了解到，刀唛牌花生油、玉米油、粟米油系列有降价，幅度在 6%～13%之间，超市方面表示，降价是厂家的市场推广策略。而在客村好又多超市，专门开辟了食用油促销专区，参与品牌有鲁花、福临门、多力及益海嘉里旗下食用油品牌胡姬花和金龙鱼等，涉及花生油、玉米油、葵花籽油、调和油等。其中金龙鱼调和油原价为52.8元,现价是49.9元,原价为91.9元的多力葵花籽调和油现价只要69.9元,降幅达24%。此外,福临门玉米油5升69.8元还赠送400毫升小瓶装玉米油,而购买鲁花花生油也赠送鲁花玉米油及自家品牌酱油、坚果油。

(资料来源:《信息时报》)

考考你

如何确定超市促销目标?

(三)制定促销主题

根据促销目标,制定合适的促销主题,可以使顾客更清楚地了解促销的原因,赢得顾客的好感,大多数门店会选择开业、周年庆、竞争、节假日来作为促销主题。促销主题的选择应把握两个字:一是"新",即促销内容、促销方式、促销口号要富有新意;二是"实",且简单明确,顾客能实实在在地得到更多的利益。

(四)选择促销时机

促销时间的选择是否得当,会直接影响到促销的效果。促销时机选择得当,不仅会使促销目标得以实现,还可以使得促销活动有机地与门店整体经营战略融合。

通常来说,不同的季节、气候、温度,顾客的行事习惯和需求都会有很大的差异,一个良好的促销计划应与季节、月份、日期、天气和重大事件等相互配合。

1. 季节

促销活动应根据季节不同来选择促销品项。零售业所贩卖的商品,大致上还是以生活用品为主,所以季节的更替、天气的冷热,对于商品的销售有明显的影响。我们一般按天气冷暖将一年分为两季:暖季为5—10月,寒季一般为当年11月至次年4月,以此作为重点销售品种的依据,并作为调整商品销售时间的参考。

2. 月份

商品销售有淡旺季之分。在淡季如何提升业绩,在旺季如何把握业绩,这些都是"促销活动"的重大任务。所以,如何在每个月提出创新的促销点子,乃是店面营运的重要工作之一。如某超市的促销主题如表5-2所示。

表5-2 促销活动名录表

1月	迎春大特卖
2月	冬季大出清及开学用品特卖
3月	妇女节特卖
4月	春假郊游烤肉上市
5月	冰夏商品特卖及母亲节——妈妈画像比赛

（续表）

6月	考前补品
7月	欢乐暑假趣味竞赛
8月	父亲节特卖
9月	中秋礼品展与敬师礼品
10月	秋季美食大展
11月	火锅食品上市
12月	冬令进补及圣诞礼物、岁末再见大回馈

3. 日期

一般而言，由于发薪、购买习惯等因素，月初的购买力要比月底强；而周末、周日的购买力又比平日强；节假日特别是"黄金周"购买力会激增，更是超市促销吸引消费者的重要时机。所有促销活动的实施也应与日期配合。

4. 天气

零售业这个行业也可以算是看天吃饭的行业。因为一般客户的心理，在不同的天气，其所要购买的商品也会改变，在下雨时，天气冷时，其希望买的商品是暖性商品；而在大太阳、天气酷热的时候，其希望购买的商品是凉食、冷品和饮料，所以，对天气变化，要时时留意与应用。要向顾客提供价格合理及良好的购物环境等，是促销计划中应考虑的因素。

5. 重大事件

重大事件是指各种社会性的活动或事件，如重大政策法令的出台、放假、自然灾害等，这些活动或事件最好能事前掌握，以利于安排活动，收到良好的促销效果。

案例 5-8

超级物种北京添新店 抢占世界杯营销C位

2018 年 6 月 8 日，永辉智慧零售业态超级物种落子北京朝阳，在安贞门环宇荟中心开业。毗邻北京奥林匹克公园的超级物种安贞门店，开业当天即打破北京区域单日业绩记录，主打水果品类的生活果坊销售是日常均值 3 倍，同时零售板块销售占比约 50%。

门店工作人员对于延续开业的红火业绩很有信心：除了多款新鲜、高性价比的商品外，开业后安贞门店还将带来一系列世界杯互动活动，召集球迷粉丝一起组团看球、吃虾、喝啤酒；线上足球竞猜活动、"熬夜看球续命系列单品"等，让用户在超级物种体验全球美食、激情球赛。

超级物种安贞门店是北京第四家店，也是全国第四十四家超级物种，由波龙工坊、鲑鱼工坊、盒牛工坊、生活果坊、健康有机馆五个物种，以及好利来、避风塘等合作工坊构成。来到超级物种，即可体验鲜美健康的波士顿龙虾、挪威三文鱼、澳洲鲜牛肉、法国生蚝、泰国榴莲等美食(见图 5-2)。

图 5-2　超级物种门店图

开业当天，距离俄罗斯世界杯开幕还有近一周，但超级物种的酒饮工坊“咏悦汇”已营造起足球氛围：悬空高挂的参赛国旗帜、铺饰的绿茵地面、大力神杯和各国进口啤酒等令人更加向往夏日球赛；店内的桌式足球、线上 H5 踢球小游戏等也吸引球迷参与其中。超级物种还特别设置竞猜游戏、世界杯超级套餐、俄罗斯美食节等营销，不断强化品牌与用户之间的互动。

为更贴近都市白领等目标客群，超级物种在营销场景上不断尝试，如推出的“深夜酒馆”主题场景，邀请驻场歌手、调酒师等到场，融合音乐、调酒表演和深夜故事等元素，所到之地备受欢迎。5 月份举办的超级物种“挪威美食时尚大赏”，以北欧挪威渔港风为主题场景，主打挪威直采三文鱼、北极鳕鱼等健康海鲜，多家门店的线上线下销售都有新突破。

超级物种以时尚、年轻的品牌文化吸引用户，并通过社群运营沉淀粉丝，促进线上线下流量转化。本次安贞门店开业，也为社群粉丝准备了“霸王餐”专属福利，以及持续七天的人气商品尝鲜价。

(资料来源：《商家情报》)

考考你

超级物种促销主题及时机是什么？

（五）选择促销商品

顾客的基本需求是能买到价格合适的商品，所以促销商品的品项、价格是否具有吸引力将影响促销活动的成败。一般说促销商品有以下四种选择：节令性商品、敏感性商品、众知性商品和特殊性商品。其中，敏感性商品是指像大米、鸡蛋等一般必需品，消费者易感受到价格的变化。选择这类商品作为促销商品，可采用折扣促销方式，低价吸引更多顾客。众知性商品是指品牌知名度高、市场上随处可见、容易取代的商品。

案例 5-9

盒马鲜生开启“高频低价策略”

盒马鲜生日前推出 10 款低价基地直采蔬菜产品，售价对标菜市场，占盒马鲜生蔬菜品项数 6.6% 左右。这项被定义为“日日鲜”的项目计划，也拉开了盒马鲜生的“高频低价策略”。

“日日鲜”所推出的 10 款蔬菜都是上海市场常吃品种。价格对标菜市场，比菜市场便宜 10% 以上。“日日鲜”所推出的蔬菜品种都为小包装商品，相当于一餐用量，零售价主要集中于 1.5～2.5 元一包。比如在上海市场常吃的鸡毛菜，“日日鲜”包装规格是 300 克一包，售价 1.5 元。

在高频消费的蔬菜、猪肉等品项，盒马鲜生正在提量、向上游输出“标准”、并优化成本，进而可能扭转市场对盒马鲜生的过往印象——海产品很牛，但太“高大上”。

（资料来源：搜狐号“商业观察家”）

考考你

京东超市发力母婴品类的优势？

（六）选择促销形式

选择促销形式要充分考虑市场类型、促销目的、竞争情况及每种促销形式的成本效益等各种因素。常见的促销形式主要有以下 8 种。

1. 折扣促销

折扣促销是可以使消费者以低于正常水平的价格获得商品或利益的一种促销形式。它的关键是让消费者知道商品减价多少，以此来决定是否购买某种商品。超市比较常见是数量折扣、会员折扣、限时折扣（见图 5-3）。

图 5-3 折扣促销图

知识加油站 5-2

天猫无人超市上推的“情绪营销”是如何实现的?

不知大家注意没有,电影常出现这样的场面:女主角失恋,用疯狂 shopping 疗伤,这就是非常典型的情绪与购物相关的例子。情绪的满足与营造在营销活动中显得至关重要。人类的情绪种类非常多,美国心理学家 Paul Ekman 将人类的基本情绪分为 6 类,即快乐、悲伤、愤怒、厌恶、惊讶和恐惧。营销关注的重点不是人类究竟有多少种情绪,而是这种情绪能否激起消费者的共鸣,共鸣过后产生行动才是营销的关键,因此快乐、恐惧、厌恶、愤怒这四种“唤醒度高”的情绪被营销广泛运用。

马云的天猫无人超市亮相第四届世界物联网大会。天猫无人超市运用了“行为轨迹分析”“情绪识别”以及“眼球追踪”技术等,其中首次推出的情绪营销“Happy 购”可在消费者凝视某件商品时,系统会及时捕捉其表情,并依据其表情判断消费者情绪,计算出消费者对该商品的偏好程度,再依据偏好程度给予不同的优惠折扣,不同消费者对某一商品展现不同情绪表情将得到不同折扣,这就是阿里巴巴所言的情绪营销“Happy 购”。

AI 是拟人化的,也就是说其对人类情绪的识别跟人类的方式是一样的,但它并不具备人类这种高度概括归纳的能力,它依靠的是庞大的数据练习,依靠逻辑、规则及训练去习得这种能力,其准确性与数据练习量基本成正比。

(资料来源:RFID 世界网)

考考你

还有哪些新零售的黑科技让传统的促销方式发生着改变?

2. 赠品促销

赠品促销是最古老也是最有效最广泛的促销手段之一，包括直接赠送、附加赠送等。注意赠品要能激发大家参与，与产品有相关性，使用率要高。如超市方便面促销送饭盒等。赠品促销多是因为迫于市场压力，短时期内为扩大销量而采用的促销行为（见图 5-4）。

图 5-4　赠品促销图

3. 优惠券

优惠券是对消费者购买的一种奖励手段。比如，顾客消费达到一定额度时，给消费者发放的一种再次购物折让的有价凭证。通常这种优惠消费券只能在超市指定的区域和规定品类中使用。优惠券同积分兑换类似，主要是为了吸引消费者持续购买，保证超市的客流量（见图 5-5）。

图 5-5　优惠券图

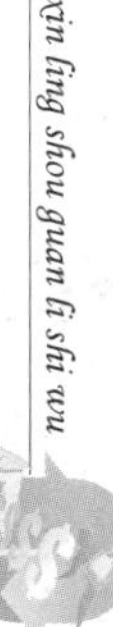

4. 免费试用(试吃、试饮)

免费试用是指超市或者商家为了打消客户的某些顾虑,为其用户提供的无需支付任何费用就可以使用商品的一种活动。越来越多的试用网站正在互联网上兴起,越来越多的商家也选择这种推广平台来树立自己的品牌和形象。免费试用(试吃、试饮)多用于新产品上市,鼓励消费者消费、购买新产品,让消费者了解新产品(见图 5-6)。

图 5-6 免费试用图

5. 有奖促销

所谓有奖促销,是超市通过有奖征答、有奖问卷、抽奖、大奖赛等手段吸引消费者购买产品的促销行为。奖金或奖品要有吸引力,采用金字塔形,首先是一个高价值的大奖,接着是中价位的奖品,最后是数量庞大的低单价的小的奖品及纪念品。奖品选择价值和形式是关键,但要记住有奖促销最高金额不得超过 5 000 元! 有奖促销短时间内能够激起消费者的参与兴趣,产生良好的促销效果,最好是将抽奖过程公开化(见图 5-7)。

图 5-7 有奖促销图

6. 现场展示

现场展示是指将产品陈列在柜台，以给消费者直观感受，达到吸引消费者购买的目的，主要有终端陈列和售点宣传等方式。现场展示销售可以给消费者留下最直观的印象，但由于超市卖场场地有限，有时候可能吸引不了太多的消费者的注意和购买热情。现场展示或主题式陈列等多用于季节性商品或节庆用品等，如春季的年货、中秋的月饼、夏季的拖鞋及防蚊用品等（见图 5-8）。

图 5-8　现场展示图

7. 捆绑销售

捆绑销售是指两个或两个以上的品牌或公司在促销过程中进行合作的一种跨行业和跨品牌的新型营销方式。实践中捆绑销售产品应选择具有互补性的产品。也有为了优惠购买、扩大销售量的捆绑，如超市奶制品的买五送一等（见图 5-9）。

图 5-9　捆绑销售图

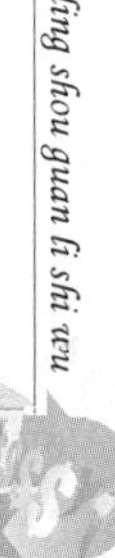

8. 人员推广

人员推广是最原始但有时也是最有效的产品促销策略，可以弥补广告与促销信息之间的信息沟通不足的弊病，但促销成本高，管理难度大。人员推广往往同试吃、试用、试饮等方式结合，推销新产品，或阻击竞争对手，扩大市场占有率等（见图 5-10）。

图 5-10　人员推广图

知识加油站 5-3

超市怎么做好促销活动？

超市促销对提升超市业绩有着非常重要的作用，这让不少经营者产生只要做促销就能让营业额翻倍的错觉。但其实高频、缺少新意且没有明确目标的促销活动，只会让顾客麻木，难以打动他们消费。若想举办一场成功有效的促销活动，经营者首先要清楚为什么做这次促销？

1. 以清库存为目的的促销活动

超市里的一些商品一旦超过了特定的时间点，就会变得难以卖出或根本无法继续销售了，这时就需要通过促销，把这类商品在过期前处理掉。

减缓库存压力的促销，可以使用以下 3 种方法。

（1）使用捆绑销售：用胶带等工具，把即将过期的商品和其他商品捆绑在一起，标出买就送的字样。

(2) 使用组合销售:把促销商品按2～5个捆绑在一起,按成捆成箱为单位售卖。

(3) 使用降价销售:把促销商品集中到卖场的某一区域,按"全场8折"的形式销售。

2. 以提升销量为目的的促销活动

超市为了把控经营状况,会对超市里的每种商品做一个季度和年度销量计划。当商品即将无法达到目标计划时,就需要通过促销活动加快商品卖出。

短时间内提升商品销量,可以使用以下2种促销方法。

(1) 通过价格折扣:在单个商品的标价条上打出原价和折后价,用差价吸引顾客消费。

(2) 通过附送赠品:在促销商品上标出"买二送一""加量不加价"的字样,营造商品增值的效果。

3. 以新品上市为目的的促销活动

超市里商品的大结构虽然不会经常改变,但难免会有需要配合厂家推出新商品的情况。这时我们就需要利用促销,让更多顾客知道新产品上架的事情,并激发他们的兴趣。

使用以下3种方法,让更多顾客知道新品上市。

(1) 联合经销商:和商品厂家、经销商一起进行促销,将资源整合,减小新产品销量不佳带来的损失。

(2) 进行体验促销:让顾客体验、试吃新商品,或赠送赠品包装的形式,让顾客先了解商品。

(3) 进行演示促销:向顾客展示新商品的使用方法,例如展示新款吸尘机的除尘效果,让顾客看到新产品的实用和易操作。

4. 以提升知名度为目的的促销活动

超市想要提高销量,挖掘更多顾客,首先要扩大超市的知名度,尤其是新开业的超市,就要通过这样的促销来提升自身的知名度,让更多人知道这家超市的存在。

通过这3种促销手段,有效帮助超市提升名气。

(1) 进行传单宣传:印刷活动商品的海报、促销手册、传单等,放在超市的门口让路人取阅。

(2) 推出会员卡:以会员制度、积分制度留住新顾客,并推出购物卡,赠送满减券等,通过顾客的社交圈,达到宣传超市品牌的效果。

(3) 联合异业商家:例如与银行联合,推出信用卡结账打8折的促销活动,通过异业企业的知名度借势和造势。

(资料来源:时尚货架)

(七) 选择促销媒体

门店促销活动因受促销预算、门店规模、商圈等因素的限制,因此,一般很少采用电

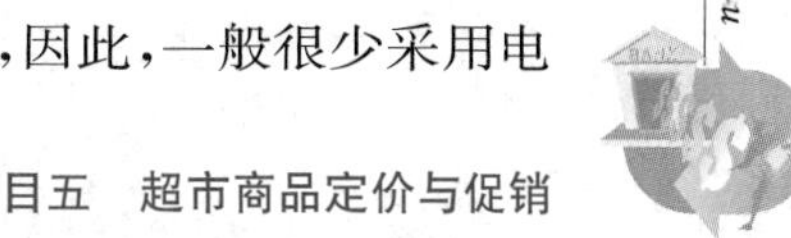

视、报纸等大众媒体，而常常采用宣传单、POP广告、店内广播等媒体，如表5-3所示。

表5-3　常见广告媒体性能一览表

媒体形式	覆盖区域	对象	优点	缺点
报纸	单一社区或整个城市区域，当地版能到达的地方	大中零售商	传播面不大，前置时间短	不能选择读者群，广告竞争激烈
直接邮件	由零售商制作、发布	新的或发展中的企业，使用赠券、赠品的企业，邮购公司	明确的目标读者，直接针对潜在客户，与数据库相联系	高抛弃率，被许多顾客认为形象较差
电视	电视台周围确定的市场区域(宜与商圈范围相近)	产品和服务有广泛号召力的零售商	效果显著，市场覆盖面广	产品和时间的成本费用高，资源浪费
互联网	全球性，无地域、国界之分	所有以产品和服制为导向的网上商店	市场覆盖面广，互动性强，成本低，多样化的性能	需不断刷新，难以衡量效果，受众有局限
交通工具	公共交通系统所通行的区域	交通沿线的零售商，特别是以公共交通工具的乘客为对象的零售商	明确的目标顾客，可重复性，曝光时间长	观众注意力被分散或不感兴趣
户外	整个社区或单街区	娱乐及旅游导向的零售商，著名企业	广告巨大、醒目，曝光频繁	广告杂乱，需创意性，否则难以产生效力
杂志	杂志能够覆盖的区域	餐馆，娱乐导向的公司，特殊品商店，邮购公司	有特别兴趣的读者，创造性的选择权	前置时间长，即时性差
广告单	单一社区和核心商圈	餐厅，干洗店，服务机构及其他社区企业	明确的目标读者，低费用	高抛弃率，形象较差

案例5-10

新零售风口下，品牌方如何玩转线下媒体?

一个很直观的例子就是小米，这家擅长互联网营销的手机巨头，曾经一度用互联网思维取得了不错的市场份额，但是在2015年和2016年手机销量出现了瓶颈，直到后来创始人雷军嗅到了新零售的商机开始着手布局线下渠道，2017年实现了销量逆袭重回世界前五。

小米依靠线下渠道的流量成功逆袭，阿里巴巴提出新零售，京东提出无界零售，苏宁提出智慧零售，这些曾经扬言要革线下生意的命的互联网信徒和拥趸者，现在都在大力布局发展线下渠道。这一切都在预示着,线上的流量已趋饱和,线下的流量又重新进入了风口期,逆势增长大有井喷之势。

品牌方们如果对线下流量的玩法还停留在投投电梯、公交、地铁、机场、公路广告这样的认知里,那无疑正在错过线下这个巨大的流量池,要知道任何有价值的流量,一定是越来越贵的,把握住流量的机遇、抓住流量的风口,对于品牌方们来说已经变得异常重要。

竖视频的潮流也席卷了线下的媒体,众多电梯媒体中,新潮传媒就首先将线上的用户习惯成功嫁接到线下,我们可以在写字楼、小区、商场等场景看到新潮传媒的竖视频电梯广告,不仅符合移动化用户的视频观看习惯。全面屏时代的到来,9:16 甚至是 9:18的竖视频比例都已经习以为常,能够给用户提供更加广阔的视野,包含更大的信息量,这无疑也提高了竖视频的吸引力。

场景化玩法的关键就在于高度利用线下媒体的特点和属性,结合品牌自身的调性和产品特征进行场景创意的设计,这其中有一个规律,封闭的线下媒介能产生更好的场景化效果,比如:小空间场景的电梯媒体和大空间场景的地铁媒体,都产生过一些效果不错的场景化营销案例。

(资料来源:头条号"人人都是产品经理")

考考你

新零售背景下,品牌方媒体选择有哪些改变?

(八) 制定促销预算

确定促销预算的总的原则:因促销而为卖场增加的贡献应当大于促销费用的支出。制定促销预算的常用方法有营业额百分比法、量入为出法、竞争对等法和目标任务法等,如表 5-4 所示。

表 5-4　四种方法的优缺点

预算制定方法	方法要点	优点	缺点
营业额百分比法	根据年度营业目标的一定比例来确定促销预算,再按各月的营业目标分配各月	简单、明确、易控制	缺乏弹性,未考虑促销活动的实际需求,可能影响促销效果
量入为出法	根据卖场的财力来确定促销预算	能确保企业的最低利润水平,不致于因促销费用开支过大而影响利润的最低水平	由此确定的促销预算可能低于最优预算支出水平,也可能高于最优水平
竞争对等法	企业按竞争对手的大致费用来决定自己的促销预算	能借助他人的预算经验并有助于维持本超市的市场份额	情报未必确实且每家公司的情况不同

（续表）

预算制定方法	方法要点	优点	缺点
目标任务法	根据促销目的和任务而确定促销活动，再据此确定一年所计划举办的促销活动和每一次促销活动所需要的经费	注重促销效果，预算较能满足实际需求	促销费用的确定带有主观性，且促销预算不易控制

（九）撰写促销活动方案

有说服力的、操作性强的促销活动方案，是促销实施的基础和成功的保证。一份完整的促销活动方案，需要包括以下 12 个方面的内容。

1. 活动目的

活动目的即对市场现状及活动目的阐述。只有目的明确，才能使促销活动有的放矢。

2. 活动对象

活动针对的是目标市场、活动控制范围、主要目标和次要目标的确定，这些选择的正确与否会直接影响到促销的最终效果。

3. 活动主题

选择什么样的促销形式和什么样的促销主题，要考虑活动的目标、竞争条件和环境及促销的费用预算和分配。在确定了促销主题之后，要尽可能的艺术化地开展促销活动，淡化促销的商业目的，使活动更接近于消费者，这样才能打动消费者。

4. 活动方式

这部分主要阐述活动开展的具体方式。首要问题是选择确定合作伙伴？是门店单独行动还是厂家联手？或是与多个厂家联合促销？其次是确定刺激程度。必须根据促销实践进行分析和总结，并结合客观市场环境，确定适当的刺激程度和相应的费用投入。

5. 活动时间和地点

促销活动的时间和地点选择得当会事半功倍，选择不当则会事倍功半。在时间上尽量让消费者有空闲参与，在地点上也要让消费者方便，而且事前要与城管、工商等部门沟通好。促销持续的时间效果，最好也要深入分析一下，持续时间过短会导致这一时间内无法实现重复购买；持续时间过长，又会引起促销费用过高且市场形不成热度，并降低在顾客心目中的身价。

6. 广告配合方式

一个成功的促销活动，需要全方位的广告配合。选择什么样的广告创意及表现手法？选择什么样的媒体宣传？这些都影响到受众抵达率和费用投入。

7. 前期准备

前期主要分为人员安排、物资准备和试验方案。由于活动方案是在经验的基础上确定的，因此，有必要进行试验来验证促销工具的选择是否正确，刺激程度是否合适，现有途径是否理想。

8. 中期操作

中期操作主要体现在活动纪律和现场控制，同时，在试验方案过程中，应及时对促销范围、强度、额度和重点进行调整，保持对促销方案的控制。

9. 后期延续

后期延续主要是宣传问题。对本次活动采用何种方式、在哪些媒体上进行后续宣传。

10. 费用预算

没有利益，促销就没有存在的意义。要对促销活动的费用投入和产出作出预算。

11. 意外防范

每次活动都有可能出现意外。因此，必须对各个可能出现的意外事件做必要的人力、物力、财力方面的准备。

12. 效果预估

预测这次活动达到什么样的效果，以利于活动结束后实际情况相比较，从刺激程度、促销时机、促销媒介等方面总结经验和教训。

案例 5-11

端午节促销方案

(1) 促销主题：忆一段历史佳话 尝一颗风味美粽。

(2) 促销目的：树立五四新星的人文形象，同时增进销售额的提高。

(3) 促销时间：6 月 16—22 日。

(4) 促销对象：第一商圈内的居民。

(5) 促销商品：成品粽子及熟食、海鲜口江米、蜜枣等。

(6) 促销内容。

① 价格促销，对一些成品粽子及熟食进行特价活动(6 月 18—22 日)，具体品项由采购部决定(一楼促销栏及广播进行宣传)。

② 娱乐促销，可选两项中的其中 1 项。第一，包粽子比赛。游戏规则：3 人/组；限时 5 分钟，以包粽子多者为胜；胜者奖其所包粽子的全数；其余参加者各奖一个粽子。活动时间：6 月 21—22 日。活动地点：一楼生鲜部、品区前。道具要求：桌子、喇叭、包粽子的材料(糯米、豆子、花生、肉、竹叶、蜜枣)。负责人：生鲜部负责，采购部配合。第二，射击粽子比赛。游戏规则：每人可获得 5 颗子弹；射中的标志为豆沙、肉粽等即获得该种粽子一个；活动时间：6 月 21—22 日。活动地点：一楼生鲜部的海产区前。道具要

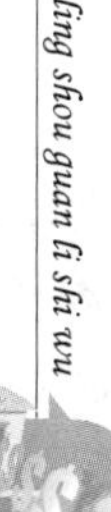

求：气球，挡板、气枪、子弹。负责人：生鲜部负责，采购部配合。

③ 免费品尝。引进供应商进行场内免费品尝（时间：6 月 21—22 日），具体由采购部负责。

④ 新品促销。可考虑引进一批闽南肉粽，现场特色促销。具体由采购部负责。

⑤ 卖场陈列与布置。第一，场内。二楼冻品区前，两个堆头的位置，堆头前布置成龙舟的头，两个堆头为龙舟的身；冻柜上方用粽子或气球挂成“五月初五吃粽子”字样。第二，场外。条幅宣传“忆一段历史佳话，尝一颗风味美粽”。

考考你

端午节促销方案有何特点？促销策划主要包括哪些内容？

二、促销活动实施

（一）促销实施前的准备

促销活动的实施到位是确保促销活动效果的关键。促销开始前，相关部门要召开促销会议。针对促销活动的方案进行分解，商品部门采购哪些商品，促销部门进行哪些陈列、宣传，运营部门要执行哪些重点，管理部门要配合哪些后勤等。除此之外，在促销活动实施前，还应该特别注意以下事项：

1. 人员方面

加强对促销人员的培训，是门店促销的首要问题。如果促销人员业务素质不高，将给企业的促销带来不必要的浪费，而且普通促销人员和高效率的促销人员在促销结果上，也会有很大的不同。

为了有效的做好促销工作，门店服务人员必须保持良好的服务态度，并随时保持服装礼仪的整洁，给顾客留下良好的印象；促销人员必须都了解促销活动的起止时间，促销商品及其他活动内容，以备顾客咨询；各部门主管必须配合促销活动安排适当的出勤人数、班次、休假及用餐时间，以免影响购物高峰期间对顾客的服务。

2. 商品方面

在商品管理方面要注意：要准确预测促销商品的销售量并提前进货，促销商品必须充足，以免缺货造成顾客抱怨，丧失促销机会；促销商品价格必须及时调整；新产品促销应配合试吃、示范等方式，以吸引顾客消费；商品陈列必须正确而且能吸引人，除了应该在促销活动中必须作出的各种端架陈列和堆头陈列外，还要对陈列作出一些调整，以配合促销达到最佳效果。

3. 广告宣传方面

超市促销活动主要靠广告宣传，方法手段不计其数，派发宣传单、海报、横幅、现场活动，以及报纸、电视、网络等媒体投放，都是广泛使用的手段。广告宣传的目的是吸引客流量，而且是有效的能达成交易的客流量，因此广告宣传的投放目标一定要精细，还必须有足够的创意来引起消费者关注。在宣传方面必须注意：确定广告宣传单均已发放完毕，以免滞留卖场逾期作废；广告海报，宣传横幅等应张贴于最佳位置。

4. 卖场氛围布置

卖场氛围可以根据促销活动进行针对性的布置，同时辅之以各类商品的灯具、垫子、隔物板、模型等用品，以更好地衬托商品，刺激顾客的购买兴趣；也可以播放轻松愉快的背景音乐，使顾客感觉更舒适；必要的话，可以适当安排专人在卖场直接促销商品（见图 5-11）。

图 5-11　卖场氛围布置

（二）促销实施中的控制

促销中，活动现场各环节要安排清楚，有条不紊，具体体现在以下 5 个方面。

1. 人员到位

销售人员、促销负责人和执行人员要提早到场，再次确认准备工作是否到位，整理广告宣传品、陈列盒标价。当天主管要全程跟进，了解准备不足和方案欠妥之处以调整改善，并对促销人员进行现场辅导。

2. 现场管理

对促销活动现场管理包括：礼仪、服装、工作纪律、检核方式、需填表单、薪资以及奖罚制度；主管要不定期的巡场，对现场工作人员是否按岗位职责积极认真工作作出检核打分，并通知当事人。

3. 及时补货

促销期越长，越容易出现断货现象。必须规定销售人员高频回访，检核库存，确保

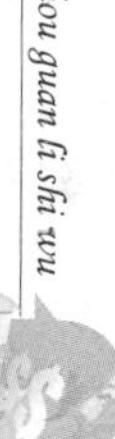

库存安全。

4. 促销宣传

店门外醒目的促销信息；货架上促销告知信息；堆头促销区的广告宣传品传达的促销信息；超市促销广播等。

5. 公共安全预防

重视商场促销活动的公共安全预防。应在事前制订充分应急预案，安排足够人员，设计合理程序，防患于未然。

知识加油站 5-4

关键事项核检表

关键事项核检表是管理人员在促销期间，依据卖场情况进行评估的工具，可以作为举办促销活动的参考资料(见表 5-5)。

表 5-5　关键事项核检表

类别	核检项目	是	否
促销前	促销宣传单、海报是否准备妥当		
	促销人员是否进行培训		
	促销商品是否准备到位		
	相关部门是否做好促销商品变价手续		
促销中	促销商品是否齐全、够量		
	促销商品是否变价		
	促销商品的宣传是否到位		
	促销商品的陈列是否有吸引力		
	卖场的促销气氛及购物环境是否有诱惑力		
	促销人员的服务是否到位		
促销后	过期的海报、宣传单是否撤走		
	商品是否恢复原价		
	商品陈列是否恢复原状		
	卖场的布置是否得到调整		
	营业数据是否达到预期目标		

三、促销活动效果评估

促销是超市提高客流量、销售额和毛利等经营指标的重要手段，进而实现扩大市场占有率、提高盈利能力，提升品牌知名度、行业地位、培育竞争优势，提高企业市场价值的最终目的。超市每次促销除了希望在促销期间提高经营指标之外，更重要的是促使经营指标持续增长，以实现促销的最终目的。此外，超市的促销活动每年要进行多次。因此每次促销活动之后，就必须对本次促销活动的效果进行评估，总结成功的经验，找出教训和不足。

通常情况下，如果促销活动的实施绩效为预期目标的 95%～105%，则为正常情况；如果达到预期目标的 105%以上，则是高标准表现；如果在预期目标的 95%以下，则需要在今后的工作中加以改进和提高。

（一）主要评估指标

销售额是衡量超市行业地位的主要指标，毛利是代表盈利能力。而促进超市销售额增长的途径包括：客流量、客单价和成交率的提高。同时，品牌知名度、忠诚度和美誉度既是企业的无形资产，也是保证超市销售额持续增长的基础，这些和广告效果、店内商品和服务的组织有直接关系。因此，超市促销评估的基本指标就是：销售额、毛利额、客流量、客单价、成交率、市场占有率、超市的价格、商品质量和服务形象，以及促销费用与销售额、毛利、客流量增量的比例等。根据用途、来源和获取方式，这些指标可以分为以下 3 类。

1. 促销计划指标

超市一般都有年度促销计划和每次促销活动计划，对某次促销活动的评估一般只涉及本次促销活动计划。一次促销活动的计划中涉及的主要指标和内容除上述基本指标外，还包括促销商品的准备和供应商的配合默契情况，以及促销活动在超市内部的落实和准备情况等内容。这些计划指标的实施结果是衡量促销效果的重要依据。

2. 内部业绩指标

指促销期间超市所实现的上述基本指标。这些指标一是可以从企业信息管理系统中直接提取，或从企业财务核算中获得，如销售额、毛利额、客流量、客单价、成交率，以及广告宣传费用等；二是要靠采购人员和门店员工打分评估得来，如促销商品的准备和供应商的配合默契情况等；三是依据企业管理人员检查考核的结果，如促销活动在超市内部的落实和准备情况等。

3. 外部环境指标

外部环境指标是用来评定通过本次促销对企业品牌形象、行业地位、行业影响力的作用。这类指标是需要通过顾客问卷调查和访谈调查来获取，如企业价格、产品质量和服务形象等；二是需要通过实地调查、资料分析、推算等方式得出，如促销期间竞争对手的反映、市场容量和行业动态等。如市场占有率＝某超市的销售额/市场容量，而市场

容量就要通过交易量、GDP 增长率等推算出来后，再根据专家预测和经验数据进行验证得出的。

（二）主要评估方法

1. 同比分析

一般选取今年的促销活动期间和上一年同一个促销活动期间或者其他促销活动期间进行同期比较，例如 2018 年的“十一”黄金周的 7 天和 2017 年的“十一”黄金周的 7 天进行比较。

2. 环比分析

选择促销前、促销期和促销后 3 个相同的时期的数据进行比较。如某超市 2018 年的“五一”黄金周前后的客流量为：4 月 24—30 日为 38 270 人次，5 月 1—7 日为68 066 人次，5 月 8—14 日为 45 005 人次。因此，相对于促销前期、促销期、促销后客流量较促销前分别增长了 29 796 人次和 6 735 人次。

3. 比率分析

除了数额变化分析外，还需要进行比率分析。一是增长比率分析，如销售额增长百分比的同比和环比分析。二是某指标和另外某些指标间的比率的同比和环比分析，如本超市销售额占整个市场容量的百分比，即市场占有率分析，促销费用占销售额、毛利额增量的比率分析等。

4. 调查法

超市组织有关人员抽取合适的消费者样本进行调查，从而掌握超市促销活动的效果，比如：消费者对促销活动的反映，哪些方面好，哪些方面不足，服务形象等。

5. 观察法

观察法便于操作，且十分直观。它主要通过观察促销活动中的重要细节，来了解超市促销活动的效果。比如：顾客在折价销售中的踊跃程度；优惠券的回收率；参与抽奖及竞赛的人数等。

案例 5-12

东方家园促销分析

2015 年 8 月 27 日—9 月 25 日，东方家园在全国范围内组织了“东方家园六周年店庆”促销活动，活动主题是“邀您共享 6 周年的喜悦”。主要内容包括：购物金额达 66 元可以获得赠送的礼物；购物满 666 元可得 60 元的现金折扣券等。下面对某门店的促销效果进行评估。

选取 2015 年 7 月 28 日—8 月 26 日(促销前)、2015 年 8 月 27 日—9 月 25 日(促销中)和 2015 年 9 月 26 日—10 月 25 日(促销后)3 个时间段进行环比分析；选取 2015 年

8 月 27 日—9 月 11 日(共 16 天)和 2014 年 8 月 21 日—9 月 5 日(2014 年司庆促销期间共 16 天)用于同比分析。选取的指标:客流量、成交率、客单价、销售额、毛利额;广告费与销售额、毛利额和客流量增量的比率;价格形象、商品质量形象和服务形象等。

1. 经营效果分析

表 5-6　经营效果分析表

指标	环比		与去年同比
	促销期比促销前	促销后比促销前	
客流量	26.82%	12.12%	16.26%
成交率	58.08%	22.21%	17.32%
客单价	74.87%	12.26%	8.93%
销售额	65.89%	26.37%	34.41%
毛利率	29.48%	19.87%	5.96%

通过表 5-6 的数据统计计算得出结论,从销售额指标来看,促销期比促销前环比增长 65.89%,说明促销取得了良好的效果。

2. 价格形象、商品质量形象和服务形象分析

在店内发放了 100 份顾客问卷,题目为"请把商店的价格、商品质量和员工服务与竞争对手进行比较后进行评分"。汇总结果显示,与"五一"促销期间相比,这 3 项指标基本没有变化。

3. 广告费与销售额、毛利额和客流量增量的比率分析

表 5-7　广告费与销售额、毛利额和客流量增量比率分析

客流增量广告费(人/员)	销售增量广告费(元)	毛利增量广告费(元)
0.05	21.64	3.46

表 5-7 分别计算了广告费与销售额、毛利额和客流量增量的比率,客户增量广告费表示每增减 0.05 元客流增加 1 人,要想提高客流量,需增加广告费,但广告费也不能无限制的增加。

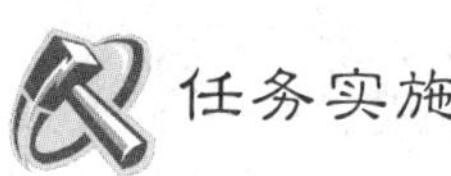

任务实施

李明针对圣诞节和元旦节制定了主题促销活动:"双旦狂欢,惊喜连连送"。

一、活动目的

借势圣诞和元旦,提升商品销量、消除店铺库存、扩大超市的知名度,并借此建立顾客信息库,培养顾客的忠诚度、以稳定客源。

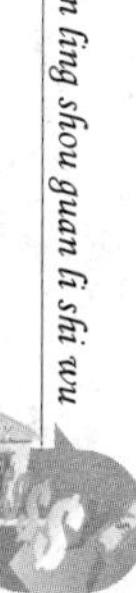

二、活动时间

12 月 21 日下午 16:00—12 月 26 日晚 9:00

三、活动地点

教学楼 D 栋 120

四、活动的内容及开展

(一) 前期活动造势与宣传

(1) 21 日早，将活动海报粘贴于食堂、男女宿舍楼、C 栋丁字路口海报张贴处及超市门口。

(2) 21 日中午，各组抽选代表 1 名在食堂设点分发宣传单页并解释活动内容(活动单页需各组设计择优选取，并计算海报的张数，海报设计中需表明参加活动的格子铺)。

(3) 21 日 14:00，各组按实训要求分组，格子铺自备促销现场装饰材料和超市小组一起进行促销活动现场布置。

超市卖场。超市实训小组需提前就经营新品进行圣诞及元旦的主题陈列，对超市进行促销现场布置，营造节日促销卖场气氛，需自行包装的苹果、圣诞帽、圣诞装饰用品、贺卡、圣诞树及装饰小彩灯、小礼盒、许愿卡进行询价和经营；提前就主题陈列的区域和陈列的效果进行设计；提前对圣诞许愿树放置的位置及装饰进行设计；超市实训小组就活动调整商品价格并使用物料对现场布置超市内景、营造节日卖场气氛(海报和其他宣传物料)。

(二) 活动当天

(1) 在超市两个路口处设置单页分发点吸引下课的师生来店光顾。

(2) 活动当天，对于来店消费的顾客均可参加我们的“双旦狂欢，惊喜连连送”的活动。活动期间先折、后减、再送加抽奖，具体做法如下。

先折。活动期间，超市将举行限时特价活动，活动将提前通过场内广播和单页分发宣传点提前预告，卖完即止。暂定每天特价商品不一，做好登记，如表 5-8 所示。

表 5-8 特价商品登记表

时间： 月 日

特价时间段	品名	数量	活动价	促销费用	备注

后减。一元现金抵扣:活动期间,在超市消费顾客当日消费满 10 元商品,即可凭盖章后的宣传单页抵扣一元现金(单页抵扣每天每人限用一次,店员做好现场抵扣记录表,此表需要各组自行设计,择优选择)。说明:抵扣需凭销售票据,收银人员需做好登记,并在小票上表示已抵扣。

再送。

① 新年许愿:活动当天,在超市消费满 10 元的顾客即可获得心愿卡一张,消费者写下自己心愿和联系方式,将心愿卡挂至圣诞树上,圣诞期间及活动结束后我们将分别抽取一名幸运儿帮助她实现他的愿望(时间暂定 24 号及 26 号中午)。

② 换购活动:活动当天,在超市消费满 10 元的顾客即可参加超市的换购活动。超市需提前制定换购的商品、数量及换购价格(即买满 10 元,加多少钱可以换购哪些商品,苹果是圣诞期间换购商品,请超市小组订好价格),登记表如表 5-9 所示。

表 5-9　换购商品登记表

换购商品	数量	金额	备注

说明:换购需凭销售票据,换购人员需做好登记,并在小票上标明已换购。

③ 会员卡:活动当天,在格子铺、网店和超市消费的消费者都可以办理会员卡,会员在生日当天可享受九折优惠,超市可免费代订蛋糕送货上门外,会员消费还可积分,学期末将可参加积分换购活动(最后解释权归超市)。

抽奖。

活动当天,在超市消费满 20 元的顾客即可参加超市的抽奖活动,抽完即止(抽奖道具的制作需要超市小组完成。奖品和数量暂定如表 5-10 所示,各组制定抽奖的商品,择优选择)。一元代金券和提货卡可在本学期内在指定格子铺和超市抵扣,其中代金券只能买满 10 元抵扣,一次限用一张。说明:抽奖需凭销售票据,兑奖人员需做好登记,并在小票上表明已抽奖(超市抽奖用组合式商品选择)。

李明在制定了促销活动方案后,在促销活动当天,李明根据促销活动检查表重点检查了促销商品数量是否充足、是否变价、设计 POP 海报和单页、进行 POP 广告张贴、对商品进行促销陈列,布置实场营造活动气氛等(见图 5-12、图 5-13 和图 5-14)。

表 5-10 抽奖奖品预算表

奖项	品名	数量	单价	合计
一等奖	50 元超市提货卡	1	50	50
二等奖	冬暖系列	6	15	90
三等奖	百事可乐 2 L、待定	11	7	77
四等奖	价值 5 元商品(待定)	15	5	75
五等奖	一元代金券、待定	30	1	30
谢谢惠顾		待定		待定
总计				

图 5-12 活动海报图

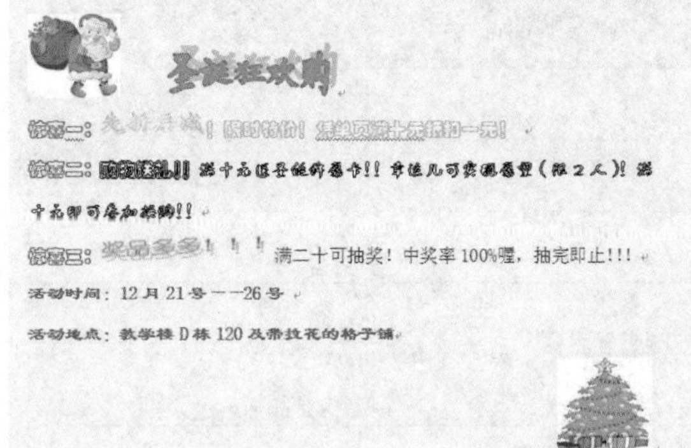

图 5-13 活动单页图

图 5-14 活动海报图

针对超市促销活动，李明计划采用前后比较法来考核评估超市业绩。最后对比发现，销售量明显增加，促销方式选取得当，但也暴露出一些问题，如在促销宣传方式上还有待改进提升，如图 5-15 所示。

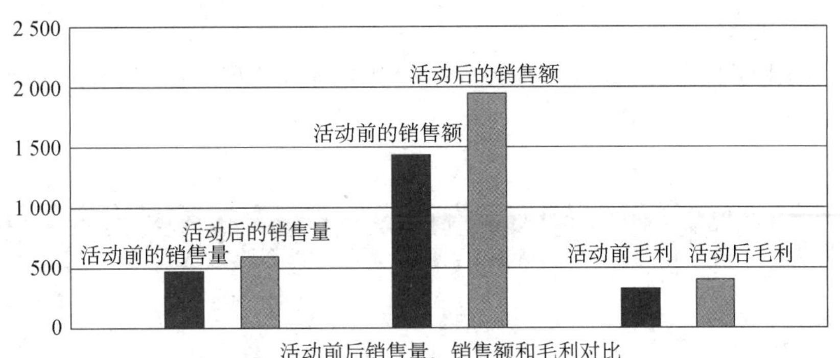

图 5-15　卖场布置效果图

图 5-15 中，总体数据可以看出，活动后的销售量，销售额，毛利和同期相比都有一定幅度的提高。此次活动还是有效果的。

从活动前后销售量来看，销售量提高幅度较小，可以理解为来客数较少，或者活动的奖项不足以吸引人，导致顾客没有参与或者购买的欲望，表明活动效果还不是很明显。

从活动前后的销售额来看，同期相比有较小幅度的提高，原因可能是此次的活动中打折的商品导致销量的增加但销售额增加的不多。

从活动前后的毛利来看，同期相比毛利还是提升很小，导致原因可能是，由于活动商品的打折，1 元抵扣券的活动等其他奖项的设置导致毛利下降。

技能训练

【项目背景】

学生通过实地走访了解新零售时代下超市促销方式及促销效果评估指标的变化。

【实训目的】

通过分组实训，让学生对新零售时代下超市促销方式及促销效果评估指标的变化。

【实训步骤】

(1) 组织学生对典型新零售超市门店进行实地走访，通过实地观察、对从业人员的访谈及网络搜索，了解目前新零售促销方式及促销效果指标的变化。

(2) 将实地调研内容整理绘制成相关思维导图(思维导图格式，要求精炼、客观、真实、有见地、配图片)进行课堂交流和讨论

【实训评价】

1. 评价内容

(1) 学生参与性。

(2) 沟通能力。

(3) 对新零售促销方式及促销效果评估指标变化信息扑捉的准确性。

(4) 思维导图的理解与应用能力。

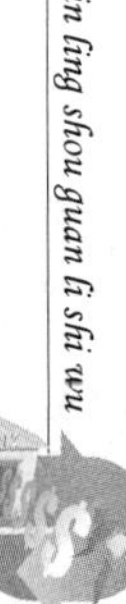

2. 评价方式

学生成绩由学生自评(20%)、互评(30%)和教师评价(50%)综合评定,评价表具体如下所示。

组别:________　　　　　　　　　　　　　　　　　　　　　　　　第__次实训

学号	姓名	自评(20%)	互评(30%)	教师评价(50%)	总成绩

小结

超市在对零售商品进行定价时,要综合考虑多种因素如定价目标、市场需求、成本、竞争对手的价格及国家政策法规等。

定价方法是超市在特定的定价目标指导下,依据对价格影响因素的分析研究,运用价格决策理论,对产品价格水平进行计算决定的具体方法。零售商品的定价方法主要有成本导向、需求导向和竞争导向三类。

常见定价策略包括心理定价策略、折扣定价策略、新产品定价策略、促销定价策略等。

商品的价格带是指一种同类商品或一种商品类别中的最低价格和最高价格的差别。价格带的宽度决定了超市所面对消费者的受众层次和数量。在做价格带的时候,首先要确定每个小分类的最高价和最低价,同时参考竞争对手和行业标杆。

进行一次成功的促销策划,需要进行促销调研,确定促销目标,制定促销主题,选择促销时机、促销商品、促销方式、促销媒体,制定促销预算,进行促销效果评估。在新零售的风口下,超市促销更加注重场景化体验,对媒体的选用也有一些新的变化。

一份优秀的促销活动方案包括 12 个部分:活动目的、活动对象、活动主题、活动形式、活动时间和地点、广告配合方式、前期准备、后期操作、后期延续、费用预算、意外防范和效果评估。

促销活动的实施到位是确保促销活动效果的关键。促销实施前的准备包括人员培训、商品备货、广告宣传及卖场氛围布置,促销实施中人员到位、现场管理、及时补货、促销宣传及公共安全预防。

在一次超市促销完成后,我们会综合选用同比、环比、比率分析及观察法、调查法等方法,依据销售额、毛利额、客流量、客单价、成交率、市场占有率、超市的价格、商品质量和服务形象,以及促销费用与销售额、毛利、客流量增量的比例等指标对超市促销的活动效果进行评估。

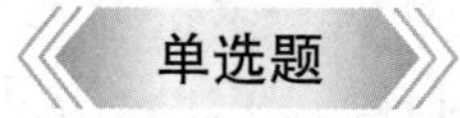

单选题

1. 下列不属于成本导向定价法的是(　　)。

A. 产品差别定价法　　　　B. 目标利润定价法

C. 边际贡献定价法　　　　D. 成本加成定价法

2. 下列行为属于组合定价是(　　)。

A. 淡旺季价格不同　　　　B. 火车卧铺上中下价格递增

C. 产品精包装　　　　D. 电视及音响捆绑定价

3. 促进超市销售额增长的途径不包括(　　)。

A. 提高客流量　　　　B. 提高来客数

C. 降低客单价　　　　D. 提高成交率

4. 通常，当广告难以详尽表达产品特质时，靠(　　)促销最有效。

A. 折扣促销　　　　B. 免费样品赠送

C. 抽奖促销　　　　D. 游戏促销

5. 某超市进行促销效果评估得出数据：(1)销量较前十天提升10%，去年同期提升4%；(2)由于减价优惠等使产品边际利润下降，边际利润仅为正常利润的80%。请问，该促销活动是(　　)。

A. 盈利，因为销量增长了10%

B. 亏损，产品销量需提升30%才不盈不亏

C. 不盈不亏

D. 亏损，产品销量需提升25%

判断题

1. 中国因日本海啸核爆炸引起缺盐、非典时食盐涨价等等行为是违法行为。(　　)

2. 定价方法是零售企业在特定的定价目标指导下，依据对价格影响因素的分析研究，运用价格决策理论，对产品价格水平进行计算决定的具体方法。(　　)

3. 航空公司或旅游公司在淡季的价格便宜，而旺季一到价格立即上涨，这是运用时间差别定价策略。(　　)

4. 从本质上来看，赠品促销是商品折价优惠的另一种形式，但比折价具有更广泛的吸引力。(　　)

5. 促销效果评估只需要进行利润、销量评估分析。(　　)

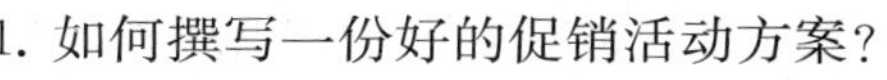

思考题

1. 如何撰写一份好的促销活动方案？

2. 新零售时代下，超市如何通过促销来提升超市销售额？

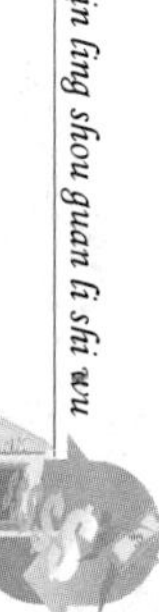

案例分析

扬城超市打响"冷饮大战" 多款冷饮促销价下调三四成

扬州入伏以来，天气炎热持续高温，冷饮销售进入传统旺季。监测显示，各大超市冷饮打折促销力度较大，多款冷饮促销价下调三四成。此外，由于扬州市民提前"备战"高温天气，实体店空调的销售量较淡季下降了三四成。

1. 多款冷饮打折促销，超市打响"冷饮大战"

在欧尚超市，冷饮打折促销的品牌就包含八喜、和路雪、光明、伊利等。如该超市在售的伊利巧乐兹经典香奶棒(75 g×6)，原价为 18.60 元，现促销价均为 12.90 元，价格均下降了 5.70 元，降幅均为 30.65%；蒙牛绿色心情绿莎莎雪糕(70 g×8)，原价为 21.20 元，现促销价为 13.60 元，下降了 7.60 元，降幅为 35.85%。此外大润发(邗江店)、沃尔玛等超市的冷饮都在进行打折促销活动。

受白砂糖、巧克力等原材料成本上升影响，我省部分冷饮价格同比有所上涨。梦龙厂商建议每支梦龙零售价由去年的 8 元上调至 9 元；八喜价格也有所上升；伊利大布丁零售价虽维持 1 元，但分量却从 70 克变为 60 克。尽管如此，当前正值冷饮销售旺季，多地超市促销活动较多。

超市销售人员介绍，冷饮季节特征明显，以夏季消费为主，销量和气温成正比，销售旺季打折促销可以增加销量，回笼资金。同时各品牌之间竞争激烈抢占市场份额，也是打折促销情况普遍存在的原因。

"持续高温拉动冷饮销量快速增长，如欧尚和沃尔玛等超市的冷饮销量比入伏前上升了 25%到 30%。预计近期随着高温天气的持续，冷饮销量仍会上升，但价格出现大幅波动的可能性小。"市物价部门工作人员介绍。

2. 空调旺季销售下降，线上销售量是线下 3 倍

夏季一直是空调销售的传统旺季，市价格监测中心走访了市区五星电器、汇银家电、苏宁电器等家电卖场，对市场在售的美的、格力、大金等空调主流品牌进行了专项监测。监测显示，线下空调市场目前销售出现"逆市下行"，价格基本平稳。

苏宁电器销售负责人介绍，今年以来，空调整体销售情况良好，1 月到 6 月整体销售量比去年上升 80%左右，入伏以来，实体店销售量反而较淡季下降了 30%到 40%，日销售量维持在 100 台左右，价格基本平稳。线上销售量是线下实体门店的 3 倍左右，线上销售空调价格多在 2 000 元到 2 500 元的中档价位，能效多以二、三级为主。线下空调销售价格多在 3 000 元左右，能效多以一级为主。

一家电卖场负责人介绍，空调销售线上比线下卖得好，主要是市民的消费理念以及消费习惯发生了改变，以往市民在高温季节集中购买空调，今年不少市民在淡季或高温

到来前已经购买，入伏后销售量不升反降。此外，年轻市民在高温季节更愿意选择在线上购买空调，方便快捷，造成线上销量增加，但是线上购买的市民大部分只是选择购买空调避暑降温，对品牌性能的要求不是太高，价位相对较低。实体店购买的市民能够在实体店亲身感受到使用效果，加之导购的介绍，往往选择的空调品牌性能和价位相对高一些。

（资料来源：《扬州晚报》）

请思考并回答：

(1) 促销的目的是什么？如何选择商品？

(2) 影响商品定价有哪些因素？

综合实训

某超市促销活动策划

【实训目的】

通过实训，使学生熟练掌握促销活动策划的撰写、促销陈列、现场促销、顾客接待、应急事件处理、销售结算及促销效果评价等各种零售核心业务技能的综合应用，培养学生的创新与应变的能力及数据分析能力。

【实训步骤】

(1) 各项目团队内部讨论，组织分工，制定零售创意促销方案设计和现场促销活动实施准备(该促销方案需：确定促销目标、选择促销时机、确定促销商品、确定促销主题、选择促销方式、选择促销媒介和促销预算)。

(2) 按照促销方案布置促销现场、完成商品从进货验收、定价、陈列上架、现场促销、库存盘点、销售结算等各种业务的训练，并做好相关交易记录和现场的活动视频记录。

(3) 促销结束后，收集所有业务单据进行销售结算。

(4) 各项目团队依据业务单据进行促销效果评估。

(5) 各项目团队依据促销效果评估数据分析促销方案及活动现场实施中所存在的问题和所得的经验，并据此完成促销效果评估报告(要求图表＋文字说明)，以 PPT 形式完成。

(6) 各项目团队选出一名代表就各项目团队促销方案设计及效果评估在班上进行交流汇报，教师进行点评。

【实训评价】

1. 评价内容

汇报内容质量(促销活动主题创意突出，促销方式选择得当，文案要素齐全)50%，

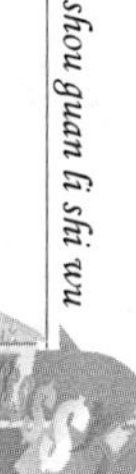

促销活动实施效果(来客数、销售量和销售利润)30%、完成任务时的表现(纪律、态度、团队意识)20%。

2. 评价方式

学生成绩由学生自评(20%)、互评(30%)和教师评价(50%)综合评定,评价表具体如下所示。

组别:________　　　　第__次实训

学号	姓名	自评(20%)	互评(30%)	教师评价(50%)	总成绩

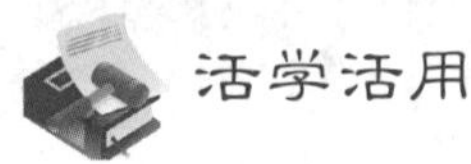

活学活用

新零售情景下,如何进行营销策划?

项目六 零售防损管理

知识目标

1. 掌握损耗的预防与管理的基本做法
2. 熟悉顾客偷盗及突发事件的防范与处理
3. 了解超市门店损耗产生的原因

技能目标

能够处理一般的防盗系统的报警事件，具备一定的门店防损和安全事务管理能力

学习重点

1. 损耗的预防与管理的基本做法
2. 顾客偷盗及突发事件的防范与处理

教学方法和建议

1. 通过角色扮演、任务驱动等实施教学
2. 教学过程中体现以学生为主体，教师进行适当讲解，并进行引导、监督、评估
3. 教师授课前准备好丰富的富媒体学习资料、任务单及教学场地和设备

任务一 商品损耗的控制

任务导入

社区超市开业 3 个月，生意一直挺红火，但净利润却不太理想，店长百思不得其解，

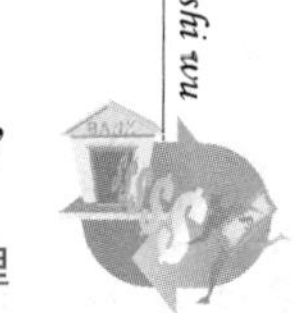

仔细核对账本之后，竟发现是因店内损耗太大所致。这其实是很多超市卖场最为头痛的问题，因为吃掉的是净利润，通常一个单品的损耗要 5 个商品的销售利润才能补起来，这对于平均毛利仅有十几个点的超市来说，伤害是极大的。那么，是什么原因造成了损耗？这些损耗有没有办法可以预防和控制呢？

任务分析

零售损耗可分为变价损耗、废弃损耗、不明损耗等，超市要分析清楚门店本身产生损耗的原因。有针对性地采取措施，加强管理，堵塞漏洞，尽量使各类损失减少到最小。

相关知识

一、损耗的内涵

损耗是指门店接收进货时商品零售值与售出后获取的零售值之间的差额。包括那些看得见损坏的商品、不能出售或折价出售的商品（促销商品不在此内）与看不见的丢失商品，当然也包括由于商品品质等原因售出去后，被顾客退换回来的商品等。

二、损耗产生的原因

“损耗”有很多因素，零售出现其中的任何一个因素，都会减少利润额，增加”损耗”。

(1) 因作业错误而造成的损耗，如收银员收到假钞或是理货员陈列方法不当，造成商品因位置不佳而倒塌；抑或是计量人员因业务不熟练或责任心不强计错价，将一斤价格为五元的精品红富士计价成 2 元的普通红富士。验收人员在验收过程中没有仔细检查货品数量、包装而导致在运输过程中损坏或变质、过期无法再次销售的商品。

(2) 因偷盗而产生的损耗，这里的偷盗可能是员工禁不起诱惑的监守自盗又或是防不胜防的顾客偷窃。

(3) 因管理不善而造成的损耗，未经批准的打折或降价；产品销路不畅；退货积压过多；商品价签与计算机系统内的价格不太一致。

(4) 意外损失而造成的损耗，水灾、火灾、台风和停电造成的商品损耗。

案例 6-1

高端超市竞争激烈客流小、出货少、损耗高

"高端超市 OLé 食品问题多"的报道引起业内关注,折射了高端超市经营囧状。一方面,高端超市盯准消费层次空白迅速发展,不到 3 年,包括华润万家、百佳、永旺等超市业"大佬"都在广州中心市区开出了精品高端超市。另一方面,超市纷纷抢食进口食品"蛋糕",而业内人士指出,客流量相对较小的高端超市要保证利润,如果管理松懈则容易出现"返包"等问题。

一、需求减少:春节酒类大宗经营大减

近年来,超市业态利润率走低,以进口商品为特色的精品高端超市却"遍地开花"。不过,对于精品超市的盈利情况,各公司一直讳莫如深。而去年春节前刮起的"节约风",给精品高端超市的集团销售浇上冷水。

"今年酒类大宗经营明显减少,往年春节前有十几宗大宗经营订单,但今年却几乎没有。"某高端超市内部人士告诉记者。据了解,今年春节,该超市标价在 800 多元的果篮,实际上也是"丰俭由人",由顾客自购水果,超市再进行包装,以 300～400 元为主。

二、竞争激烈:客流小、出货少、损耗高

尽管是近年来才出现的新业态,高端超市面临的竞争却不小。据记者不完全统计,2010 年以来不足 3 年时间,仅广州中心市区开业的以进口商品为特色的精品高端超市就有至少 4 家,涉及华润万家、百佳、永旺等超市业"大佬"。而天河路商圈则成为以进口食品为特色的精品超市"短兵相接"的主战场——相隔不到 3 公里,有 OLé、个悦、百佳 3 家超市以进口食品为特色。

不仅定位相似的超市在激战,新开业的食品超市以及驻扎已久的综合超市也在"抢食"进口食品"蛋糕"。例如已经营十多年的永旺天河城店悄然增加了进口食品比重,在广州经营十年的某外资综合超市也连续两届举办进口食品节。

高端超市中,进口生鲜食品更是占据特殊地位。以 OLé 超市为例,该超市仅生鲜区(含仓储、后台操作区域)占整个超市面积将近二分之一,销售额也占"大头"。

"由于定位较高、单价较高,高端超市的客流量远比不上大型综合超市,每种商品的出货量也不大。"超市业内人士指出,"只有保证较高的毛利、维持'身价',才有利润总额的保证。"为获得更高的毛利,高端超市往往通过大量经营、集中备货、分批上架来降低成本,但生鲜产品的储存又有较高的成本。

"除了销售额、毛利率外,损耗率也是生鲜部门的主要考核指标之一。"上述人士透露,生鲜产品的行业平均损耗率约在 20%,"进价加上毛利率后,定价至少还要上浮 20%才'做得下去'。"该人士说,"如果没有业绩压力,再加上管理松懈,就容易出现'返

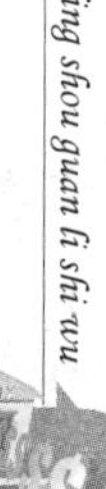

包'等问题。"

（资料来源:《广州日报》）

考考你

高端超市如何降低损耗?

资料卡 6-1

生鲜经营损耗——超市绕不过去的黑洞

生鲜经营进入中国超市历经数年时间,它的普及影响着中国连锁超市发展的形态。与此同时,所有超市的生鲜经营者也都面临着生鲜经营的损耗控制的问题。有时,它就如同"黑洞"一样困扰着众多生鲜经营管理者。

由于生鲜经营的特殊性和复杂性,损耗在经营过程中极易发生,损耗控制(包括经营成本控制)业绩取决于整个生鲜区的运作状况和经营管理水平,反过来又在很大程度上影响着生鲜区乃至整个超市的盈亏兴衰。生鲜经营中实际上有不少力量在促进生鲜农产品的管理,但也存在不少障碍,主要体现在产品特性、技术支持、营销与竞争、组织成熟度 4 个方面。

1. 产品特性

目前超市经营的生鲜农产品主要有肉类、水产、蔬菜、水果等几大类。这几大类产品所具有的共同要求是时效性。与工业产品物流的准时性相比,生鲜农产品的时效性要求源于产品本身的易腐特性,这一特点限制了经营半径。而季节性特性是源于蔬菜水果等产品的生物生产周期属性,一旦到了成熟季节,就会形成大批量的供给,很难控制上市的节奏,因此很难配合超市的均衡经营与经营计划。生鲜农产品的地域特性使得某些产品只在特定产地才有供货。这三方面的产品特性,使得超市在产品开发、供应商优选上受到很大限制。

2. 技术支持

生鲜农产品进超市的物流过程包括运输、包装、装卸搬运、储存、流通加工、配送等环节,每一个环节都面临着技术保证及管理优化的问题。可以说,生鲜农产品物流状态决定着超市经营的利润空间,或者说决定着各个中间环节的利润空间。在国外,农产品从采摘到出售,是一个品质不断提高的过程。但目前在中国的情况却常常是品质不断下降的过程。之所以如此,是因为在生鲜农产品的采摘、分级、包装、运输等环节上缺乏相应技术的有效支持。而缺乏技术有效支持的重要原因是中国目前还没有建立起严密的、从生产到消费的农产品质量安全与管理体系。这些技术与管理上的缺位,使得生鲜农产品的供应链管理很难发挥其效能。

3. 营销与竞争

营销与竞争方面的障碍主要表现在四个方面，一是信息的缺乏；二是农产品价格的频繁波动；三是与传统农贸市场的竞争使得超市经营生鲜农产品的利润空间大大降低；四是苛刻的供应商交易协定。

4. 组织成熟度

从工业物流与供应链管理的实践看，链条上的组织（或成员）大都具有独立的市场行为能力，专业化程度较高，能在自己承担的业务中具有核心能力。而在生鲜农产品流通领域，情况则很不一样。首先是生产者，特别是小农户，很难被纳入到超市的供应链管理系统中。农户经营的小规模和市场行为能力的不健全与总量上高比例供给的现实矛盾，为超市出了一道难题，这使得小规模农户与超市之间存在着高昂的交易成本。

目前在中国超市经营生鲜农产品的税率是13%，尽管这一税率与其他商品相比要低两个百分点，但是，相对于农贸市场上经营者的包税制来说，则高出很多，这使得农产品通过超市流通与经营的利润空间大大降低。此外，农产品运输过程中的过路过桥费所增加的成本不能小视。尽管一些地方政府制定了农产品绿色通道的政策，但实际中执行得并不积极。另外，相关部门对农产品供应链管理研究的支持、对专业人才的培训、对具体供应链管理项目的扶持力度也不大。

（资料来源：糖酒产业网）

三、门店损耗的预防与管理

损耗管理并不容易，它牵涉了太多人为的疏忽，而商品损耗的发生对连锁企业的经营产生不良影响，各个部门必须根据损耗发生的原因，有针对性地采取措施，加强管理，堵塞漏洞，尽量使各类损失减少到最小。门店重点区域和具体管理措施如下5个。

（一）收银出口处的管理

收银出口既是购物结账处，也是商品出货口。收银出口，是防损的重点区域。收银出口处必须设立安保员岗位，在营业时间内实行不间断的值班制度，可在收银出口处设立电子防盗监控系统。监管要点有以下4个方面。

（1）收银出口处的监管在于正确、快速、满意地解决收银和防盗措施。

（2）维护好收银出口处顾客的秩序，保持收银通道畅通，保证所有顾客能从进口进、出口出。

（3）监管人员要了解卖场中的商品情况，当班时保持思想集中。

（4）注意收银区前手推车是否堵塞，设备有否损坏。

（二）供应商管理

供应商行为不当常常会给超市带来相当大的损耗，如供应商误交供货数量，以低价商品冒充高价商品，擅自夹带商品，随同退货商品夹带商品，与员工勾结实施偷窃等。

针对这种情况，门店对供应商必须加强管理。

(1) 供应商进入退货区域时，必须先登记，领到出入证后方能进入；离开时经防损人员检查后，交回出入证方可放行。

(2) 供应商在门店或后场更换商品时，需有退货单或先在后场取得提货单，且经商品管理部门和防损部门批准后方可退货。

(3) 供应商的车辆离开时，需经门店防损人员检查后方可离开。送货后的空箱和纸袋必须折平，以免偷带商品出店。

(三) 员工出入管理

员工出入口处要设置安保员岗位。只要员工通道打开，安保员就要实行连续执勤制度。员工出入口处可安装防盗电子门用来防止员工偷盗商品的行为，设置密码锁储物柜为外来人员暂时安全存放物品。

(四) 门店的收出货口

防损员要同收货部门主管共同负责门店收出货口的开、闭。以超市为例，当超市门店进货时，应该协助做好现场秩序的维护；对于收下的货物，特别是精品、家电、化妆品等贵重商品还应进行数量抽验，检查，以防缺漏然后还必须监督所有的商品运达收货区内。

为了确保大单品货物离开超市时的安全和完整，出货时防损员必须按出货单的条目逐一核查，并且送货物离开收出货口。

此外，防损员还应对每下单商品的退换货、出货，以及每下单物品的离场查验放行手续。

(五) 门店商品的高损耗区域

门店中比较容易引起损耗的商品，要么是高单价商品，要么是包装很小或是比较贵但又很刺激消费的品种。一般来说，洗护用品、文具用品、内衣用品、高档糖果、奶粉、保健品、鞋类等商品经营区域，以及试衣间通常是门店商品的高损耗区域。在这些区域，防损员要加大巡视力度，密切监管货架上陈列的商品。对个别顾客破坏商品包装、藏匿商品、夹带等不良行为，要及时发现并制止，依法处理盗窃行为。

四、防盗性的卖场布局与商品陈列

在采用敞开式销售的门店中，防盗性的卖场布局与商品陈列主要技巧有：一是把最容易丢失的商品陈列在售货员视线最常见的地方，即便售货员很忙的时候，也能照看这些商品，这样会给小偷增加作案的困难，有利于商品的防盗；同时，最容易丢失的商品也不应放置在靠近出口处，因为人员流动大，售货员不易发现或区分偷窃者。二是可以采取集中的方式，如在大卖场当中把一些易丢失、高价格的商品集中到一个相对较小的区域，作为一种“安全”的商品陈列方式。不同的业态在防盗设计时，应有所不同。

对小型超市，安装电子防盗系统必要性不大，可以采取防盗镜保护，将其安装在超市的各个角落，能让销售员方便地监视整个超市内的情况，再配合安全的商品陈列，售货员的巡视，一般可以满足其对防盗的需要。

资料卡 6-2

超市小偷常见的作案手法

目前超市小偷常见的作案手法有哪些？

1. 声东击西法

这种方法主要是用在超市管理人员比较少，人流比较大的地方，伙同其他人分散收银人员注意，从而成事。

2. 藏身法

这种方法适用于孕妇小偷，当然孕妇可以是假的，只是肚子显得大而已，利用肚子大的先天条件，将大把大把的东西往肚子下面装。

3. 以贵充贱法

乘管理人员不注意偷偷将贵的和贱的放在一起，以贱的价格买走贵的东西。

4. 生态转换法

把活的生鲜弄死，然后等着以死生鲜的价格买走。

考考你

目前超市盗窃的高科技作案手法还有哪些？

知识加油站 6-1

超市如何有效防范顾客偷盗

首先，我们要关注诸如卖场死角或摄像头监控不到的地方、人员易混杂的场所、照明较暗的场所、商品陈列杂乱的场所等偷窃事件的高发地。其次，我们在门店里要采取一些必要的防盗措施。

(1) 定期对员工进行防盗教育和训练。

(2) 加强卖场巡视，尤其要留意死角和多人聚集之处。

(3) 有团体顾客结伴入店时，店员要随时注意，有可疑可主动上前服务。

(4) 卖场中安装凸镜及摄像头监控、有条件的超市可以在商品核心处安装示踪器。

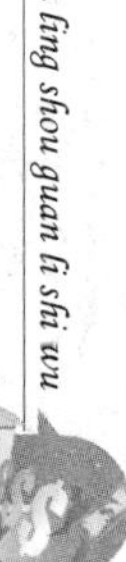

五、运营环节的损耗控制

（一）夜勤管理

（1）夜间的清洁工作和整修工作须经店长同意，并加强监督；夜间执勤人员应由店长安排、指定；夜间执勤人员下班时，接受有关部门检查。

（2）店长或其委派其他主管进行抽查。

（二）专柜人员的管理

专柜人员进出卖场，须遵守公司管理条例；专柜厂商进出货物，首先征得专柜人员的认证后，才予以进出卖场，并按厂商进出货物管理办法处理。

（三）员工购物管理

员工在店内外所购物品不得带入卖场或作业场，由验收人员或安保核查员工所购商品。

（四）顾客购物管理

应设置顾客寄包处或保管箱，禁止顾客携包进入商场；尽可能拉开商场的入口处和出口处，禁止顾客由入口携带商品出场；发现有偷窃事实时，应待其结账离开收银台后才能上前取缔；取缔偷盗事件时一定要注意事实确凿，讲究方式，符合法律规定。

（五）鲜度管理

对于不能于次日出售的熟食和生鲜品，如活虾、鲜肉等，在高峰时，应折价出售，尽量当日售完；防止将新鲜品和陈品、熟食品和生鲜品混淆造成鲜度恶化，应经常抽查；生鲜作业人员应留意作业温度和时间的控制，温度不能过高，时间尽量地缩短。

（六）外送外贩管理要点

每日定时外送作业，务必至服务台填写外送单，清点好袋数，由送货人员接手将货品推至准备区，送至顾客处所时，清点给顾客并签收回执。临时性顾客要求外贩、外送，一定要先结账付款完毕，将送货单经店长核准后，才可外出。外贩、外送不宜签收月结单或收受支票，把风险降至最低。

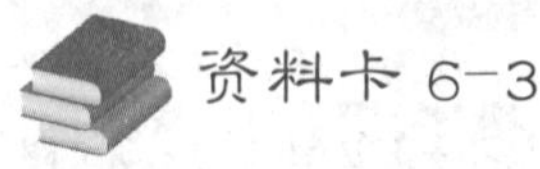

武汉沃尔玛年均销毁问题食品损耗过千万

橙子、番茄、面包、炸鸡翅等 21 种“问题”食品，在汉阳工商人员的眼皮下销毁，这是汉阳工商局首次对沃尔玛超市销毁现场进行监督。

汉阳工商局推广沃尔玛“临期、过期食品”监管现场会，要求汉阳的 9 家大超市，建立“临期、过期和销毁食品”台账，对各类“问题”食品的销毁，并进行登记和监控，以防

"问题"食品回流市场。

下架的"问题"食品真的销毁了吗？工商人员夜查了沃尔玛超市的销毁情况，在当天下架的"问题"食品登记表上，光是肉食类就有鸡、肉、鱼等13种，此外，还有面包、橘子等面食和水果，共有181公斤，价值近2 000多元。

金黄的面包和炸鸡块，被超市员工揉碎、淋水；七八斤一条的鱼被员工切碎变成垃圾……超市相关负责人朱艺说，超市在销毁"问题"食品时，有两个摄像头进行全程监控，工商人员可随时调看每一天的录像资料。

食品变身垃圾后，超市并没一丢了之，而是打包送到超市专用垃圾库，然后再移交给街道城管部门，进行无害化运输和处理。为确保"问题"食品不从垃圾场流入社会，超市还与城管部门签订了专门协议，一旦出现问题，由城管部门承担违约责任。

据悉，沃尔玛在武汉有11家超市，日均销毁"问题"食品约2吨多，年均销毁"问题"食品约千吨、损耗过千万元。

相关规定：应该销毁、退市却仍不销毁、退市的经营者，食品货值不足1万的，最高可罚款5万；货值1万以上的，可处以货值金额最高10倍罚款，情节严重的吊销许可证。对名义上退市、改头换面继续销售的经营者，则要依法从重处罚。

（资料来源：《武汉晚报》）

知识加油站 6-2

超市损耗如何有效降低

中国连锁经营协会发布的数据显示，商超企业损耗率在逐年增加，从2007年的0.31%已经升至2010年的0.46%。2010年全行业的损耗率在2%左右，这部分损耗导致终端商品平均价格提升超过2%。在这种情况下，如何降低超市损耗成为了超市的一道重大课题。

1. 强化高损耗品保护

超市行业的毛利相对较低，一般占到销售额的10%，如果对损耗商品管控妥当，每年超市损耗商品可降至销售额的5%左右。相关文献显示，高损耗商品是指那些单位价值较高且易被盗窃的商品，常见的高损耗商品包括洗浴用品、口香糖、奶粉、服装等。有些产品如名烟名酒等，虽然单位价值很高，但通常不易被盗窃，损耗的金额在总体损耗中占比很小，因此并不能认为是通常意义上的高损耗商品。中国连锁经营协会发布的数据显示，超市损耗的调查发现，损耗最多的前三种商品是洗发水、口香糖和奶粉。

超市行业防损专家表示，企业在对高损耗商品的保护之前，需要对损耗进行充分的数据分析，并设置高损耗商品的判定标准，需要明确对企业而言哪些商品是高损耗商品。不同的零售企业由于其业态和商品类别的不同，不同业态和门店的高损耗商品也存在差异。

2. 交流防损经验

现阶段，大型零售商的经营业态较多。不同业态之间，甚至同一业态的不同门店由于防损的管理水平存在差异，导致不同门店的损耗率相差较大。据中国连锁经营协会调查显示，部分超市不同门店之间的损耗率水平最多可相差10倍以上。因此，加强不同门店之间的防损经验交流就十分必要。每家企业都有独特的防损方式和有效方法，比如定期召开防损研讨会、建立防损数据库、警示信息等。防损专业人员有必要在不同门店内进行有效互动，这样既能实现将成功的防损经验在不同门店间传播，又能在不同的经营环境下发挥良好防损作用。

3. 使用新型防损技术

随着人力成本的逐渐增加，大型超市越来越注重技术防损的应用，尤其是新的防损技术。沃尔玛高级资产保护部总监程堂根表示，防盗是损耗的重中之重。除了监控电视等传统技术，源标签作为一种新的技术手段正在为越来越多的零售企业应用。据了解，源标签技术是指零售商与产品制造商合作，由制造商在商品的生产、包装过程中加上电子防盗标签，改变以往防盗标签在商场内上架时粘贴的做法。这样，防盗标签可以放置得更加隐蔽，不易被发现和破坏，从而降低商品损失；而且，那些原来不适合开架销售的商品因使用了防盗标签受到保护而可以进行开架销售。此举提高了顾客的购买欲，从而促进销售额的大幅增加，使零售商与制造商共同获益。尤其对于那些利润较高但不适合开架销售的商品，采用源标签技术将显著提升零售企业的利润率。中国连锁经营协会的数据显示，某知名国际零售巨头在采用源标签技术后成效显著，商品损耗率下降约50%，销售收入增加约300%。

4. 供应商补损

超市在合同中明确规定供应商补损的范围和比例等，这样将更容易追踪供应商的补损数据，从而对企业的真实损耗率有更清晰的了解。从另一方面看，由于供应商补损因素的剔除，超市的损耗率在未来一段时间内可能会明显上升，超市须更加重视防损工作以降低企业的损耗。

（资料来源：《北京商报》）

任务实施

李明超市损耗产生的主要原因在与废弃损耗严重，加强对面包等每日的销售额的统计，收集历史数据进行预测每日销售额，订货方面加强管理。

技能训练

【项目背景】

学生在当地自主选择2～3个超市作为实地调研的对象，并对超市门店的生鲜损耗原因及防损的措施进行调研。

【实训目的】

通过分组实训让学生对超市门店生鲜损耗产生原因及防范有进一步的了解和认识。

【实训步骤】

(1) 组织学生调研本地 2～3 家大型超市门店，通过对生鲜主管的访谈，了解目前生鲜产生损耗的原因，收集该门店生鲜防损工作的主要做法。

(2) 将调研内容写成报告(PPT 格式，要求精炼、客观、真实、有见地、配图片)进行课堂交流和讨论。

【实训评价】

1. 评价内容

(1) 学生参与性。

(2) 调研获得的企业基本信息。

(3) 学生搜集和处理信息的能力。

2. 评价方式

学生成绩由学生自评(20%)、互评(30%)和教师评价(50%)综合评定，评价表具体如下所示。

组别：______ 第__次实训

学号	姓名	自评(20%)	互评(30%)	教师评价(50%)	总成绩

任务二　突发事件的处理

任务导入

六月的某天，李明所经营的超市所在辖区进行电路检修。李明在接到停电通知的情况下，没有引起充分重视。当停电时，雪糕等在冷藏柜陈列的商品只能进行降价促销。由于促销时间短，部分雪糕融化，给超市经营带来损耗。

任务分析

超市除正常的营运作业之外，突发事件时有发生，其危害之大是不可估量的。常见的突发事件有水灾、火灾、停电、工伤和顾客拥挤、意外、遭劫等。超市在经营中要有处置突发事件预案。

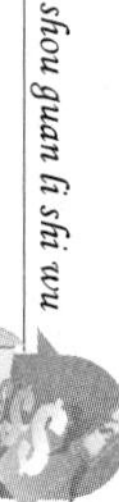

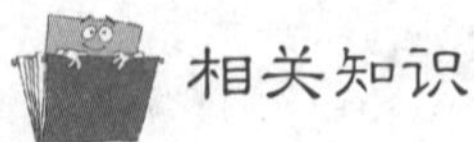

相关知识

一、突发事件的定义

突发事件，是指突然发生，造成或者可能造成严重社会危害，需要采取应急处置措施予以应对的自然灾害、事故灾难、公共卫生事件和社会安全事件。根据突发事件造成的危害程度、波及范围、影响力大小、人员及财产损失等情况，将突发事件可分为特别重大、重大、较大和一般四级。突发事件具有引发突然性、目的明确性、瞬间的聚众性、行为的破坏性和状态的失衡性等特点。

超市除正常的营运作业之外，突发事件时有发生，其危害之大是不可估量的。常见的突发事件有水灾、火灾、停电、工伤和顾客拥挤、意外、遭劫等。

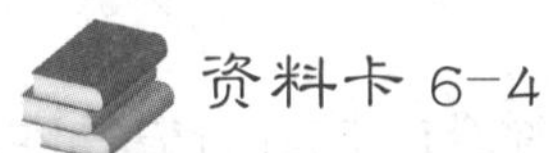

资料卡 6-4

超市电梯突发事故员工受伤，公司投保公众责任险可转移风险

“轰隆”一声，超市手扶梯塌了。一名男员工掉入手扶梯塌陷的洞内，右腿被夹伤。保险专家表示，若超市投保了公众责任险或者电梯责任险，发生上述事故时，保险公司可以替超市对伤员进行医疗费用上的赔偿报销。

但记者了解得知，公众责任险的投保率不足一成，保险公司在进行该类险种的推广时并不容易。日前，在中山六路，乐购超市发生了一起运行中的手扶梯塌陷事故，一名男员工掉入手扶梯塌陷的洞内，右腿被夹伤，此次事故迅速在微博上被广泛转发，不少网友更是提醒身边的朋友小心电梯安全。

保险专家表示，电梯安全事故可以通过公众安全责任险的附加电梯责任条款或者电梯责任保险来转移相关风险。若超市投保了公众责任险或者电梯责任险，发生上述事故时，保险公司可以替超市对伤员进行医疗费用上的赔偿报销。“不过公众责任险的投保率并不高，甚至不足一成，原因是这些公众场所的负责人存在侥幸心理，不愿购买，所以尽管该险种的费率为 0.3%～0.5%，即 3 000～5 000 元的保费可以保 100 万元。”

（资料来源：《广州日报》）

二、突发事件处理的原则

处置突发事件按照：(1)预防为主，预防为先；(2)谁在岗，谁负责；谁主管，谁负责；(3)群防群治，人人有责等原则进行。

三、突发事件应变小组的编制和说明

(一) 总指挥

由店长担任，负责指挥、协调突发事件现场的作业，掌握全局事态的发展动向并及时向总部汇报发展的状况及解决处理结果。

(二) 副总指挥

由保安经理(主管)担任，负责协助店长指挥，在灾害发生时负责切断电源，避免事态的进一步发展，执行各项任务。

(三) 救灾组

组长一人，由技术部经理担任，组员主要由技术部员工、义务消防员等组成。主要负责各救灾设施和器材的检修和使用，水源的疏导、障碍物品的拆除，以及灾害的抢救等。各项消防设备及器材要编号并由专人负责，避免发生抢用的情形。

(四) 人员疏散组

组长一人，由保安领班/主管担任，组员由广播员、保安员、收银员及各部门的两名员工组成。广播员要及时广播店内的发展状况，首先要沉着，语言和平常一样，不能制造紧张气氛，使局势难以控制。保安员要尽快打开各安全门及收银通道。各部门的疏散员工要尽快正确疏导顾客从安全门出入，同时要警戒灾区四周，以防他人乘机偷盗商品。

(五) 财物抢救组

由人事处经理及收银部处经理任组长，全体办公室人员组成。收银员应立即关上收银机，并在保安监护下将现款带回现金办公室。电脑部员工、办公人员应将重要文件、财物带离现场另行保管。

(六) 通讯医务组

负责对外报案及内外通讯联络等任务，须指定专人负责，但报案的命令必须由店长下达。负责伤患的抢救和紧急医护任务。保安部须将商场“应变小组”的现场人员列成名单送营运部备案，在相应位置注明各组组长姓名，并把“防火器材位置图”和“防火疏散图”张贴在店内固定位置，使每位员工在应急事件中都能明确自己的责任。要求员工熟记“防火器材位置图”和“防水疏散图”，同时必须每年进行两次人员紧急事件的培训、教育。

四、应变作业程序

我们目的是将各种灾害造成的损失降至最低限度，并在事后尽快处理善后工作，加速恢复营业的效率，下面将对以下应急作业程序和步骤进行陈述。

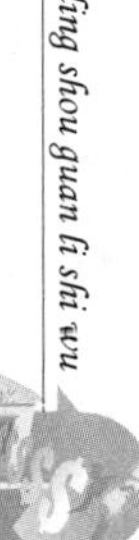

(一) 火(水)灾处理程序

1. 事前预防

(1) 编制《应变小组》名单,呈送各营运部备案。

(2) 由保安部定期保养和检查消防设施、器材。如有问题,及时上报,立即处理。

(3) 每年定期应变培训。

(4) 保安主管要每天检查疏散通道和安全门是否畅通,安全标识不能被遮掩。

(5) 进行防火宣传,建立防火意识,绝对禁止在卖场内吸烟。

(6) 下班前检查电源,关闭气罐、抽风机等。

(7) 检查电源插座、电线是否老化、破损,如有则及时处理。

2. 事中处置

(1) 报警。

任何人员发现火警应及时通知保安,用电话或对讲机向监控室报警时应讲清如下情况:发生火灾的准确区域和时间;燃料的物质、火势大小;报警人的姓名、身份;是否有人员受伤。在报警后应尽可能地使用现场消防器材进行扑救,如能自救将火扑灭,应保护好现场。等候有关部门或负责人的到来,说明情况。

(2) 火警排除/确认。

接到报警后监控室人员应迅速派保安到达报警区域。

① 火警的排除。

误报:如系误报应做技术处理,通知监控室,机器复位。

谎报:若有人捣乱谎报火警亦应通知监控室,并报告保安部查找捣乱人员。

② 火警的确认。

根据综合超市内的实际情况,暂订三种火警类别。

一级火警:系有烟无火。二级火警:系有明火初起。三级火警:系火势从时间和空间上难以控制。

③ 报告制度。

一级火警:监控室通知保安经理(或主管)到达现场。

二级火警:应通知以下部门及主要管理人员。

白天:店长、财务总监、保安经理/主管、工程部经理

夜间:当班领班、保安经理(主管)

节假日:值班经理、保安经理(主管)、工程部经理

三级火警:控制室通知消防主管、内保主管及工程部,并通知各部门主管、医务人员,同时紧急呼叫店长、副店长或在场最高负责人。

报火警"119"原则上应由店长下达指令。但在紧急情况下可由副店长、保安总监、保安经理或其他在场最高负责人下达报火警"119"指令,并同时向店长汇报。

(3) 灭火。

店内发生火灾,监控室为灭火指挥中心。店长、副店长或在场最高负责在监控室掌

握全局,发布指令。内保人员接到监控报警,应迅速派人员将失火区或通道门开启,并保证通道畅通无阻,保安员在未接到通知的情况下,须坚守岗位疏散顾客并防止无关人员进入火灾现场,防止失窃发生等问题。工程部水、电工及主管接到火灾报警应迅速赶到现场,协助控制火势,监控同工程部人员共同确保设备正常运转。商场义务消防队员听到消防广播后,应迅速赶到现场(重要岗位的在岗人员要坚守岗位),听从现场指挥调派。协助扑救火灾或疏散客流。重点部位灭火主要靠自动灭火系统,当听到系统第一次响警报时,室内人员应迅速将门窗关好,撤离该室并在门口等候保安人员到来。其他人员在系统第二次报警后,一律不准进入。向"119"报警后,保安部派人员到指定地点引导消防队车辆。灭火、抢险人员进入火灾现场后,可就近走各通道。

(4) 疏散。

办公区:办公人员应立即携带重要文件和物品,根据火势,从最近的门撤出。

仓库区:仓库办公人员应立即携带各类账簿和重要物品,根据火情从就近的通道进行疏散。

商场区:义务消防队员先从消防门将顾客、各商铺工作人员、促销员等分别疏散,然后携带好重要物品撤出商场区。

(5) 各部门处置火警程序。

各部门应按"应变小组"的编制,快速行动,各司其责。

监控室:坚守岗位,及时准确通知有关部门及领导,按现场指挥的指令随时做好向"119"报警的准备。

保安部:确认火灾、火场、维持秩序、疏导客流,保证通道畅通并负责引导消防车辆进入。

工程部:赶赴现场进行工程抢险疏散抢救,协助认定火灾性质及配合采取有效措施。配电房、中心机房、消防泵房等重要部位应派人前去看守,在未接到撤离通知前不准私自离开工作岗位。

各商业部门:协助疏散顾客,保证所有顾客安全撤离。

收银处:携带贵重物品、文件和现金撤离到安全现场,尽量避免财产的损失。

办公区:保护重要文件、迅速撤离至安全区域。

医务室:接到通知携带药品,赶赴现场,抢救伤员。

(6) 善后处置。

① 保安部:负责保护现场不被破坏,并拍摄照片存取证据;迅速查访知情人,查找火灾起因;火灾的初报和续报;经公司领导同意,报公安机关及公司上级。

② 工程部:从技术角度查找火灾起因;检查消防系统的运行情况;对机器、数据、资料的收集;经请示,领导同意后,及时上报公司上级主管单位。

③ 店长助理:发生火灾后要迅速通知友邻单位,求得帮助。拟定对外公布的有关火灾情况的新闻稿,负责对外宣传,制定恢复营业方案、撰写正式报告。

④ 财务部:拍摄灾后现场,估算损失并迅速与保险公司取得联系。

⑤ 人事部:若有伤亡,应采取措施,妥善处理。

(二) 意外伤害的处理程序

1. 事前预防

考虑店内的装潢设计和各项设施是否影响顾客行动的安全,尤其是老年人、残疾人、孕妇及儿童等。

电动叉车、高叉车作业一定要谨慎安全驾驶持证操作。

2. 事中处置

顾客如有晕倒或意外伤害应立刻通知值班经理和保安到场,询问受伤情况和收集周边人员的信息,做好相关的记录(只记录事情的经过,不参加任何评论),以积极的态度及时处理。

如有突发疾病和重大伤害时,应立即与随行家属确认并迅速拨打急救电话。请派救护车支援,切勿搬运受伤者。利用相关设备留下现场情况,拍照或摄像。

顾客到医院就医必须有店内人员(值班经理和保安)陪同。

值班经理或部门经理可至监控中心填写"紧急提现单",由保安领班或主管开启小保险箱(存放在监控中心)领取"现金单"(500.00 元/张),在保安的陪同下至现金办公室领取现金。

在医院就诊期间保持与医生和当事人的沟通,按医嘱进行必要的检查,结束后保留病历和所有相关的单据、检查报告。将当事人送回后返店内做好情况记录。

如顾客需复诊,由值班经理或相关部门经理和保安带好病历陪同至医院,结束后保留病历和所有相关的单据、检查报告。将当事人送回后返店内做好情况记录。

3. 事后处理

保持与顾客的联系,关心顾客,了解康复状况。善后赔偿事宜(由保安部和店长助理全权处理):给予赔偿医药费、误工费,并视事态发展给予一定的物质补偿,与顾客签订"补偿协议书"一次性了结。最后要总结教训。

(三) 顾客偷盗处理程序

(1) 在认定偷盗之前给予顾客有表示"购买"的机会。具体方法即是对隐藏商品的顾客说"您要 xx 商品吗?"若在收银台时则说"您是否忘了付款",等再一次提醒顾客"购买"。

(2) 进一步提醒,如提醒后顾客仍无购买的意思,则以平静的声音说"对不起,有些事情想请教您,请给我一些时间",将其带入特别室,进行处理。

(3) 如是误会了顾客则应郑重致歉,并说明产生误会的原因和经过,希望得到顾客理解;如确认是小偷,则将其扭送公安机关接受处理,并向法院提起民事诉讼,要求偷盗者赔偿。

(四) 停电处理程序

1. 事前预防

(1) 事先配置足量应急类灯具及手电筒,定期检测并记录。

(2) 安装备用发电设备并定期检测。

(3) 掌握供电单位的停电讯息，并做好准备工作。

2. 事中处理

(1) 发生停电时，保安部应立即询问停电原因及停电时间长短。

(2) 启动备用发电机。

(3) 保安措施。抽调人手赶至收银台后；收银员迅速将收银机抽屉锁好；必要时疏散顾客；店长要派人员到收银台附近，防止混乱发生；诚恳的语言，安抚顾客并请原谅；由保安主管加强后门、侧门的管理，防止员工的不良行为发生；如备用发电机出现故障且停电时间较长，则劝告、阻止顾客进入；检查货运电梯内有无人员被关并及时通知技术部。

3. 事后处理

检查场内冷冻食品，避免有变质发生。

(五) 遭劫处理程序

1. 事前预防

(1) 收银员不可在中途清点现金。

(2) 保安认真解送银包。

(3) 尽可能要求银行上门收款，必须到银行解交时，应由保安陪同。

2. 事中处置

保持镇静，尽可能拖延时间，绝对不可大声呼救或抗拒，应首先考虑人身安全，尽可能记住歹徒的特征。

3. 事后处置

保护现场，立即报案。

案例 6-2

超市大米促销引来千人抢购，六旬老太被挤倒昏迷

堤口路大润发超市大米促销，比其他地方每斤便宜了 0.3 元，便引来抢购。超市为维持购买秩序，组织顾客提前排号买米。结果还是因为人多拥挤，一位老太太在人群中被挤倒昏迷了，之后被送进了医院。

1. 现场抢购大米，老人被挤倒昏迷

陈女士去天桥区大润发超市买东西时，被所见的情景“震撼”到了。超市大米搞促销，每斤比其他地方便宜 0.3 元左右，早晨该超市门口有上千人在排队等号。7 点钟超市开始发号，众人见发号了便朝前挤，有几名超市人员在维护秩序，场面仍比较混乱。大概 20 分钟后，陈女士在人群中发现一位 60 岁上下的老太太躺在地上，已经嘴唇发

紫、昏迷不醒。

她记得老太太穿着带花上衣，手拿红色尼龙绸袋子，身材中等偏高、微胖。“一会儿，120急救车就到了，医生对老人进行了抢救、摁了摁胸口，然后又把她送医院了。”陈女士觉得，超市促销那么多人排队有些不可思议，“别处大米每斤1.69元左右，这家超市每斤便宜三毛，且每人限购两袋，买20斤也就便宜了6元。就是找个理由来吸引人气，却吸引了很多老年人，我经过时听说有人夜里两点就在超市门口等着了，搞促销东西实惠，可超市也得注意维护秩序啊。”

记者随后拨打120急救中心热线，一位值班人员根据上午的出车记录，证实早晨7点多确有一辆急救车从堤口路大润发门口接了一位患者，是交通医院出的车。记者又联系山东省交通医院急救中心，一位工作人员说是他们早晨7点多出车到天桥大润发门口接的一名昏倒的患者，但是值班医生已经下班，昏迷老太的现状不得而知。

2. 超市并不知情，但不会逃避责任

下午1点左右，记者来到堤口路大润发超市，只见超市正门的东侧出入口旁的玻璃上还贴着一张写着“发票处”的告示纸。超市总服务台一位工号末两位为96的领班告诉记者，店长出差不在店里。她和其他几位服务台工作人员都没听说今早有人在超市门口排号被挤倒送进医院的事情。

这位领班说，大米促销是为了店庆，促销信息已经印在提前发出的促销海报里，共促销5天，今天是第3天。“前两天买米的人太多，挤得超市里非常混乱，有的人早上还没开门就来等着，一见超市员工开门就往里面挤，我们很为难，为了维护秩序才先让排号。现在超市竞争激烈，哪家超市搞促销活动，哪家来人就多。”最后，该领班表示，如果顾客因排号被挤倒昏迷，确实超市有责任的话，他们肯定会按法律规定承担责任不会逃避，“但现在还没人给我们反映这个情况。”

考考你

超市做促销活动时，如何避免类似的事件发生？

任务实施

李明召集运营部人员编制了突发事件预防及应对预案，并多次进行火灾、偷盗等突发事件的演练。

技能训练

【项目背景】

学生在当地自主选择2～3个超市进行实地调研，了解超市经营中最容易失窃的商品是哪种商品，最容易发生偷窃的时间是什么时间，面对这种现状该采取的防损措施是什么。

【实训目的】

使学生了解超市被盗的现状，训练学生的超市防盗技能，培养学生解决突发事件的能力。

【实训步骤】

(1) 组织学生调研本地2～3家大型超市门店，通过对超市防损主管的访谈了解目前超市经营中最容易失窃的商品是哪种商品，最容易发生偷窃的时间是什么时间。

(2) 通过互联网收集超市防盗工作的主要做法。

(3) 结合超市偷盗现状分析，撰写超市偷盗防损措施报告(PPT格式，要求精炼、客观、真实、有见地、配图片)进行课堂交流和讨论。

【实训评价】

1. 评价内容

(1) 学生参与性。

(2) 学生搜集和处理信息的能力。

(3) 超市防盗技能知识的应用能力。

2. 评价方式

学生成绩由学生自评(20%)、互评(30%)和教师评价(50%)综合评定，评价表具体如下所示。

组别：________ 第__次实训

学号	姓名	自评(20%)	互评(30%)	教师评价(50%)	总成绩

小结

损耗是指门店接收进货时商品零售值与售出后获取的零售值之间的差额。超市损耗的产生常见于作业错误、管理不善、偷盗及意外损失等。对于门店损耗的预防与管理主要是在重点区域如收银出口处、供应商管理、员工出入口、门店的收出货口及高损耗区进行预防。

超市除正常的营运作业之外，突发事件时有发生，其危害之大是不可估量的。常见的突发事件有水灾、火灾、顾客拥挤及遭劫等突发事件，超市需有对应处置原则及方案等。

单选题

1. 下列属于收银员行为不当所造成损失的是(　　)。

A. 商品条形码标签贴错　　B. 打错商品的价格

C. 进货的重复登记　　D. 记错售价、货号、单位

2. 下列属于作业手续不当造成超市商品损耗的是(　　)。

A. 商品验收时点错数量　　B. 商品调拨的漏记

C. 姑息扒窃　　D. 水灾

3. 下列属于验收不当所造成的损耗的是(　　)。

A. 超市员工搬入的商品未经点数、造成短缺

B. 进货的发票金额与验收金额不符

C. 进货商品未入库

D. 看错货或记错售价、货号、单位等

4. 引起损耗的意外事件通常不包括(　　)。

A. 水灾　　B. 火灾　　C. 抢劫　　D. 诈骗

5. 由于顾客不当的行为造成的损耗包括(　　)。

A. 皮包夹带　　B. 不当退货

C. 调换标签　　D. 与亲友串通,购物未结账

判断题

1. 超市损耗即顾客偷盗。(　　)
2. 对于生鲜产品的管理可以通过生态转换的方法来减少损耗。(　　)
3. 卖场内的垃圾可以由保洁员随意处理。(　　)
4. 防损可以分为人防和机防两种。(　　)
5. 超市通常发生的突发事件包括火灾、水灾和儿童走失。(　　)

思考题

1. 超市门店产生损耗的原因主要有那些?如何防止门店商品损耗?
2. 新零售情境下,超市门店偷盗事件应如何防范与处理?

家乐福发生突发事件,厦门家乐福称无此事

“厦门家乐福发生突发事件”“营业时间所有出入口封闭”“女士结账时孩子失踪”

"二楼卫生间找到孩子，头发被剃光，衣服被换掉"……孩子在家乐福超市差点被拐的消息在网络中甚嚣尘上。相关微博转发量大，关注度高，有不少人信以为真。

记者多方调查核实后发现，厦门家乐福并未出现此种情况，各种细节全是子虚乌有。本报热线新浪微博"@厦门日报 968820"第一时间进行了辟谣。

1. 传言

失踪孩子差点被拐？超市全封闭寻人。

当天中午11时许，微博上出现了这样一条内容——"前几天厦门家乐福发生突发事件，营业时间所有出入口封闭，原因是一名女士在结账时孩子突然失踪。及时报警后，孩子在二楼卫生间被找到，头发被剃光，衣服被换掉，人口贩子不知所踪。"

"孩子失踪""人口贩子"，最为揪心的字眼和各种详细的过程，让这条微博在半天之内被大量转发和评论。"不知真假，但还是请家长注意"是大多数微博网友选择转发的心态。

记者注意到，不少加"V"认证的微博和门户微博，也加入到转发队伍中，育儿类论坛和贴吧上也开始讨论这个话题。

2. 查证

厦门家乐福超市表示，未有封闭出口找小孩一事；警方也未接到相关报警。

3. 说法

专家指出，微博时代，涉及安全和生存的消息传播速度尤为迅速，市民的社会参与感是原因之一。

（资料来源：《厦门日报》）

请思考并回答：

微博时代如何应对超市突发事件？

超市门店损耗现状分析

【实训目标】

通过分组实训强化学生防损意识，训练学生的防损技能，培养学生发现问题、解决问题的能力。

【实训内容和要求】

（1）组织学生开展防损实训，每组针对某一防损主题选择岗位实训。

（2）组织学生调研本地某大型超市门店防损工作现状，收集该门店防损工作的主要做法，发现该门店防损工作中存在的问题或不足。

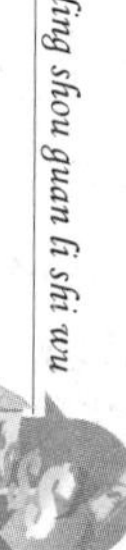

【实训成果与评分】

1. 评价内容

（1）学生参与性。

（2）调研获得的企业基本信息，企业损耗工作现状。

（3）损耗知识运用能力。

2. 评价方式

学生成绩由学生自评（20%）、互评（30%）和教师评价（50%）综合评定，评价表具体如下所示。

组别：______　　　　第__次实训

学号	姓名	自评（20%）	互评（30%）	教师评价（50%）	总成绩

活学活用

模拟发现顾客偷盗应该如何处理？

项目七 零售顾客服务管理

知识目标

1. 掌握顾客投诉处理程序及方式
2. 熟悉退换货处理程序
3. 了解新零售情境下，超市顾客服务的改进与升级

能力目标

会正确处理顾客退换货的要求及投诉

学习重点

1. 理解并掌握顾客投诉的处理程序及方法
2. 熟悉退换货处理程序

教学方法和建议

1. 通过任务驱动＋案例分析＋角色扮演＋小组讨论法等对超市顾客投诉场景进行模拟

2. 学生通过模拟现场顾客投诉场景为载体，体验实际的顾客投诉及退换货处理过程

3. 教学过程中体现学生为主体，教师进行适当讲解、引导、监督和点评

任务一　顾客投诉处理

任务导入

最近一个月，超市投诉明显增多，大多集中在商品价格过高、商品缺货上，也有部分

顾客投诉超市员工服务态度较差,素质有待提高。为此,李明召集全体超市员工一起收集、分析投诉的原因,准备建立起顾客投诉处理程序,合理运用顾客投诉的处理方法,提升超市服务水平。

任务分析

顾客投诉主要集中在对商品、服务、安全和环境的抱怨,针对顾客的投诉,要建立起顾客投诉处理程序,收集顾客建议,提升顾客服务水平。

相关知识

一、顾客投诉的类型

(一) 对商品的抱怨

商品是满足顾客需要的主体,顾客对商品的投诉意见主要集中在以下 4 个方面。

1. 质量不良

坏品、过保质期、品质差或不适用等商品质量问题是顾客投诉意见最集中的问题。当打开包装或使用时发现商品品质不好,顾客的反应较强烈,引起的投诉也较多。

2. 价格过高

日用品、食品、生鲜、果蔬类商品是顾客经常购买的商品,顾客对商品的价格变动非常敏感。顾客往往会因为商品价格过高向商场提出意见。

3. 标示不符

商品的价格标签看不清楚,商品上有几个不同的价格标签;商品上的价格标示与促销广告上的价格不一致;商品包装上无厂名、无制造日期等,往往是顾客投诉的原因。

4. 商品缺货

顾客对商场商品缺货的抱怨,主要是对热销商品和特价商品的缺货、商品品种的不全而不满。

(二) 对服务的抱怨

消费者购买商品的同时需要商场提供良好的服务,其对商场服务的不满直接影响商场商品的销售,对服务的抱怨主要有下面 5 个方面。

1. 营业员的服务方式欠妥

接待慢,缺乏语言技巧,无重点地一味地加以说明,商品的相关知识不足,无法满足顾客的询问,不愿意将柜台或货架上陈列的精美商品让顾客挑选等。

2. 营业员的服务态度欠佳

不理会顾客的招呼;过分的殷勤,以衣帽取人,瞧不起顾客;对顾客的不信任,盯梢或用语言中伤;对顾客挑选商品不耐烦等。

3. 营业员自身的不良行为

对自身工作流露出厌倦、不满情绪;衣着不整、举止粗俗、言谈粗鲁、打闹说笑、工作纪律差;评价、议论,甚至贬低其他顾客;营业员之间发生争吵,互相拆台等。

4. 服务作业不当

结算错误;包装失当;顾客寄放物品遗失、存取发生错误;送货太迟或送错了地方;不遵守约定,使顾客不能按时提货等。

5. 对服务制度的抱怨

主要为营业时间、商品退换、存包规定、售后服务及各种服务制度(规定)等。如:不提供送货服务、无保修或店内无维修点等。

(三) 对安全和环境的抱怨

1. 意外事件的发生

卖场购物时因安全管理不当,造成意外伤害而引起不满,如:因地滑而摔跤,因停电而碰撞或损失。

2. 环境不舒适

灯的亮度不够,空气不流通,温度过高或过低,商场内音响声太大等;卖场走道和垃圾没有及时清理;商品卸货时影响行人的交通。

(四) 对设施的抱怨

设施的抱怨一般有:货架高度不当,拿取不方便;无休息的凳椅;收银机少,缴款排队的时间较长;商场布局指示不清;无电梯、洗手间等。

案例 7-1

华润万家遭顾客投诉:等货近1小时服务态度难忍受

付款购买一台电高压锅后,等了近一个小时不能取货。南宁市民任先生向记者投诉,称当天在华润万家东葛店遭遇"不待见"。任先生认为,超市在处理顾客投诉时持敷衍的服务态度,让顾客在心理上难以接受。

据任先生介绍,他于某年13日18时52分付款购买一个零售价为658元的电高压锅,本以为会很快能提货,于是家人自18时起一直在地下停车场等候。任先生则"在超市来回闲逛等取货,结果等了差不多一个小时都没等到服务员取来货品"。任先生抱怨道:"付款时间不到19时,等了1个多小时,要求退货退款还是没得一句好话,大企业是不是应该有好一点的服务素质?"

对此,华润万家东葛店经理曹韬表示,任先生对取货服务人员有所误解,并称"操作人员是新到岗员工,对流程不是很熟悉并不是故意耽误顾客时间"。针对服务态度不好

的投诉，曹先生当面向任先生承认有不足之处并道歉，“准备与任先生面对面协调处理此事，有意见或要求顾客可以提出”。

任先生表示：“这其实是小事，找客服投诉也不是要追究什么，负责人来调解说明有诚意解决问题。”任先生最后接受办理退货退款，“希望以后超市态度可以有所改善”。

记者随后表示希望了解该超市处理顾客投诉的相关流程和应急办法，曹韬称无权接受媒体采访，亦不便提向记者提供负责人电话，让记者留下电话于次日再约时间前往超市采访。

3 月 14 日 11 时许，华润万家工作人员致电记者称，顾客任先生已于 13 日晚已办理退货款，没有其他处理需求和意见，投诉已完结。

（资料来源：广西新闻网）

考考你

任先生的投诉属于顾客投诉的那种类型？

二、顾客投诉方式

投诉是顾客向门店工作人员或其上级主管部门（单位）表达心中不满，并提出打折、换货、免费维修、索赔、道歉等权益主张的行为。

投诉的方式主要有电话投诉、信函投诉、当面投诉，以当面投诉为最常见。门店应根据顾客投诉方式的不同，分别采取相应的对策。

（一）电话投诉及处理

电话投诉是顾客通过电话方式寻求解决问题途径、发泄内心不满的一种便捷、高效的方法。

1. 有效倾听

仔细倾听顾客的抱怨，应站在顾客的立场分析问题的所在，同时可以利用温柔的声音及耐心的话语来表示对顾客不满情绪的支持。

2. 掌握情况

尽量从电话中了解顾客所投诉事件的基本信息：何时、何地、何人、何事、其结果如何，进行详细记录，同时留下顾客的电话，以备日后回复。

3. 存档

如有可能，把电话内容予以录音存档，尤其是特殊的或涉及纠纷的投诉事件。存档的录音带一方面可以作为日后必要时的证明，另一方面可以作为日后教育训练的教材。

（二）信函投诉及处理

顾客也可以通过邮件的方式，把自己的意见用书面的方式记录下来，通过邮寄的途径，进行倾诉。

书信投诉便于记录和保存，投诉较理性，很少感情用事。收到顾客的投诉信时，应立即将其转送负责人。相关人员应立即联络顾客，告知其收到信函，向其表达谢意，以表达商店的诚恳态度和解决问题的意愿。同时请顾客告知联络电话，便于日后沟通和联系，并尽快处理其投诉。

（三）当面投诉及处理

当面投诉是顾客投诉中最为常见的方式，通常顾客在感觉受到了不公平待遇或者对服务人员有意见时，会采用面对面的方式，寻求问题的快速解决。

对于顾客当面投诉的处理，应尽量迅速解决问题。在处理顾客当面投诉时，应注意将投诉顾客请至会客室或卖场的办公室，以免影响其他顾客的购物；创造亲切轻松的气氛，缓解对方的紧张心情；谨慎使用各项应对措辞，避免导致顾客的再次不满；严格按规定的“投诉意见处理步骤”妥善处理顾客的各项投诉；一旦处理完毕顾客的投诉意见，必须立即以书面的方式及时通知投诉人，并确定每一项投诉内容均得到解决及答复。

案例 7-2

永辉超市结账价高于标价赔付消费者十倍差价

某年 11 月 29 日下午，市民侯女士在永辉超市百子湾店购物结账时发现，购买的虾仁和沐浴露在结账小票上显示的价格与卖场里的标价不符。

11 月 30 日下午，永辉超市以差价的十倍赔付了侯女士。

顾客：虾仁“贵了”6 元

“21.6 元的虾仁变成 27.8 元，40 多元的猪肉给我称成了 60 多元，结账时沐浴露也比标价贵了 2 元。”侯女士称，11 月 29 日下午，她先后两次在永辉超市百子湾店购物。“第一次购物时，我以每斤 11.99 元买了一块劲排。结账时一看，价签上显示的是单价高于劲排的腔排，一块排骨多给我算了 20 多元钱。”侯女士称，她找到了负责称重的人员，对方为她重新称重并输入了编码，打出了新价签。再结账后，她发现标价为 25.9 元的沐浴露结账时变成了 27.8 元。她找客户中心的工作人员询问时，对方称她“看错了价格”。等她回去确认时，沐浴露标价已改回 27.8 元。

侯女士称，当天下午 4 时许，她再次进超市购物。结完账核对小票时，她发现，标价为 21.6 元的袋装速冻虾仁实际收款 27.8 元。

超市：员工未及时换价格

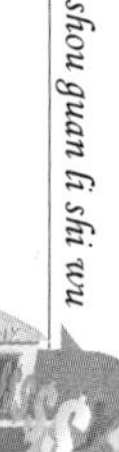

11 月 30 日下午,侯女士来到超市讨说法。

前台经理向侯女士表示了歉意,并称,速冻虾仁标价与实收价不符,是员工没有关注价格的变动,未能及时把价钱换过来。排骨称重出错,则是因为称重人员摁错了编码造成的,"希望大家多理解"。

经协商,超市按照袋装速冻虾仁、沐浴露的购买价与标价差额的十倍,赔偿给了侯女士,并将侯女士购买的排骨款全额退还。

探访

两顾客投诉"缺分量""差钱"。

11 月 28 日 13 时,永辉超市百子湾店内,速冻虾仁的价格已经标成了 27.8 元。大多数顾客表示,购物结束后,不会对着小票逐一核对价钱。

据统计,从 11 月 28 日 13 时 30 分到 15 时,有两名男性顾客分别到超市客户服务台投诉称,大白菜不足斤、沐浴露标价与实收价不符。

记者看到,超市工作人员补给了购白菜的顾客 5 角钱,并向购买沐浴露的顾客了解相关情况。

(资料来源:《新京报》)

考考你

永辉超市顾客投诉处理方式是否得当?

三、顾客投诉意见处理权责划分

在规划处理投诉的权责之前,门店必须先建立好自己内部的投诉处理系统。一般投诉处理系统由投诉执行功能和投诉管理功能构成。投诉系统建立之后,即可制订投诉处理的权责单位,以及每一单位所拥有的处理权限。由于顾客投诉的层面不同,可将权责单位划分为如下 3 个层级。

(一) 基层服务人员、领班

在营业现场时每一位服务人员都有可能接触到顾客的投诉。因此,门店必须在事前明确基层服务人员及领班的任务并授予处理特定事例的权限。

对于缺货、通道阻塞、价格标示错误、单纯的收银错误等可以立即处理,对附带建议性的小型抱怨,应授权服务人员或领班根据公司的既定政策及个人的判断后,当场解决顾客的问题,并给予满意的答复。事后作好记录,向店长呈报。

(二) 店长

店长在顾客抱怨的处理权责上,除了负有执行的功能外,还有管理的功能。以执行而言,对于基层人员在权限上无法处理的事情,必须立即转介给店长,对于并非只涉及单纯的商品赔偿部分，应由店长亲自处理，以免因为处理不当而发生二次投诉。店长应负责店内所有投诉记录的汇整与呈报，门店投诉事件追踪、奖惩、业务改进、责任归属、制度规划，以及必须负责整个政策公布及执行。

（三）经理、主任或专职单位

这一层级的责任规划，可以根据门店的规模来设定，例如：规模小者，可以指定特定主管或专人来负责；规模大者，如连锁总部就可设立专职部门，或在业务部的组织下由专人负责。主要负责处理投诉处理系统中，有决策性质的管理功能，以及具有较大影响层面的投诉事件。

各层级在处理顾客投诉时，均需依照企业既定的“投诉处理原则”，对于无法掌握的投诉事件，必须在事态扩大之前，迅速将事件移转至上一层级的权限单位处理。

四、顾客投诉意见处理程序

（一）控制自己的情绪

当顾客发怒时，门店工作人员首先要控制自己的反应情绪，要充分理解顾客投诉和他们可能表现出来的失望、愤怒、沮丧、痛苦或者其他过激情绪。

（二）鼓励顾客解释投诉问题

门店工作人员应创造机会让顾客充分陈述问题，多聆听顾客的委屈和愤怒，一是了解事情的来龙去脉，以便帮助顾客解决问题；二是疏导和安抚顾客情绪。同时投诉处理人员还要及时表达对顾客的理解，等顾客发泄之后再与其商讨问题的解决方案。

（三）有效倾听

在倾听投诉顾客陈述问题的时候，不但要听他表达的内容，还要注意他的语调与音量。当对方说了一段话后，对投诉者的谈话内容及思想加以综合整理，用自己的语言反馈投诉者。这样可以使投诉对象有机会再次剖析自己的困扰，也给顾客一个机会去重申他没有表达清晰的地方。

（四）判断事情真相

顾客在投诉时会表现出烦恼、失望、泄气、发怒等各种情感。同时，因为顾客总是强调那些支持他的观点的情况，所以，负责投诉处理的员工要记录好投诉过程的每一个细节，以便全面、客观、深入地了解并判断事情真相。

（五）提供解决办法

针对客户投诉，每个公司都应有各种预案或解决方案。在提供解决方案时要注意以下 3 点：为客户提供选择；诚实地向客户承诺；适当地给客户一些补偿。当顾客得到快速和公平的对待，大多数顾客会表示理解和满意。门店工作人员让顾客理解店方提出的解决办法是公平合理的。

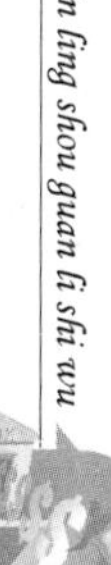

(六) 核实顾客满意度,改善提高服务质量

在投诉者已初步接受解决方案时,门店工作人员应主动核实顾客是否还有需要解决的问题,并确定顾客对投诉处理的结果是否满意。事后,门店服务管理人员要将所有顾客投诉的意见及其产生的原因、处理结果、处理后顾客的满意程度,以及今后改进的方法,加以总结,以防类似事件的再次发生。

案例 7-3

超市应如何积极应对顾客投诉

顾客在杭州的一家国际大品牌超市买了一包葡萄干,晚上边看电视边吃,居然吃出一个会爬的活虫子,由于不能确定是否已经有虫子吃下去,所以第二天早上便突感不舒服,恶吐、腹泻,去医院诊治并产生了相关医药费,随后找到超市要求处理。

顾客首先找超市售后服务的店员(以下简称售服),售服看到开包的葡萄干,首先质疑顾客投诉的真实性,认为虫子可能是打开以后才进去的。于是,顾客立即进该超市买了三包同品牌同批次的葡萄干当着售服面在售服办公室打开,结果有一包葡萄干里有一只死虫子。随后,售服电话向领导反映要求其处理,几分钟后,一位自称超市负责人,提出一个要求:顾客要拿出医生的证明,证明是吃了这个品牌的葡萄干才生病的,超市才能负责。顾客当然拿不出证明,任何医生也不会开这个证明的。听过超市负责人的处理意见后,顾客感到很无奈,于是叫来电视台记者,面对记者的质疑,超市负责人则坚称,包装袋密封了这么长时间的葡萄干里面不可能有活虫。售服也改口说自己不确认刚刚开袋的葡萄干里是否有虫子。随后,负责人走了,售服也不理人。面对此种情况的顾客非常生气,立马进卖场又买了 6 包葡萄干,在售服办公室,在摄像机下,一包一包打开。当打开到第三包的时候,一只活虫子慢悠悠地爬出来了,售服赶紧打电话叫负责人,折腾半天之后,终于等来食品部经理,食品部经理给的处理结果如下。

(1) 承认顾客买的葡萄干里面有活虫子。

(2) 口头承诺这个品牌同批次的葡萄干立即下架。

(3) 顾客有什么要求,超市无权处理,先登记下来,超市会找经销商,如果经销商同意顾客要求就解决了,不同意就协商。

(资料来源:食品咨询中心)

考考你

超市处理顾客投诉的程序是否得当,如果你是店长,你会怎么做?

资料卡 7-1

表 7-1　中百连锁超市顾客投诉登记表

顾客姓名	联系电话	顾客地址
购物时间	购物凭证及号码	投诉时间
投诉分类	1. 商品质量　2. 无质量问题退换货　3. 价格异议　4. 服务态度　5. 缺货　6. 其他	
第一次受理者	受理方式：1. 电话　2. 书面　3. 当面	
顾客投诉内容及过程		
顾客要求		
第一次受理过程及结果		
最终处理结果	1. 退货　2. 换货　3. 其他　4. 赔偿内容及金额	
完全意见处理时间	顾客意见及签名	
责任供货商		

服务员：　　　　　　　　店面主管：　　　　　　　　店长：

任务实施

李明制定了投诉处理程序，进行投诉统计，分析原因。

技能训练

【项目背景】

某日，在某购物广场，顾客服务中心接到一起顾客投诉，顾客说从我商场购买的“晨光”酸牛奶中喝出了苍蝇。投诉的内容大致是：顾客李小姐从我商场购买了“晨光”酸牛奶后，马上去一家餐馆吃饭，吃完饭李小姐随手拿出酸牛奶让自己的孩子喝，突然听见孩子大叫：“妈妈，这里有苍蝇。”李小姐看见小孩喝的酸牛奶盒里（当时酸奶盒已被孩子用手撕开）有只苍蝇。李小姐随即带着小孩来商场投诉。

【实训目的】

通过分组实训，让学生理解并掌握处理好顾客投诉的关键是什么，处理顾客投诉时有哪些需要注意的事项。

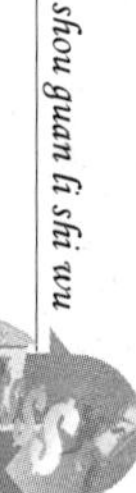

【实训步骤】

(1) 组织学生换位思考,分组讨论“如果你是超市的店长,接到投诉时,你会如何加以处理”。

(2) 学生将讨论解决方案通过角色扮演的形式进行现场模拟。

(3) 老师就学生汇报情况进行点评,学生进行互评。

【实训评价】

1. 评价内容

(1) 学生参与性。

(2) 学生对顾客投诉处理的方式及程序合理性及有效性。

(3) 学生搜集和处理信息的能力。

2. 评价方式

学生成绩由学生自评(20%)、互评(30%)和教师评价(50%)综合评定,评价表具体如下所示。

组别:________ 第__次实训

学号	姓名	自评(20%)	互评(30%)	教师评价(50%)	总成绩

任务二 退换货处理

任务导入

顾客来到李明超市要求退货,那么超市应该如何进行退换货呢?

任务分析

超市进行退换货需要建立退换货标准及其作业规范,退货收银员退款核查等。

相关知识

一、退换货标准

(1) 本公司售出之商品,在购买日次日起 7 天内发生性能故障或其他质量问题,顾客可选择退货、换货或修理。

(2) 本公司售出之商品，在购买日次日起 15 天内发生性能故障或其他质量问题，顾客可选择换货或修理。

(3) 不得退换货之商品。

① 有碍卫生无法再销售的商品(如内衣、袜子)。

② 烟、酒类商品及生鲜类食品。

③ 已拆封之消耗性商品(如电池、胶卷)。

④ 知识产权类商品(如软件、音像、书籍)。

⑤ 商品包装损坏，配(附)件不全。

⑥ 已修改之服饰。

(4) 未尽事宜，参照三包规定办理。

资料卡 7-2

谁来保证我的“二次退货权”?

在超市商场购物，一般会得到一张小票打印纸作为购物凭证，但在日常生活中，作为消费者，你是否遇到过退货后整张购物小票被收回，面对同时购买的其他商品，突然发现没了消费的凭证。

某日，有网友报料说，在安庆市某家超市购买了几件商品后发现其中一件存在质量问题，超市方给予退货后要求将购物小票收回去；消费者要求留下，而超市方却一口拒绝。该网友产生了疑问，除了退掉的商品，小票上还有好几样其他商品，将整张小票收回，其他商品不就没有消费凭证了吗? 如果这些商品中再次出现问题需要退换货，拿什么作为证据呢?

2013 年 3 月 13 日，记者走访了安庆市多家超市，发现确实存在退货后需收回整张购物小票的现象。记者在位于集贤南路一家大型超市买了一瓶酸奶和一袋膨化食品，结账时向收营员咨询，如果产品出现质量问题需要退货应该怎么办，收银员说，可凭购物小票退货，“退货后是不是要收回购物小票”，当记者提出疑问时，该收银员表示，“当然要把小票收回来”。

而在集贤路另一家超市，得到的答复也是一样，退货要收回小票。“把整张小票收回去，其他商品出了问题需要退货不就没有凭证了吗?”超市工作人员对此并不能做出回答，只是说这种情况很少见，还没听说过有市民提出这样的问题。

记者在街头随机采访了一些市民，不少市民都表示有这样的疑问。市民陈奶奶说，她曾经有过这样的经历，退货后商家就把小票收回去了。市民李小姐也说，退货后超市肯定是要收回购物小票的，“据说是要做账，我自己没遇到过这种情况。不过如果消费者要求，应该可以重新写个收据之类的吧。”而市民汪先生说，他碰到过不少退货的情况，“每次超市收回小票，我都让他们重新开一张发票。”

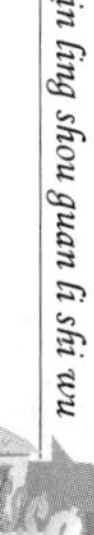

随后，记者联系上金华联超市一位黄姓工作人员，她表示，购物小票作为消费证据，顾客退货后是一定要收回的，“这并不是超市要做账，而是规定。但是针对顾客的其他消费失去凭证的问题，如果顾客要求，我们会把退货的那一项划去，或是把那一项撕掉，将小票重新还给顾客。”

3月14日，记者来到安庆市消费者协会，工作人员接受采访时表示，按照《中华人民共和国消费者权益保护法》和《安徽省消费者权益保护条例》相关条款，经营者提供商品或者服务，应当按照国家有关规定或者商业惯例，向消费者出具购货凭证或者服务单据；消费者索要购货凭证或者服务单据的，经营者必须出具。

所以超市、商场必须要向消费者提供消费单据，退货后如果超市要收回购物小票，而消费者要求保留其他产品的消费单据时，超市方必须提供相应消费单据，不得拒绝忽视消费者的诉求。“具体做法，超市可同消费者进行协商，但现在很多超市都做不到满足消费者诉求，市民难免吃超市‘霸王条款’的亏，这就需要超市加强和改善管理了。”

（资料来源：中安在线）

二、退货作业规范

（一）退货形式

1. 退货单

退货单分为正常退货、手退和空退3种。

（1）正常退货：因顾客所购商品有质量问题，顾客持发票及商品前来退货时使用。

（2）手退：因顾客遗失发票或时间长久电脑资料无法查询时使用。

（3）空退：因顾客购买之生鲜类商品已经加工使用，无法再退回卖场销售；或收银台多扫描、重复扫描退款时使用。

2. 退货单的开具及操作要求

退换货中心人员按退货单的内容填写货号、数量、购买日期、机台号、发票(或送货单)号、金额以及退货原因(简单扼要)，并且在承办人一栏中签名，接待部长在部长栏签名。收回顾客退货商品，将退货单的第二联(黄单)以及发票(或送货单)一并交给顾客，请其到退款处取退款。退货单白联贴在退货商品上，退货商品集中整齐的堆放在规定的地方。

（1）正常退货单。

单一退货金额超过200元(不含)的，需由客服经理签字。经理不在，由客服值班部长签字后事后由客服经理补签。

（2）手退退单。

手退退单需开具同样内容的退货单二份(每份一式二联)，内容栏内需清晰写明具体原因，并记录下顾客的姓名、地址及电话，以备核查。

手退50元(含)以下必须由接待部当班部长签核，50元(不含)以上须由客服经理签核方可生效。账管部退款收银员不得受理无主管签字的单据。如主管人员不在现场,可得到口头同意后先办理退货,待过后再补签。

手退退单其中一联(白联)由退款人员留存交账管部留作付款凭证,另一联(黄联)和其他退货单每日统一汇总。另一联(白联)贴在退货的商品上,接待部部员在手退登记簿记录,黄联由次日接待部早班部长交后勤管理部,后勤管理部人员在手退登记本上签收,作库存调整后留存,保存期一年。

(3) 空退退单。

空退需开具退货单一份(一式二联),内容栏内需清晰写明具体原因,并记录下顾客的姓名、地址及电话,以备核查。

如顾客反映收银台多扫描、重复扫描,一般应请顾客在当日携带单据前来处理,退换货中心人员应立即与账管中心联络,请当班收银员回忆,与账管中心确认有无顾客遗忘的物品记录,或利用监控探头看是否有顾客所述之商品遗忘或多扫描。如确定是多扫描或是重复扫描,做好记录,待顾客至卖场时退款给顾客。若没有发现多余商品,向顾客解释。

空退不论金额多少必须交接待部当班部长核准,经客服经理签字方可生效,否则退款人员不得处理。

顾客凭退货两联单进行退货,退款收银员在处理退款时,需用笔在顾客提供的原发票(或送货单)凭证上发生差错一栏金额处划出,并用箭头指示在空白处简单说明,核查后由退换货中心人员签名,在退款前请顾客签收(姓名、电话)。

退货收银员在空退完毕后,需在顾客会员卡资料备注栏注明"空退"字样。对同一会员卡在一个月内发生二次以上上述情况者,需立即报接待部当班部长处理。

退货收银员在完成此类退款操作后应将顾客原发票(或送货单)和新打印的发票存根联装订在一起。同时在退货机台每日差价(空退)登记簿上登记。当班部长需检查并签字。

3. 退货单控管核查

(1) 每日由接待部长在退货单的右上角手工书写手退、空退字样,分别编列 001 号开始的流水号,签名并注明日期。

(2) 退换货中心早班人员至接待部长处领取已编号的手退、空退货单,并在退换货单领用登记簿上领用人栏签名。

(3) 接待部晚班部长每日下班前须核对领用手退、空退货单起讫号及开出手退、空退留存联是否连号,核对无误后在登记簿接待部长栏签名。

(4) 退换货中心人员每天必须检查报表内容与昨天退货单留存联是否一致{包括品名、数量、单价、发票(或送货单号)等}。如发现有异常状况,及时报告接待部当班部长追查。接待部长每日须抽查报表,并将抽查内容用彩色笔画出并在报表上签字。

(5) 接待部当班部长每日须核查手退登记簿和收银机台每日差价(空退)登记簿与表单数量内容是否相符,并在登记簿接待部长栏上签字。

(6) 退货单每日装订,每月汇总,保存半年。

案例 7-4

农工商超市买到臭鸡蛋全单退货遭拒，经协调超市全单退货

近日，读者何先生向与本报合作的市民信箱"市民热线"反映，4 月 14 日家人在农工商超市购买了两斤多鸡蛋，当晚和次日早晨打出的两个鸡蛋散发出了臭味。何先生将剩余的鸡蛋拿到店内要求全单退货遭拒。对此，农工商超市客服白小姐解释称，超市方面同意将剩余的鸡蛋做退货处理，并不是像何先生所称，只肯换退两个鸡蛋。

4 月 14 日，何先生的父亲在农工商沧源店内购买了两斤多鸡蛋，共计 12.24 元。当晚，何先生的父亲做饭时先将这些鸡蛋用水简单地清洗了一下后，就准备拿几个炒菜，结果打出的第一个鸡蛋就散发出一股臭味。次日早晨，何先生的父亲又打出一个臭鸡蛋。"打出两个臭鸡蛋不说，还有煮好的鸡蛋蛋白上有黑色斑点，一想到这些我老父亲心里开始担心起来了。"据何先生介绍，这天上午其父亲就带着剩余的鸡蛋去超市要求全单退货，但被超市店长拒绝。

"他们说我父亲带去的鸡蛋，很有可能不是在超市买的，意思是或许调包过的。他们还让我父亲拿出当时称鸡蛋的塑料袋。"因为贴有条形码的塑料袋已经被扔掉了，无奈之下，何先生的父亲只好拎着剩余的鸡蛋回到家中。

何先生告诉记者，15 日中午，他就立即联系了农工商客服。"他们回应的态度更是差，竟然让我们将剩余的鸡蛋全部打开，若是好的就不退，坏的就退掉。面对顾客的态度如此恶劣，实在是不能让人接受。"

农工商回应：最终做全单退货处理

记者随后联系到了农工商客服人员白小姐，她解释称："当天，他父亲拿着一个蛋壳上有斑点的鸡蛋，说是鸡蛋有问题要全单退货。之后，我们就从他带来的鸡蛋里随机拿了 3 个打开，结果都是很好的。当然，我们也理解消费者的心情，但鸡蛋都已经吃掉一部分了，难道这也让我们来买单吗？"白小姐表示，超市方面原来愿意为剩余的鸡蛋做退货处理，并不是像何先生所描述的那样，只肯退换两个臭鸡蛋。

4 月 18 日，记者接到何先生的电话，他称鸡蛋已经做了全单退货处理，超市最终退给他们 12.24 元。

（资料来源：《上海青年报》）

考考你

面对生鲜空退情况，超市如何处理更为妥当？

三、换货作业规范

(一) 换货单的开具与操作要求

(1) 退换货中心人员按换货单上的内容填写货号、数量(须大写)、发票(或送货单)号、购买日期、金额及换货原因,并在承办人一栏签名,由接待部长签核。

(2) 换货单开出的商品必须是同一货号的商品,每单只能填写一种商品。

(3) 开好的换货单第一、二联交于顾客并告之如何操作:到卖场取同一货号的商品,第一联交给收银员,第二联交给出口处稽核人员。并告之此换货单只限当日有效。

(4) 收下的换货商品必须贴上第三联(红单),第四联(黄单)统一放置以做汇总用。

(5) 换货单如需作废,必须四联齐全,盖"作废"章。

(二) 换货单的控管

(1) 接待部早班部长在换货单右上角手工标注 7 位数号码(第 1 至 2 位为月份,第 3 至 4 位为日期,第 5 至 7 位编 001 至 999 流水号)并签名,同时在接待部长核准栏盖"接待部长核准章",在换货单第一行内容下沿线处盖"以下空白"章。

(2) 退换货中心早班人员至接待部长处领取已编号的换货单,并在每日退换货单领用登记簿上领用人栏位签名。

(3) 接待部晚班部长每日下班前须核对领用换货单起讫号及开出换货单的留存联是否连号,核对无误后在登记簿接待部长栏签名。

(4) 退换货中心早班人员每天上班后必须至账管部、防损部收回账管、稽核换货单,统计在换货单回收登记簿中,由接待部长、客服经理签字交店总经理审阅后存档。

(5) 换货单每日装订,每月汇总,保存半年。

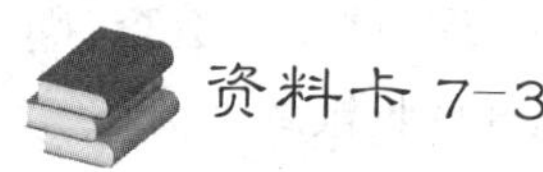

资料卡 7-3

1 号店推小家电"15 天无理由退换",创行业新标准

2011 年 3 月 15 日,在这消费者欢庆的日子,网上超市 1 号店再次以诚意升级消费者服务政策:自 3 月 20 日起,1 号店将全面推出"生活电器(小家电)15 天无理由退换"售后新政。据介绍,1 号店推出的"生活电器(小家电)15 天无理由退换"要远高于国家和行业现行的相关的标准,给予了消费者更宽裕的退换货时间。

2011 年 4 月,商务部发布"网购新规",鼓励平台经营者设立冷静期制度,允许消费者在冷静期内无理由取消订单。"网络新规"一出台,就受到广大消费者的热烈关注,但业界响应者不多。绝大多数商家都对无理由退换货保持着谨慎心理。按照我国的《产品质量法》《消费者权益保护法》及《三包售后服务规定》等相关法规,一般只有出现质量

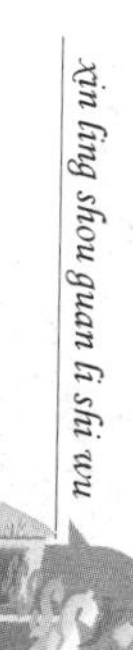

问题后,商品才能退换,在7天之内可以退货,在15天之内可以换货,而"无理由退货"更多是属于商家服务的自愿延伸。

网络购物近年来发展迅速,然而退换货时间长、反馈慢等问题使网购的售后服务投诉量激增。针对这些问题,1号店率先承诺"生活电器(小家电)15天无理由退换",所有1号店用户在购买生活电器(小家电)即日起,如对商品有任何不满,在确保商品未被损坏之后,可以办理退换货。

1号店此次推出"生活电器(小家电)15天无理由退换"服务,在行业内树立优质服务表率,既是源于1号店对所销售产品自身的信心,也是1号店关爱顾客购物体验及以消费者利益为先的具体体现。1号店愿意持续为确保消费者的权益保驾护航,用最好的服务为消费者创造最高品质的生活!

(资料来源:中国经济网)

四、退货收银员退款核查

(1) 每天营业结束后,由退换货中心人员统计当日退款总额填在当日退款数量金额汇总表中。此表填写一式两联,一联由接待部长审核签字后,交账管部长转金库内勤人员核对,另一联接待部留存。

(2) 退款收银员营业结束后至金融室,将当日退款发票存根联及顾客退款原发票联按序装订,清点现金,填写现金明细表交金库内勤人员。退款收银员须在现金明细表非现金栏注明手退笔数、金额。

(3) 金库内勤人员将退货收银员现金明细表与日结报表及接待部当日退款汇总表核对,核对其发票起讫号码、发票数量、退款金额、发票存根联及顾客发票联是否齐全,是否有顾客签名。

(4) 金库内勤人员核对有差异时,须报告接待部长、账管部长并重新核对、追查,确有现金差异,须记录在收银员每月收银情况簿中,现金负差异超出每日收银款万分之二部分,金库内勤人员填写在每日收银赔款记录簿中,退货收银员签名确认。

五、退货商品收回卖场操作

(1) 退货收银员在每天营运部门收退货前,按部门(百货、杂货、生鲜)分别填写退换货商品汇总表。

(2) 营运部门(百货、杂货、生鲜)会同防损人员每天固定两次(下午14:00、晚上21:30)至退换货中心收退货。如有需要,视情况可增加收退货次数。

(3) 营运部门收退货时,退换货中心必须有专人配合清点,清点结束,由营运部门和防损人员共同在退换货商品汇总上签字后,防损人员及营运人员一起将退货商品运进卖场。

(4) 精品区商品、高单价专柜商品必须由专柜人员亲自前来签收，并协同防损人员一起携入卖场。

六、退换货商品统计

(1) 退换货中心人员依商品退货单及换货单统计每日退换货统计表(见表 7-2)报各部门经理及店总经理处。

(2) 依报表每周汇总，并将退/销占比记录在店每周商品退换货排行统计表上交各部门经理及店总经理处。

表 7-2 中百连锁超市顾客投诉商品退换货登记表

商品名称	条形码	日期	数量	退换货原因	顾客签名	经办人

七、包装费、折旧费的收取及管理

(1) 顾客退货商品缺少外包装、附件或赠品均要收取相应费用。包装费原则上收取商品售价的 2%，附件及赠品的费用由营运部门决定，主要与顾客协商解决。

(2) 折旧费按当地消费者协会规定收取。

(3) 所收费用均需详细记录在退货单上，并记录下顾客姓名、地址及电话，顾客签字确认，由退换货人员和退款收银人员共同签名确认后交接待部长签字，退货收银员方可操作。

(4) 所收费用每日由退换货中心指定人员记录在收取顾客费用登记簿上，接待部长、客服经理签字，每月底将费用交会计部。会计部须开具收据，并在登记簿上签名。

接待部将收据贴在登记簿的最后页次中妥善保管。

八、退货赠品的保管与转交

(1) 退货商品有赠品的，在退货的同时须将赠品回收，并在退货单上注明赠品名称、数量，由顾客签字。赠品整齐摆放在指定位置。

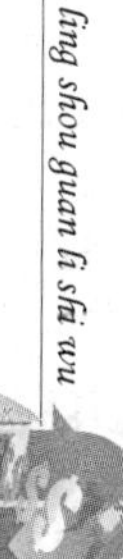

（2）退款收银员依据顾客发票（或送货单）在赠品转移簿上详细登记回收之赠品。

（3）每天晚班退换货中心人员将回收赠品全数转交给赠品区，承办人在退换货签名栏上签名。赠品区人员在赠品转移簿上签收，再交接待部长签核后保存。

任务实施

李明制定了退换货标准及作业规范，现将退换货标准罗列如下3点。

（1）本公司售出之商品，在购买日次日起7天内发生性能故障或其他质量问题，顾客可选择退货、换货或修理。

（2）本公司售出之商品，在购买日次日起15天内发生性能故障或其他质量问题，顾客可选择换货或修理。

（3）不得退换货之商品。

①有碍卫生无法再销售的商品（如内衣、内裤、袜子）；②烟、酒类商品及生鲜类食品；③已拆封之消耗性商品（如电池、胶卷）；④知识产权类商品（如软件、音像、书籍）；⑤商品包装损坏，配（附）件不全；⑥已修改之服饰。

（4）未尽事宜，参照三包规定办理。

技能训练

【项目背景】

学生随机抽签选择1家线上超市作为实地调研对象，进行实际购买和退换货。

【实训目的】

通过分组实训，让学生理解并掌握线上超市如何进行退换货。

【实训步骤】

（1）组织学生随机选择一家线上超市APP进行实际购买及退换货处理体验。

（2）将退换货的实际体验绘制思维导图（思维导图格式，要求精炼、客观、真实、有见地、配图片）进行课堂交流和讨论。

【实训评价】

1. 评价内容

（1）学生参与性。

（2）退换货处理流程及标准总结是否到位。

（3）学生搜集和处理信息的能力。

2. 评价方式

学生成绩由学生自评（20%）、互评（30%）和教师评价（50%）综合评定，评价表具体如下所示。

组别：________ 第__次实训

学号	姓名	自评(20%)	互评(30%)	教师评价(50%)	总成绩

任务三　零售服务质量的改进和控制

任务导入

李明深深的认识到，对于经营超市，只有不断的改进和控制服务质量，才能在日益竞争激烈的环境下生存，如今顾客对服务质量的要求越来越高，如何改进和控制服务质量这一问题摆在李明的面前。

任务分析

超市应真正理解顾客眼中的服务质量，有效地激励员工采取相应步骤制订服务质量标准和建立服务系统，使企业的服务质量得到改进和控制。认清顾客期望、管理者认知的顾客期望、服务质量标准、企业提供的服务、改善服务质量标准、实际传递服务及顾客感受之间的差距，建立零售服务质量控制的保证体系，对事前、服务过程和事后服务质量进行控制。

相关知识

一、零售服务质量的改进

要改进服务管理，可以利用帕拉索拉曼等人从服务传递角度提出的服务质量管理的差距模型来实施，通过改善服务工作中的5种差距达到改进服务质量的目的。

（一）改进顾客期望和管理者认知的顾客期望的差距

市场调查的数据收集、市场调查结果的使用、市场对服务中问题的针对性，以及管理者和顾客之间的直接联系等市场调查的营销努力会缩小这二者的差距。与顾客直接联系的职员应将所知所感传达给高层主管，而管理者也应找机会，鼓励员工和自己进行面对面的沟通。

（二）改进管理者对期望的认知和服务质量标准的差距

正确认识顾客期望可行性，在确定顾客的需求和期望重点之后设置正确的服务目标。根据企业特点制订服务质量标准,对重复性的、非技术性的服务实行标准化。

(三)改进企业提供的服务与其制订的服务标准的差距

现场服务人员本身素质不过硬,或者没有充分理解本企业服务标准的要求,或者服务自觉性和自律能力欠缺,执行力差,而致使企业所制订的服务标准没有完全落到实处,企业应积极开展神秘顾客调查,检查服务过程的标准执行情况,完善现场服务质量。

(四)改善服务质量标准和实际传递服务的差距

加强员工培训,建立有效的监督控制体系。企业尽量为员工提供必要的信息,降低员工产生角色不明的可能性。避免员工在企业和顾客之间产生角色矛盾。

(五)改善实际传递服务和顾客感受的差距

加强企业内横向信息流动,以加强部门之间、人员之间的相互协作,从而实现企业的全局目标。避免对企业所提供服务的夸大宣传,可以避免顾客产生过高期望。

案例7-5

重百新世纪超市逛久暖人心

“往黑米中添加白醋,白醋越变越红则是优质黑米,如果不变色或变黑色则是假黑米……”日前,一场“商品知识暨质量鉴别培训会”在重庆百货大楼股份有限公司超市事业部会议厅举行。据超市事业部相关负责人介绍,虽然这只是一场员工内部的培训会,却是提升超市服务质量的关键一步。

其实,细心的市民不难发现,商品质量、价格和服务是衡量超市是否深得民心的关键。今天,重庆晚报记者通过采访,带你走访本土商业大佬,探秘重百新世纪超市为何逛久暖人心。

1.“地毯式”抽查保证质量

三毛曾经说过,从下飞机的那刻起,你就能够感受到这个国家的大致面貌。同样的,对于消费者来说,走进超市生鲜区,这里的环境和质量,基本上就能够对整个超市打印象分了。因为生鲜区域的食品,基本上是人们每日生活所需的日配品,也是食品安全涉及最密切的地方。

为此,重百超市和新世纪超市深谙此理,所以总是制度先行,防患于未然。例如,对水果、蔬菜、熟食、半成品类保质期短容易变质的食品,每天进行“地毯式”检查。以熟食为例,商家的生产时间一般在凌晨两三点,那么超市的督导员就会在凌晨三四点的时候进行不定期抽检,以此督促商家确保食品安全。

同时,对短期保质食品,不仅会在价签上面贴生产日期和有效期,还会进行相关的温馨提示。如限当日食用、低温储存等字样。另外,对于易变质类滞销商品,一般会在每天下午 5 至 6 点钟进行降价促销，如果至门店打烊还没有处理完，便将进行集中摧毁，不再进行二次销售。

2. 逐一核价防止价签与商品错位

商品与价签的错位现象为何会时常发生呢？据重百新世纪超市相关人士告诉记者，这种情况的发生一般由三种情况导致，分别是：顾客在选购中随拿乱放、工作人员没有及时整理归位、商品调价后没有及时到收银台更新。

对此，重百新世纪超市规定，凡超市工作人员，将随时对自己所辖区域的商品进行整理，做到价签和商品一一对应。另外，商品调价之后，必须进行价格核实，确保价格统一之后，再将商品摆放至销售区域。

3. 完善服务提升顾客满意度

近日，记者在逛超市时就发现，有顾客将不同价格的散装零食装一起称重，在店员的提示下顾客才将商品分开装袋。那么，对于这样的现象，业内人士表示，超市作为人流集中的交易场所，每天将面对不同需求的顾客，服务方式众口难调，所以这种情况时有发生。

“但是，有些情况却是可以避免发生或者减少发生的。”重百新世纪超市相关负责人表示，超市旗下的每个店，每个月都会对顾客的建议和意见，汇总，定期上报。公司会对各门店的特殊建议事件进行汇总并选出典型案例，不定期召开讲座或讨论会。

同时，好的建议还会在公司会议上宣讲及企业内网上宣传，让员工在这些案例中学习成长，从而提升服务质量，树立良好企业形象。

“3·15”请你来学习如何鉴别商品质量。超市商品质量安全牵动民心，如何甄别假冒伪劣是一大难题。3 月 15 日，新世纪超市与重百超市将从旗下 200 余家门店中抽取 30 家，现场教市民如何鉴别商品质量。

例如，优质芝麻油和劣质芝麻油有何区别，纸巾为何出现斑点，葡萄酒该怎样“察言观色”等。作为消费者的你如果这一天正好有空，不妨抽点时间去了解，看看与生活息息相关的日常用品都有哪些鉴别方法，提升日后生活品质。届时，超市还将举行便民服务宣传和服务技能竞赛及演示等相关活动。

（资料来源：《重庆晚报》）

二、零售服务质量的控制

服务开始于组织内所有人员积极态度的开发。通过做好下面的工作，可以促使员工形成积极的工作态度，从而使门店服务质量得以控制。

（一）建立零售服务质量控制的保证体系

建立服务质量保证体系应设有三个层次：首先，应设立以零售店长为首的服务质量管理领导机构，建立服务质量监督网，负责确立门店服务质量管理目标；其次是各部门

根据业务范围设立服务质量管理小组，主要负责本部门服务质量管理计划的制订和落实；最后是各小组开展服务质量管理活动，根据服务质量管理工作的要求，抓好标准化、程序化、制度化、原始记录等各项工作的具体落实，及时收集和解决服务质量管理工作中的问题。

（二）零售服务质量控制的基础工作

零售服务质量控制的基础工作有三项，首先是服务质量信息工作，其次是制定服务程序，最后还有服务质量教育工作。

（三）零售服务质量控制的方法

1. 事前服务质量控制

事前做好设施质量控制；物品供应质量控制；原材料质量控制和服务人员的思想准备。

2. 服务过程中的服务质量控制

层级控制，主要控制重点程序中的重点环节；现场控制，零售服务质量的偏差往往是一瞬间发生的，有些偏差需要立即纠正，因此要加强现场管理。

3. 事后服务质量控制

事后服务质量控制是指及时收集各种信息；并对各种信息进行分析，及时发现问题，找出原因，从而有针对性地采取措施，保证零售服务质量目标的实现。

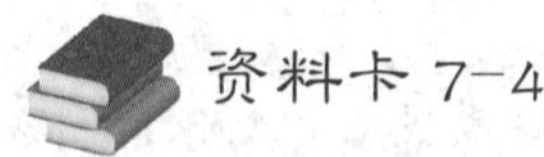
资料卡 7-4

上海超市倡议建立四维顾客服务体系

“3·15”消费者权益保护日即将到来之际，以上海家乐福为代表的大型零售企业发出倡议，引入社会监督机制，构筑四维顾客服务体系，为消费者创造一个更加良好的购物环境。3月14日是一年一度的“上海家乐福客服日”。新一批8名社会监督员获聘。自上海家乐福引入社会监督机制以来，社会监督员已覆盖上海家乐福旗下所有门店，暗访、监督食品质量、员工服务、内部管理、购物环境等，并纳入门店考评机制。此外，由社会监督员、热线电话及官方微博、收银台满意度调查系统和各店客服中心组成的四维顾客服务体系也将进一步深化。

知识加油站 7-1

苏果启动全新服务战略 推出服务品牌“贴心管家”

新零售环境下，以场景为依托，以商品、服务为触点的线下体验成为新零售的亮点。

苏果超市在22周岁生日之际，启动全新服务战略，推出服务品牌“贴心管家”，并提出“718服务承诺”，从售前、售中、售后三大环节全链条升级顾客体验，满足顾客在消费升级下的多元化消费诉求，提升行业竞争力，赋能新零售。

1. 满足消费升级，推出“贴心管家”

居民收入和生活水平的提高，让众多家庭进入消费升级时代，单纯的价格因素正在被逐渐淡化。人们对消费的需求变成了“更好的商品”“更好的服务”。

为更好的满足消费者对优质服务的需求，苏果将于7月18日正式上线“贴心管家”服务品牌，以“贴心服务，放心购物”作为品牌口号，在门店健全服务组织架构，以贴心管家、服务先锋为服务载体，从标准完善、员工服务、人员培训、客诉关注、技能竞赛、顾客沟通六大方面着手，落地执行服务标准，提高服务意识、提升服务质量。

2. “718服务承诺”解决行业痛点

服务响应效率低下，退货换货手续繁琐，是超市零售业的一大痛点。为了解决行业痛点，苏果提出了718服务承诺，即“7天无忧退货，1分钟快速响应、8项贴心服务”。

在退换货方面，除烟酒等易耗品外的商品自购买日7天内，顾客不满意即可退货，超过7天，在不影响商品二次销售的情况下即可退货。贴心管家有权限自行处理退换货，无需征询门店商品部门意见，手续简便，极大提高了退货效率。生鲜类商品，如水产海鲜、肉禽、果蔬等也属于可退商品的范围。

“1分钟快速响应”，即对于顾客需求门店内员工要第一时间放下手中工作予以回应，贯彻执行首问责任制，如遇难题及时联系贴心管家进行处理。在全面强化基础服务之上，苏果还提出了8项贴心服务，即“节假日开展社区活动；对超市内弱势群体进行爱心帮助；通过门店微信社群服务社区居民；提供销售以外的便民服务；热心负责的路线指引；为顾客省钱的促销指引；解答顾客疑虑的专业导购；全渠道融合的线上购物”，让顾客清晰感知苏果专业的服务形象。

3. 打造“景区式”购物环境

门店环境作为顾客直接感知的部分，直接影响顾客体验。因此此次服务升级也将门店环境的改造纳入其中，力主打造“景区式”购物环境。主要从卖场温度、营业区域、设备清洁、促销广播、服务配套、洗手间六大方面着手。比如，将卖场温度恒定在人体舒适温度26度；供顾客使用的设备做到无灰尘无水渍。促销广播调整到适中的分贝，以15分钟轻音乐搭配2分钟促销信息，使顾客的听觉体验更好；升级和新开门店的洗手间内配备有母婴室、残障人士专用位，背景音乐，冷热水等，通过卖场环境的升级给顾客带来更好的购物体验。

当下，实体零售正处于转型变革的关键期，除了商品、供应链等方面的比拼，服务依旧是零售变革下的核心竞争力之一。随着苏果新零售门店的加速落地，对服务的全面整合、升级也将裂变出更大的价值。

（资料来源：联商网）

考考你

新零售情境下，超市应如何改进服务质量提升核心竞争力？

任务实施

李明召集运营部人员编制了顾客服务质量标准，从软件到硬件、从前台到后台，均进行了一系列的改进和提升。

成立了质量控制部，检查监控商品质量。每天按照严格的标准对商品质量进行检查。在进货过程中，超市会对商品进行检测、留样，严把源头，把商品质量放在第一位。

顾客服务方面，对员工进行服务培训，并在培训时强调"顾客永远是对的"的这一原则，提高服务水平，改善服务质量，为顾客提供更便利周到的服务。此外，对超市店面进行了改造升级，卖场中新设了公共休息区室等服务设施，整体环境温馨、舒适、时尚，更具人性化。

技能训练

【项目背景】

学生通过网络搜索＋实地走访了解新零售情境下，线上线下超市顾客服务的改进措施，并就其升级及改进措施展开讨论，分析新零售情境下，超市应如何提高顾客服务质量进而提高销售业绩。

【实训目的】

通过分组实训让学生对新零售时代了解新零售情境下，线上线下超市顾客服务的改进措施有新的认识和体验。

【实训步骤】

(1) 组织学生通过网络搜索＋实地走访了解新零售情境下，线上线下超市顾客服务的改进措施，并据搜集数据就线上线下超市顾客服务质量改进进行对比分析；

(2) 将调研内容写成报告(PPT 格式，要求精炼、客观、真实、有见地、配图片)进行课堂交流和讨论。

【实训评价】

1. 评价内容

(1) 学生参与性。

(2) 调研获得的企业基本信息。

(3) 学生搜集和处理信息的能力。

2. 评价方式

学生成绩由学生自评(20%)、互评(30%)和教师评价(50%)综合评定，评价表具体如下所示。

组别：________　　　　　　　　　　　　　　　　　　　　　　　　　　第__次实训

学号	姓名	自评(20%)	互评(30%)	教师评价(50%)	总成绩

小结

顾客投诉的类型包括对商品的抱怨、对服务的抱怨、对安全和环境的抱怨和对设施的抱怨。需要建立电话投诉、信函投诉和当面投诉处理程序。退换货有其标准及作业规范，超市应真正理解顾客眼中的服务质量，认清顾客期望、管理者认知的顾客期望、服务质量标准、企业提供的服务、改善服务质量标准、实际传递服务及顾客感受之间的差距，建立零售服务质量控制的保证体系，对事前、服务过程和事后服务质量进行控制。

单选题

1. 顾客对超市门店服务投诉中对门店不提供送货、提货、换零的投诉是(　　)集中体现。

A. 现有服务作业不当　　B. 服务项目不足

C. 取消原有服务　　D. 收银作业不当

2. 顾客的投诉意见主要包括对商品、服务、安全和环境等方面，其中标示不符属于对(　　)的投诉。

A. 服务　　B. 商品　　C. 安全　　D. 环境

3. 商品质量问题往往是顾客投诉最集中的问题，商品质量不包括(　　)。

A. 包装破损　　B. 坏品　　C. 过保质期　　D. 不适用

4. 以下情况不属于顾客投诉要求空退的退货形式是(　　)。

A. 顾客购买之生鲜类商品已经加工使用，无法再退回卖场销售

B. 收银台多扫描

C. 顾客遗失发票

D. 收银台重复扫描

5. 以下商品不属于不得退换货之商品的是(　　)。

A. 有碍卫生无法再销售的商品(如内衣、内裤、袜子)

B. 烟、酒类商品及生鲜类食品

C. 知识产权类商品(如软件、音像、书籍)

D. 发票遗失的问题生鲜

判断题

1. 顾客抱怨是超市门店经营不良的直接反映，同时又是改善超市门店销售服务十分重要的信息来源之一。（　　）

2. 投诉是顾客向门店工作人员或其上级主管部门（单位）表达心中不满，并提出打折、换货、免费维修、索赔、道歉等权益主张的行为。（　　）

3. 各层级在处理顾客投诉时，对于无法掌握的投诉事件，必须在事态扩大之前，迅速将事件转移至上一层级的权责单位处理。（　　）

4. 投诉的方式主要有电话投诉、信函投诉、当面投诉，以当面投诉为最常见。（　　）

5. 处理顾客投诉时首先应有效倾听。（　　）

思考题

1. 顾客投诉意见的处理程序是怎样的？

2. 零售服务质量控制的保证体系的内容是什么？

案例分析

超市服务比拼更夺顾客心

超市竞争越演越烈，多数超市在操作上总是拘泥于过去的老方法，一门心思地搞促销、比价格。事实证明，这种作法无法达到预期的效果。相比之下，在服务上竞争，效果更佳。

最近一段时间，超市竞争有越演越烈的趋向。一些超市，其竞争的方法还是拘泥于过去的老方法和老套路，一门心思地搞促销、比价格，以此吸引消费者。事实证明，这种方法是不智之举，不可能达到预期的效果。

日前，在江苏苏果的南京清凉门大街某超市发生18名“价格间谍”集体到竞争对手处公开抄录商品价格事件，引起强烈反响。据该超市店长讲，一早超市里就来了一群人，七八个人一伙在三楼各柜台抄录价格。与普通顾客抄价格不一样的是，除价格外，他们还记录较为专业的商品条码。当时，店里的工作人员上前阻止，双方瞬间发生了冲突，最终苏果请来公安，将抄价的18人交由他们处理。苏果负责人称，抄价格在行内常有，但如此明目张胆的行为，他还从没有遇见过。据了解，到该店抄价格的18个人，来自位于龙江小区的某大卖场。他们抄录方式多种多样，有发短信的，有直接拿着电话报条码和价格的，还有的索性拿着自己超市的价格调研表对照价格。

这两年来，沃尔玛进驻新街口，乐客多、金润发闯进了鼓楼地区，家乐福、麦德龙开起了连锁，百佳、欧尚年底前也将开出新店，南京的零售业就没有平静过。外资卖场频繁进驻，超市布点越来越密集，土洋超市的市场竞争也愈发激烈。

当地一家电器商场负责人讲，每逢长假黄金周，抄价格、比价格行为几乎是公开的，各家高中低层都会派出人手深入“敌方”，柜台上的价格标签十分钟换一次都有可能，为了防止竞争对手探得“军情”，他们甚至已经学会了放“烟雾弹”。

某超市老总表示，集中抄录价格只是一个序幕，为的是及时调整自己的价格和战略战术。超市业间的一场厮杀即将展开，估计年底至春节期间将是这场战役的巅峰时刻。

价格竞争本身是把双刃剑，既有害别人，也不利于自己。过度的恶性竞争，更是只顾眼前利益的近视行为，不利于企业的健康和长远发展。最近，在湖北武汉、山东青岛也发生了激烈的超市竞争，但竞争的特点却完全不同，企业不是把竞争的焦点放在打价格战上，而是放在如何吸引客源，如何提供增值服务上，受到当地居民欢迎。

在武汉，一些超市针对顾客实际需要，推出了许多便民服务。买的商品拎不动怎么办？自有超市送货上门。免费送货只是超市的服务项目之一。家住粮道街的王大爷每隔两天，都要到一家超市免费测量血压，同时捎带点菜或是日用品回家。他说，小区附近超市有好几家，但他只愿意到这家超市购物。除测量血压的医疗器具外，微波炉、医药箱、自行车打气筒都摆进了超市。在购买商品的同时，还可享受免费服务，顾客普遍感觉十分满意。

中商平价雄楚店干脆开办了免费购物直通车，两辆直通车每天往返8趟运送顾客。珞喻路的王女士说，反正超市商品价格相差不多，能省个车费，何乐而不为？

业内人士称，武汉三镇的超市“生长”太迅速，有的社区超市甚至相隔不到200米，商品同质，品种类似，价格相当，在服务上动心思也在情理之中。当然，无论何种竞争，受益的是消费者。消费者高兴地说：“超市的服务多了，购物成了一种享受。”

在青岛，许多商店迎合顾客需求，各大卖场争开“早市”，也受到欢迎。

据了解，多年来商场的开业时间大都在9时左右，早起晨练的市民要买东西，不得不到早市。精明的商家不会错过商机，除了沃尔玛超市7时准时营业外，宁夏路上的大福源超市7时30分就开门纳客，台东利群超市定在8时，家乐福、家世界等一些超市稍晚，但也在8时30分左右。沃尔玛超市公共事务部有关人士介绍说，过去个别生鲜专区营业时间比较早，是为了与其他商场错位竞争，现在随着顾客增多，商场所有商品经营区都提前营业。

为了竞争，有的超市还不惜起大早外出揽活。大福源超市客户部冯经理讲，商场每天7时30分左右都会派出30多辆班车深入居民小区，让赶早市的顾客保证在8时以前到达商场。有的商场还专门辟出“等候区”，为顾客提供茶水等饮料，让早来的顾客休息。尽管各商家对“早市”销售情况以“商业秘密”为由不愿多谈，但据了解，“早市”收入至少要占到全天营业额的10%以上。商场“献殷勤”，爱赶早市的市民自然很捧场。家住田家花园的张先生过去早上都到农贸市场去买早点、买菜，现在大超市开门早，那里环境好，东西又不贵，还有打折商品，多年的习惯也就改了。

看来，超市竞争不仅仅是价格竞争，更是服务竞争。在商品经济高度发展的今天，特别是面临国内外大型企业竞争压力的超市，要想拓展自己的生存空间，提高自己的生

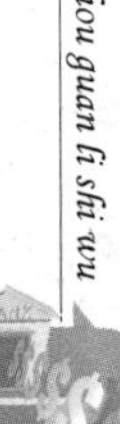

存能力，必须坚持为顾客服务的宗旨，紧紧抓住客户服务不放，挖掘需求，创造需求，充分满足需求，建立起拥有自我特色的服务体系，与消费者共信共识，才能获得顾客的认可，才能取得经营上的成功。

请思考并回答：

超市如何改进和控制服务质量才能夺取顾客心？

实训设计

顾客投诉意见处理

【实训目标】

针对顾客对商品、服务和安全等的投诉进行处理，掌握顾客投诉的处理程序，并作详细记录。

【实训内容和要求】

情景设计：周女士的一张购物卡从未使用，卡内金额却不翼而飞。

“我有一张从没使用过的购物卡，面值200元的余额却不翼而飞！”长沙网友周女士最近前往某超市购物，在付款时却被告知她出示的购物卡，其中有一张已消费且余额为零。当她要求超市出示该卡的消费记录时，对方提供的详单更是让她大吃一惊，该卡最后一次刷卡消费时间，就在她向超市交涉此事的20分钟前。

【实训成果与评分】

1. 评价内容

(1) 学生参与性。

(2) 投诉处理是否得当。

(3) 投诉处理知识运用能力。

2. 评价方式

学生成绩由学生自评(20%)、互评(30%)和教师评价(50%)综合评定，评价表具体如下所示。

组别：________　　　　第__次实训

学号	姓名	自评(20%)	互评(30%)	教师评价(50%)	总成绩

活学活用

为你所在学校周边超市制订顾客服务质量改进的方法？

项目八 零售人员管理

知识目标

1. 理解并掌握组建团队的技巧与步骤
2. 了解团队领导的才能与艺术
3. 理解并掌握团队冲突的原因及处理方法
4. 熟悉团队培训的内容与方法
5. 理解并掌握团队的激励方法
6. 熟悉团队成员绩效考核的方法

技能目标

1. 能根据团队组建的步骤组建团队
2. 能处理团队冲突
3. 能组织团队培训
4. 能对团队成员进行有效地激励
5. 能对团队成员进行 GROW 教练式绩效沟通

学习重点

1. 理解并掌握组建团队的技巧与步骤
2. 理解团队冲突的原因及处理方法
3. 熟悉团队培训的内容与方法
4. 理解并掌握团队的激励方法

教学方法和建议

1. 用角色扮演法让同学们体会团队冲突处理技巧、教练式绩效辅导技巧

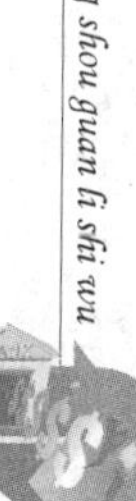

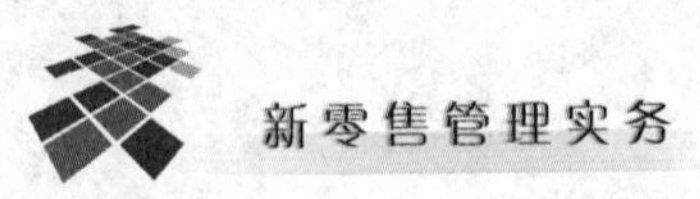

2. 用案例分析法让同学们根据具体的团队管理案例分析相关技巧

任务一 团队建设

任务导入

随着超市规模逐渐扩大，李明需要招募新员工，但不知道该怎么组建团队。已有的团队也常常发生冲突，不仅吵架，甚至还会动手打架，对店里的经营产生了负面的影响，甚至还会给顾客留下不好的印象。其他团队领导者也纷纷表示很难领导大家，频频向李明倒苦水。应当怎样组建团队、应对冲突和领导团队成员？李明陷入了沉思。

任务分析

选对人很重要，如果选对了人，人员管理会事半功倍；如果没有选对人，再多的培训和激励也收效甚微。因此，应当明确团队成员选择的基本原则，掌握团队成员的选择方法，按照科学的步骤组建团队，用赋能的方法带领团队，巧妙的处理团队冲突，将团队建立起来。

相关知识

一、学会组建团队

（一）明确团队成员选择的基本原则

1. 认可共同目标

如果团队成员认可团队的共同目标，并愿意为之努力奋斗，这个成员就非常适合这个团队。例如，生鲜部的团队目标是提高业绩，获得月度大比拼的奖金。员工 A 希望提高团队业绩，获得更多收入，以便为即将出世的孩子攒奶粉钱，为了孩子他愿意不辞辛劳的加班，竭尽所能的想提高团队业绩的点子。这样的个人目标就与团队目标比较统一。员工 B 家中并不那么缺钱，想浑浑噩噩、混吃等死地过日子，在工作方面，只想在超市做好本职工作，并不想努力付出。这样的个人目标就与团队目标没那么一致。因此，员工 A 更适合纳入到生鲜部这个团队中。

2. 能力和角色的互补

性格相近的人因为比较和谐，一起工作会感到愉快，但效率不高；性格互补的人一起工作有时会感到不舒服，但效率会更高。如果需要组建高效的团队，要考虑为了达成团队目标需要具有哪些性格和能力的人才，并用好的团队管理方法将成员凝聚在一起。

根据贝尔宾（Meredith Belbin）对团队的观察，团队中的角色可分为3大类、9小类，如果组建团队时注意这些角色的彼此搭配，会产生更高的绩效。三大类角色分别为执行团队任务活动的"行动导向型"、协调团队内外部人际关系的"人际导向型"以及负责提供创意与专家智慧的"谋略导向型"，每个大类下有3种角色。在想点子时，"智多星"是点子工厂，总能提出新点子；"监察员"能理性的分析策略，"专家"能从专业的角度提出建议和看法。执行团队任务时，"形塑者"提出方案，"执行者"为方案设计落地计划，"完美主义者"则催促大家及时完成计划，"专家"则做较难搞定的技术层面的任务。在执行团队任务时，需要协调内外部人际关系，"外交官"搜集外部资源与信息，"协调者"管理团队内分工与事务，当有冲突时，"团队工作者"则会做润滑剂，彼此劝和。在9种角色的共同作用下，团队在搞好人际关系的基础上，能想出有创意、有专业性、有理性谋略的点子，并将这些点子实际的做出来，做好每个细节，最终实现团队目标。

团队在组建时，可以根据缺少的团队角色针对性的挑选成员。例如，生鲜部每次促销时想法都很陈旧没有创意，那么团队在选择新成员时，就应当重点挑选"智多星"这一团队角色，根据"智多星"的描述与测评挑选人才。干货部每次对外部信息的反应都慢半拍，所有的消息都是超市里最后一个知道，在补充新成员时，就应该补充"外交家"这一团队角色。烟酒糖果部做事情总是不能按时完成，一些细节常常做得不到位，团队在挑选新成员时，可以重点挑选"完美主义者"这一团队角色的人才。服装家居部总有很多想法，却很难落地实现，很多点子常常不了了之。其实是因为他们缺乏"执行者"这一团队角色。

3. 以尽责性和随和性员工为团队主体

一个团队想要成功需要做好两个方面：一是高质量地完成团队的核心任务；二是保证团队成员之间的协同配合。尽责性高的员工可以保证迅速、高质量地完成团队核心任务，而随和性员工则可以促进团队的协同配合。因此，当一个团队配备以尽责性和随和性为主体的员工时，团队就具备了产生高绩效的基本条件。当然，为了完成角色互补，有的角色并不是随和性的，也可以搭配组建，但最好以尽责性、随和性为主体。

4. 合理搭配领导者和追随者角色

有些团队成员扮演类似领导者的角色，而另一些员工扮演追随者或合作者的角色。团队领导者应当注意到团队内部的角色分工，在搭配团队成员的时候考虑到个性和角色的契合。一般而言，外倾性高的员工倾向于承担领导者、协调者的角色，而随和性员工倾向于扮演追随者和合作者的角色。因此，一个团队中外倾性和随和性员工的比例搭配要适当，避免一个团队出现过多外倾性员工，导致人人争当领导，团队内部不良竞争加剧的现象，同时也要避免一个团队中没有人愿意承担领导者或协调者的局面。

5. 打破团队僵化的思维模式

团队成员在一起相处久了，容易形成一些僵化思维，有的会对团队决策和绩效会产

生不利影响。因此团队领导者需要在团队中加入新鲜血液来打破团队固有的思维模式。开放性高的员工往往不循规蹈矩，喜欢尝试采用不同的方法来执行任务。因此，开放性员工对打破团队固有的思维有着至关重要的影响。开放性员工往往能够扮演批评者的角色，对团队的决策提出新的想法和建议，可以挑战绝大多数人的意见，使其他成员进行反思。不过，开放性员工的比例要根据团队的性质而定。对于传统型的团队如客户服务、维护等，过多的开放性员工会由于过于关注创新，导致团队偏离既定的业绩标准，出现常规绩效的下降。因此这类团队应当控制开放性员工的比例。相反，对于鼓励创新的团队，如设计、营销团队等，则可以适当增加开放性员工的比例，促进团队内创新想法的产生。

6. 警惕团队中的“老鼠屎”

“不要让一颗老鼠屎坏了一锅汤”。团队成员会相互影响，当团队中存在某个有着较强的负面性格的成员时，如同流行感冒一样，会降低团队的绩效水平。例如，当一个团队有一个非常不负责任的员工，这种不负责任的个性将会带动其他团队成员也变得不负责任，使团队无法顺利地完成任务。所以，在组建团队时，一定要注意筛选。

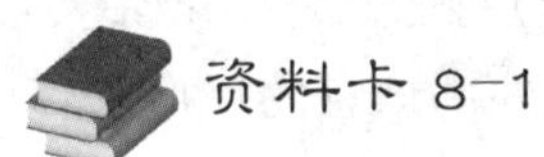
资料卡 8-1

团队中6种“让人头疼”的人

1. 让人无法忍受的傲慢

傲慢的人有一个最大的特点，那就是他总觉得自己无所不知，而且在其他所有人面前都有一种莫名的优越感。而且当其他人展示出自信的时候，他从来不会为这个人感到高兴，因为别人的自信会影响到他的傲慢。

2. 受害者心态

他们总觉得自己受了委屈，当出现了问题的时候，总是会第一时间寻找替罪羊，责怪其他人。简单来说，这些人永远不知道自己才是生活的掌控者。

3. 严重“红眼病”

被嫉妒心理操纵的人从来不会对自己已经拥有的东西感到满意，而当其他人有好事的时候，他们也从来不会为对方感到高兴。他们无法欣赏其他人的成就或是进步。他们总是觉得，如果有好事发生，那么这件事就必须要发生在他自己身上。

4. 撒谎精

世界上只要有人，就会有谎言存在。但是对一个团队来说，撒谎成性的人极其危险，因为你永远无法知道他哪句话是真的。当他与你谈论别人的时候，他会对你撒谎；当他和别人谈论你的时候，他一样会撒谎。有这样一个人在你的团队中，你的团队很难团结。

5. 消极情绪散播者

他对任何事情都感到不满、愤怒以及怀疑，更糟糕的是，这种情绪还会传染，慢慢的，团队中的所有人都会变得消极，到时候你的办公室就会变得像坟地一样死气沉沉。

6. 贪得无厌

在一定的范围内，欲望和志向是一个好东西，它会让我们获得不断向前的动力。但是人如果超过了这个范围，就会变成让别人讨厌的贪得无厌的人。这种人什么都想要——属于自己的东西想要，不属于自己的东西更想要——到了这个阶段，占有欲就占据了这个人的内心，他们只是要占有，却不想为之努力。

（资料来源：太仓人才网）

考考你

挑选团队成员时，怎样能识别出这6种人？

（二）按照六大步骤组建团队

1. 目标：定目标，方向一致

组建团队，首先要明确团队要达成什么样的目标，并确保团队成员的个人目标与团队目标方向一致。在组建团队时，团队领导者首先应当了解团队成员的个人目标，在此基础上向团队成员说明团队的目标，以及实现团队目标能够给成员带来哪些益处，重点结合团队成员个人目标说明实现团队目标会给团队成员带来的益处，进而统一个人目标与团队目标，保证每个团队成员的方向一致。例如，陈欣希望和王毅、林怡组建一个参加全国零售技能大赛的团队，陈欣先了解了他们二人的个人目标。王毅希望能升任小店长，林怡希望能得到大家的认可，因此陈欣找到他们二人，说明了自己希望带领这个参赛团队获得全国大赛冠军的目标，并告诉王毅，上一任小店长就是因为在比赛中表现突出才从基层岗位升上来的；陈欣也告诉林怡，这个比赛是公司全国门店的精英参加的比赛，获奖者会受到总经理的嘉奖，并且会在全国的门店通告获奖者，组织大家向获奖者学习经验。通过陈欣的解释，王毅、林怡都很乐意参加到这个比赛团队。

2. 架构：明分工，职责清晰

在确定好团队目标后，再思考，为了完成这样的团队目标，我们需要有哪些岗位或角色？分别做哪些工作内容？应当有怎样的分工和职责？对团队的技能要求、经验要求有哪些？目前团队的岗位职责及项目职责是什么样的？需要怎样的调整？陈欣和王毅、林怡组建好参赛团队后，由于准备参加的是防损法律法规竞赛这一赛项，根据过去的比赛经验，陈欣负责搜集比赛技巧，做比赛联络；王毅负责搜集相关的法律法规知识；林怡负责记忆法规知识，王毅和陈欣也记忆法规知识，重点记忆林怡不擅长的部分。

3. 流程：明流程，高效协作

在确定好岗位或角色后，要进一步理顺工作流程。为了完成团队目标与任务，岗位之间如何对接与协作？哪个是第一个步骤，做好后再把任务交给谁？如何让对接双方

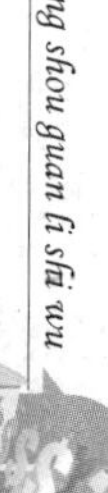

理解对方的工作并做好配合？在案例中，陈欣首先收集法律法规文件与比赛技巧，然后三人同时记忆，每天抽时间根据过去比赛的题目互相抽问对方，答错了就看了答案后重新抽问。每周周末，团队邀请团队以外的人来做抽问的主持人，团队三人一起参与知识竞答，模拟团队竞答的场景，并把每次的经验教训都记录下来，讨论解决方法，应用到下一周的背诵中。比赛前三天，把所有的知识打乱顺序，整体随机抽问，考察大家对法律法规的整体把握。在此期间的比赛联络由陈欣负责，例如前期的报名、中期的比赛规则咨询、赛前订票等事务。

4. 激励：做激励，激活个体

对于做得好的员工，有哪些奖励措施？对于做得不好的员工，有哪些推动和帮助措施？应当怎样公正科学的识别出做得好的员工和做得不好的员工？用什么标准？在案例中，三人商定比赛的奖金将平分，此外，在每天的抽背环节，答错最多的人请另外两人每人吃一个 10 元内的小零食，通过这些激励措施，三人练习得非常认真。

5. 支持：寻资源，水样协同

为了达到目标，我们需要哪些团队的支持与协作？应当怎样获得相应的资源？怎样像水一样灵活、及时的协同支持？案例中，三人参加比赛需要得到店长的支持，例如，尽量不安排三人加班，让三人能有足够的时间准备比赛；给三人报销比赛的交通费，因为这是到另一个城市参加比赛。为此，陈欣特意与店长沟通，说明了比赛对门店业绩的好处，终于获得了店长的支持。

6. 生态：辨现状，营造生态

我们所在做的是依托个人，还是在营造生态，激活个体？如果依托个人，一个人的离去就会拖垮一个团队；如果营造的是一种良好的生态，即使一个人离去，新人也能在良好生态中快速成长起来，团队能继续发展。案例中，店长要求三人每天记录参赛的经验教训，把好的方法、题库、资料留存下来，今后门店可以靠着这些继续参赛，即使将来陈欣三人中有一人离职或不参加比赛，门店也能获得好成绩，营造一个好的生态环境，而不是依赖某个人。

案例 8-1

阿里巴巴新零售人才选拔与团队组建

(1) 从组织架构上来说，在原有的天猫、淘宝等业务板块上又加入了银泰、盒马鲜生等实体零售板块以后，阿里巴巴人员管理结构发生了哪些变化？

石旻：新零售业务本质是通过大数据驱动下的人货场的重构。过程中有大量不同背景特色的人才加入其中，既有互联网背景、技术的人才，也有众多在商业领域有丰富经验的人才。我们的组织设计，核心是如何让这些人才能相互融合，产生更多化学反应。

(2) 阿里巴巴对人才的价值观考量、人才结构布局和驱动力是怎样的?

石旻:首先,我们要找到同类人,大家对未来有共同的认知和相信,因为相信而看见,因为信任而简单。这里并不是大家表现形式都是要整齐划一的,而是大家有着相同的内核,真正认同并坚信我们的使命"让天下没有难做的生意"。用阿里巴巴的话讲就是,"一群有情有义的人,一起做一件有意义的事情"。

我们对于人才的价值观的要求是最根本的基础。阿里巴巴的价值观要求每个人坚守客户第一、团队合作、拥抱变化、诚信、激情、敬业,我们称为"六脉神剑"。我们认为,这六条价值观并不是凭空而起,实际上也是人生在世,必须要遵守的几条做人的基准线。同时,我们更重视个人特性,在聪明、皮实、乐观、自省方面犹为关注。我们更在乎人的本质问题,做事的起心动念是什么,是不是能够以客户价值实现为导向做事,是利益驱动还是客户价值驱动,是否能够为客户创造更大的价值,是否能够进化。

(3) 对于市场的快速变化,如何实现快速的反应和决策?

石旻:首先,还是阿里巴巴文化,共同的认知和相信,会让事情变得简单。同时,我们非常相信并坚定于让一线的员工有话语权,同时因为大家一直思考问题的原则和依据是基于客户价值,所以遇到问题大家会回到客户价值上去看,当回到客户价值上决策就变得没有那么难和复杂。所以大家相互补位的意识及 ownership 的意识是很强的。

然后,我们所有组织的设计都是为了能达到组织效能的最高效,我们不会为了所谓的队形漂亮。怎么有效怎么来。

(资料来源:中国连锁经营协会)

考考你

阿里巴巴在团队建设与领导方面有哪些地方值得借鉴?

二、掌握团队领导的才能与艺术

(一) 为团队赋能,做教练型领导者

"赋能"一词,源于积极心理学,顾名思义,就是给人赋予某种能力和能量。通俗来讲就是,你本身不能,但我使你能,旨在通过言行、态度、环境的改变给予他人正能量,让人处于积极的工作和生活状态。

1. 赋能团队的特点

(1) 自主性。赋能团队会具有自主性,做想要做的事,能够自动自愿地去做事。

(2) 成就感。团队成员因为做自己想做的事,并能够做好想做的事,因而具有满满的成就感。

(3) 意义感。团队成员会认为自己做的事情非常有价值,并激发内在的动机,保证

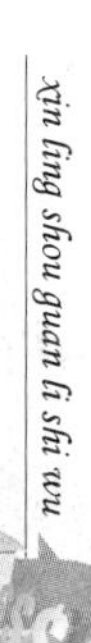

工作的正向循环。

(4) 自信心。因为团队成员有成就感,并且领导给予积极的支持,更容易具有信心。

(5) 目标感。团队成员有共同的目标,大家力出一孔,把各种摩擦和阻力降到最低。

(6) 可能性。因为团队成员有自主性,不仅仅是听命于领导,因而能够找到更多可能性,甚至会超出预期实现目标。

2. 为团队赋能的方法

(1) 氛围赋能。

在氛围上,领导可以为团队营造一种积极向上、关注对方、尊重对方和认可对方的氛围,这必须贯穿在日常的沟通和管理中,对团队成员的想法积极聆听,并给予正面回馈。

案例 8-2

当盒马鲜生的店长会是一种怎么样的体验?

盒马鲜生从三个维度评判店长工作,分别是顾客体验、团队体验和经营结果。团队体验主要是店内团队成员对店长的领导和管理的感受。

盒马鲜生的团队,比传统零售店更多元化:在餐饮部分,有来自星级酒店的同事;有年轻的线上运营同事;在生鲜端的同事拥有更多来自传统线下的经验;还有占比近一半的物流团队。对待不同模块的团队成员,需要用完全不同的语言:和做餐饮的同事谈工匠精神,和物流团队谈效率及数据,和 CRM 运营同事谈客户端"怎么玩",和负责生鲜的同事更多地谈商品品质。

另一方面,在盒马鲜生金桥店的团队中,90 后占据过半,其余多为 85 后,甚至还有 95 后。张晓峰说,和 90 后团队成员交流,"不能直接说你这个做得不好。而是你这个很好,用别的方式会不会更好,你的想法是什么?"对于年轻员工,需要更多的启发式教育,让其成长,认可和鼓励很重要。张晓峰也会从团队身上学到很多,成员的反馈使他更了解实际情况。

(资料来源:天下网商)

考考你

根据案例和你的体会,管理 95 后、00 后有哪些技巧?

(2) 授权赋能。

一些领导者担心下属做不好事,总喜欢亲力亲为;也有领导者担心权力下放无法控制员工，喜欢把权力紧握在自己手中。但换个角度看，团队领导将权力下放，让更直接接触事情的人分享权力、承担责任、调动资源，一方面，团队成员拥有足够多的权限，不用事事请示，还能有更多的自由，更好的发挥自己的创造力，更有效率地完成工作；另一方面，团队成员能感受到领导给予的充分信任，领导更能树立权威。此外，团队成员还有机会去承担更多的责任，会成长得更好，加强对完成团队目标的使命感与参与感。

当然，授权不是把事情丢出去放任不管，而是更关注结果，更关注大局，把过程、细节交给更直接相关的人。授权实际上是一种刻意的能力训练，能让员工的能力不断提升。不被授权的人，很难得到快速的成长，很可能只是个听话的跟班，潜能很难发挥出来。

(3) 成就赋能。

成就赋能是指，肯定团队成员的成就，并用物质激励或精神激励将成就进行强化，让员工感受到成就的喜悦，并愿意继续努力获得成功。

(4) 三者关系。

氛围赋能，使人愿意干；授权赋能，使人可以干；成就赋能，使人干成事。而不断地把事情做成，它反过来又会激发更大的激情。氛围、授权、成就，构成一个正向的三角赋能循环。

(二) 在日常工作中践行领导艺术

1. 分配工作的艺术

(1) 能分配给一个人完成的工作，绝不分给两个人，切忌“共同负责”。

(2) 分配工作要尽量满足职工在工作中的社交欲望，使其有机会与别人接触。

(3) 要让下级跳起来摘果子，工作难度稍大些，完成工作后有成就感。

(4) 工作内容最好多样化，以利于减轻工作疲劳。

(5) 工作分配要甘苦搭配。

2. 中层管理者支持基层管理者的艺术

(1) 要重视下属的意见，作决策时把基层管理者当作“顾问”。

(2) 让基层管理者做自己的“发言人”，自己的意图靠下属去传达沟通，这样可使基层领导在群众心目中的地位提高。

(3) 作下属决策的赞助人，对于基层管理者已作的决定，没有非反对不可的理由就要支持。

(4) 充当下属的“缓冲者”，一般情况下尽量不使自己处于“第一线”，但基层管理者出了差错，领导要主动站出来承担责任，使下属在工作中有“安全感”。

(5) 领导者应尊重和支持下属的意见，但要保持头脑清醒。一位最佳的领导者，是一位知人善任者；而在下属甘心从事其职守时，领导者有自我约束力，而不可插手干涉他们。否则后果必然是一方面浪费了自己的宝贵时间与精力；另一方面会造成没有主见、没有责任感的下属，又反过来加重自己的负担。

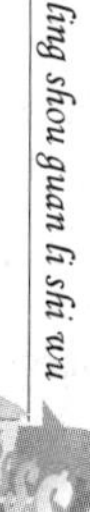

3. 运用权力的艺术

领导者有权便于推动决策，但权力的威力往往不在行动之时，而在行动之前；动不动就使用权力，有时反而削弱了权力的威力。权力要成为工作的间接推动力；而以身作则，班子团结，才是工作的直接推动力。

4. 督促工作的艺术

对下属的检查督促，要求前后一致，不要朝令夕改、前后矛盾，免得下属无所适从。检查督促的严密程度要适当，不检查督促是领导者的失职；但过于频繁，效果却适得其反，下属轻则会抱怨"婆婆嘴"，重则会感到领导对自己不信任，对自己的能力有怀疑。

知识加油站 8-1

空降兵的领导艺术

有时，创建团队不是引入一个新的下属，而是直接引入一个空降兵，成为团队领导者。对于一个空降兵的团队领导者，如何把已有的团队改造成属于自己的新团队，需要一些领导艺术。

一、先融入然后再改造团队

每一个团队都有自己的独特的文化，空降兵加入一个新团队之后，对本团队文化的认同是前提条件。有的团队领导者来到一个企业之后，在没有得到充分授权的情况下，就完全悖离团队的宗旨，大刀阔斧地进行改革，结果是"出师未捷身先死"。要融入首先要接纳团队文化，上任之初与团队成员要进行充分沟通与交流，联络感情，了解信息，摸透情况，找出问题，寻求改进的办法。改造团队是一个渐进的过程，千万不能一蹴而就，保持团队的稳定与发展是团队领导者必须考虑的问题。

二、明确团队的使命与愿景

愿景是团队领导者对团队成员未来的承诺。清楚而鼓动人心的说出团队未来实现的目标，并具体描述目标实现后团队的愿景，这对一个团队来说显得非常重要。例如，团队领导者向团队成员承诺，大家努力工作，目标实现后开展庆贺活动、组织旅游、薪酬改革遇待增加10%等。不过，一定要说到做到，否则会影响员工的积极性。

三、培养统合开放的沟通环境

团队领导者与团队成员打成一片，这一点显得尤为重要。有的团队领导者觉得自己是团队领导，高高在上，要与员工保持距离。其实，团队领导者要把自己也看作团队成员，只是角色比团队成员丰富罢了。在工作中集思广益，允许大家发表意见，平等互重，对事不对人等做法对增强团队凝聚力是非常有效的。团队成员有时囿于领导的权威，在沟通时不敢发表意见，这时候团队领导者要鼓励大家敢于提出反对意见，在团队中倡导一种平等、开放、统合的气氛，有了这种氛围，大家都能发表自己的意见或见解，这对组织的创新无疑具有很大的帮助。

（资料来源：世界经理人）

三、如何处理团队内冲突

团队只有协调与合作，行动才能一致。但是，由于种种原因，在团队内部和团队之间往往存在着各种各样的冲突。个人或者团队之间由于对同一事物持有不同的态度与处理方法而产生矛盾，这种矛盾的激化就称为冲突。冲突常常表现为由于观点、需要、欲望、利益或要求的不相容而引起的一种激烈争斗。

首先，团队领导者既要洞察到冲突发生的可能性，尽量缓和与避免冲突的发生，又要正确地对待已经发生的冲突，科学合理地加以解决，使冲突结果向好的方面转化。其次，团队领导者应该用辩证的观点来对待冲突，要注意分析冲突的不同性质，要善于在对与错、是与非等问题上明确表态。

（一）分析冲突的原因

1. 有限资源的争夺

资源包括资金、人力、设备、时间等，资源的有限性让团队成员在争夺过程中可能会起冲突。例如，谁可以享受这次骨干员工的评选，谁可以使用这个最新设备等。

案例 8-3

该谁出国考察旅游？

某超市为每个部门的优秀员工提供一次出国考察旅游的机会，今年干货部推选了小王为优秀员工，全公司也进行了表彰公告。小张不服气，认为自己的硬件软件条件都比小王优秀，凭什么他能去，自己不能去？于是小张在超市的工作群里说出了不满并进行举证。最后经过证据的客观对比，小张确实比小王更优秀。超市做出了以下处理：一是责成优秀员工评选的负责人对流程进行整改，避免今后出现类似问题，同时对本次表彰结果进行修正；二是给小张出国考察旅游的机会；三是另一个出省考察旅游的机会给了小王，以安抚小王的情绪。

考考你

据你所知，还有哪些有限资源的争夺会引发团队冲突？

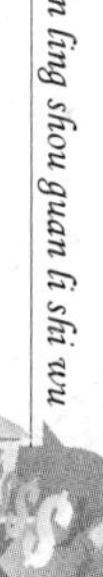

2. 目标冲突

有的岗位与角色之间本身就很容易出现目标冲突。例如,管预算的员工与做促销活动的员工之间可能有冲突。管预算的员工希望能把活动成本控制在一定范围内,但做促销活动的员工希望能达到更好的促销效果,可能成本上就会有些高,有时做促销活动的员工好不容易想到一个很好的促销点子,但管预算的员工因为其成本超标就让这个点子胎死腹中。对于这类冲突,团队领导者应当根据终极目标进行权衡,尽量督促促销策划的员工想一些降低成本的方法,例如道具重复利用等。

3. 前后相继环节的冲突

团队内的工作有时是前后相继、上下相连的,彼此的合作可能会产生冲突。例如,营销策划的部门策划好圣诞节的促销活动,策划方案就需要交给卖场各个部门执行。但如果策划方案本身有问题,或者难以实施,就会给卖场实施人员添加麻烦,产生冲突。对于这种冲突,一是拉近两方距离,让他们充分沟通,实施方与策划方一起讨论确定最佳方案;二是可以用轮岗的方式,让策划方与实施方更加了解对方的工作,以更好的配合对方。

4. 责任模糊

组织内有时会由于职责不明造成职责出现缺位,出现谁也不负责的管理“真空”,造成团队之间的互相推诿甚至敌视,发生“有好处就抢,没好处就躲”的情况。

案例 8-4

这块地的卫生该谁管?

水产组和猪肉组以前是两个部门,后来经过改革,统一归到鲜肉部,但两个部门之间不太团结。水产卖场区和猪肉卖场区之间的区域卫生常常很糟糕。小店长让水产组去做清洁,水产组则说:“这里不归我们管,该猪肉组管!”小店长让猪肉组做清洁,猪肉组也用类似的理由推脱。后来,小店长认真分析了两个小组的业务范围,出了一个规章制度,以文件的形式明确划分了两个小组的清洁范围,此外,常常请两个小组共同度过难关,参加团队建设培训,彼此增进理解和信任,后来,卖场清洁死角的问题解决了。

考考你

你所遇到的责任模糊引发的团队冲突是如何发生并成功解决的?

5. 地位斗争

当团队成员认为其他人威胁到自己的地位时,可能会有意无意制造冲突,这需要团队领导者花心思去调节。

案例 8-5

老张被新人抢了主管位子后

老张一直想升职，大家也都觉得他可以做主管，没想到超市派新来的管培生小宇做了主管。老张心里很不服气，总爱给小宇使绊子。

小宇了解了这个情况后，采用了恩威并施的方法。

一方面，树立威信。小宇认真地学习各项规章制度、熟悉环境，留意自己可以对他造成威胁的权力，并私底下提醒他，树立威信。有一次，绩效考核后，小宇对老张说："这是你的绩效考核表，本来今年店庆时你没有按照要求理货，我该给你评不合格的。如果我在不合格这栏画勾，今年你的年终奖就没有了。但是我不想这么做。因为我们是一个团队的，要赚钱大家一起赚。我也希望你今后工作也多配合我，如果明年还表现不好，我就只有评不合格了。"这样的谈话，给了老张震慑力，让老张知道，小宇才是老大。

如果只树立威信，不谋福利，员工对领导只会怕，不会服。因此，小宇很积极的为老张谋福利。首先是物质上的福利。评优后，小宇对老张说："这次门店评比我们拿了优秀，你的贡献最大，我去老大那里帮你申请一下专项奖金。"第二是精神上，在其他部门的人面前，维护老张的面子。有一次，人事部找到小宇责难道："上周我把表格给老张，让他填，现在都没给我，怎么回事？"小宇解释道："是这样的，上周我们迎接检查很忙，老张又是我们的骨干，可能老张一时忘了，我跟他说一声，应该今天就能交回来。"后来老张知道了这件事，心里对小宇颇有好感。小宇相信，只要长期真心的对一个人好，总会明白自己的心意的。

此外，小宇在恩威并施的基础上，提醒老张眼光不要只盯着这一个位置，眼光放长远。在一次谈话时，小宇对老张说："华南大区的门店开始用合伙人制度了。就算你只是基层员工，但是公司觉得你很有价值，你就可以做合伙人，和老板共享利润分成。现在合伙人拿的钱比以前的主管还多。再说了，风水轮流转，你身边很不起眼的人，说不定今后他会是帮你的贵人。整个团队强大了，自己也会跟着走上坡路；团队力量削弱了，也不利于自己的未来发展。所以眼光放长远，和同事们合作，大家都优秀了，你会更优秀，哪怕不是主管也能拿很高工资。"

通过这些方法，小宇和老张化敌为友，一起努力搞好部门业绩。

考考你

小宇运用了哪些冲突处理技巧？

6. 沟通不畅

有时两个团队成员本身没有冲突，但沟通方式不恰当，造成了冲突。一是说话方的

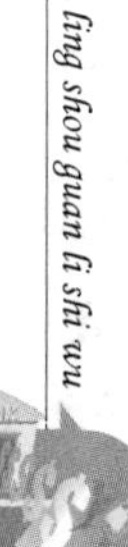

表达方式不恰当。二是沟通媒介不恰当,一般而言,用文字解释一些敏感问题,比如你被扣工资了,以及为什么被扣工资,有时很难让人理解背后的情感、立场,没有直接打电话好;用语音布置工作内容,有时对方会听漏,没有用文字沟通好。三是理解方的理解方式不恰当。四是两方的心情不好,或者彼此有偏见,一件好事也可能因此被说成是坏事。

案例 8-6

刺儿头老王

老王在超市中负责宰杀,说话对谁都很冲,不怎么给主管面子。有时主管来布置任务,老王会很不高兴,甚至会在主管还没走时就咆哮:“我怕你? 老子天不怕地不怕!”主管很不喜欢这个刺儿头老王,有的时候老王向主管请假,主管也不喜欢批假。有一次因为主管没有及时批准老王的请假,老王的妻子病重了,因此老王更是记恨主管,并直接当着大家的面说这件事。

后来,主管改变了工作方法,多看老王积极的一面。其实老王并不是只针对他,老王对所有人都是凶巴巴的咆哮,而且表达爱和好感时也是凶巴巴的咆哮。此外,虽然老王说话不好听,办事儿却是最利索的,虽然会说不干,但其实是最先完成任务的。他宰杀的一些技能甚至无可替代,算得上是偏才。主管后来不怎么在意他说话的方式了,并常常实事求是的表扬老王的宰杀技能,多为他回家照顾妻子提供便利,工作得以顺利开展。

考考你

你遇到过哪些因沟通不畅引发的团队冲突?

7. 团队成员的个性

团队是由不同的成员组成的,这些成员在背景、经验和态度等个性的多个方面都存在差异,这种差异容易导致考虑问题和处理问题产生分歧,分歧的长期存在导致团队成员之间多种冲突的产生。而人的个性中存在着潜在的竞争侵略意识,这是团队冲突的根源之一。人的这种潜在的侵略意识在遇到适当机会、情景时会自发地表现出来,团队中的刻薄语言、争吵、人身攻击、对抗等行为,有时就是这种“侵略性”的外显工具,团队成为人们外显这种“人性”的常见场所。

例如,丁晓是个非常争强好胜的人,她作为一名销售员,总想事事赢得成功。在这种求胜欲的驱动下,丁晓的业绩蒸蒸日上,良好的业绩使她成为大客户经理。成为经理后,她依然全力要求部下必争第一。表面看来应该这么做,但是,作为经理,丁晓除了与其他地区竞争外,还与自己手下的销售代表争夺。她始终要超过他们,遇到大客户,她总要争做主讲人,她无法忍受当旁观者。每次她与员工谈话,总要压倒对方。本来是与员工沟通其个人发展,她却经常吹嘘自己如何所向无敌。结果,这种盛气凌人的方式迫使许多销售高手离职。

8. 价值观的冲突

在一个团队中老年人和青年人之间的冲突,经常是由于价值观不一致而引起的,比如对自由、幸福、勤奋、工作、自尊、诚实、服从和平等的看法不同,这就是人们通常所说的"代沟"。冲突涉及价值观时,人们就很难改变立场,因为人们投注了强烈的情绪、感觉和信念在里面。

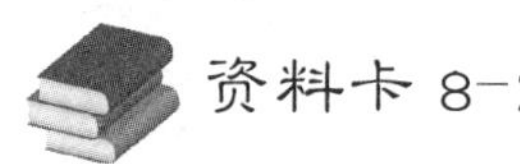
资料卡 8-2

根据不同情境选择解决冲突的模式

一、竞争

竞争是一种只考虑自己、不考虑对方的应对冲突的模式。

优点:快,能立即分出胜负来。

缺点:不能解决任何问题,全凭权力的压力,潜在风险是对人际关系造成压迫和损害,后果可能很严重。

适用情境:(1) 当快速决策非常重要时,如紧急情况;(2) 执行重要的且又不受欢迎的行动计划时,如调整工资、执行纪律;(3) 对公司是重要的事情,你深知这样做是对的;(4) 强制的同时可以提供一些帮助。例如,虽然下属抱怨任务太多不愿意接任务,团队领导者强制下属接受后,应当提供充足的资源和支持,可以考虑同意他下次多休息。

二、回避

回避是指在这场冲突中,既不考虑自己的利益,也不考虑对方的利益,忽视冲突,小事化无。

优点:不发生冲突,回避矛盾,赢得了时间。

缺点:只是掩盖了问题,冲突得不到及时解决。

适用情境:(1) 当事情不是很重要;(2) 面对冲突带来的损失会大于解决问题带来的利益;(3) 获取更多信息比立刻决定更有优势;(4) 当他人能更有效地解决冲突。

三、迁就

迁就是指不考虑自己的利益,只考虑对方的利益。

优点:尽快地处理事情,不用找上司评理,可以维护好人际关系。

缺点:放弃了正确的立场,容易形成事事迁就的惯性。

适用情境:(1) 当和谐比分裂更重要;(2) 当事情对他人更具有重要性;(3) 为将来

重要的事情建立信用基础；(4) 当竞争只会损坏你要达成的目标；(5) 当对方拥有绝对优势时。

四、妥协

妥协是指双方各牺牲一部分利益，照顾对方的一部分利益，各退一步。

优点：双方利益都照顾到了，能够及时达成共识。

缺点：一些根源性的问题没有解决。有可能双方退让价值不均等，解决方案都不满意。

适用情境：(1) 当目标的重要性处于中等程度；(2) 面对时间压力，且双方势均力敌；(3) 寻找复杂问题的暂时性解决方法。

五、合作

合作是指既考虑对方的利益，也考虑自己的利益，寻求一种方案满足双方的需要。

优点：能够彻底地解决冲突双方的问题，并找出解决此类问题的办法，而且通过事先的约定，防止下一次类似问题的发生。

缺点：成本太高，要花费很多时间，且双赢方案并不总是存在。

适用情境：(1) 双方的根本利益是一致的，或双方利益都很重要而不能折中；(2) 站在对方立场，始终从团队目标出发去寻求共赢；(3) 时间允许。

考考你

你曾经观察到过哪种冲突的应对方式？

(二) 运用处理冲突的技巧

1. 团队成员间冲突的处理

(1) 私下倾听。

团队成员间出现个人之间的冲突，团队领导者最好是单独私下里听双方的陈词，但不要急于表态肯定谁或否定谁。因为处于愤怒状态下的人往往会说一些“过火”的话，团队领导此刻只需耐心倾听，等待双方都平静下来再表明处理决定，看如何使他们更好地相处来实现公司的目标。否则，没有耐心倾听或者只听了一面之词，容易导致错误处理，甚至导致冲突升级。

例如，团队成员会出现一半的人与另一半的人形成不合作的敌对状态。团队领导者如果能够了解清楚原因，能够作出准确判断就可以表态，否则不要轻易表态。团队领导要把大家的注意力往工作上引导，而不是引向双方的人身攻击。调查该冲突的原因时，要私下逐步进行，直到把问题调查清楚。

(2) 营造良好的沟通氛围。

团队领导者有责任营造良好的沟通氛围，也就是营造一种员工能够愉快高效地工作的软环境，这样才能实现团队目标并且使团队成员提高满意度。

团队领导者营造沟通气氛的方法有下面几种：尽量平易近人，通过与员工的交谈来了解工作的紧张或遇到的麻烦；适当拉近与员工的距离，能够仔细听取他们的意见，重视一些细小的事情，处处体现出对他们的关切和在意；看是否有人需要帮助或努力去发现一些细小的变化，因为这些蛛丝马迹中可能蕴藏着矛盾冲突。所以，要善于防微杜渐，把事情解决在萌芽状态。没有人愿意生活在不愉快的环境之中，一个有问题的员工可能导致整个工作的氛围令人不愉快。团队领导对团队气氛有着直接的影响，要营造一种人人畅所欲言的气氛，尽量避免成员间的意见分歧演变为派别对立。

(3) 培养积极向上的团队文化。

团队领导对团队文化的培养有着非常重要的影响。建设积极向上的团队文化，能使员工积极向上，团结一致。这种氛围往往能使情绪低落者受到鼓舞，把不良事件消灭于萌芽状态，在团队内形成一种团结互助的气氛，大大降低团队成员间冲突的发生，团队的工作效率也必将大大地提高。因此，要有意识地培养健康、积极的团队文化，减少冲突的发生。

(4) 适当信息阻隔。

所谓信息阻隔，就是指信息在经过团队领导时要有意识地减少传播，以便有充分的时间调查研究，求得问题的妥善解决。如果只有沟通没有阻隔，就会形成信息失控，造成因小事而影响班子团结，因流言而瓦解班子合作的不良结果。因此，作为团队领导，应把握好各方面的思想情绪，做到该畅则畅，该阻则阻，从而达到化解矛盾、消除不利因素、求同存异的目的。

特别是作为一个领导集体的团队，其领导成员之间彼此会意见不合，彼此会有一些不好的看法。这种情况下，一般应先行隔阻，不能贸然将意见全盘托给被反映的另一个成员，而应当经过一些侧面观察或调查，再酌情处理。不做阻隔，急于沟通，只会增加成员之间的隔阂，或者增加被反映者不必要的心理压力。

团队成员生活在社会上，不可避免地会存在家庭矛盾、邻里矛盾、社会矛盾，人们遇到此类矛盾或受到委屈，有时出于依赖心理会向团队领导吐露一些情况。如纯属私人事务的问题，作为团队领导者应真诚地帮助其化解矛盾，提出建议，切不可到处张扬，也不可在其他团队成员之间散播。散播会伤害该成员的感情和破坏其形象，隔阻反而有利于工作和团结。

2. 团队领导者与下级冲突的处理

凡大型水库在每年汛期时都要开闸放水冲沙，如不及时开闸放水，就会导致溃坝或泥沙堆积导致水面上升。在人际交往中，人的心理也是如此。团队领导与下级的冲突可能起源于下级的某种不满和怨气，心里的怨气积累太多，必然会发泄出来。因此，当下级有怨气要发泄时，就应采取一定的方式让他发泄。有沙不冲会破坏水库，有怒气不泄会憋出心理毛病。即便是下级在发泄的过程中有过激的言辞，也要让他发泄完，然后再选择适当的时机与之沟通，帮助他分清是非。通常来说，一个人在发泄完怨气后，心境会平静下来，这时就容易与之沟通。

团队领导与下级的矛盾或冲突一般来说不是突然发生的，往往有一个由潜到显、由小到大的生成过程。处理这类冲突不能过于简单武断，而必须及时地掌握各方面情况，找出冲突的根源，根据具体情境、具体人员、具体事件，采取灵活的方法及时处理冲突。具体做法如下：

（1）化解冲突于萌芽状态。

在任何一个团队合作中，皆大欢喜是不存在的，冲突与不满通常都会发生。有效的团队领导者必须运用他的权威和影响力及早处理这种冲突，把团队冲突化解在萌芽阶段。

团队内部发生冲突不一定是坏事，它使团队的一些潜在矛盾暴露出来，但是，冲突会给正常的工作秩序造成不同程度的危害，对团队目标的实现起着负面影响。当人们普遍就所关心的问题作出较偏激的反应时，就会形成一种从众心理，其突出的特点就是情绪色彩浓厚，相互传染快。团队领导如不及时加以疏导，这种对立情绪就会快速扩大并引发冲突。

① 及时沟通信息，在矛盾气球爆破之前先放气。

矛盾不断激化的一个重要原因，是团队成员不满意的地方太多。若压着不能讲，问题长期得不到解决，就像高压锅一样，持续高温又没有出气的地方，到一定程度非爆炸不可。

② 当冲突发生后，要迅速控制事态。

在情况不明、是非不清而又矛盾激化的时刻，先暂时冷却、降温，避免事态扩大。然后，通过细致地了解原因适时予以解决。

③ 及时阻隔信息，避免流言的影响。

团队领导应把握好各方面的思想情绪，求同存异，消除不利因素，化解矛盾。

（2）以君子大度化解矛盾。

古人言：宰相肚里好撑船。团队领导凡事要让三分，要大度冷静，这样能为自己今后的工作做一个铺垫。在经历了以上三个步骤控制住事态以后，团队领导就要分析冲突产生的原因、作用、后果以及转化，为进一步的处理决定做好准备。可以多从以下几个方面考虑问题：

① 别人对自己是否有恶意？很多时候，其实别人对自己并没有恶意，而自己却以为别人在故意跟自己作对。

② 自己有没有误会对方？如果有误会的话，重新调整自己的视角，问题就好解决了。

③ 自己是不是完全不了解对方而妄加揣测呢？如果是这样，就要努力去了解对方，与对方沟通，这样可以避免不良冲突，或在冲突刚激起时就通过与对方的沟通而予以消除。

④ 产生对立的原因为何？事出必有因，如果能找出具体原因，就能对症下药，消除对立。

⑤ 对方的真实意图是什么呢？是个性本来就如此呢？还是一时兴起？努力从对方的表情、态度、说话的语气来了解其本意。

⑥ 一定要对立吗？如果是会影响团队利益、违背规章制度的，就要维护团队利益，

就要坚持原则。但是，如果为了微不足道的小事而对立，那是件多么愚蠢的事情！

⑦ 互相对立对彼此有什么好处呢？除了考虑自己的得失，能否考虑别人的得失？

(3) 诉之以情，晓之以理。

不良冲突爆发时往往伴随着情绪上的对立，甚至发生肢体冲突，这时应诉之以情，以感情打动对方，缩短冲突双方感情上的距离；晓之以理，诚恳地引导，使其平静下来理性地处理问题。

(4) 冷静思考，善后解决。

在团队内部，上下级之间对于问题解决方法的意见不同，或自我意识太强，都有可能引发争执。若团队久经磨合，大家坦诚相见，则争执有利于鼓励不同意见。但在很多情境下，事实往往不能如愿，争执常常会发展为争吵或冲突。如果发生这种情况，可以从以下几个方面来考虑：

① 为什么会变成这样——找出对立的原因。

② 为什么自己要那么坚持——想想这是不是值得钻牛角尖的事呢？

③ 对方为何要如此坚持——是为了出名？还是为了利呢？努力找出原因。

④ 自己的主张真是正确的吗？团队成员如此坚持自己的意见，是不是因为领导者自己的主张有缺陷呢？还是自己的坚持错误呢？

⑤ 有必要固执己见吗？如果能退让一步对双方是不是都有好处呢？

⑥ 自己的表达方式是不是有问题？即使自己是正确的，但如果表达方式有问题，就会伤了团队成员的自尊心或让团队成员很没有面子。所以要改进自己的沟通方式。

⑦ 把团队成员当成敌人后，会变得如何呢？但想想看，这又能给双方带来什么好处呢？

⑧ 要怎么做才能平息争吵呢？可以试着改变说话方式，承认对方的立场也有好的一面，并且将这个想法传达给对方。想办法给对方一个台阶下，或者自己找一个台阶下，若双方都明白对方想退一步的话，往往会产生好结果。

(5) 正确引导员工发泄。

尽管团队领导者努力用各种方法处理冲突，但是，事实上也依然存在着冲突。毕竟，下级和团队领导沟通时往往是有所保留的，并不会把所有意见和不满全部讲出来，而是压在心里。因此，人性化的领导要正视这种心理，建设一种发泄渠道，让下级及时发泄。

长期以来，发泄被认为是一个贬义词，是一个不友好、不健康的行为。其实，发泄是人的一种本能。当肉体和精神的压力达到一定程度时，人是需要通过发泄来缓解或消除紧张的。无视这种现象不仅会伤害员工的身体健康，挫伤员工的工作积极性，还可加大上下级之间的误解。正确引导员工的发泄能显示团队领导者的管理艺术。

日本企业便极度重视员工的身体健康，倡导员工参加体育锻炼。在企业内部，工作以外最多的话题就是有关身体健康和体育锻炼了。上级有责任向下级、前辈有责任向后辈灌输身体健康和体育锻炼重要性的思想，分享养成良好生活习惯的方法。周末一到，上司总是苦口婆心地劝员工休息日别待在家里，要多锻炼身体，这样才能消除疲劳，

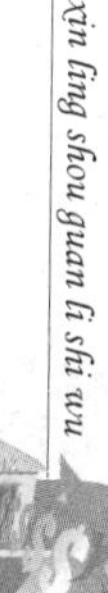

恢复体力。每次公司员工体检完毕，部长总是打听每人的各项检查指标。“远藤的肺活量比去年增加了，不错。”“小野寺的脂肪率超过全国平均值6个百分点，不像话，给我锻炼。”“对了，向先生，金井可是你的部下哟，你别只管自己，休息日带上他一块跑步。”体育锻炼是一种非常好的发泄方式，特别是剧烈的、对抗性强的体育项目，如足球、排球、棒球、橄榄球等。日本企业很重视通过这种方式来引导员工发泄。

卡拉OK的发泄效果也相当好。卡拉OK是日本人20世纪的杰作，当初发明的意图除了自我表现以外，还考虑了发泄因素。我们经常能看到这样一种现象，日本人在卡拉OK厅唱歌就如同杀猪一样地号叫，甚至泪流满面、泣不成声，但第二天上班却精神抖擞，如猛虎下山。

下班后偶尔去餐馆吃顿饭、喝喝酒也是一种很好的发泄方式。大家天天在一起工作，朝夕相处，就算是最好的关系，也难免发生矛盾、产生误解。如果让矛盾和误解积小成大，终有一天会出事的。于是，周末或月末，同事、上下级相邀，外出吃饭喝酒，在谈笑声中，在觥筹交错之中，相互问候，祝愿对方健康，祈祷公司发展，互赔不是。结果，不满和误解得到发泄，同事关系、上下级关系拉近了，大家也不计较以前的言语过失了。

3. 团队间冲突的处理

公司内部各团队之间的竞争或合作难免会产生许许多多的矛盾，导致一个团队和另一个团队之间产生抵触情绪，甚至有可能相互仇恨，会使公司业绩大大滑坡。化解团队间的矛盾，无论对团队还是对公司都是有益的。

（1）调查原因。

当你发现你的团队成员对某个团队产生了厌恶情绪的时候，你最好及时做一些调查工作。这其中包括证实这类厌恶情绪是否存在，在成员中是否有一定的普及面，而且这种情绪针对的是某个团队。团队领导最好还应该弄清楚，这种情绪产生的时间，以及产生这类情绪的直接导火索和以往所有可能牵涉的一系列事件。当掌握了第一手的资料之后，不妨找另一个团队的领导谈一谈这个问题。

（2）双方团队领导沟通。

通过与对方团队领导的沟通，可以清楚地了解对方的态度和立场。所以在这类事件上两个团队领导的态度就显得十分重要。需要说明的是，如果一个团队领导和另一个团队领导仍抱着狭隘的局部主义观念，完完全全从自己团队的利益出发考虑整个事件，那么矛盾是无法解决的。在这个时候团队领导首先应该表明自已解决问题的态度，矛盾已然产生，化干戈为玉帛才是上上之选。所以，在谈话中，两位团队主要领导应先达成一致，甚至可以保持意见上的异议而实现态度上的一致。只有这样，双方的团队成员才不会进一步激化矛盾，因为两位领导都已经发出了缓和、忍让和谈判的友好信号，让团队成员们意识到解决矛盾才是双赢的途径。

（3）公开对话。

准备工作一旦就绪，不妨由两位团队主要领导召开大会，邀请双方的各级代表参加，开诚布公地谈一谈问题。这当然不会是一件开心的事情。假如公司里有专门处理这一类事情的专门机构，那么请他们出面是再好不过的；假如没有这类机构，那么由两个团队主要领导共同推荐一两名仲裁者，由他们坐在两队成员中间，倾听了解情况。言语不过于激烈，让双方代表互相诉说一下也未尝不可。但还是要做到适可而止，如果有人一时克制不住怒火，那么可以用一些主持的技巧，把与会者的注意力转移到事情的本身而非矛盾上来。这时可以用提问的方式将话题吸引过来，比如："既然你们对我们的做法表示不满，那么可不可以请你们详细地谈一下你们所见到的实际情况"；或者是"他们说的对吗，你们当时真的是这样吗？"这样的引导，至少有助于双方代表对于事情的经过给予更多的重视。

（4）找到解决方案。

最后，促成双方代表对问题达成一致——这就要看两个团队的主要领导以及中立的协调人的态度了。解决方案要以客观公正和顾全整体利益为原则。双方应该以协商的态度，设身处地地为对方想一想，为公司的利益着想。双方可能会达到完全和解，彼此产生好感，如果这些目标都很遗憾地未能达到，那么至少在这几十分钟的谈判中，双方会对事件的真实情况有进一步的了解，也许在知道了一些事先不被了解的背景之后，双方会对矛盾的直接导火索有一个更深刻全面的认识。然后，打开以前拿到的第一手材料把几个核心问题挑出来，在双方代表面前当众宣读，并且分别让他们阐述各自不同的看法，并从中进行有针对性的调解，可以说："我们的意思从根本上来说是一样的"或"你的这一部分观点我完全同意"之类的话。求同存异将双方的话题逐渐拉拢，并且将矛盾的焦点细致化、具体化。这样做有利于矛盾的解决。将已经达成一致的问题从材料上删去，对仍无法达成一致的问题允许双方保存意见，以备日后商榷。

经过上面 4 个步骤，团队间的冲突也应该能化解一大半了。接下来的工作就是针对个别员工，对他们作单独的说服教育工作。

案例 8-7

如何处理团队冲突、建立个人威信

收货部的小陈做团队领导者时面临着一个问题：各门店收货员都是领导担保进来的"皇亲国戚"，得罪不起，门店经常发生收货方、供应商、物流三方扯皮的事情。小陈上任后，召集各个门店售货员开会，首先对门店售货员来个下马威。小陈说："你们在公司都有关系，我没有。老板请我来做管理，我一视同仁，在制度面前人人平等，除非老板说我做的不对，把我开除了，如果没有意见你们就按我说的做。"第二，小陈着力增强员工的荣誉感："你们都是老板亲戚介绍过来的，替老板干活，你们要替他们争口气。而不是给他们丢脸。"此言一出，各个门店售货员对他肃然起敬。为了在员工中树立权威及督促员工遵守收货规范，他经常半夜三更出现在批发市场、门店收货口了解蔬菜的质量

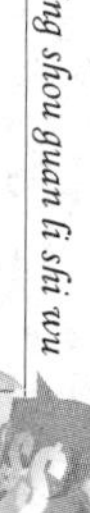

与价格，抓偷懒的员工。慢慢的，收货员开始按照标准进行工作。除此以外，小陈面对危难身先士卒。有一年，受台风影响，闽清坂东的永辉超市全面沦陷。小陈虽然已经升任行政总监，依然组织20来人带着食物、矿泉水、发电机等三辆车的物资去救灾现场支援坂东永辉。但由于军队戒严，救援物资无法送往受灾点。此时天渐渐黑了，天空中飘着淅淅沥沥的小雨，小陈果断下令用斗车把物资运进去，二十来人推着斗车，淌着泥泞的泥土路，将重要物资送达坂东永辉门店。运送物资，铲淤泥，搬运货物，小陈没有顾及总监的身份，迅速的挽起袖子，穿起筒靴和大家一起干，赢得了员工的尊敬和爱戴。

小颖在管理促销员时，促销员会在语言上攻击彼此负责促销的商品，店里常有恶性竞争。小颖一上任，就善待促销员，并主动与他们分享促销推广的技巧。此外，小颖规定：如果当天有人投诉你今天攻击了谁，同时有两个人在场作证，这个促销员就要被清场回家。恩威并重的管理方式让促销员不再拉扯顾客，供应商之间的关系也更和谐，业绩上升明显，渐渐的门店员工有什么问题都会来找她，小颖赢得了员工的拥护。

有一次，一些社会闲杂人员醉酒后在店里闹事，门店的防损员在推搡中打断了对方的鼻梁骨。听闻这个消息后，小颖跑到派出所与当事人进行调解，没想到他们提前集结了一伙人，恶狠狠地威胁小颖，小颖回忆道："当时我心里也很害怕，但我们越不怕别人就越怕。公司倡导家文化，我这个大区的家长理应站出来。"结果这一伙来闹事的人最终让步了，和他们协商解决了问题。

考考你

从小陈和小颖的领导案例中，你能学到哪些领导艺术？

任务实施

李明根据超市各个团队的工作目标，分解出完成目标需要的技能与经验，寻找到与团队目标相符、技能互补、角色互补的伙伴组建了生鲜部，并拟好了合作流程。为了建好团队，李明在团队里采用赋能型领导的方法，鼓励大家当面说出心里话，互帮互助，营造积极的氛围，并充分授权。遇到冲突时，先明确冲突的原因，冲突处理的时间要求，再相应的寻求冲突解决的办法。超市的各个团队慢慢组建了起来。

技能训练

【项目背景】

教师给出团队冲突情境，学生进行角色扮演，并分析哪种应对方法更合适。

【实训目的】

通过角色扮演更加深入情境的理解团队冲突及其处理方法。

【实训步骤】

(1) 教师给出团队冲突情境。

(2) 小组根据5种冲突的解决风格,进行角色扮演,要求投入情绪。

(3) 其他小组点评哪种风格更合适这个情境。

【实训评价】

1. 评价内容

(1) 学生参与性。

(2) 团队冲突解决方式演示的准确性。

(3) 团队冲突解决的技巧运用。

2. 评价方式

学生成绩由学生自评(20%)、互评(30%)和教师评价(50%)综合评定,评价表具体如下所示。

组别:________　　　　第__次实训

学号	姓名	自评(20%)	互评(30%)	教师评价(50%)	总成绩

任务二　团队的培育

任务导入

李明成功的招聘了三名员工,在新员工进入岗位前,需要对新员工进行培训,包括如何干好工作,如何适应新环境。同时,一些老员工的业务技能也跟不上现在新的要求,而且有的老员工表示,一成不变的工作非常枯燥,希望能够体验到成长的感觉。李明也想给老员工进行培训。那么,究竟该怎样培育团队,让团队时常处于良好的运作状态呢?

任务分析

对员工的培育有两方面,既要教会员工做事,在技能方面进行培训,又要塑造员工做人的好习惯,尤其是团队精神的培育。应当说,后者是最难的,不仅仅是举行专门的培训活动,还要贯穿在日常工作中。

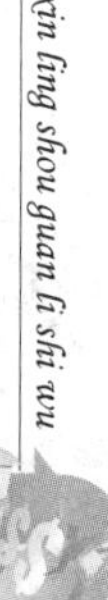

相关知识

一、团队技能培训的内容

(一) 新进员工

1. 规章制度与工作流程培训

一方面，应当确保团队新进员工参加规章制度的培训，熟知公司的管理制度，对于新员工的疑问，及时解答；另一方面，应当明确告知新进员工在团队工作应当遵守的规则、团队目标、团队风格，让新进员工做事更加符合团队的要求。此外，培训新员工让其熟悉部门和整个门店的工作流程，更有利于开展将来的业务工作。

2. 业务知识与技能培训

零售店应当针对新员工将来要从事的具体工作任务，给新员工组织业务知识与技能的培训。例如，对于卖场小店长的培训中，业务培训既有为期 1～2 天的关于填写售货单、整理货架、个人销售技巧或执行“公司营销计划”的训练，又有为期 1～3 个月的关于零售商的发展、商品学知识以及营销知识方面的管理培训。

新进员工如果是未参加过工作的应届毕业生，应当多用操作演示的方法、师带徒的方法，具体、详细地培训员工的业务技能。新员工犯错是很容易有的，关键不能同样的错误犯 2 次，要提醒员工犯了错就要总结经验教训，防止下次再犯。应届毕业生有时难以做到放下面子去放低自己的身段，这时，可以提醒新员工，新人不懂是正常的，向经验丰富的人请教也是正常的，并且是积极进步的表现，关键是度过新人期后，拿出好业绩来。

案例 8-8

某某超市新进员工培训方案(精简版)

一、培训内容与计划

表 8-1　新员工培训计划表

培训时间	培训内容
第 1 周	1. 企业文化制度要求 2. 顾客服务要求 3. 岗位职责与工作流程 4. 熟悉卖场环境 5. 商品知识(商品功能，商品保质期，标识牌，条形码知识) 6. 超市设备及工具介绍

(续表)

培训时间	培训内容
第 2 周	1. 收货 2. 仓库管理添货 3. 理货陈列
第 3 周	1. 缺货管理 2. 订货 3. 退货 4. 报损 5. 领用 6. 调拨
第 4 周	1. 赠品管理 2. 盘点 3. 培训回顾与展望

二、培训工具与支持

(1) 每位员工发放一本新员工培训手册、一本公司员工手册。

(2) 指定培训教练。

三、培训考核

(1) 理论考核。

(2) 现场实际操作考核。

(3) 面谈。

注意:每周考核一次,若连续两周有五小项(含)以上学习内容连续三次考核未通过,将会延长新员工的试用期。

四、培训存档

新员工在培训手册首页写上培训起始日期、结束日期、学员签名。教练在培训手册各部分培训内容进行评分并签名,培训结束后,新员工将本手册上交给门店人力资源部存档。

五、附录

(一) 超市对员工的期望

公司对员工的期望是:"勤劳创新,沟通总结"。

(1) 勤劳

勤劳是中国人崇尚的美德,也是员工的工作态度。应当以高于业界和公司的标准去要求自己,努力工作,享受工作。

(2) 创新

来××超市不仅是就业还是来学习、做生意、学习服务顾客的。创新就是精细化管理,应当不断改进和创新,增强××超市门店的核心竞争力。

(3) 沟通

分享信息,分享成功,分享教训,共同学习,共同提升,共同进步。热心帮助下属,宽容善待同事,用心接待客户。

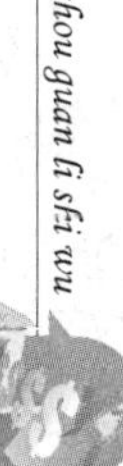

(4) 总结

不断总结经验和吸取教训,在新的起点向更高的目标前进,通过总结更加关注,更加专业,更加精细化。

(二) 分门店工作须知

(1) 员工上下班时,必须由员工出入口进出。

(2) 公司实施上下班自己打卡的考勤制度。

(3) 员工所携带的袋子不得带入卖场或作业现场,应存放于员工更衣柜内。

(4) 员工上班时应按规定穿着制服并佩戴识别卡,制服需保持清洁。

(5) 员工应当按所属部门制定的排班表上班或轮休。

(6) 严禁员工在上班时间购物或预留商品。

(7) 员工所购商品不能带入卖场或作业现场,应存放于员工更衣柜内。

(8) 员工所购商品应有收银条,以备防损人员检查。

(9) 员工如有任何偷窃行为,公司都将报告公安部门,并视为重大违纪立刻解雇。

(资料来源:搜狐网)

考考你

在本培训方案中,培训考核和培训存档的作用是什么?

3. 职业生涯发展培训

新员工来到超市,对未来比较迷茫,也会有不安全感。如果经过短期的工作后,发现在超市没有发展空间,就容易离职。因此,需要对新员工进行职业生涯规划培训,让新员工知道在超市工作究竟可以获得怎样的职业发展。当然,也可以配合讲解相应的薪酬福利。

4. 改变旧习惯,培养新习惯

新进员工如果曾经在其他超市工作过,在技能方面可能有一些经验,但需要注意观察他过去经验和现在超市对他的要求的差距,防止新员工以低水平的工作应对高要求的工作,也要防止新员工将过去老油条或钻空子等坏习性带到新超市里来,一旦发现要马上提出来,并提醒他在这里不能这样做。

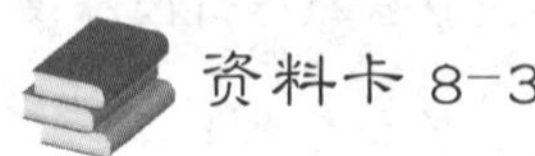

资料卡 8-3

新员工培训的 13 条钻石法则

日本管理学者畠山芳雄认为栽培新员工可以用 13 条钻石法则。

1. 做事与做人

教会新员工做事,会让他在短时间里获得自信和成就感。教会他做人的方法,更关乎长远的发展。否则，不良的工作习惯会随着年龄的增长更难改变。

2. 工作才是培训的真正开始

岗前集体培训脱离工作环境，教的是通用知识、基本体验。只有分配到岗位上开始工作，向上司与同事学习，才是培训的开始。

3. 给他机会学习

团队领导者必须给新人学习的机会，有的团队领导者把新人当成免费跑腿的，不加以指导，直接使用。新人就容易按照自己的理解去做，很容易失败，甚至讨厌工作。

4. 明确指导责任人

新人指导人是资深老员工，一是手把手教会新员工，耐心的让员工试做，并提出改进建议；二是倾听新人苦恼，给他建议。

5. 确定培训流程

培训不能只是临时应对人手不足，要流程清晰、步骤明确的帮助员工度过职场过渡期。

6. 首先要准确，其次要迅速

培训新人，首先要求准确，掌握了准确技巧后，再开始提升速度，避免新人负担过重。有的新人想一下子做得和前辈一样，容易削弱基本功，所以不能跳过准确性练习。

7. 要为顾客工作：工资是顾客支付的

8. 让新员工确认上司的指示：一次就做好吩咐的工作

在做工作之前，新人要对上级的要求进行大胆提问，直到完全弄明白需求为止，以免不明白要求，乱做一气，导致失败。团队领导者也要耐心解答。

9. 要习惯报告执行的结果："理所当然"容易出现问题

执行完工作，还需要在上级询问之前，向上级汇报。更显积极。要避免自己不汇报，上级来询问工作进展的情况。

10. 养成"守时"的习惯：不要给别人添麻烦

11. 养成良好的书写习惯：字如其人

12. 要做出迅速的反应：速战速决

13. 养成助人为乐的习惯：把工作当做快乐的事

现在的年轻人很多不会为他人着想，"各人自扫门前雪，不管他人瓦上霜"，但这种想法在职业之初是非常可怕的。要记住，你不是一个人战斗，要融入团队，新员工稍有空闲，如果身旁有需要帮助的同事，一定要乐于协作。这也是融入团队的重要标志。

（资料来源：搜狐网）

（二）在职员工

零售店总是在不断的革新，新设备的引进、法律的变化、上新的产品线以及营销政策的改变，对现有员工开展的激励、提拔，这些都使在职员工的再培训成为必不可少的活动。相对于新员工培训而言，在职员工的培训是一项长期性的持续性工作。

1. 新设备与系统的操作培训

随着科技的不断进步、人工智能的推广，更加先进的设备与系统开始进入超市。在

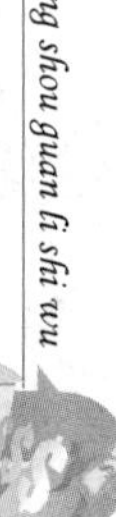

此基础上，在职员工需要学习新设备或系统的操作方式，也要熟悉新设备或系统对工作流程和工作要求产生的影响。例如，沃尔玛引入了更加智能化的考勤系统。在引入之前，需要人力资源部的考勤专员根据工牌打卡系统导出的数据进行人工核查，控制超时工时，对于有争议的加班工时项，需要与卖场员工与主管进行核实，在有证人和合理证词的情况下，对系统数据进行人工修改，在此基础上产生加班费数据。在引入之后，考勤专员这一岗位直接被新考勤系统代替了，员工对加班工时有争议时，再也不用像过去一样与人沟通解决，必须用系统在新的取证流程走完后，才能调整工时，产生加班费数据，所有的操作都必须在机器上完成。新设备的引进，不仅取消了一个岗位，改变了组织结构，还改变了员工的工作流程，这些都需要进行具体的培训。

2. 新业务下的工作调整培训

新业务的引入会对工作产生影响，也需要进行培训。例如，永辉引入了永辉生活APP的线上业务，顾客可以在线上选购商品，工作人员会将商品送货上门。在引入之前，永辉门店只做门店销售。在引入之后，首先，商品需要进行适合外送的包装。例如，盒装鸡蛋用保鲜膜包裹好，可以防止运输时的耗损；鲜肉外要用冰块保护，避免温度升高影响鲜肉新鲜度。第二，工作中会与顾客接触的员工都需要了解这一新业务，积极向顾客推荐永辉生活 APP，及时解答顾客有关永辉生活 APP 的提问，例如线上购买有哪些活动、有哪些优惠、有哪些限制等等。第三，由于永辉生活 APP 还可以在门店支付，因此收银员在收银时，就要了解收银机如何切换到永辉生活 APP 支付的模式，还需要了解如果顾客余额不足要怎样处理等。第四，工作人员还会在超市出口处设置礼品台，让顾客看到礼品与海报被吸引而来，再通过下载和注册 APP 送礼品的方式推广 APP。第五，负责市场与公关的员工还需要去高校寻求代理推广 APP，借着各大高校的代理，增加永辉生活 APP 的用户数，提高覆盖率。

3. 管理改革引发的培训

管理制度的革新也需要进行培训。例如，永辉的薪酬绩效进行合伙人制度的改革后，就需要对各部门进行培训。首先，要向全体员工尤其是管理层解释哪些员工能成为合伙人；第二，要通过培训让大家清楚的明白合伙人要获得怎样的业绩才能得到分红，具体按多大的比例分红。在此基础上，了解大家的疑虑，针对性的解释以打消每一个疑虑，并鼓励骨干申请做合伙人。

4. 操作技能的进阶培训

新员工培训主要是为了使其掌握入门级的操作技能，在熟练掌握后，就可以深入学习操作技能的进阶内容。例如，对于新员工而言，商品陈列需要注意稳定性、一致性、和谐性。在工作了一段时间后，就可以学习一些新颖的陈列方法和堆头。可以借鉴同行业中其他超市的陈列，也可以看看商场、精品店、专卖店的陈列获得启发，还可以购买相关的书籍、图册进行观摩。例如永辉超市有一年一度的全国技能大赛，参赛选手就需要反复琢磨、提升打磨自己的业务技能，争取夺冠。

5. 个人成长的培训

员工需要处于一种积极成长的状态，才能不断上进，保持良好的工作状态。因此，超市可以为员工的个人成长开展培训。例如，为员工提供图书借阅书架，让员工可以借阅图书，并交流看书的心得；为员工提供缓解压力、调节情绪的培训，让员工得以释放从工作而来的压力，负面情绪得以宣泄出去；举办亲子活动沙龙，大家一起学习和讨论养育子女的经验，让员工工作、生活更加平衡等。

资料卡 8-4

永辉超市的在岗员工培训

在职员工升职之前需要接受进阶培训，培训通过才能获得晋升机会。例如，12 位东北大区食品用品课长储备人员，要经历 35 天的培训，包括军训拓展、跟岗实习、交流研讨等培训培养方式。经过日常表现、单元测试、定岗学习、合伙人五会技能认证、综合测试、结业面试评估六方面严格考核，最终有 6 名学员顺利毕业，拥有了进入下一环节的机会。

在需要引入新品时，也需要进行培训。2015 年 4 月水果进入销售旺季之前，负责第二集群生鲜商行的张豪酝酿了一个爆款计划——今年榴莲销售走强，他打算打造一款拥有永辉 ID 的榴莲商品。张豪与永辉微学院院长推出一个榴莲卖手养成计划，在传统销售竞赛的基础上加入知识竞赛，并用超级管家 APP 支持这一活动。永辉超级管家 APP 4 月开始讲榴莲，从榴莲的挑选到陈列再到 FABE 销售法则，三条小清新的微课程看完，许多人升级了榴莲销售段位。不同以往竞赛重奖优秀团队，张豪规定榴莲销售所有区域 Top 70%均给予奖励，为的是提升平均销售水平。一线员工在获得了充分培训后，卯足了劲儿冲销量，榴莲成为了销量翻番的爆品，还培养出了一批学习型的永辉卖手。例如一个门店就发明了一套榴莲试吃的方法，把软软的榴莲抹在面包上，插上牙签就能轻松解决试吃问题，销量明显提高，这套办法经过大家在群里的分享，迅速扩散开来，各大门店纷纷学习这一经验，销量得到了提升。

（资料来源：永辉网站）

考考你

永辉对在岗员工的培训有哪些值得借鉴的地方？

二、团队技能培训的方法

（一）讲授法

讲授法是指培训师按照准备好的讲稿，系统地向受训者传授知识的方法。它是最

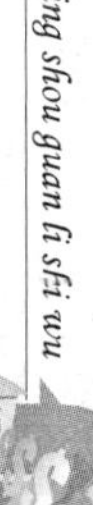

基本、最常见的培训方法，主要有灌输式讲授、启发式讲授和画龙点睛式讲授三种具体方式。例如，新进员工进入超市，对干货组的工作知之甚少，让经验丰富的老员工制作系统的讲授课件进行详细的介绍，更有利于打好新员工的业务基础。

讲授法的优点：传授内容多，知识比较系统和全面，有利于大面积培养人才；对培训环境要求不高；有利于教师主观能动性的发挥；学员的平均培训费用较低。

讲授法的缺点：传授内容多，且较为枯燥，学员难以消化、吸收；单向传授不利于培训双方互动；不能满足学员的个性需求；培训师水平直接影响培训效果，容易导致理论与实践相脱节。

（二）实践型培训法

实践型培训法是让学员通过在实际工作岗位或真实的工作环境中，亲身操作、体验，掌握工作所需的知识、技能的培训方法。这种方法直接将培训内容和实际工作相结合，具有很强的实用性，是学员培训的有效手段，适用于从事具体岗位所应具备的能力、技能和管理实务类培训。

在讲授了业务知识后，业务技能需要新员工在实践中锻炼获得，实践型培训法是业务知识的落地。例如，新员工开始按照业务知识，将干货进行分类储存，鉴别其鲜度，并进行专门的陈列，在实践中将业务技能锻炼得更好。

实践型培训法的优点：经济性强，受训者可以边干边学，一般无须特别准备教室及其他培训设施；实用、有效，受训者通过实干来学习，使培训的内容与受训者将要从事的工作紧密结合，而且受训者在实践的过程中，能迅速得到关于他们工作行为的反馈和评价。

（三）工作轮换法

工作轮换法是指让受训者在预定时期内变换工作岗位，使其获得不同岗位工作经验的培训方法。例如，要让超市的管培生做业务主管，首先要让管培生到不同的一线业务岗轮换，在积累了各个一线业务岗的工作经验后，再定下来做某个商品类别的业务主管，这样的岗位选择更具有针对性，主管工作也能在丰富经验的基础上顺利开展。

工作轮换法的优点：能够丰富受训者的工作经验，加强对团队业务工作的了解；使受训者明确自己的长处和弱点，找到适合自己的位置；改善团队或组织间的合作，使团队成员能够更好地相互理解。

工作轮换法的缺点：鼓励“通才化”，适合于团队中一般直线管理人员的培训，但不适用于职能管理人员的培训。

（四）师带徒培训法

师带徒培训法中，培训师为团队的“老师傅”。其主要特点在于通过资历较深的团队成员的指导，能够让新成员迅速掌握岗位技能及团队业务能力。例如，干货部的新员工开始工作时，干货部主管指定一位干货部骨干员工做他的师傅，进行“传帮带”，一方面教导其业务知识与技能，另一方面教导其做人的方法，此外，一对一的关怀也能解决一些个人问题，帮助新员工度过适应期，减少新员工的流失。

师带徒优点：新成员在团队“师傅”的指导下开展工作，可以避免盲目摸索；有利于新成员尽快融入团队；可以消除新成员刚入职时的紧张感；有利于团队传统优良工作作风的传递；新成员可从培训师处获取丰富的经验。

师带徒缺点：为防止新成员对自己构成威胁，培训师可能会有意保留自己的经验、技术，从而使指导流于形式；培训师自身水平对新成员的学习效果有极大影响；培训师不良的工作习惯可能会影响新成员；不利于新成员的工作创新。

（五）案例分析法

案例分析法又称个案分析法，它是围绕一定的培训目的，把实际中真实的场景加以典型化处理，形成供学员思考、分析和决断的案例，通过独立研究和相互讨论的方式，来提高学员的分析及解决问题的能力的一种培训方法。案例分析法中的案例用于培训时应满足以下三个要求：内容真实；案例中应包含一定的管理问题；案例必须有明确的目的。例如，客户服务团队可以把客户投诉经典事件整理出来，让团队成员分析应对方法，并进行总结和分析，借以提升团队成员的客户服务技能。

案例分析法可以由讲师主导，也可以由学员自行收集亲身经历的案例，将这些案例作为个案，利用案例研究法进行分析和讨论，并用讨论结果来处理团队实际工作中可能出现的问题。学员间对彼此亲历事件的相互交流和讨论，可使团队内部信息得到充分利用和共享，同时有利于形成一个和谐、合作的团队环境。案例分析法非常适合在岗员工的培训，提升在岗员工的业务技能。

案例分析法的优点：参与性强，将学员解决问题能力的提高融入知识传授中；培训方式生动具体、直观易学；学员之间能够通过案例分析达到交流的目的。

案例分析法的缺点：案例准备的时间较长且要求较高；对学员能力有一定的要求；对培训师的能力要求较高；无效的案例会浪费受训学员的时间和精力。

（六）拓展训练法

拓展训练是指通过模拟探险活动进行的情景式心理训练、人格训练和管理训练。它以外化型体能训练为主，学员被置于各种艰难的情境中，在面对挑战、克服困难和解决问题的过程中，使人的心理素质得到改善。拓展训练包括高空断桥、空中单杠、缅甸桥等高空项目以及扎筏泅渡、合力过河等水上项目。拓展训练的特点如下。

（1）有形的游戏，锻炼的是无形的思维。在培训师的引导下，利用简单的道具，整个团队进入模拟真实的训练状态，团队和个人的优点得以突显，问题也不同程度地暴露出来，在反复的交流回顾中，可以找到某些想要的答案，或是为今后问题的解决提供思路。

（2）简便、容易实施。拓展训练既可以在会议厅里进行，也可以在室外的操场上进行，因此它既可以作为一次单独的、完整的团队培训项目来开展，又能很好地和会议、酒

会或其他培训相结合。在培训中，团队学习、团队沟通、团队士气等方面都可以得到增强。

(七) 网络培训法

网络培训法是指通过团队的内部网或因特网对学员进行培训。例如，沃尔玛内网有一个学习网，任何人可以将自己的工作技巧公布在学习网上供大家学习。一个行政人员可以把自己在处理OFFICE文件时的一些有用的函数、快捷键及相关的案例、操作方法整理出来，以BLOG的形式发布在内网学习网上；一个糖果部主管可以把他们优秀的陈列造型过程拍成视频，放在学习网上，全国的其他门店的员工就可以点开，查看学习。网络培训方法可以不受时间和空间的限制，让全国各地的工作人员随时想学就学。

团队培训方法的特点如表8-2所示。

表8-2 团队培训方法及其特点

方法	特点
讲授法	内容连续、成体系；可以利用公司内的培训人员或管理人员，以及外部专业人士
实践型培训法	在实践中锻炼技能，是讲授法中学习到的知识的落地
工作轮换法	能积累各个岗位的工作经验与技巧
师带徒培训法	能提供一对一的专门指导，能全方位的指导业务、做人态度、心理问题。
案例分析法	能对某种问题、某种情境充分讨论，借鉴别人的思路，形成最好的应对方法
拓展训练法	能在特定的环境、特定的游戏任务下，培养团队凝聚力与向心力
网络培训法	能让员工突破时间和空间的限制，随时学习、交流经验心得

三、学会团队精神培育

随着时间的推移，团队成员的技能会不断提升，但团队精神却不一定越变越好，这需要团队领导者有意识的进行培育。团队如果处于一个良好的氛围，就能发挥出1+1>2的效果；反之，则可能会降低团队运作效率，甚至会让优秀的人才流失。团队应当重点进行培育的团队精神包括信任、彼此尊重、积极沟通、团队合作精神与责任感。

(一) 信任

1. 信守承诺，说到做到

团队领导者应当在日常工作中注意不轻易许诺，说到的事就一定做到，哪怕很小的事，通过点点滴滴的积累，会让大家觉得团队领导者是一个信守承诺、值得信赖的人，团队配合会更加亲密无间。

2. 互帮互助，为伙伴谋利

基层的团队领导者作为团队领导者，不能事事躬亲，但一些棘手的事出现时，团队领导者要去面对，要让下属看到是团队领导者在带领大家一起做事，关键时刻能信赖他。

此外，团队领导者要时时处处想到团队成员的利益，为他们争取利益。当团队成员发现自己没有注意到的利益，团队领导者都主动为自己争取了，会很感恩，也更加信任领导者。

团队成员如果也能互相为对方的利益着想，在伙伴需要帮助的时候及时予以帮助，积极为对方争取利益，说好话，团队内部的信任也能慢慢建立起来。

此外，利益的分割要尽量公正透明，如果一旦被员工发现领导者为了一己私利损害团队成员的利益，或者无正当理由偏袒某个成员，团队内部的信任会受到很大的损害。

3. 坦诚布公，建立信任

一些矛盾，能当面说出来，总比憋在心里或者在背后说要好。因为当面说出来还有直接解决的可能，但憋在心里总有一天会爆发，在背后说也总会传到当事人的耳朵里，给他留下背后说他坏话的不良印象。当大家发现很多事情都能说出来后，信任感会慢慢培育起来。

4. 公平

在进行决策或采取行动之前，先想想别人对该决策或行动的客观性与公平性会有什么看法。在进行绩效评估时，应该客观公平、不偏不倚。在分配奖励时，更加应当注意其平等性。

5. 表现出才能

团队领导者应当表现出专业和技术才能以引起团队成员的尊敬和信任。另外，还应注重培养和表现沟通、团队建设和其他人际交往能力。

资料卡 8-5

团队游戏：信任背摔

1. 目的

“我的安全大家来保护，你的安全我们来保护。”让大家在危难关头，建立信任、彼此信赖的关系。

2. 操作程序

(1) 培训师让每组成员围成一个向心圆，而培训师自己站在中央来示范。

(2) 培训师双手绕在胸前，作出以下的沟通对话。培训师：“我叫……(自己的名字)，我准备好了，你们准备好了没有？”全体学员回答：“准备好了！”

(3) 培训师：“我倒了？”全体学员回答：“倒吧！”

这时培训师整个身体完全倒在团队成员的手中，这时团队成员把培训师顺时针推动两圈。

在培训师做完示范之后，小组的每位成员都来试一试(见图 8-1)。

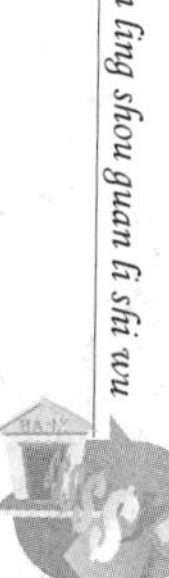

图 8-1 信任背摔

(二) 彼此尊重

不管对方的职位是高还是低，学历是怎样，样貌怎样，性别是男还是女，我们都应当尊重对方，以尊重对方的态度进行工作。如果一个人得不到尊重，那么他会处于一种消极的状态，无法为团队高效的工作。

(三) 积极沟通

积极而良好的沟通有助于交流信息、增进感情。消极的沟通可能会导致信息的误解，甚至会激化冲突，影响团队合作。

1. 非暴力沟通

非暴力沟通有四个要素。

(1) 观察。

区分观察和评论，能够不带预设地仔细观察正在发生的事情，并具体指出正影响我们的行为和事物。

(2) 感受。

区分感受和想法，能够识别和表达内在的身体感觉和情感状态，而不包含评判、指责等。

(3) 需要。

体会所有人共通的需要(如食物、信任、理解等)是否得到满足；当别人不知道你请求背后的“为什么”，就很难理解或被说服甚至会误解你说话的动机。因此，要把背后的良好动机说出来，形成共情，满足对方的需要。

(4) 请求。

提出具体、明确的请求(要什么，而不是不要什么)，而且确实是请求而非要求(希望对方的行为是出于由衷的关心，而不是出于恐惧、内疚、惭愧、责任等)。

例如，小陈在竞聘防损部主管，他各方面都非常优秀，但唯一不足的是长着一张娃娃脸，防损部需要监督各部门是否按超市规则运作，处理内盗、外盗等难题，需要有威慑力，因此娃娃脸是不合适的。但面试官也不好直接说，否则会影响员工的积极性。这时，面试官可以用积极沟通的四个要素进行表达。

非暴力沟通与消极沟通的对比如表 8-3 所示。

表 8-3　非暴力沟通与消极沟通的对比

非暴力沟通		消极沟通	
要素	举例	特点	举例
观察：不带预设地仔细观察正在发生的事情	小陈，你真幸运，长了一张婴儿脸。	事先判断、评论	小陈，你看上去很年轻嘛。
感受：表达内在的身体感觉和情感状态	对于那些说你可能不大有经验来胜任这个工作的人，你会怎么说呢？	带有评判、指责的想法	嘴上无毛办事不牢啊。我们不太敢选你做防损部主管。
需要：把自己的良好意愿说出来，形成共情	我之所以问你这个问题，是因为我也常常是最年轻的，有的时候人们也不会把我当回事儿。	不说明需要，对方可能以为你是在恶意刁难他	
请求：说出想要让对方采取的具体行动	所以我想知道你打算如何解决这个问题呢？	不说明对方应当采用的行动，问题无法解决	

考考你

你能用积极沟通四要素再举一个例子吗？

2. 使用“我”“我们”代替“你”

有时我们会把责任推到对方身上，引发对方的负面情绪。这时我们可以用“我”“我们”代替“你”。例如，“你没有把这个表格做好！”就容易引发对方的负面情绪，改成“在这个表格上我们有一些地方需要完成”就会柔和得多，更能获得对方的配合。“你听错了！”就没有“可能是我没有讲清楚”那么柔和。

3. 少用“但是”连接负面反馈

我们常常先表扬对方，再用一个“但是”提出对方的不足。这样也容易影响前面的表扬的积极效果。“你说的很有道理，但是在这方面其实有更好的方法”就容易让对方心里不开心。如果换成“你说的很有道理，我也有一个好的建议，你看如何”会更容易让对方心悦诚服的接受。

（四）团队合作精神

团队合作精神是指，在考虑利益时，不仅考虑自己的利益，还考虑团队的利益、团队里其他成员的利益，彼此帮助，相互合作。

1. 打造共同的利益，重视团队绩效评估

如果要打造团队精神，就要重视对团队整体业绩的评估，只有团队全体成员一起努

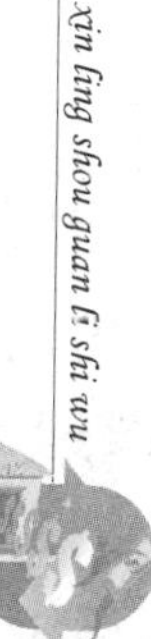

力才能获得相应的奖励。此外，借集体受表彰的机会和大环境，对个人顺带进行一定的表扬，也能兼顾对个人的激励。

2. 内和外争

团队领导者在平时的工作中要提倡“内和外争”。日常管理中，要引导团队内部员工合作，不能用不公平的奖励惩罚制度、激化内部竞争的制度来挑拨团队内关系，与此相对的是，要鼓励团队成员彼此团结，不要和团队内部比较或竞争，而是和团队外部进行比较或竞争。例如，鼓励团队成员和绩效最优的门店的绩效进行比较，而不是团队内部比较每个人的优劣，这样更能让大家团结一致进而共同提高绩效。

3. 为团队成员建立情感的纽带

大多数同事在表面上是彼此关联的，他们一方面视彼此为分担工作量的同志，另一方面却将对方看作未来竞争奖励和晋升机会的对手。有些人之间可能建立更深的纽带关系，并逐渐成为好友，但要想让团队释放最大的创造力和全部潜力，每个人都必须在更深的人际关系层面建立联系。

团队领导者应当提供各种机会促成团队成员之间的情感纽带。例如，当新人入职时，老员工给新人举行入职仪式，夹道欢迎。老员工们排成两列，高举手臂组成一个“隧道”让他们通过，并为每一个新人欢呼和鼓掌。这个简单的阵势立刻就在新员工和老员工之间建立起了联系，同时强化了所有员工在彼此间感受到的纽带关系。

（五）责任感

一是对自己的工作负责。应当培养团队成员勇于承担自己的责任，而不是出了事推卸责任。一件任务接了下来，如果后面太难，不能随意撂挑子，而是想办法坚持去完成。

二是对团队负责。鼓励团队成员在做好自己工作的同时，也要考虑到自己的行为对其他团队成员、整个团队的影响，培养大家对团队的业绩有责任心、有担当。

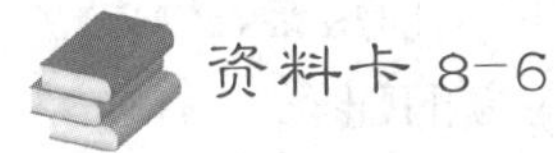
资料卡 8-6

团队游戏：不倒森林/乾坤大挪移

一、步骤

团队成员一人一根棍子，树立着围成圆圈。

团队成员同时逆时针移动一个位子，接住下一个成员的棍子，注意，不能手扶、手握，只能用手掌压住棍的顶端，棍子不能倒（见图 8-2）。

二、获胜规则

每组有 5 分钟试玩，一共 3 条命，成功移动的步数累计最多者获胜。

注意：圈要围得足够大，太小，棍子不容易倒。

三、启示

如果你放开棍子时不够直，后面接棍子的成员就容易倒。所以，要努力做好自己份内的工作，不能坑队友。

图 8-2　不倒森林

任务实施

一、新员工培训

李明为新员工设计了入职培训，以便新员工能尽快融入团队，完成工作任务。

（一）团队破冰游戏

为了迎接新员工，团队组织了一些团队破冰游戏，融洽大家的氛围，增进彼此的感情。例如背夹球游戏。

1. 道具与场地

在办公室或周围运动场（如全民健身中心）寻找 10～20 米的走道，准备好 2～3 个气球/足球/篮球。

2. 游戏规则

每组 2 人，背夹一圆球，步调一致向前走，绕过转折点回到起点，下一组在起点区接过球开始前进。向前走时，双手、手臂不能碰到球，球不能掉，否则从起点重新开始游戏。最先完成者胜出。按时间记名次（见图 8-3）。

图 8-3　背夹球

3. 多轮的难度提升

可以每轮用不同的部位夹球，如额头、胸。也可以增加难度，如夹球时喊口号等。

（二）发放员工手册

李明将员工手册发给新员工，详细讲解了公司的规章制度，并解答了新员工提的问

题，同时由团队负责人讲述团队的运营规则，例如，如果有急事可以申请调班调休，但必须保证业绩要好。

（三）职业生涯规划培训

李明具体讲解了超市可以给新员工提供的发展空间。新员工可以走管理路径，即职员→主管→经理→店助→店长→更高职位，表现优秀的员工，最快用两年时间可以成长到三级主管，收入达到入职时的 2.1 倍。新员工也可以走专业技术路径，即技工→技师→骨干员工→导师，而且每个岗位可以从一级升到三级，对应的薪酬待遇也会上升。表现优秀的员工，最快用两年时间可以成长到技师二级，收入达到入职时的 2.1 倍。

在培训时，李明先用讲授法给大家讲解超市的晋升机制，再请晋升较快的员工给大家讲解自己的职业生涯成长案例，并分享了成功晋升的技巧。

（四）业务知识技能培训

在培训新员工的业务知识技能时，首先由本部门的导师用讲授法讲解业务知识和技能，并结合案例分析法启发新员工去思考，用角色扮演法让大家现场去做。

（五）师带徒

李明在新员工所在的部门给每个新员工指定了一个老员工做导师，对新员工进行一对一的指导。师傅带徒弟时，要求师傅及时纠正新员工的一些错误操作、错误观念，培养好的工作习惯。在培训期结束后，再由师傅评定新员工的学习成绩，以此考察新员工是否能度过试用期。

二、在职员工培训

对于已经进入工作状态的在职员工，李明也计划并实施了一系列的培训。

（一）培训需求调查

每年初，李明会要求每个员工在统计表上填写自己的培训需要，再结合平时的观察、同事和顾客的反馈、其他部门的需要编制培训计划，尽量开展培训效果好、培训成本低的培训。

（二）精英分享

每次的团队业绩考核过后，李明会请业绩排名靠前的员工分享经验，一是可以激励排名靠前的员工，二是可以让其他员工借鉴其经验，促进团队业绩的提升。

（三）线上培训

李明在超市内部论坛上，鼓励大家分享好的学习资料，彼此学习。比如，李明平时在网上、别的超市看到的好的陈列，都会拍照或下载照片分享在内部论坛上，大家可以彼此激发陈列创意。一些员工在工作上有疑问，也会在内部论坛上提出来，大家互相解答。

（四）兴趣沙龙

为了让大家实现工作与生活平衡，在大家的要求下，李明超市会开展一些家庭护理、亲子育儿、保健按摩的沙龙活动，彼此交流生活经验。

三、团队精神培育

（一）茶话会

为了保证团队处于一个最佳状态，李明定期给大家举行茶话会，让大家一边吃着水果零食，一边交流最近取得的成绩，遇到的困难，并及时给大家出主意，解决困难。如果看到哪个成员有情绪，鼓励他坦诚布公的讲出来，并帮他出谋划策。通过茶话会，团队内部能彼此交流信息、解决冲突、共同进步。

（二）公正互信

李明要求团队领导者平时做事要力求公正，尽量顾及大家的利益，考核时也强调以团队为单位进行考核，形成一种互相信任的氛围，鼓励大家眼光放在本地最优秀的超市上，以他们为竞争对手和赶超目标，不断进步。

（三）不吝赞扬

当员工有所进步，李明都会不吝赞扬，而且说的很具体，例如："之前陈华总是迟到，这个月迟到次数没有超过 2 次，有进步。"工作中，即使是很难管理的员工，李明也会尽可能挖掘团队成员的优点，并给他相应的任务衬托出这样的优点，再根据事实去赞扬，形成一种彼此赞赏、彼此尊重的氛围。

（四）偶尔开展团队活动

在工作之余，李明也会和大家一起开展团队活动，例如，业绩提升了，大家一起吃个饭；春天，组织员工去某处风景宜人的地方春游，去农家乐亲子游。有时还会趁工作不忙时在会议室里做一些有意思的小游戏，在轻松的氛围中培养团队成员之间的感情。

技能训练

【项目背景】

在教师的指导下，每个小组的学生轮流做培训师，为全班同学做团队素质拓展培训。培训师团队以外的团队，以团队的形式参加素质拓展培训，锻炼团队素质。

【实训目的】

每个团队都有多次被培训的机会，一次培训他人的机会，通过体验组织者和参加者这两种角色，掌握团队素质拓展培训的方法与技巧。

【实训步骤】

（1）教师给出团队游戏的简介，并展示相应的道具。

（2）学生分组，选择一个团队游戏。

（3）学生领取道具和游戏简介单页，讨论游戏规则、组织分工、试玩游戏。教师及时答疑解惑，提供帮助。

（4）学生作为培训师，给班级全体学生做团队素质拓展培训。首先介绍规则，包括

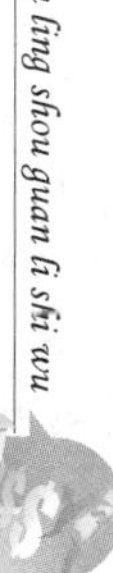

玩法、胜负规则、奖励和惩罚措施；然后带领全班同学做团队游戏，注意培训师团队需要分工明确，例如准备道具者、计时者、判断规则者、主持人等。惩罚措施要无伤大雅，又有趣味。整个团队游戏需要培训师调动氛围。氛围不够时教师可以帮忙调动氛围。

（5）培训师请优秀团队分享经验，请失败团队总结教训、分享经验，培训师再总结这次团队素质拓展的目的和对大家工作的启发。

【实训评价】

1. 评价内容

（1）学生参与性。

（2）培训组织有序。

（3）培训氛围热烈。

（4）培训总结能切合团队工作实际。

2. 评价方式

学生成绩由学生自评（20%）、互评（30%）和教师评价（50%）综合评定，评价表具体如下所示。

组别：________　　　　第__次实训

学号	姓名	自评（20%）	互评（30%）	教师评价（50%）	总成绩

任务三　团队的激励与绩效考核

任务导入

最近李明管理的团队里，伙伴们士气低落，做事情没有动力，李明安排工作时，大家推三阻四，做事也只求交差了事，不想做好。李明很是恼火。听说绩效考核可以激励大家往团队目标努力，李明准备使用绩效考核来激励大家做好本职工作，但具体要考核什么，该怎么考核，怎样让员工接受考核结果并为之奋斗，李明也很迷茫。

任务分析

人都有倦怠的时候，尤其是工作压力大，时间有限，工作包含很多重复劳动时。主管的物质激励、精神激励、绩效考核就像给一辆跑不动的汽车加满油一样，能够让员工更有效率、更加愉快的工作。缺乏绩效考核会让员工没有工作目标、盲目地做事，是不可取的。不良的绩效考核容易流于形式、引发矛盾，良好的绩效考核能让员工在绩效目标上,上下齐心完成绩效目标。因此,绩效考核是一个引导员工努力完成绩效目标的重要工具。

相关知识

一、团队激励的方法与技巧

(一) 物质激励

团队领导者要熟知超市里的物质激励制度,并且积极为伙伴们争取物质奖励,在伙伴们没有动力的时候提醒大家,做好这份工作,可以具体获得怎样的物质激励,给大家画个可口诱人的饼,并尽快把饼分给大家,让大家在每次合作的经验中得到这样一个体会:“跟着老大干,有肉吃”。这样,面对工作时,员工会期待工作完成后的奖励,更加有动力。目前,超市里的物质激励有很多,既包括传统的奖金,也包括长远的物质激励,如晋升,还包括股权激励、可以利润分成的“合伙人”制度。

案例 8-9

永辉超市的“合伙人”制度

在传统超市里,一线员工只有 2 000 多元的月薪,员工的满意度和积极性都不高。然而,由于永辉生鲜经营的灵活性、岗位设置的细致度以及营运环节的精细化管理,使得永辉对一线员工工作的质量非常依赖,因此,永辉需要进一步激发基层员工的积极性和满意度。于是,永辉引入了新式“合伙人”制度,如图 8-4 所示。

1. 一线员工利润分享

永辉的“合伙人”制度指的是:合伙人以门店为单位与总部来商谈,永辉总部代表、门店店长、经理以及科长,大家一起开会探讨一个预期的毛利额作为业绩标准。在将来的门店经营过程中,超过这一业绩标准的增量部分利润就会被拿出来按照合伙人的相关制度进行分红。店长拿到这笔分红之后就会根据其门店岗位的贡献度进行二次分配,最终使得分红机制照顾到每一位一线员

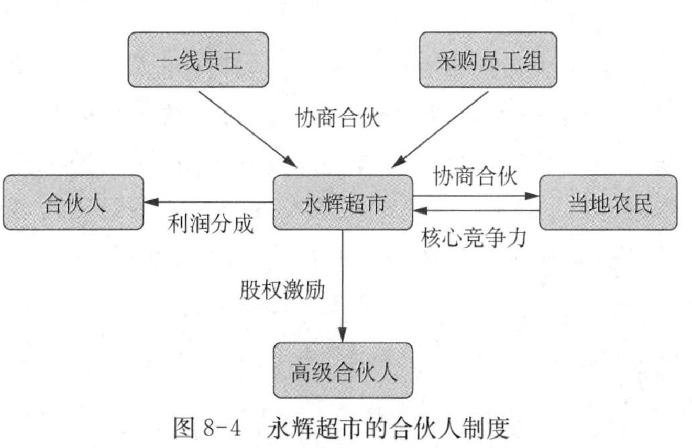

图 8-4 永辉超市的合伙人制度

工。对一线员工实行“合伙人”制度，将部分经营业绩直接和员工联系在一起，增加了员工的薪酬，调整了员工的工作态度，带来的是果蔬损耗成本的节约，以及消费者更多的购买。

2. 专业买手股权激励

买手就是永辉超市在供应链底端的代理人，由于他们熟悉村镇的情况，又十分了解各种生鲜特征，这使他们能够很好地胜任采购这项工作，但同时，这也易于导致买手们被其他企业所觊觎，以更高的薪水挖走，因此，永辉必须保证买手团队的稳定性。永辉向买手们发放股权激励，通过这样既使他们留在组织内，又让他们干劲十足。

（资料来源：HR案例网）

（二）精神激励

如果激励是一道菜，物质激励是主要食材，精神激励就是不可或缺的调味品。根据马斯洛需求原理，人有生存需要、安全需要、社交需要、尊重需要和自我实现的需要。这其中，既需要物质的保障，也需要精神的满足。因此，物质激励也应当有精神激励相配合。

1. 不断认可

当员工完成了某项工作时，最需要得到的是上司对其工作的肯定。团队领导者在认可团队成员时，首先要真诚，反之，假意的认可如果被团队成员察觉到了，会失去激励的效果；第二要及时，过期的认可会大打折扣；第三要控制频率，如果用得太多，价值将会减少，如果只在某些特殊场合和少有的成就时使用，价值就会增加。

员工再小的好表现，若能得到认可，都能产生激励的作用。拍拍员工的肩膀、写张简短的感谢纸条等非正式的小小表彰，比公司一年一度召开盛大的模范员工表扬大会，效果可能更好。

案例 8-10

不懂激励的主管

有一个员工出色地完成任务，兴高采烈地对主管说：“我有一个好消息，我做了一个非常有创意的堆头，好多顾客一进门就被堆头吸引了，纷纷购买这个商品。”但是这位主管对那名员工的优秀业绩的反应却很冷淡，“是吗？你今天上班怎么迟到了？”员工说：“二环路上堵车了。”此时主管严厉地说：“迟到还找理由，都像你这样超市的业务还怎么做！”员工垂头丧气的回答：“那我今后注意。”

考考你

员工希望获得什么？上司给的又是什么？

2. 真诚赞赏

团队领导者应当用积极的眼光看待下属及其工作，多挖掘他行为的好的方面，提炼出行为的意义，有感情的进行赞美。赞赏可以遵循 3S 原则，即 Sincere（真诚），Specific（具体），Smart（智慧）。赞赏不是拍马屁、恭维，赞赏是基于具体的事实，拍马屁是基于人。例如，员工讲完 PPT 后，如果团队领导者说："哇，你太棒了！"一次还行，对每个人每次都这么说，效果就会受影响。如果领导者说："我觉得你刚才讲的促销抽奖转盘部分非常有意思，对我很有启发"，这样更具体，更像是真诚的赞赏，效果更好。

案例 8-11

多看积极面，多赞美，少批评

小陈每个月都需要做一份复杂的月报表给上司老王。老王一直认为这份报告是她的例行工作，总是只是看一眼便说："好了，送出去吧。"

但这一次，老王在小陈面前仔细地阅读了月报表，并称赞她做了很好的整合工作。老王为报告的工整以及内容的完整而感谢她。

小陈非常开心的说："谢谢，这是一个很好的称赞。"

后来，老王惊讶的发现，几天来，他的咖啡杯总是在他想要喝咖啡的时候加满，小陈也变得友善多了。几天后老王将这些记了下来，并继续感谢她将工作做得如此之好。小陈的工作效果也越变越好。

老王尝试着用同样的方法对待另一个很难缠的员工。这个员工总是把工作搞砸，做得非常糟糕，也因此常常被老王处罚。再这样继续下去，就只能解雇他了。

老王开始改变对他的态度，称赞他所做对的事。不仅如此，老王还在其他人面前称赞他，让其他的员工知道他不是完全不行的。老王也让他跟别人执行同样的工作，这样他便能通过比较而知道他自己的表现如何。一段时间后，老王发现这名难缠的员工进步了很多。这比起过去老王总和他讨论他做错的事情的效果要好得多。

过去，老王总是等到他完成工作才进行查看；现在他工作时，老王会走到他的座位上，看看他做得如何，并且在他做得对的时候称赞他。

慢慢的，他的工作绩效大大地增加了，错误也减少了。他也要求一些新的工作。这个员工仍然有很大的空间可以进步，通过挖掘积极因素，老王已经让他走在正确的方向上了。

考考你

怎样用挖掘积极因素、积极语言的方法激励自己的同伴？

3. 了解关怀

了解是关怀的前提,作为团队领导,对团队成员要做到“九个了解”,即了解成员的姓名、生日、籍贯、出身、家庭、经历、特长、个性、表现;“九个有数”,即对成员的工作状况、住房条件、身体情况、学习情况、思想品德、经济状况、家庭成员、兴趣爱好、社会交往心里有数。要经常与成员打成一片,交流思想感情,从而增进了解和信任,并真诚地帮助每一位成员。尤其是当团队成员有困难时,要主动给予关怀,为其排忧解难,使其对团队建立起归属感。

4. 团队聚会

不定期的团队聚会有助于沟通感情,增强团队凝聚力,最终会对工作环境产生影响,营造一个积极向上的工作氛围。如中秋节前夕的晚会、元旦前的野餐、重阳节的爬山、三八节的出游、员工的生日聚餐、团队庆功会等,这些都可以成功地将员工聚到一起度过快乐的时光。即使是简单的水果点心座谈会,也是一种沟通感情的机会。同时,最好再将这些活动通过图片展示、DV 摄制等手段保留下来,放在公司或团队的网站上,让这些美好的回忆成为永恒,时刻给员工温馨的体验与团队归属的激励。

5. 建设性批评

建设性的批评是指主要为了让对方改进,而不是让对方难堪或产生负面情绪的批评。建设性的批评技巧有以下 6 个。

(1) 应当是面对面私下进行的。

公开表扬,私下批评是激励的重要规律。如果是公开批评,会容易损伤员工的面子,让员工产生很大的负面情绪,对工作产生不良影响,有时甚至超出团队领导者的想象。

(2) 询问与倾听对方的解释,就所犯的错误事实达成一致。

批评对方不能只是单方面的“定罪”,要和对方核实事情的真相与原因,给对方解释的机会,不然容易让对方产生有苦说不出的委屈感。

(3) 对事不对人,阐释具体的事件,而不是评论人的个性、特点。

例如,“我认为你不具备团队精神”是对人个性与特点的评论,这会让人有一种被人身攻击的感受,而且人的个性和特点是难以改变的。相反,“我注意到一次我们团队里一个低级别的同事向你寻求帮助时,你叫他去请别人帮忙”,这样的描述是针对事件的描述,对方可以改变事件,进而提高业绩。类似的,“我感觉你这个人有点保守,你很少与其他人沟通信息”改成“如果在每次的例会上,你把项目的进展情况与我们分享一下的话,对我们会有很大的帮助”,会更好。

(4) 说明相关工作的重要性。

批评时,要说明这一事件的重大影响,才会让对方有动力去改变。

(5) 补救工作达成一致。

批评一定不能忘记目的:改进与补救。因此,要与对方讨论补救或改进工作,达成一致才能让对方有动力去行动。

（6）用期待未来更好的行动代替对过去的批评。

有时，团队领导者可以不直接批评对方在过去做不好，而是直接说对未来的期望以及将要达成的良好效果。例如，“你在上次会议上的发言效果不好，这次发言之前你是否能先给我讲一遍”，这样的话语容易让对方沮丧。但改成“你是否能把准备的发言先给我讲一遍，这样可以帮助你熟悉一下内容，使你在现场能更加自信”则能达到更好的效果。

6. 设置目标

设置目标是指团队领导者根据员工的能力与需要、团队的资源和需要，将团队目标分解到个人身上，与团队成员订立个人目标以及相应的奖惩，并帮助他实现这个目标。

设置目标是为了把团队的需求转化为员工的需求。为了解除这一需求给他带来的紧张，他会更加努力地工作。在团队成员取得阶段性成果的时候，还应当把成果反馈给团队成员。反馈可以使员工知道自己的努力水平是否足够，是否需要更加努力，从而有助于他们在完成阶段性目标后进一步提高他们的目标。

设置目标必须注意三点：一是目标设置必须符合激励对象的需要。即要把激励对象的工作成就同其正当的期望挂起钩来，使激励对象表现出积极的目的性行力。二是提出的目标一定要明确。比如“本月销售收入要比上月有所增长”这样的目标就不如“本月销售收入要比上月增长 10 000 元”这样的目标更有激励作用。三是设置的目标既要切实可行，又要具有挑战性。目标难度太大，让人可望而不可即；目标过低，会影响人们的期望值，难以催人奋进。

7. 荣誉和头衔

员工感觉自己在公司里是否被重视是工作态度和员工士气的关键因素。给予荣誉和头衔是在产生一种荣誉感，进而产生积极的态度，而积极的态度是成功的关键。例如，你可以在自己的团队设立诸如“创意天使”“智慧大师”“霹雳冲锋”“完美佳人”等各种荣誉称号，每月、每季、每年都评选一次，当选出合适人选后，要举行适当隆重的颁发荣誉的仪式，让所有团队人员为荣誉而欢庆。

8. 主题竞赛

超市内部的主题竞赛不仅可以促进员工绩效的上升，更重要的是，这种方法有助于保持一种积极向上的氛围，对减少员工的离职率效果非常明显。

案例 8-12

永辉每年举行全国技能大赛

永辉从 2012 年开始，每年举行声势浩大的全国技能大赛。开幕式现场会举行升国旗、敲战鼓、圣火传递等活动（见图 8-5）。

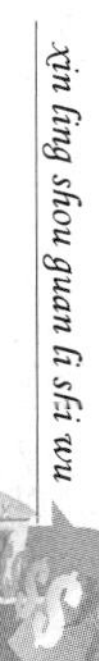

图 8-5　永辉超市第五届全国技能大赛开幕式

参赛选手来自全国七大区，分别是福建大区、华西大区、安徽大区、东北大区、四川大区、河北大区和河南大区。

图 8-6　烘焙蛋糕技能比赛现场

比赛设有 10 余个项目，包括熟食技能、包点技能、烘焙蛋糕技能（见图 8-6）、货架陈列技能、端架陈列技能、情景陈列技能、销售推广技能、损耗管理技能、肉类分割技能、杀鱼技能、果篮创意、服装整烫与卷裤脚边技能、消防安全、收银技能、计量技能、物流拣货技能、叉车技能等。例如，消防安全技能比拼包括消防安全知识题库问答、体能测试等环节。包点技能比赛既要考虑包点的精美可口，又要达到可推广、可复制、简单高效的操作要求。果篮创意技能大赛要求选手根据主题制作创意果篮。例如，小吴以情人节为主题，根据颜色进行陈列，同时大小搭配，合理使用十字绣、巧克力、钻戒、对花、情人草、满天星、花边、百合等道具，让果篮更加丰富有层次。

此间，参赛的猪肉、鱼肉将进行现场折价售卖，满足消费者的购物需求，同时包点、熟食等加工食品免费提供大家品尝。

此后，永辉举行技能大赛闭幕式，进行颁奖，举行晚宴。在颁奖仪式上，获奖选手获得了奖金和精神嘉奖，冠军还能获得参加国家级重点景区 3 日游的奖励（见图 8-7）。此后，各项大赛的冠军会分享自己的成功经验，这些经验在内部培训中会得到应用。

图 8-7　全国技能大赛颁奖仪式

（资料来源：永辉网站）

考考你

永辉举办全国技能大赛对员工有哪些激励作用？

9. 营造危机意识

危机意识其实就是一种强烈的生存意识，团队具有一定的危机意识才能获得更好的生存空间。团队领导者对危机的感受是深刻的，但一般团队成员并不一定能感受到这些危机，特别是不在市场一线工作的那些员工。很多员工都容易滋生享乐思想，他们认为自己收入稳定，高枕无忧，工作热情也日渐衰退。因此，团队领导者有必要向团队成员灌输危机观念，树立危机意识，重燃团队成员的工作激情。同时，这也有助于团队成员理解和支持团队领导者所采取的一些无奈之举。

通过以下措施，可以有效地树立员工的危机意识：一是向团队成员灌输企业前途危机意识；二是向团队成员灌输他们的个人前途危机；三是向团队成员灌输企业的产品危机，激发创新能力；四是用客户对团队的负面评价激励团队成员。

二、团队成员绩效考核的方法

（一）绩效计划

制定绩效计划，也就是为团队和团队成员拟定一个业绩目标。制定绩效计划时，需要考虑以下因素：

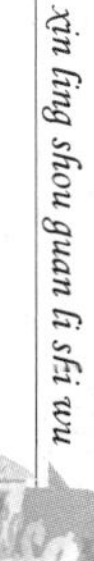

1. 门店、团队、个人发展的“三赢”

在制定绩效计划时，一是考虑超市门店的利益，二是考虑团队的利益，三是考虑团队成员个人的利益。如果一个绩效计划的完成对门店、团队、成员都有利，无疑是所有人都愿意去努力实现的计划。

制定绩效计划时，不仅要制定绩效目标，还需要明确计划成功完成后团队成员会获得多少奖励，无法完成计划会不会承担相应责任。所以，绩效计划常常是一个具体而稍显复杂的体系，包含奖励或惩罚的具体措施。

案例 8-13

永辉合伙人分红的具体计算方法

永辉A门店第一季度全店销售达成100.1%，利润总额达成106%，利润超额33万元（见表8-4），根据合伙人制度，每个员工可以分红多少呢？

表8-4　永辉A店第一季度业绩情况

部门	店长及人数	经理级人数	课长级人数	员工级人数	销售达成率	利润总额达成率	毛利达成率	超额利润总额
全店	1	10	24	136	100.1%	106%		33万元
生鲜		2	7	60	100.6%		107.0%	
食品用品		2	7	15	101.0%		103.0%	
服装		1	6	12	93.4%		90.0%	
加工		1		1	91.5%		87.0%	
后勤		4	4	48				

一、合伙人分红的前提条件

第一，永辉的门店必须实现销售达成率≥100%、利润总额达成率≥100%才能分红。A门店全店销售达成100.1%、利润总额达成106%，因此可以分红。

第二，不同合伙人类别，对应的分红条件有所不同，如下表所示。根据下表的分红条件，结合上表中呈现出的第一季度业绩数据，因全店业绩达标，店长、后勤是可以分红的。生鲜、食品用品两个部门业绩达成率均高于95%，其经理级、课长级、员工级合伙人都可以分红。但服装、加工两个部门业绩达成率没有高于95%，因此无法参与分红（见表8-5）。

表 8-5　各类别合伙人对应的分红条件

合伙人类别	分红条件
店长、店助、后勤人员	门店销售达成率≥100%，利润总额达成率≥100%
营运部门经理、经理助理、部门公共人员	部门销售达成率≥95%，部门毛利达成率≥95%
营运部门各课组人员	课组销售达成率≥95%，课组毛利达成率≥95%

二、合伙人奖金包

永辉门店奖金包＝门店利润总额超额/减亏部分×30%，各职级对应的奖金包分配比例有所不同。

A 门店的门店奖金包＝33 万×30%＝10 万。根据各职级奖金包的分配比例，可计算出 A 门店各职级的奖金包(见表 8-6)。

表 8-6　永辉 A 门店各职级的奖金包

职级	门店奖金包(元)	分配比例	奖金包(元)
店长	10 万	8%	8 000
经理级	10 万	9%	9 000
课长级	10 万	13%	13 000
员工级	10 万	70%	70 000

三、分配系数

永辉各部门对应的分配系数是按部门毛利额达成率的排名来确定的，如表 8-7 所示。

表 8-7　部门毛利额达成率排名对应的分配系数

部门毛利额达成率排名	分配系数
第一名	1.5
第二名	1.3
第三名	1.2
第四名	1.1
后勤部门	1

根据 A 门店第一季度的业绩，生鲜部毛利额达成率排名第一，分配系数为 1.5，食品用品部为 1.3，具体如表 8-8 所示。

表 8-8 永辉 A 门店第一季度分红的部门课组总份数

部门	店长级	经理级			课长级			员工级		
		人数	对应系数	总份数	人数	对应系数	总份数	人数	对应系数	总份数
合计	1	8		8.6	17		16.7	102		126.8
店长办公室	1									
生鲜部		2	1.5	3	5	1.5	7.5	43	1.5	64.5
食品用品部		2	1.3	2.6	4	1.3	5.2	11	1.3	14.3
后勤部门		3	1	3	4	1	4	48	1	48

四、合伙人个人奖金计算方法

表 8-9 各职级对应的个人奖金计算方法

职级	个人奖金
店长、店助	店长级奖金包×出勤系数
经理级	经理级奖金包÷经理级总份数×对应分配系数×出勤系数
课长级	课长级奖金包÷课长级总份数×对应分配系数×出勤系数
员工级	员工级奖金包÷员工级总份数×对应分配系数×出勤系数

合伙人的个人奖金还会受到同一岗位的人数、合伙人出勤率的影响。因此，同一岗位人越少，人均劳效越高，合伙人出勤率越高，获得的个人奖金就越高。具体计算方法如表 8-10 所示。

根据表 8-9 计算方法，A 门店的个人分红如表 8-10 所示。

表 8-10 永辉 A 门店的个人分红

部门	店长	经理级	课长级	员工级
店长办公室	8 000元			
生鲜部		9 000÷8.6份×1.5=1 570元	13 000 ÷ 16.7 份 × 1.5 = 1 168元	70 000÷126.8份×1.5 =828 元
食品用品部		9 000÷8.6份×1.3=1 360元	13 000 ÷ 16.7 份 × 1.3 = 1 012元	70 000÷126.8份×1.3 =718 元
后勤部门		9 000÷8.6份×1=1 047元	13 000÷16.7份×1=778 元	70 000÷126.8份×1=552 元

从上表可以看出，如果生鲜部经理第一季度出满勤，没有请假，分红奖金为 1 570 元。

（资料来源：搜狐网）

考考你

永辉的合伙人制度是如何实现门店、团队、个人三赢的？

2. 充分的沟通

无论绩效计划多么的庞大、复杂，团队领导者都需要与团队成员进行充分的沟通，一是让团队成员完全清楚地明白这份绩效计划究竟是希望员工在哪些方面做出成绩，做出成绩对应着哪些具体的奖励。二是澄清绩效计划的用意，让员工内心里接纳绩效计划。一项绩效计划的提出，容易引发员工的抵触情绪，员工容易觉得绩效计划增加了工作量，提高了工作要求，只是为了公司的利益，一味的牺牲员工的时间和精力。因此，团队领导者需要澄清绩效计划的用意。例如，永辉的团队领导者可以说明，合伙人制度是为了实现"三赢"的，在员工已有的工资的基础上，如果员工完成了业绩目标就能像老板的合伙人一样分红，拿到更多的钱。但是完成业绩不仅仅是自己做得好，还要保证门店完成业绩目标，整个门店的人才有分红拿；更要保证所在的部门、课组完成业绩目标，整个部门、课组的人才有分红拿。而且完成得越好，超出的部分 30%都会分给合伙人，自己拿得也越多。在这样的逻辑下，每个员工都努力工作，门店的业绩好了，公司赚得多，门店赚得多，每个员工也会赚得多，实现"三赢"。因此合伙人制度对于员工来说就是一种在收入方面的"开源"。此外，在合伙人制度下，所有的收益大家是共同分享的，人数太多会导致人均分红减少，因此部门、柜台、品类等的人员招聘、解雇都是由员工组的所有成员决定的，这也就避免了有人无事可干搭便车的情况。

（二）绩效评估

绩效评估是指评定和测量员工在职务上的工作行为和工作成果。在绩效评估阶段，团队领导者需要根据绩效计划，客观、全面、准确的收集与计算数据，填写绩效考核表。如果是主观评分项目，可以根据过去记录的重要事件进行评分，尽量客观公正。超市常用的绩效评估指标及其计算方法见表 8-11 所示。

资料卡 8-7

表 8-11　超市常用的绩效评估指标及其计算方法

类别	指标	指标定义/公式
营运	毛利率	毛利/营业额×100%
	营收达成率	实际营业收入/目标营业收入×100%
	营业成长率	本期营业收入/上期营业收入×100%
	销售收入同期增长率	(当年销售额或销售量/去年销售额或销售量−1)×100%

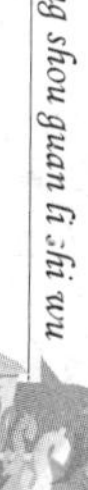

（续表）

类别	指标	指标定义/公式
营运	商品周转天数	商品周转天数=365/年周转次数 年周转次数=年销售额/(期末库存额×期末库存率)
	商品周转率	商品周转率=平均销售额/平均存货额×100% 平均存货额=(期初存货额+期末存货额)/2
采购	采购计划达成率	实际采购金额或数量计划采购金额或数量×100%
	新商品引进率	考核期内引进新商品数量/期末商品总数量×100%
	采购质量合格率	采购合格商品的次数或数量/全部采购商品的次数或数量×100%
收银	收银差错率	收银差错笔数/收银业务总笔数×100%
	服务技能	接受调查的顾客对收银部工作满意度评分的算术平均值
防损	商品损耗率	商品损耗量/商品总量×100%
	失窃事件次数	内盗次数+外盗次数
	突发事件处理及时率	突发事件准时处理次数/突发事件总次数×100%
配送	货损货差率	货损货差数量/同期配放货数量×100%
	车船满载率	车辆实际转载能力/车辆转载能力×100%
	送货准时率	按时送货次数/送货总次数×100%

（资料来源：《超市店长365天管理笔记》）

考考你

表中每种绩效指标测试的是哪些方面的业绩？

（三）结果应用

员工考核结果可以分为优秀、良好，合格、不合格，也可以分为A、B、C、D等。一般来说，对于优秀的员工应当给予物质和精神的奖励，以此为代表鼓励所有员工向他学习，提升业绩；对于业绩不佳的员工，会有一些物质上的惩罚，警示所有员工不要让自己的业绩落后，并给对方一个提升业绩的机会，在新的业绩周期里给予相应的帮助。如果一个员工持续呈现业绩不佳的情况，则考虑调岗或劝退。

案例 8-14

某超市绩效考核结果的应用方式如表8-12所示。

表 8-12　某超市绩效考核结果的应用方式

项目	具体内容	优秀/A	良好/B	合格/C	不合格/D	连续 2 次不合格
绩效奖金	员工工资中的一部分	奖金基数×绩效完成比例	奖金基数×绩效完成比例	奖金基数×绩效完成比例	减半	转岗、劝退
福利	公费旅游、休假机会等	国外游一次	休假 2 天	无	无	
晋升	有晋升机会时会根据过去的绩效判断	晋升机会最大	晋升机会较大	一般	无	
精神表扬	颁奖、口头表扬等	年会时颁奖	无	无	无	
培训	针对员工短板进行培训				接受培训	
合伙人分红	门店、部门、小组、自身满足分红条件，即可参与分红					
安全奖	全店顾客、员工均没有出现重大安全事故，每位员工可领安全奖					
全勤奖	员工每月除法定的带薪休假外，没有请假、迟到、早退，可领全勤奖					

考考你

绩效考核优秀和绩效考核不合格有怎样的差别？

（四）绩效辅导

绩效辅导是指团队领导者与员工共同跟踪绩效结果，通过持续不断的沟通，努力发现问题、解决问题，达到或超越已制定的绩效目标。团队领导者可以通过绩效辅导了解下属的工作情况和进展，提高考核工作的有效性，帮助下属提升能力，提高下属的认可度；员工可以通过绩效辅导得到自己绩效的反馈信息，发现不足，确立改进点，及时了解组织的重要信息，及时得到相应的资源和帮助。

在绩效辅导中，团队领导者的角色首先应当是教练，为下属启发思路、判断正误，做下属的职业导师。其次，团队领导者应当是业务合作伙伴，为下属解决难题、提供帮助、鼓舞士气。最后，团队领导者应当是协调人，加强员工和人力资源管理者的沟通，衔接两者关系，排解纠纷。

1. 绩效辅导的步骤

绩效辅导包括以下 3 个环节。

（1）绩效辅导准备。

第一，收集相关信息，预测可能出现的问题及相应的处理方法。

一方面，团队领导者需要了解下属的工作内容、公司的管理制度，包括绩效管理制度、培训管理体系、职业发展管理体系、薪酬福利制度，以便为下属提供相应的信息与帮助。另一方面，团队领导者需要明确自己对下属的工作期望与绩效目标，针对绩效评估

结果，准备好具体的事件行为去说明下属存在的问题，并拟出初步的工作提升建议。

第二，确定合适的面谈时机和环境。

绩效辅导最好是一对一的进行。选择一个安静的沟通环境，避免干扰因素，例如手机要调成静音。选择座位时，团队领导者与下属应当尽量避免180°的面对面坐着，这样容易形成对立面；应当选择120°的座位，更容易形成互相帮助、亲切柔和的局面。

第三，保持良好心态。

团队领导者应当站在公平对等的立场，保持开放的心态，以关注和关心的态度，给员工以绩效指导，信任员工，关心员工的职业发展，从帮助员工成长中获得满足。在出现冲突时，注意控制自我情绪，当对自己的辅导能力产生怀疑时，及时向上级或人力资源管理者征求建议。

(2) 绩效辅导沟通。

第一，沟通要有一个好的开始。团队领导者要说明此次沟通的目的，避免让员工猜疑或戒备，建立良好的沟通氛围。

第二，团队领导者和员工共同回顾工作。在这个阶段，团队领导者要给员工充分的发言机会，倾听员工的想法，一起回顾所定的工作目标进展如何、哪些方面进行的好、哪些方面需要进一步改善和提高，在这个过程中，团队领导者也可以反馈其他同事、顾客、自己对员工工作绩效的观察和感受，反馈员工绩效考核的结果。在反馈信息时，注意描述具体的行为，紧扣事实，避免概括性的结论和推论。

第三，褒奖员工的积极行为。在回顾完工作业绩后，团队领导者可以对员工曾经做出的贡献与积极行为进行真诚和具体的表扬，并解释这些行为对团队绩效目标产生的促进作用。

第四，指出员工需要改进的方面。团队领导者要与员工沟通确认员工需改善的工作内容，为提高员工的知识和技能，确认需给予的资源和支持，与员工达成共识。

第五，制定具体有效的行动计划，达成共识。团队领导者可以引导员工制定具体有效的行动计划。注意，这个阶段应当以员工为主导，团队领导者只提供各种可行方案，不代做决定，不下断言，以最简单最普通的语言叙述可行方案，以当事者角度提供可行方案。

第六，以鼓励结束谈话，形成书面记录。最后，团队领导者要以鼓励的话语结束本次谈话，并填写绩效辅导的表格，记录员工认同的事情、员工不认同的事情以及改进措施。绩效辅导的表格可以由团队领导者和员工共同签字确认谈话内容。

(3) 绩效辅导追踪。

在绩效辅导沟通结束后，团队领导者在今后的工作中可以关注员工执行计划的实施情况，进行适当的督促，当员工缺乏支持时，可以为员工提供所需要的资源支持和相关培训。

2. 差异化绩效辅导

(1) 根据员工的业绩情况进行差异化绩效辅导。

员工的业绩情况不同，团队领导者的绩效辅导侧重点也可以有所不同。

对于进步神速者，团队领导者可以提供更多工作及表现机会，适时给予正面鼓励及培训，给予更多授权及承担适当风险，协助其制定长期职业生涯规划，适时公开肯定其成就。

对于进步一般者，团队领导者可以注意了解员工的长处及主要改善事项，适时反馈给员工，提供必要的教导与培训，强调期中检查，增加更多工作相关任务，教导员工如何有效利用资源。

对于未尽全力者，团队领导者可以尝试了解员工未尽全力的背景和原因，挖掘过去成功之处或兴趣所在，调整工作内容以符合个人需求，随时反馈鼓励。

对于表现退步者，团队领导者可以着重挖掘存在的问题，增加期中审视与反馈，提供更多咨询与教导，注意员工行为，定期与上级沟通报告进度和计划。

（2）根据员工的绩效问题进行差异化绩效辅导。

团队领导者可以深度挖掘员工绩效问题的根源，进行针对性的辅导与改进，具体如表 8-13 所示。

表 8-13　员工绩效问题及其针对性辅导策略

分析绩效问题所在	问题的维度	针对性的辅导策略
被考核人承担责任的意愿不足	心态	帮助员工提高意识并承担责任激励
被考核人完成工作所需的技能方法不足	能力技能和经验	鼓励员工自己提出解决方案，适当时提出工作本身改进建议及推荐培训课程等
受外在原因影响，外在条件限制，缺乏获取资源的途径	资源问题	通过与相关部门的沟通，提供相关资源支持

（3）根据员工具备的能力进行差异化绩效辅导。

团队领导者可以根据员工具备的能力进行差异化绩效辅导。第一，是鼓励型辅导。对那些具有较完善的知识及专业化技能的人员，团队领导者可以给予一些鼓励或建议，以达到更好的效果。第二，方向引导型辅导。对那些具有完成工作的相关知识及技能，但偶尔遇到特定的情况不知所措的员工，团队领导者可以给予适当的点拨及大方向指引。第三，具体指示型辅导。对于那些对完成工作所需的方向及能力较缺乏的员工，团队领导者需要给予较具体指示性的指导，将做事的方式分成一步一步的步骤传授，并跟踪完成情况。

3. 教练式辅导的 GROW 模型

教练式辅导的 GROW 模型从四个方面出发，让员工做改善业绩的主导者，团队领导者做训练与引导员工的教练。四个方面包括建立目标（Goal）、了解现状（Reality）、讨论方案（Option）、达成意愿（Will），具体如表 8-14 所示。团队领导者可以从这四个方面出发，帮助团队成员确立目标，再根据现状，讨论将来可以用哪种方案最终实现目标。

表 8-14　教练式辅导的 GROW 模型

维度	含义	提问示例
G:goal 建立目标	在这次任务中我们究竟想达成什么样的目标,心里的长期目标是什么?	1. 今天主要想谈什么?希望谈出什么样的结果? 2. 目标是积极有挑战性而且可达成的吗?你会如何衡量? 3. 你想何时达成? 4. 你对目标的个人控制力有多大? 5. 有什么样的里程碑?
R:reality 了解现状	现状是怎样的?目前为止你做了哪些事情?还有谁参与了?	1. 现在情况怎样?发生了什么? 2. 为解决问题,你采取了哪些措施?结果又怎样? 3. 请举例证明你的判断、想法。 4. 还有谁也涉及了? 5. 你如何评价现状,假如需要打分的话,你现在会给出多少分?
O:option 讨论方案	你会怎样做?还有哪些备选方案?还有哪些新的可能性?	1. 我们该怎么解决这个问题? 2. 有什么选择吗?更多的选择是哪些? 3. 你觉得别人会怎么做? 4. 我提个建议好吗?我以前见过别人,在这种情况下……你觉得对你有启发吗? 5. 还有谁能帮助?
W:will 达成意愿	结果是什么?为了达成结果,你要做什么?什么时候做?需要什么样的协助?	1. 接下来你打算怎么办? 2. 在这些方法中你倾向于哪一种? 3. 什么时候开始?什么时候做完? 4. 除你以外,还需要谁的帮助? 5. 你觉得可能会有什么样的困难和阻力?你打算如何面对? 6. 我们之间需要如何沟通跟进?

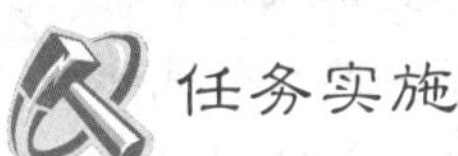

任务实施

为了给员工更多工作动力,为了让每个团队高效运转,李明实施了一系列物质激励和精神激励的措施,并进行绩效考核,用 GROW 模型的教练式辅导进行绩效辅导,整个团队的工作激情像一把火一样被点燃了。

一、物质激励

第一,李明将员工的工资分为基本工资+绩效工资+全勤奖+安全奖+福利,将绩效工资与绩效考核结果挂钩,绩效考核的指标主要选取销售额达成率、毛利额达成率,绩效考核为优的员工不仅绩效工资更高,也更有机会晋升,还能享受公费旅游、休息券等福利。第二,如果员工本月除了带薪假期以外,没有请假或迟到早退,就可以领全勤奖。第三,超市没有出安全事故,就可以领安全奖。

二、精神激励

在精神激励方面，首先，李明每年举行“收银技能大比拼”“商品陈列竞赛”“商品促销大练兵”等大赛，鼓励员工靠自己的本事获得奖金和荣誉。除此之外，还让运营的几个部门之间彼此赛马，员工为了让部门获得成功，赢得奖金，部门内部的合作更加深入了。第二，与员工谈心，了解每个员工对工作的期待，为员工的职业发展出谋划策。第三，设置员工墙，为优秀员工画上皇冠的荣誉，同时员工墙上的照片和姓名每个季度更新一次，根据季度业绩考核结果做出改变，对员工进行荣誉和头衔激励。第四，不定期的举行茶话会、吃饭聚会等联络感情的活动。第五，在团队里真诚、具体、公开的赞赏员工，私底下进行建设性的批评，常常认可员工做的好的地方，引导员工处于积极的工作状态。

三、绩效考核

每季度初期，李明都会跟员工详细的解释本季度绩效考核的目标和方式，并设置咨询的联系方式，及时澄清员工的疑问。制定绩效计划时，尽量强调员工和门店的双赢。

每季度结束后，各主管要统计绩效数据，并填写员工的绩效考核表。例如，表 8-15 是生鲜/食杂营业员的绩效考核表。每项以 100 分为满分进行计算填写，再乘以权重，获得加权得分，最后获得总分。

表 8-15　超市生鲜/食杂营业员绩效考核表

<table>
<tr><th>考核指标</th><th colspan="2">评分标准</th><th>得分</th><th>权重</th><th>加权得分</th></tr>
<tr><td>销售额达成率</td><td colspan="2">(实际销售额/计划销售额)×100%</td><td></td><td>30%</td><td></td></tr>
<tr><td>毛利额达成率</td><td colspan="2">(实际毛利额/计划毛利额)×100%</td><td></td><td>20%</td><td></td></tr>
<tr><td>顾客服务</td><td colspan="2">接待顾客主动热情、耐心细致;礼貌地回答顾客的提问</td><td></td><td>15%</td><td></td></tr>
<tr><td>商品陈列</td><td colspan="2">根据商品配置图合理安排商品陈列，坚持先进先出的原则，商品陈列整齐美观</td><td></td><td>15%</td><td></td></tr>
<tr><td>卫生工作</td><td colspan="2">经常打扫责任区卫生，保持商品、货架、地面清洁整齐</td><td></td><td>8%</td><td></td></tr>
<tr><td>商品盘存</td><td colspan="2">定期检查商品保质期和库存，并根据销售情况控制订单和库存量</td><td></td><td>8%</td><td></td></tr>
<tr><td>内部沟通与协调</td><td colspan="2">服从工作安排;加强内部沟通，提高部门凝聚力</td><td></td><td>4%</td><td></td></tr>
<tr><td>损耗率</td><td colspan="2">按门店指标____控制，每下降____加 2 分，每增加__扣 3 分</td><td></td><td></td><td></td></tr>
<tr><td>合理建议</td><td colspan="2">提出的合理建议被公司采纳加 5 分/次</td><td></td><td></td><td></td></tr>
<tr><td>考核等级评定</td><td></td><td colspan="3">考核得分合计</td><td></td></tr>
<tr><td colspan="2">被考核人签名:____________</td><td colspan="4">考核人签名:____________</td></tr>
</table>

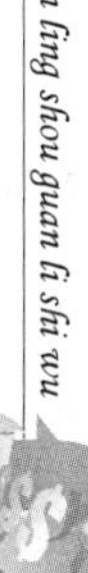

每个员工的绩效考核得分计算出来后，主管和员工进行绩效辅导沟通。主管一是告知员工考核情况，本季度工作表现；二是与员工沟通，澄清其中是否有数据上的误算，最终获得员工的认可签名；三是了解员工面临的困难，与员工一起制定下一季度的业绩目标与行动计划。

例如，小张刚刚大学毕业，由于对超市业务操作不是非常熟悉，导致工作效率较低，有时甚至会出错，心里压力大，工作积极性不高。季度绩效评估结果公布后，小张的绩效排名靠后，其绩效工资远低于平均水平。李明准备给小张进行绩效辅导。

第一，李明在进行绩效辅导前提前了解了小张的相关情况，分析了小张的业绩统计数据，并从部门其他同事处了解其对小张的评价。李明经过了解后认为小张的问题在于其对工作的不适应，需要帮助其学习成长。

第二，建立目标(Goal)，即“我希望谈些什么，在今天这次讨论中我想达成什么结果，最重要的问题是什么?”李明认为，当务之急是帮助小张认识到自己的不足，重新建立自信和工作积极性，并协助其规划职业发展，建立长期和近期目标，于是，李明问小张：“工作后的个人感受如何?”然后，李明介绍了作为干货理货员的职业发展路径，并以同事中的榜样小陈举例，与小张探讨了自己对小张职业发展的想法。通过谈话，李明引导小张自己总结分析，得到其个人职业发展的近期长期目标。近期目标为“尽快熟悉业务操作和商品知识，提高个人服务销售水平”，长期目标为“成为一名优秀的骨干员工”。

第三，了解现状(Reality)，即“现状是怎样的，目前为止你做了哪些事情？还有谁参与了”。李明在帮助小张明确个人目标后，协助其发现现在的问题。于是李明问小张：“工作过程中是否存在压力？压力来自哪些方面？客户，同事，领导，还是自身？是否可以分享前期工作中印象深刻的失败案例与成功案例，并总结可能的原因？问题症结是什么，是对工作本身认同度不高，业务操作熟练度不够，还是客户沟通技巧缺乏?”通过开放性的问题和谈话，李明引导小张自己总结发现自己存在的问题和待改进的地方，一是每天的工作量和压力很大，导致工作热情低，需要调整工作状态和态度，二是眼高手低，认为现在的工作和理想差距太大，没有认识到基础工作对未来发展的重要性。

第四，讨论方案(Option)，即“你会怎样做？还有哪些备选方案？还有哪些可能性”。李明在帮助小张明确个人目标并认识到存在的问题后，协助其寻找解决问题达到目标的方法。李明问小张：“你认为要做一名合格的员工要怎样做？你认为作为一名出色的员工自身具有哪些优势和不足？你认为骨干员工要有怎样的素质？从一名基层员工到骨干员工的发展途径中，关键能力提升点在哪里?”通过开放性的问题和谈话，李明引导小张自己寻找到解决问题的方法，一是明确自身能力提升的要点，二是向老员工学习业务知识，三是在超市的微信自学平台自学相关课程，逐步向骨干员工方向发展。

第五，确定意愿(Will)，即“你准备做什么？准备什么时候做？需要哪些协助？怎么衡量是否成功？什么时间衡量是否成功”。李明帮助小张制定明确的下一步个人提升行动计划。李明问了小张以下问题：“就现在的岗位来说，你准备怎样做？下一个绩效目标是什么？为达成上述目标需要从哪几个方面入手，实现长期目标的时间计划如何安排?”通过开放性的问题和谈话，李明引导小张制定可实施的行动计划，一是在下一个季度里提升个人绩效，成绩到平均水平以上；二是学完微课自学平台的岗位相关的所有课程，并完成课后测试，成绩在良以上；三是本月内向2位以上的优秀骨干员工请教工作经验。

技能训练

【项目背景】

搜集一些有激励技巧的电影，尤其是改编自真实事件的，让学生自己选择一部并观看，观看后小组讨论并分享，总结出激励技巧。

【实训目的】

让学生观察总结不同情境下的激励方法，以及不同激励方法带来的不同结果，积累相应经验。

【实训步骤】

请各组从以下影视作品中任选一个进行观看，总结其中的激励技巧、经典激励语录、经典激励桥段，写出自己的体会，并制作PPT与大家分享。

《放牛班的春天》　　杰拉尔·朱诺
《梦想合伙人》　　姚晨、唐嫣
《阿甘正传》　　汤姆·汉克斯
《滚蛋吧！肿瘤君》　　白百何、吴彦祖
《面对巨人》　　埃里克斯·肯德里克
《当幸福来敲门》　　威尔·史密斯
《穿普拉达的女王》　　安妮·海瑟薇
其他你认为有分享价值的作品

【实训评价】

1. 评价内容

(1) 学生参与性。

(2) 激励技巧总结的全面性与细节性。

(3) 学生搜集和分析信息的能力。

2. 评价方式

学生成绩由学生自评(20%)、互评(30%)和教师评价(50%)综合评定，评价表具体如下所示。

组别：________　　　　第__次实训

学号	姓名	自评(20%)	互评(30%)	教师评价(50%)	总成绩

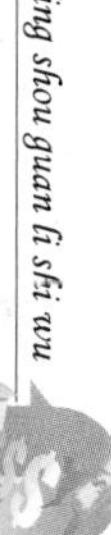

小结

团队激励可以从物质激励和精神激励两方面着手。物质激励方面，团队领导者要创建一种健康的薪资体系，让员工努力做事就能获得更好的收益，表现好就可以获得晋升。精神激励方面，团队领导者可以采用不断认可、真诚赞赏、建设性批评、荣誉头衔激励、主题竞赛激励、团队聚会激励、目标激励、危机激励、关怀激励等方法与技巧。

团队成员的绩效考核主要包括绩效计划、绩效评估、结果应用和绩效辅导四个部分。在绩效计划阶段，团队领导者需要为下属答疑解惑，让下属准确清楚地理解绩效目标与计划，并排除疑惑，让下属接受这一绩效目标。在绩效评估方面，团队领导者需要根据考核期收集的数据计算填写相关的评估表格。在绩效辅导方面，团队领导者可以通过绩效辅导准备、绩效辅导沟通、绩效追踪三个环节进行，其中，对不同的业绩情况、绩效问题、能力水平进行差异化的绩效辅导，也可以用教练式辅导的 GROW 模型开展绩效沟通。

单选题

1. 沃尔玛内部有一个学习网，员工会把工作技巧发布在网上，其他员工可以学习，这是哪种技能培训方法？（　　）

A. 拓展训练法　　B. 网络培训法　　C. 角色扮演法　　D. 工作轮换法

2. 哪种团队角色的积极特点是“有广泛联系人的能力；不断探索新的事物；勇于迎接新的挑战”？（　　）

A. 外交家　　B. 团队工作者　　C. 专家　　D. 协调者

3. 哪种培训方式容易枯燥、学员难以消化、吸收？（　　）

A. 工作轮换法　　B. 讲授法　　C. 角色扮演法　　D. 拓展训练法

4. 哪种培训方式是通过模拟探险活动进行的情景式心理训练、人格训练和管理训练？（　　）

A. 工作轮换法　　B. 讲授法　　C. 角色扮演法　　D. 拓展训练法

多选题

1. 弗隆的期望理论认为，什么情况下人会有动力做事？（　　）

A. 有目标　　B. 目标有价值　　C. 能实现目标　　D. 有人帮助

2. 如何应对“使绊子”的员工？（　　）

A. 树立威信　　B. 为他人谋福利　　C. 严格管理　　D. 树立愿景

3. 小团体互相推诿应该怎样应对？（　　）

A. 出规章制度分配职责　　B. 营造家文化

C. 多搞活动　　D. 说出心里话

4. 团队成员选择的基本原则包括?(　　)

A. 认可共同目标　　B. 能力和角色互补

C. 合理搭配领导者和追随者　　D. 打破团队僵化的思维模式

5. 团队组建包括哪几个步骤?(　　)

A. 定目标　　B. 明分工　　C. 明流程　　D. 寻资源

6. 冲突的原因包括?(　　)

A. 有限资源的争夺　　B. 目标冲突

C. 团队成员的个性　　D. 责任清晰

7. 团队内冲突的处理有哪些技巧?(　　)

A. 适当信息阻隔　　B. 私下倾听

C. 培养积极团队氛围　　D. 营造良好沟通氛围

8. 怎样为团队赋能?(　　)

A. 组织赋能　　B. 氛围赋能　　C. 授权赋能　　D. 成就赋能

9. 赛马制培训技能有哪些作用?(　　)

A. 激励员工学习　　B. 提升实战技能

C. 员工获得奖金　　D. 团队积极氛围

10. 哪些措施有助于培育团队的信任氛围?(　　)

A. 信守承诺,说到做到　　B. 互帮互助,为伙伴谋利

C. 坦诚布公,建立信任　　D. 公平

11. 物质激励包括(　　)。

A. 奖金　　B. 晋升　　C. 股权　　D. 利润分成

12. 运用目标激励必须注意(　　)。

A. 目标设置必须符合激励对象的需要　　B. 提出的目标一定要明确

C. 目标要切实可行　　D. 目标要有挑战性

13. 哪些措施可以有效地树立员工的危机意识(　　)。

A. 向团队成员灌输企业前途危机意识

B. 向团队成员灌输他们的个人前途危机

C. 向团队成员灌输企业的产品危机,激发创新能力

D. 用客户对团队的负面评价激励团队成员

14. 绩效管理包含哪几个部分(　　)。

A. 绩效计划　　B. 绩效评估　　C. 结果应用　　D. 绩效辅导

15. 教练式辅导的 GROW 模型包含哪几个方面(　　)。

A. 建立目标(Goal)　　B. 了解现状(Reality)

C. 讨论方案(Option)　　D. 达成意愿(Will)

判断题

1. 组建团队时，应当合理搭配领导者和追随者角色，避免人人争当领导的现象。 （　　）
2. 能分配给一个人完成的工作，绝不分给两个人，切忌“共同负责”。 （　　）
3. 面对说话不好听但业绩好的员工，不必太在意他说话的方式。 （　　）
4. “师带徒”是指让老员工做新员工的师傅。 （　　）
5. 对待员工，应当公开表扬，私下批评。 （　　）

案例分析

永辉的人才管理之道

1. 入职培训

(1) 亲切的迎新。

毕业生离校时，永辉的员工像学姐学长迎新一样，举着“永辉欢迎你”的牌子接毕业生上车，送到宿舍，还举行专门的大学生迎新 Party，给新员工留下美好的印象。

(2) 企业文化培训。

人力资源部的工作人员给新员工介绍永辉的组织结构、合伙人制度。不同于其他超市的员工，员工是一个合伙人、老板的身份，而不是一个苦力劳动者，更需要清晰的思路和丰富的创新精神。当大家异口同声喊出：“帮助他人成功自己才能成功，用对待家人的方式对待他人，用双手改变命运，为自己为家人创业”的时候，新员工的工作热情油然而生。

(3) 团建破冰活动。

在团建破冰活动中，新员工建立自己的小团队，大声的喊出自己的队名和口号，唱出自己选择的队歌，学着建立自己的铁三角，一起克服困难，完成任务。通过破冰活动，新人之间更加熟悉了，团队合作精神更强了。

(4) 根据自己的喜好选择小店教练。

一般的培训是领导直接指定新人的教练，但永辉允许新人自主选择教练。每位小店长教练面对新人进行宣讲，就像竞选一样，新人可以在了解每个小店的具体情况的基础上，根据自己的喜好选择自己心仪的小店，这样更容易让新员工感受到被尊重、被赏识、被信任的感觉。

选好小店长教练后，教练很耐心的跟新人详细的介绍永辉的经营概况和业务知识技能，如熟悉商品陈列、货架摆放、订货、补货、堆头陈列、换货、退货、处理异常数据等。

2. 团队家文化的营造

永辉在团队管理方面，努力营造家文化。首先，用年会、趣味运动会、员工生日会、元宵晚会、困难员工帮扶等专门的活动营造家文化。第二，在日常团队管理中，也融入家文化。每一个团队领导者、老员工、合伙人都是家长，都会培养、关爱、照顾新人。

例如，在收银客服小店，小店长说道："每个加入团队的员工都是我们的家人，要像对待亲人一样对待他们。新员工从最开始的领工服、拿饭卡都是由老员工带的，新员工来到一个陌生的环境中需要教的东西很多，我们都会一点一点的帮助他们熟悉掌握，告诉他们该做什么不该做什么，如果一时没有掌握，我们也不会施加太大的压力，而是耐心的多教几次。员工来自五湖四海，除了要帮助他们适应工作环境，更多的是要帮助他们适应外部的生活环境，让他们的心能够安定下来，这样有助于长期做下去，服务水平自然也就提高了，我们会告诉他们哪里能买到好看又不贵的衣服，哪里能吃到好吃又实惠的东西，哪有医院，哪有学校，哪有药店，坐哪一路车可以到哪里等等，有时候我们还会组织新员工一起去唱歌聚餐呢。"

当被问及"每一个老员工都能做到这些吗"，小店长继续说道："合伙人和大部分老员工都是可以做到的，我们推选合伙人的时候最看重的也是看他有没有做家长的特质，有这种特质的人，不光自己学东西快，还能够帮助别人把这种特质一层一层的传递出来，我们的团队也就会越来越强了。"

3. 微创新的激励

永辉有微创新激励，即将员工的一个小小的创新举动传播到各个门店，加上员工的姓名和照片，公开赞扬微创新，让各大门店学习取经。例如一位员工利用废旧物进行改造，发明了吊旗转换器，实现站在地面就能轻松的更换空中的吊旗，减少更换时间37.5%，同时降低高空操作的安全隐患。另一位员工发明了价签模板，缓解了海报排版中商品过多、排版复杂繁琐、出错频繁的问题，将原来排版中3～4天的工作量缩短为2个小时，在节约人力成本的同时显著提高了排版的准确性和工作效率。这些行动都得到了嘉奖和传播应用。

（资料来源：永辉网站）

请思考并回答：

永辉的人才管理之道给你留下了哪些启发？

综合实训

团队管理培训视频制作

【实训目标】

通过制作团队管理培训视频的方式，让同学们回顾团队管理的技巧，亲身演练、体

会并留下深刻印象。好的视频也可以供今后其他年级学生学习，形成培训资源库。

【实训内容和要求】

（1）教师向学生引入情境：假设你们被评为超市的年度优秀团队管理者，集团要求你们把团队管理的经验拍成视频，以便给所有门店的团队领导者观看、学习。

① 每个小组从以下主题任选一个，小组之间不能重复。主题包括：组建团队、团队领导的才能与艺术、团队冲突处理、新进员工培训、在岗员工培训、团队精神培育、团队激励、团队成员绩效考核。

② 以一个具体案例展开表演，可以演示一个错误的管理版本，再演示一个正确的管理版本。

③ 时间不超过10分钟。

④ 画面不能过于抖动、噪音不能过大。

（2）小组播放自己制作的培训视频，其他小组点评视频给自己的启发，有哪些可以借鉴的优点，哪些可以改善的不足。

（3）如果制作视频难度过大，也可以采用现场表演情景剧的形式，在教室表演出来。

【实训成果与评分】

1. 评价内容

（1）学生参与性。

（2）团队管理技巧的运用能力。

（3）视频制作效果。

2. 评价方式

学生成绩由学生自评（20%）、互评（30%）和教师评价（50%）综合评定，评价表具体如下所示。

组别：_______ 第_次实训

学号	姓名	自评（20%）	互评（30%）	教师评价（50%）	总成绩

项目九 经营业绩分析

知识目标

1. 理解并掌握经营绩效评估指标的内涵
2. 会依据报表计算各项经营绩效评估指标
3. 熟悉业绩分析常用方法

技能目标

能依据经营数据分析企业经营状况，并提出绩效改进方案

学习重点

1. 理解并掌握经营绩效评估指标的内涵及计算
2. 理解并掌握业绩分析的常用方法

教学方法和建议

1. 通过任务驱动＋案例示范教学等实施教学
2. 通过企业访谈来加深学生对超市经营绩效改进措施在实际中综合应用的理解与认识

任务一 经营绩效的评估

任务导入

经过半年多的经营，李明开的超市总是不温不火，销售差强人意，李明看着手中一

大堆的经营数据，心里犯着嘀咕，究竟经营的如何？

要评估门店经营的绩效，就必须通过数据分析，先行计算超市的收益性指标、发展性指标及效率性指标等各指标，然后通过各指标的表现来分析、来发现现行经营中的问题。

一、超市常用业绩评估指标

(一) 收益性指标

收益性指标反映超市的获利能力。评估的指标有：营业额达成率、毛利率、营业费用率、净利率、净利率达成率。

1. 营业额达成率

营业额达成率是指超市的实际营业额与目标营业额的比率。

其计算公式：

营业额达成率＝实际营业额÷目标营业额×100％

营业额达成率的比例越高，表示经营绩效越高；反之表示经营绩效较低。一般来说，营业收入达成率的参考标准在100％～110％。如果高于110％或低于100％都值得反思；大于110％，说明目标订得过低，低于100％，没有完成计划。

例1 表9-1中超市2017年计划完成营业额30 000万元，而截至2017年末实际完成31 500万元。则营业额达成率为：

营业额达成率＝实际营业额÷目标营业额×100％＝31 500÷30 000×100％＝105％

该超市2017年的营业额达成率在参考标准之内，可见该超市经营绩效较好。

表9-1 利润表

编制单位：××× 2017年12月31日 单位：万元

项目	本期金额	上期金额
一、营业收入	31 500	29 100
减：营业成本	17 400	15 900
税金及附加①	1 733	1 601

（续表）

项目	本期金额	上期金额
营业费用	1 900	1 620
管理费用	1 000	800
财务费用	300	200
加：投资收益	300	300
二、营业利润	9 467	9 279
加：营业外收入	150	100
减：营业外支出	650	600
三、利润总额	8 967	8 779
减：所得税费用②	2 242	2 195
四、净利润	6 725	6 584

注：①为简化，假设税金及附加的综合税率为5.5%；
②为简化，假设所得税税率为25%。

2. 毛利率

毛利率是指毛利额与营业额的比率，反映的是超市的基本获利能力。

其计算公式：

$$毛利率=毛利额\div营业额\times100\%$$

毛利率的比率越高，表示获利空间越大；反之，表示获利空间越小。

以超市为例，国外超市的毛利率可以达到16%～18%，便利店可以达到30%以上。我国由于超市和便利店处于贴身竞争阶段和总部的商品管理水平有限，目前毛利率普遍较低。

此外，各类商品的毛利率也并不相同，一般来说，生鲜的毛利率较高，平均在20%以上，一般食品、糖果饼干的毛利率较低，平均不到18%；烟酒以及大米的毛利率最低，约为8%。

例2 根据表9-1的资料，该超市2017年的毛利率为：

$$\begin{aligned}毛利率&=毛利额\div营业额\times100\%\\&=(营业额-营业成本)\div营业额\times100\%\\&=(31\,500-17\,400)\div31\,500\times100\%\\&=44.76\%\end{aligned}$$

该超市2017年度的毛利率较高，可见，该超市获利空间非常大。

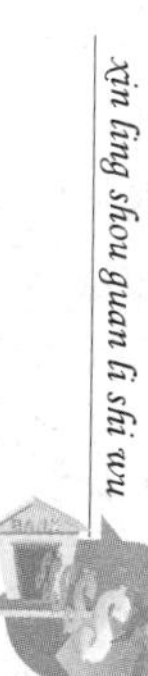

3. 营业费用率

营业费用率是指超市营业费用与营业收入的比率。

其计算公式：

营业费用率＝营业费用÷营业收入×100％

与营运绩效最直接的就是营业费用，指维持运行所耗的资金及成本，一般包括租金、折旧费、人事费用、营运费用等。一个高营业额的店，如果费用也高，就会抵消它的利润。

营业费用率指标越低，说明营业过程中费用支出越少，零售门店的管理越高效，获利水平越高。营业费用率的参考标准一般在14％～16％以下。

例3 根据表9-1的资料，该超市2017年度的营业费用率如下：

营业费用率＝营业费用÷营业收入×100％＝1 900÷31 500×100％＝6.03％

该超市2017年的营业费用率低于参考标准，可见该超市在营业过程中费用支出较少，超市管理效率较高。

4. 净利率

净利率是指超市税前实际净利润与营业额的比率。它反映的是超市的实际获利能力。

其计算公式：

净利率＝税前实际净利润÷营业额×100％

净利润的参考标准一般在2％以上。

例4 根据表9-1的资料，该超市2017年度净利率如下：

净利率＝净利润÷营业额×100％＝6 725÷31 500×100％＝21.35％

该超市2017年度净利率高于参考标准，可见该超市门店的实际获利能力比较好。

5. 净利润达成率

净利润达成率反映超市的实际获利达到预期目标的程度。

其计算公式：

净利润达成率＝税前实际净利润÷税前目标净利润×100％

净利润达成率的参考标准一般在100％～110％以上。

例5 根据表9-1的资料，该超市税前目标2017年度净利润达成率如下：

净利润达成率＝税前实际净利润÷税前目标净利润×100％
＝8 967÷8 500×100％＝105.49％

该超市2017年度净利润达成率符合参考标准，可见该超市净利润达成率比较好。

(二) 发展性指标

发展性指标主要是超市门店的成长速度。其评估指标主要有营业额增长率、营业利润增长率。

1. 营业额增长率

营业额增长率是指门店的本期营业额同上期相比的变化情况。它反映的是门店营业发展水平。

其计算公式：

营业额增长率=(本期营业额－上期营业额)÷上期营业额×100%

或=(本期营业额÷上期营业额－1)×100%

营业额增长率越高，表示成长性越好；反之，表示成长率较差。一般来说，营业额增长率应高于经济增长率，理想的参考标准是高于经济增长率两倍以上。

例 6 根据表 9-1 的资料，该零售门店 2017 年度的营业额增长率如下(假定经济增长率为 8%)。

营业额增长率=(本期营业额÷上期营业额－1)×100%

=(31 500÷29 100－1)×100%

=8.24%

该超市门店 2017 年度的营业额增长率高于经济增长率，可见，该超市门店的成长性较好。

2. 营业利润增长率

营业利润增长率是指超市本期营业利润与上期营业利润相比的变化情况。它反映的是超市获利能力的变化水平。

其计算公式：

营业利润增长率=(本期营业利润÷上期营业利润－1)×100%

营业利润率越高，表示利润成长性越好；反之表示利润成长性越差。营业利润率至少应大于零，最好高于营业增长率，因为这表示门店本期的获利水平比上期好。

例 7 根据表 9-1 资料，该超市门店 2017 年度的营业利润增长率如下：

营业利润增长率=(本期营业利润÷上期营业利润－1)×100%

=(9 467÷9 279－1)×100%

=2.03%

该超市的营业利润增长率大于零，虽然低于营业额增长率(8.24%，见例 5)，但是本期的获利水平还是要比上期好。

(三) 效率性指标

效率性指标主要指超市门店的生产力水平，评估指标主要有：来客数及客单价、商品周转率、人均劳效、坪效。

1. 来客数

来客数是指某段时间内进入门店购物的顾客人数。

其计算公式为：

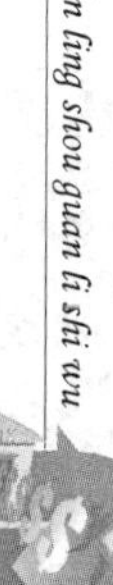

$$来客数=客流量\times捕获率\times成交率$$

$$客单价=每日平均销售额\div每日平均来客数$$

一家门店，每天都会有人群经过门口，这个人群数量为门店经过客流量。这些人中有部门会进入门店，进入门店的人数与门口经过的总人数之间的比率，即是捕获率。进入门店的一部分客户会真正购买商品，而另一部分客户什么都不卖就走开，购买商品的客户与进入门店总客数的比率就是成交率。

门店经过客流量目前无法通过技术手段获得，只能采取人工计数的办法。比如，在重庆的解放碑有时会看到一些人站在路边数人头，这是在计算门店的客流量。进入门店的人数可以使用人流记录器测量。

成交率优势也称为转换率，它可以按照门店进行统计，也可以按照不同的商品陈列区域进行统计。

即使在相同的门店中，不同柜台的成交率也不同，如在超市的乳制品柜台，卫生纸柜台，成交率可能接近 100%；而其他区域（如日用品）柜台，成交率可能只有 30%～40%。

来客数越高，表示客源越广；反之表示客源越窄。

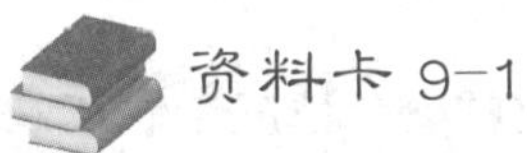

门店来客购买漏斗模型

据资料显示，客流量、捕获数、成交客户数会呈现一种逐渐递减的规律，即门店经过总客户量＞门店捕获数＞成交客户数。这种呈现漏斗形状的门店来客数与购买人群的对比关系称为门店来客购买漏斗模型。

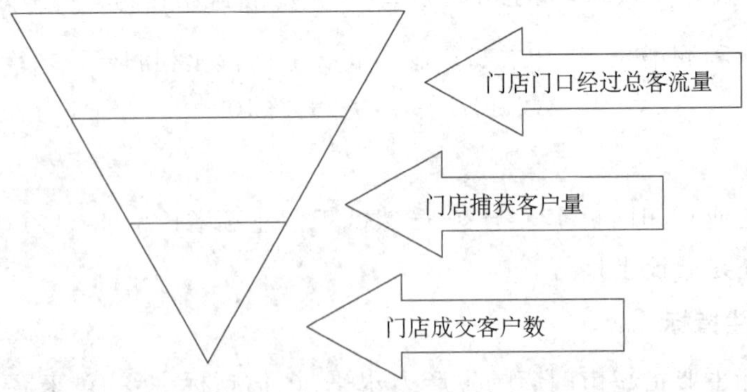

门店的经营效果最终取决于漏斗出口的大小：有的门店漏斗出口很小（购买数少），客流质量不好；而有的门店漏斗出口大（购买人员多），销售业绩自然也会不错。客流质量直接决定了门店的经营业绩。

（资料来源：《零售学》，立信会计出版社）

如何提高超市的来客数?

2. 客单价

客单价是指门店的每日平均销售额与每日平均来客数的比值。

其计算公式为:

客单价=每日平均销售额÷每日平均来客数

客单价越高,表示顾客一次平均消费额越高,反之,表示顾客一次平均消费越低。由于销售额等于来客数与客单价的成绩,因此,来客数与客单价的高低会直接影响到门店的营业额。据统计,综合门店每天交易笔数基本上是每平方米1个有效来客数,客单价在50元以下;便利店每天的交易笔数基本上是每平方米800多个有效来客数,客单价在14～15元。

例8 根据表9-1资料,该超市每日平均来客数为8 500人,则客单价如下:

客单价=每日平均销售额÷每日平均来客数
=(315 000 000÷365)÷8 500
=101.53(元/人)

该超市客单价为101.53元。

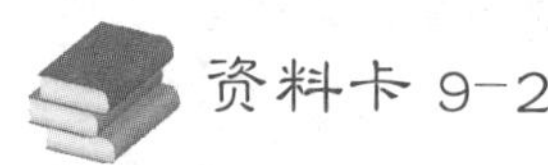

影响客单价的因素

门店销售额是零售业最关注的问题,因为如果没有了销售额的话,其他的一切做得再好都是白搭。而零售企业的销售额又是由各个门店的销售额累加而成,所以门店的销售额也就顺理成章地成为各零售企业最为关心的核心问题。

就一般而言,影响门店客单价的因素有以下5个。

1. 门店品类的广度与深度

凡是去过大卖场、超市、便利店,顾客们从直观上就可以感觉到,大卖场的品类的广度与深度高于超市、超市又高于便利店,同时顾客们也观察到大卖场的客单价一般可以达到50～80元,有的还可以更高,在节日期间一般都会超过100元,而超市一般只有20～40元,少数高端超市可能可以达到50元、甚至100元以上,而便利店一般则在8～15元之间,相当于一包烟或一顿早餐或午餐的价钱。由此可见,门店品类的广度与深度对于客单价的影响是根本性的,是主要影响因素。

品类的广度与深度又呈现结构方面的复杂性。譬如两家品类总数和单品数量基本

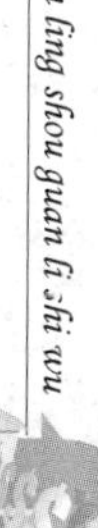

相当的门店有可能差异很大，原因是他们的重点品类可能非常不同，一个专注一般食品销售，另一个则着重于生鲜食品销售，因此品类的广度和深度体现在不同品类上就构成了一幅幅活的或淡或浓、或艳或雅的水彩画了。门店可以通过在自己专长的品类上拓宽它的广度（增加中小品类的数量）和加深其深度（增加品种数）来提升自己门店的特色化，建构自己的核心竞争力。

2. 门店商品定位

在门店所属业态确定以后，其实门店品类的广度和深度也就基本确定了，那么是不是同样业态的门店他们的客单价都一致呢？答案是否定的，因为除了品类的广度和深度这一重要影响因素外，还有门店的商品定位也是一个非常重要的因素，门店的商品定位主要是指门店商品的档次，也即商品的平均单价，同样面积大小的超市，可能从品类数量和单品数量来对比差不多，但是由于一家定位高端、一家定位中低端，客单价就会相差数倍，这就是门店商品定位对客单价的影响。

门店商品定位也是呈现一定的复杂性的，比如主要定位高端的超市卖场，也可能会有中低端的商品作为补充，比如在《门店印象系列——家乐福古北店》一文中顾客们就可以看到这家定位中高端的大卖场照样有一元商品、三元商品、五元商品等超低价商品，还有价格在一两元的廉价的水果、价格较低的面包等等，尽管它的主色调是高档高端商品。由此可见，商品的定位也是相对而言的，是杂色中呈现的主色系而已，纯而又纯的色调是非常少的，即使是专卖店，它的价格档次也往往是跨度很大的，可能顾客们在那些专卖高价的五星级酒店中的小卖部或者机场的超市能够见到这种情况，但那些基本是占着地理位置上的垄断地位变相把低价商品变为高价而已，并非所有商品都是高价高档的。

3. 门店促销活动

既然客单价是顾客购物篮内的商品数量与商品单价的乘积之累计，那么通过促销活动促成顾客购买本不想买的东西、或者想买的东西多买，这就是促销活动对提升客单价的作用。门店促销对于提升客单价的帮助是非常明显的，现在已经找不到哪家门店不做任何促销还能够保持客单价的稳定的了，更别谈提升客单价了。

4. 商品的关联组合

除了上面的三个主要因素外，商品的关联组合也是重要因素，这个因素既可以包含在商品品类的宽度和深度及商品档次中，也可以单独拎出来考虑，因为商品的关联组合若是在同品类和相近品类考虑时，上面所说的就已经基本包括了，但若是跨品类、甚至跨部类和跨大类考虑时，与上面的就差异比较大了。比如说围绕婴儿用品，当顾客们围绕婴儿的食品、穿着、玩具来考虑商品组合时，其实就横跨了两个部类、三个大类了，但是这样的组合对于顾客购物习惯来说却是很自然的，可以“触景生情”产生许多冲动性消费。

5. 商品陈列

商品陈列对于客单价的影响同样也是不可忽视的。笔者在便利公司工作时常常听说一个关于陈列的故事：一位刚刚大学毕业的女孩到一家日本“7-11”的门店担任实习店长，在订酸奶时把单位弄错，订的量超出了以往10多倍，面对堆积如山的酸奶女孩陷入深深地痛苦之中，但是她急中生智，想到有少数顾客在购买盒饭时会特意跑到陈列酸奶的陈列柜拿一盒酸奶，于是她特意在中午的时间把陈列酸奶的柜子移到陈列盒饭的柜子边上，然后写上一句话："饭后吃酸奶有助于消化，有利于身体健康。"结果那些多订的酸奶当天就卖完了，于是后来将酸奶与盒饭进行关联陈列就成了"7-11"的一大特色，酸奶和盒饭的销量都有明显的增长。

由此可见，商品陈列其实对于客单价的影响也是很大的，因为不管门店是大还是小，相对于顾客在门店内所呆的时间来说，这些商品总是远远"过剩"的，因此，要想让合适的商品吸引到顾客足够的眼球，就需要在陈列上下功夫。

（资料来源：联商博客"谢纪平博客"）

考考你

如何提高超市的客单价？

3. 商品周转率

商品周转率是指超市门店的销售额与平均存货之比。

其计算公式为：

$$商品周转率=销售额\div平均库存$$

商品周转率反映的是商品的流动速度。商品周转率越高，表明商品流动速度越快，销售情况越好。该项指标的参考标准为30次/年以上。

每一类商品周转率并不相同，一般来说农产品的周转率最高，其次是水产、畜产和日配品，日用百货的周转率最低。

例9 根据表9-1的资料，该超市2017年的商品周转率如下：

$$\begin{aligned}商品周转率&=销售额\div平均库存=销售额\div[(期初库存+期末库存)/2]\\&=31\,500\div[(5\,200+4\,000)/2]\\&=6.85\end{aligned}$$

4. 人均劳效

人均劳效也称为人员绩效，是超市门店的销售额与员工人数的比值。它是一个人力生产力指标，反映门店的劳动效率。

其计算公式为：

$$人均劳效=销售额\div员工人数$$

由上面的公式可以看出，如果门店的人员较少，销售额越高，则人均劳效也越高，即员工的绩效越高，劳动效率也就越高。

例10 根据表9-1的资料，该超市2017年度拥有员工460人，则人均劳效如下：

$$人均劳效=销售额\div员工人数=31\,500\div460=68.48\ 万元/人$$

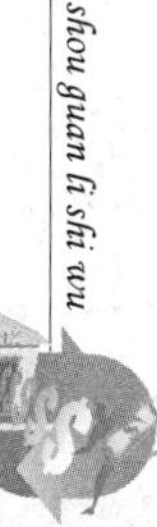

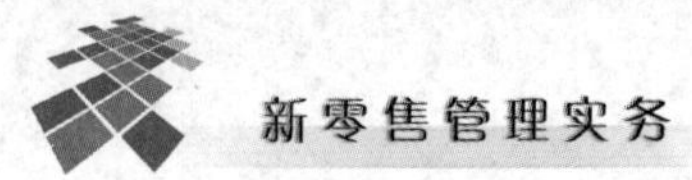

该超市 2017 年度的人均劳效为每个门店员工对应 68.48 万元。

5. 坪效

坪效就是指终端卖场 1 平方米的效率，一般是作为评估卖场实力的一个重要标准。其计算公式为：

坪效＝销售业绩÷店铺面积

由上面的公式可以看出，平方米效率越高，卖场的效率也就越高，同等面积条件下实现的销售业绩也就越高。中国零售店最好的坪效大概是 1.2 万元人民币左右。

例 11 根据表 9-1 的资料，该超市面积为 500 平方米。则月均坪效如下：

月均坪效＝销售业绩÷店铺面积＝31 500÷12÷500＝5.25 万元/平方米

该超市 2017 年度的坪效为每月平均 5.25 万元。

二、常用的绩效分析方法

主要有比较分析法、动态分析法、结构分析法等。

（一）比较分析法

将两个或两个以上的同类经济指标进行数量比较，从而揭示它们的差异和程度，并对有关指标进行评价。

1. 比较分析绝对值

例如，计划销售 1 800 万元，实际销售 2 000 万元，问超额完成多少？2 000－18 000＝200 万元，即超额完成 200 万元。

去年同期完成 1 750 万元，问今年比去年同期增加多少？2 000－1 750＝250 万元，即比去年同期增加 250 万元。

2. 比较分析相对值

一般用于计算增速、增长幅度等相对指标。比如，某超市 2016 年营业额 200 万元，2017 年营业额 220 万元，那么营业额增长率是多少？

(220－200)÷200×100%＝10%

（二）动态分析法

用同一经济指标对不同时期的两个数值进行比较，用来观察这一指标在时间上的变动情况，以此来揭示这一经济指标的发展趋势。主要包括：增长量、增长幅度、发展速度。

发展速度＝实际数值(报告期数值)÷基期数值×100%

增长速度＝(实际数值－基期数值)÷基期数值×100%

发展速度＝增长速度＋1

发展速度＝2 000÷1 750×100%＝114.29%

增长速度＝(2 000－1 750)÷1 750×100%＝14.29%

（三）结构分析法

以某个指标的各个组成部分占整体指标的比重来分析。

公式：

$$部分数值 \div 整体数值 \times 100\%$$

如某超市 2017 年营业额 200 万元，其中生鲜 60 万元，那么生鲜占总营业额的多少？

$$60 \div 200 \times 100\% = 30\%$$

任务实施

李明在仔细看过手中的经营数据后，计算超市的收益性指标、发展性指标及效率性指标，然后通过各指标的表现来分析并发现现行经营中的问题。

表 9-2 和表 9-3 是小店 2017 年度的资产负债表、利润表及相关的一些门店数据。2017 年度超市计划完成销售额 142 000 元，计划税前净利润达到 40 000 元，2017 年度门店每日平均来客数为 71 人，2017 年度平均拥有员工 36 人，营业面积 200 平方米。（假定当年经济增长率为 8%）。

表 9-2　资产负债表

编制单位：×××　　　　2017 年 12 月 31 日　　　　单位：元

资产	期末余额	年初余额	负债和所有者权益	期末余额	年初余额
流动资产：			流动负债：		
货币资金	8 800	15 500	短期借款	2 000	1 500
短期投资	1 320	600	应付账款	6 000	4 000
应收账款	10 800	12 000	应付工资及福利费	1 800	3 000
预付账款	2 000	2 500	其他应付款	5 000	8 000
存货	8 080	8 800	一年内到期的长期负债	1 200	1 500
流动资产合计	31 000	39 400	流动负债合计	16 000	18 000
长期投资：			非流动负债：	3 000	5 000
长期投资	3 000	5 000	负债合计	19 000	23 000
固定资产：					
固定资产原值	25 000	28 000	所有者权益		
减累计折旧	7 500	8 800	实收资本	15 000	18 000
固定资产净值	17 500	19 200	盈余公积	5 000	7 000

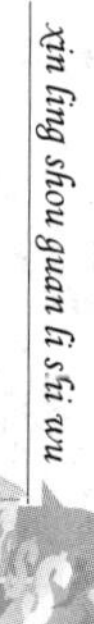

（续表）

资产	期末余额	年初余额	负债和所有者权益	期末余额	年初余额
无形及其他资产			资本公积	5 000	7 000
无形资产	500	400	未分配利润	5 000	6 000
			所有者权益合计	5 000	6 000
资产总计	52 000	64 000	负债及所有者权益合计	52 000	64 000

表 9-3 利润表

编制单位：××× 2017 年 12 月 31 日 单位：元

项目	本期金额	上期金额
一、营业收入	150 000	115 000
减：营业成本	85 000	69 000
税金及附加	7 500	5 750
营业费用	5 000	4 500
管理费用	8 400	7 500
财务费用	600	500
加：投资收益	700	500
二、营业利润	44 200	28 250
加：营业外收入	500	600
减：营业外支出	300	500
三、税前利润总额	44 400	28 350
减：所得税费用	22 200	14 180
四、净利润	22 200	14 170

（一）收益性指标

1. 营业额达成率

营业额达成率＝实际营业额÷目标营业额×100％
＝150 000÷142 000×100％
＝105.63％

2. 毛利率

毛利率＝毛利额÷营业额×100％
＝(150 000－85 000)÷150 000×100％
＝43.33％

3. 营业费用率

$$\begin{aligned}营业费用率&=营业费用\div营业收入\times100\%\\&=5\ 000\div150\ 000\times100\%\\&=3.33\%\end{aligned}$$

4. 净利率

$$\begin{aligned}净利率&=税前实际净利润\div营业额\times100\%\\&=44\ 400\div150\ 000\times100\%\\&=29.6\%\end{aligned}$$

超市 2017 年的营业额达成率在参考标准之内,毛利率较高,净利率高于参考标准,营业费用率低于参考标准,可见该零售企业经营绩效较好,获利空间非常大,企业在营业过程中费用支出较少,管理效率较高;门店的实际获利能力比较好。

(二) 发展性指标

1. 营业额增长率

$$\begin{aligned}营业额增长率&=(本期营业额-上期营业额)\div上期营业额\times100\%\\&=(150\ 000-115\ 000)\div115\ 000\times100\%\\&=30.43\%\end{aligned}$$

2. 营业利润增长率

$$\begin{aligned}营业利润增长率&=(本期营业利润\div上期营业利润-1)\times100\%\\&=(44\ 000\div28\ 000-1)\times100\%\\&=57.14\%\end{aligned}$$

该超市 2017 年度的营业额增长率高于经济增长率,营业利润增长率比较高,可见该超市的成长性较好,利润成长性也非常好。

(三) 效益性指标

1. 客单价

$$\begin{aligned}客单价&=每日平均销售额\div每日平均来客数\\&=(150\ 000\div365)\div71\\&=5.79\ 元\end{aligned}$$

2. 商品周转率

$$\begin{aligned}商品周转率&=销售额\div平均库存\\&=150\ 000\div[(8\ 080+8\ 800)/2]\\&=17.78\end{aligned}$$

3. 人均劳效

$$\begin{aligned}人均劳效&=销售额\div员工人数\\&=150\ 000\div36\\&=4\ 166\ 元/人\end{aligned}$$

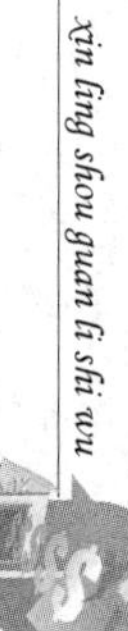

4. 坪效

$$
\begin{aligned}
\text{坪效} &= \text{销售额} \div \text{营业面积} \\
&= 150\,000 \div 200 \\
&= 750\text{ 元/平方米}
\end{aligned}
$$

该超市 2017 年度平均每位顾客来店消费 5.79 元，商品周转率为 17.78，低于参考标准，商品流动速度较慢。人均劳效为每个门店员工对应 4 166 元，劳动效率还是比较高的。

综上所述，李明的门店现存的主要问题是客单价比较低，商品的周转率较低，商品周转速度还有待提高。

技能训练

【项目背景】

学生选择学生实训超市作为数据采集对象，就超市提供一个季度的经营数据综合运用经营业绩方法对其分析并撰写季度业绩分析报告。

【实训目的】

通过分组实训，让学生能综合运用超市业绩分析方法对业绩进行分析。

【实训步骤】

(1) 组织学生对实训超市经营业绩数据进行采集，并就数据分析方法进行讨论，并就商定的分析方案进行业绩数据分析，绘制业绩分析思维导图。

(2) 业绩分析结果绘制思维导图(思维导图格式，要求精炼、客观、真实、有见地、配图片)进行课堂交流和讨论。

【实训评价】

1. 评价内容

(1) 学生参与性。

(2) 调研获得的超市经营业绩。

(3) 学生搜集和处理信息的能力。

(4) 学生数据分析能力。

2. 评价方式

学生成绩由学生自评(20%)、互评(30%)和教师评价(50%)综合评定，评价表具体如下所示。

组别：________　　　　　　　　　　第__次实训

学号	姓名	自评(20%)	互评(30%)	教师评价(50%)	总成绩

任务二　经营绩效的改善

经过一番数据分析，李明发现自己的经营还存在着客单价比较低，商品的周转率较低，流动速度还有待提高等问题，那针对这些问题他今后该如何改进呢？

绩效评估之后，对未达到的目标或标准必须进行分析，找出原因，并研究出改善对策，下面对安全、收益、销售及效率改善分别加以说明。

一、收益性改善

企业收益的关系如下：

毛利额＝营业额－进货成本－损耗

营业利润＝毛利额－销售费用－一般管理费用

净利润＝营业利润＋营业外收入－营业外支出

由上列关系式可知，收益改善对策主要涉及以下5个方面。

(一) 降低进货成本，提升营业额

通过集中经营，与供应厂商议价，降低商品进价；减少中间环节；开发有特色、附加值高的产品；保持合理的商品结构。

(二) 减少损耗

防止各项不当因素所引起的损耗，如商品流程不当，包括经营、定价、进货验收、卖场展示、变价作业、退货作业、收银作业、仓储管理、商品结构等。

(三) 降低销售费用及一般管理费用

尤其是人事费、折旧费、租金及电力费用。提高人员效率、降低人事费；进行适当规模的投资、降低折旧费；导入专柜，分担部分租金；节省电力费用，装饰节电设备，不开不必要的灯；降低其他费用，有效运用广告促消费用，严格控制费用预算。

(四) 增加营业外收入

如：收取租金、新品上架费、看板广告费、年度折扣、广告赞助费、利息收入。

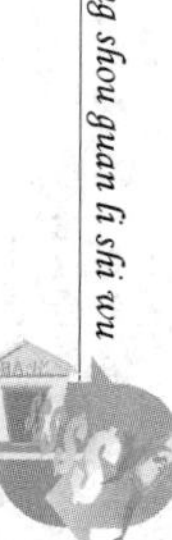

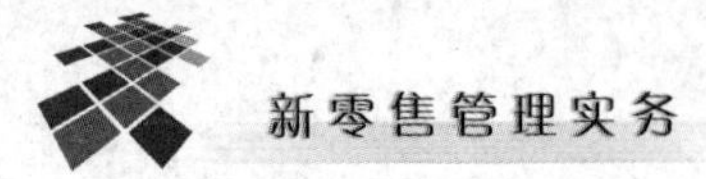

（五）减少营业外支出

对于超市而言，营业外支出主要是指利息支出，较少发生的是财产交易损失和投资损失。通过采取自有资金、谨慎作好投资评估、减少投资损失等方式来减少营业外支出。

二、销售改善

企业销售的关系式如下：

营业额＝来客数×客单价

＝（通行客数×顾客入店比率×顾客交易比率）×（平均购买商品点数×每点平均单价）

＝立地力×商品力×贩卖力

由上列关系式可知，销售改善对策主要涉及以下3个方面。

（一）强化立地力，寻找优良立地，减少开店失败率

强化立地力主要包括以下因素：(1) 住户条件：户数、人口数、发展潜力、收入水平、消费能力等。(2) 交通条件：道路设施、人口流量、交通网、交通线、停车方便性、交通安全性。(3) 竞争条件：相辅行业或竞争行业的多少及其竞争力。

（二）商品力的提升

商品力的提升主要包括商品结构、品种齐全度、品质鲜度、商品特色及差异化、价格的竞争力等因素。

（三）贩卖力的强化

1. 卖场展示

卖场展示即陈列具有美感、突出量感和给消费者带来价值感的特点与优势。

2. 经营进货阶段

依据存货数量及销售情况，谨慎决定订购量。进货验收及入库作业均要准确点验查收；进货点验查处的不合格品、不良品或保存期已逾期的商品，应做好记录，以建立厂商考核资料；超过验收时间的进货商品，除非属于紧急经营或顾客预订外，尽量不予接受。

3. 销售阶段

随时检查商品销售动态，准备添货、补货，以免发生断货、缺货情形：对于畅销品及毛利率贡献较高的商品，适时调整陈列位置；补货时应注意商品保存日期，将快到期的商品陈列在货架前面，防止因服务人员疏忽形成逾期品，影响商品的周转；随时检查货架上有无逾期品或不良品，随时发现随时剔除，并按商品退还货规定处理；定期清查滞销商品，并进行退换工作，以便随时补充新商品，提高销售利润；供试吃用的商品，应请供应主在试吃品上标记“样品”，以避免与进货商品混淆；超市中生鲜食品，应随时注意检查陈列展示柜的温度是否正常，并要求冷冻(藏)展示柜全日运转，以维持生鲜食品的品质。

4. 仓储阶段

严禁过多囤积存货；仓库货架要标示编号及产品名称、存货应陈放整齐；不可使用太高的货架陈列商品，以免取用不便而造成商品堆积；出仓库时应采用先进先出的原则；在仓库里陈放商品时，要将小箱子放置在大箱子前面。逾期品、不良品、退货品均应开设专区陈放处置，以免散失而造成存货损失。回收有账面记录的空瓶、空箱、均应视同存货商品妥善保管；仓储场所应做好通风、防潮、防火、防虫鼠等工作以减少损失。

5. 促销活动

促销活动即促销商品有吸引力、价格有吸引力、活动内容有吸引力。

6. 信息告知

信息告知的方式有传单、店内广告、广播、报纸、电台、电视台、电影院、宣传车、车厢广告等。

7. 顾客服务

顾客服务包括：即服务功能多样化；服务礼貌及用语；提货、送货服务；收银服务正确、迅速。

三、效率性改善

（一）降低损益平衡点(BEP)

要降低BEP，需降低固定费用及变动费用率，并提高毛利率。

（1）降低固定费用。人事费、房租、折旧、电费等占固定费用的绝大部分，是改善效率的首要因素。

（2）降低变动费用。有效运用广告费，妥善控制包装费、消费品费。

（3）提高毛利率。降低商品进货价格，选择高利润率的商品加强推销，加强变价及损耗的管理控制，创造商品特色及差异化，以提高附加价值。

（二）提高商品效率

提高商品效率，主要指提高商品周转率及交叉率。要提高商品效率，就必须提高销售额、毛利率及减少存货。但减少存货并非指一味地降低库存量，否则易发生缺货、断货的情形。此外必须在营运的进、销、存流程中，作好商品存货管理。

知识加油站 9-1

提高新零售坪效的三种模式

模式一：打造三高产品/服务：高品质、高颜值、高性价比

三高产品和服务是做新零售的基础。名创优品把三高做成了企业核心战略，名创

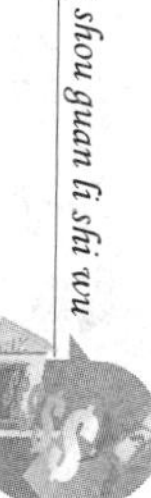

优品坪效达到5万/年，远远超出传统10元零售店。

1. 高品质产品和购物氛围

名创优品创始人叶国富先生亲自带队，在全球范围内挑选优质供应商，以保证产品质量。名创优品对于店铺购物氛围的打造造诣很高，给人的感觉是白领等主流人群逛的店。名创的店大都开在好地段，外部大环境不错，内部装修则全面借鉴优衣库、无印良品等，成本达50万元。

2. 高颜值产品

名创优品所有的外包装设计都由日本一家公司设计，融入"简约、自然、富质感"的设计理念，最终缔造"极致的产品设计"。

3. 高性价比：低毛利高周转

低毛利高周转：服装、床品、美妆等品牌开的实体连锁店，其毛利率会在45%～50%，而像名创优品这样的店铺，品类丰富，营业额会比较高，毛利适当下降，"底线是25%"。

模式二：到家产品/服务

店仓合一或店厂合一，将仓/厂从成本中心变为利润中心。

将一平方米店铺面积的经营效率，通过配送到家服务，实现生产力成倍升级。

盒马鲜生的坪效达到5万元，是传统超市2～3倍。店仓合一，将物流前置仓从成本中心变为利润中心。

盒马鲜生店内的传送链技术和配送服务：

盒马鲜生承载的功能较传统零售进一步增加，集"生鲜超市＋餐饮体验＋线上业务仓储"为一体。第一，生鲜超市＋餐饮体验：盒马鲜生为真正意义上的全渠道超市，每件商品都有电子标签，可通过APP扫码获取商品信息并在线上下单，无需在线下设计复杂动线。

第二，线上业务仓储：线上订单通过门店的自动化物流体系实现配送。盒马鲜生主营生鲜、食品配送，基于门店发货。线上订单配送范围为体验店周围五公里内，配送时间为8:30～21:00。盒马鲜生通过电子价签等新技术手段，可以保证线上与线下同品同价，通过门店自动化物流设备保证门店分拣效率，最终保证顾客通过APP下单后5公里内30分钟送达。

模式三：高客单价产品/服务，高客单价、高性价比提高周转

如门店可提供定制服务、3C产品、培训服务等高客单价的产品/服务。

小米之家平均200多平方米，每个单店平均可以做到7 000万人民币，坪效达到了25万人民币。此前中国零售店最好的坪效大概是1.2万元人民币，小米之家做到这个效率的20倍。

不仅仅是卖手机的小米之家：小米之家目前SKU数在200～300个，与目前国内的一些数码潮品店商品结构类似。不同的是，小米之家所有商品均为自有品牌。作为一家由手机起家的科技类公司，小米之家的选品逻辑是以"手机—硬件—大消费"为核心，

以此向外扩充。值得注意的是，小米之家不同于传统的手机店或者3C数码店，其手机销售占比下降到了60%以下。未来小米之家将增强大消费品类的比例，以增加消费者的复购率和来店频率。

小米之家还有一个非常可怕的数据，那就是它的转化率高达20%，而一般的数码潮品店转化率只有4%。一方面，这与小米多年的粉丝积累有密切关系；另一方面，其商品质、高颜值、高性价比的商品成为消费者乐意买单的根本原因。举例来说，在小米之家的一款铝合金拉杆箱只卖999元，而同款式、同品质的品牌拉杆箱至少在2 000元以上。

总结

模式一“做三高产品/服务”，应该说是做新零售的基础、基本面。模式二“到家产品/服务”和模式三“高客单价产品/服务”是基于方式一的叠加和创新，实现坪效的成倍提高。

任务实施

针对经营分析，李明发现他可以从以下几个方面来解决客单价和商品周转率较低的问题：

一、提高商品效率加快商品流通

(1) 提高销售额、毛利率及减少存货。但减少存货并非指一味地降低库存量，否则易发生缺货、断货的情形。

(2) 在营运的进、销、存流程中，作好商品存货管理。

二、通过促成顾客同类商品多买、不同类商品多买、买价值更高的商品这样三种途径提高客单价

(一) 促成顾客同类商品多买

促成顾客同类的商品多买，这是提升客单价的最基本的途径，也是顾客们最常看到或用到的途径。一般来说有3种。

1. 降价促销

通过降价方式刺激顾客多买，由于存在商品的价格弹性，对于那些价格弹性大的商品，比如价格弹性达到5，那么每降价1个百分点，则可以提升销量5个百分点。因此通过降价促销这种方式可以有效提升顾客的购买量。

2. 捆绑销售

这种方式其实是降价促销的变形，比如超市里常做的两捆蔬菜按单捆的价格出售，洗衣皂三块一起只卖2块的价钱等等，这些都可以增加同类商品的销量，还可以增加单个顾客销售额。

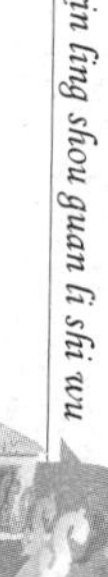

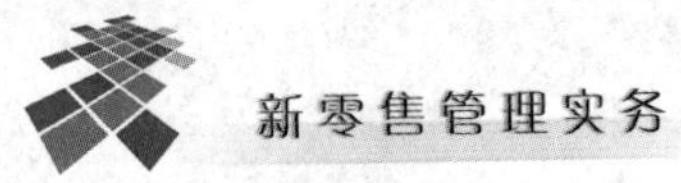

3. 买赠活动

与捆绑销售类似的一种是买赠，这种促销方式常见于新品的搭赠促销，或者是一些即将过期商品、待处理商品的处理上，同样也是能够刺激同类商品的销售的。

（二）促成顾客不同类商品多买

促成顾客不同类商品的多买，既可以通过上述的捆绑销售和买赠活动来实现，比如将饮料与牙膏捆绑在一起降价销售、将洗手液与灭蚊剂捆绑销售，这些都可以有效带动异类商品的销售，在便利店中，顾客们经常可以看到这种异类商品的捆绑销售，比如买面包或饭团一份加一元可以买饮料，买盒饭一份可以优惠多少元买一张电影票或演唱会门票等，都是可以拉动不同类商品的销售的。

在促成顾客不同类商品的多买过程中，顾客们要考虑关联性商品和非关联性商品。对于关联性商品是指顾客在购物或消费时经常一起购买的非同一品类的商品，比如面包和牛奶、休闲食品和饮料、烟和打火机等等都是属于关联性商品，这种商品有一个共同特征就是互补性非常强，有效性利用这种互补性显然可以拉动顾客购买异类商品。

对于非关联性商品，是指这些商品在消费中没有多大的互补性和相关性，不过却有可能刺激顾客增加异类商品购买量的商品，比如顾客们经常举的例子，在美国，啤酒和尿布放在一起陈列可以刺激啤酒和尿布的销量，原因是美国的大男人回家前常常被太太吩咐买些尿布回家给孩子用，而在完成太太使命的同时也不忘照顾一下自己的嗜好，常常会顺带买些啤酒回家，若是啤酒离得远，那么那些喝啤酒欲望不是很强的顾客也许就忽略了，而一旦啤酒就在近旁呼唤他时，他的消费欲望便被瞬间点燃了。其实在生活中这种暗示性的刺激购物还是会经常存在的，利用这种暗示性的刺激购物便可以有效刺激顾客多买一些看似不相干的品类的商品。

（三）促成顾客购买价值更高的商品

如果顾客消费的量是固定的，比如一个人一次只能喝一瓶饮料，如果顾客们能够让顾客买价值高的饮料，显然客单价就增加了，在这些方面，采用一些看似无形却有意的引导方式引导顾客进行消费升级，显然是一种很好的策略。

比如去一家外资便利店买早餐，基本是面包加袋装豆奶，合计在 2.5～3 元，当顾客看到饭团/寿司/三明治与牛奶或豆奶的组合吃起来感觉更舒服，而且在促销期似乎也只贵 2 元，但是价值却提升了很多，而一旦顾客习惯了这种早餐搭配方式，即便它恢复原价，顾客的早餐基本要达到 6～7 元时，顾客似乎也能够坦然接受；后来他们又提供升级版的饭团/寿司/三明治与牛奶组合，但促销期间只比顾客现在的消费贵上 1 元，于是顾客又禁不住这种高档的早餐组合的诱惑，尝试买了几次，感觉很不错，于是，顾客现在就常常会在这两种档次的早餐之间循环购买，那么对于这家外资便利店而言，他们其实就通过让顾客消费升级的方式来提升他们的客单价了。

至于在卖场、超市和百货店，顾客们也常常会看到他们在过年过节的时候大力宣传某种主力商品，而这些主力商品常常就会比此前的主力商品略高出一个档次，这点在酒类、营养品类、服装类上面表现得比较明显。所以有效地利用陈列和促销手段，无形却有意地推动消费者的消费升级其实是比一般促销更有效的推动客单价提升的办法。

三、提升客单价，针对周边客群优化产品结构，优先品牌产品，提升坪效

引进差异化产品，才可以为超市增加核心竞争力。加强赠品活动，进行关联促销，努力提升客单价。门店布局合理，各个品类的面积结构与消费者的需求匹配；动线设计合理，能够让顾客不知不觉地在门店中走足够长的线路，使得门店中的每个商品在顾客面前的曝光度都相对比较高，努力提升坪效。

技能训练

【项目背景】

实地访谈 2～3 家超市典型店铺的店长，了解其门店经营绩效改进的解决方案。

【实训目的】

通过分组实训，让学生理解并掌握超市常见的门店经营绩效改进措施及方法。

【实训步骤】

(1) 通过 2～3 家超市典型店铺门店店长的访谈，搜集并整理门店经营绩效改进的措施及方法。

(2) 将绩效改进措施及方法整理写成报告(PPT 格式，要求精炼、客观、真实、有见地、配图片)进行课堂交流和讨论。

【实训评价】

1. 评价内容

(1) 学生参与性。

(2) 学生解决问题的能力。

(3) 绩效改进方案的可行性。

2. 评价方式

学生成绩由学生自评(20%)、互评(30%)和教师评价(50%)综合评定，评价表具体如下所示。

组别：________　　　　　　　　　　　　　　　　　　　　第__次实训

学号	姓名	自评(20%)	互评(30%)	教师评价(50%)	总成绩

小结

绩效评估是指实际的经营成果与目标基准或前期实绩的比较，也就是说主要评估

的是其实现程度。绩效评估包括信息收集、建立评估指标、确定评估方法、实施考核等一系列工作。

经营绩效衡量指标主要有收益性指标、发展性指标及效率性指标。收益性指标包括营业额达成率、毛利率、营业费用率、净利率和净利润达成率。发展性指标包括营业额增长率、营业利润增长率。效率性指标包括来客数及客单价、商品周转率、人均劳效、坪效。高坪效日益成为新零售风口下超市衡量经营成败关键性指标。

绩效评估的常用分析方法主要有比较分析法、动态分析法、结构分析法等。

超市收益性改善可以从降低进货成本，提升营业额；减少损耗；降低销售费用及一般管理费用；增加营业外收入；减少营业外支出等方面入手。而强化立地力，寻找优良立地，减少开店失败率；商品力的提升、贩卖力的强化等可以有效提高超市销售的业绩；至于超市效率性改善，则可以从降低损益平衡点、提高商品效率、提升坪效等方面入手。

单选题

1.（　　）指超市门店的生产力水平。

A. 安全性指标　　B. 收益性指标　　C. 发展性指标　　D. 效率性指标

2. 下面哪个不是评估收益性指标（　　）。

A. 营业额达成率　　B. 毛利率　　C. 净利率　　D. 客单价

3. 营业额达成率是指零售企业的实际营业额与目标营业额的比率。其计算公式为（　　）。

A. 营业额达成率＝实际营业额÷目标营业额×100％

B. 营业额达成率＝目标营业额÷实际营业额×100％

C. 营业额达成率＝目标营业额÷基期营业额×100％

D. 营业额达成率＝实际营业额÷基期营业额×100％

4. 下面哪个是评估超市发展性指标（　　）。

A. 坪效　　B. 毛利率　　C. 营业额增长率　　D. 来客数

5. 营业额增长率计算公式为（　　）。

A. 营业额增长率＝(本期营业额－上期营业额)÷上期营业额×100％

B. 营业额增长率＝(本期营业额÷上期营业额)×100％

C. 营业额增长率＝(本期营业额－目标营业额)÷上期营业额×100％

D. 营业额增长率＝(本期营业额÷目标营业额－1)×100％

判断题

1. 营业费用率越低，说明营业过程中费用支出越少，零售门店的管理越高效，获利水平越高。（　　）

2. 商品周转率反映的是商品的流动速度。（　　）

3. 超市行业受电商冲击、消费者的购买习惯变化、人力资源、租金等成本上升等因

素造成行业进入“关门潮”“低迷期”。 (　　)

4. 营业额达成率是效率性评估指标。 (　　)

5. 降低店铺经营成本、用大数据留存顾客对顾客精准分析是有助于超市提升经营绩效。 (　　)

思考题

1. 新零售时代下,经营绩效评估指标发生了哪些变化?

2. 在新零售时代,超市绩效改进方面有哪些创新方法呢?

案例分析

如何提高地处比较偏僻的超市营业额

如何提高地处比较偏僻的超市的营业额?可从下列4个因子着手,即:A.在其他条件不变的前提下提高销售个数;B.在其他条件不变的前提下提高销售价格;C.在其他条件不变的前提下减少进货成本;D. 在其他条件不变的前提下减少营运费用。

为方便讨论,根据超市行业的特点,本文以下列的假定计算基数为例,分析RPMA的4个因子对提高净利的效果。

假定计算基数:以平均毛利率15%,净利占营业额的2%计算;

销售单位(个数):100 000;

平均销售单价价格:1 000元;

销售金额:1 000 000元;

销售成本:1 000 000×85%=850 000(元);

营运费用:1 000 000×13%=130 000(元);

净利:1 000 000×2%=20 000(元)。

下面讨论ABCD 4个因子对净利增加的影响,并进一步探讨如何利用4个因子提高净利水平。

1. 增加销售单位(个数)

如果能在其他条件不变的前提下提高商品的销售单位个数5%,净利可以增加37.5%,即每增加1%的销售单位,净利可比原来增加7.5%。

2. 提高销售价格

如果能在其他条件不变的前提下提高商品的销售价格5%,净利可以增加250%,即每增加1%的平均销售价格,毛利可比原来增加约6.7%,而净利则可增加50%。这个因子从提高净利来看是最有效的,但一般认为,若提高售价,必然会降低销量或增加费用。无论如何困难,50比1的增加比例是非常值得去努力探索的。

3. 减少商品的销售成本

如果能在其他条件不变的前提下降低商品的销售成本5%，净利可以增加212.5%，即每降低1%的销售成本，净利可比原来增加42.5%。这个因子对提高净利具有明显效果。

价格相近的效果，主要是如何减少进货的成本和提高物流控制的科学和效率。

4. 降低营运费用

如果能在其他条件不变的前提下降低商品的营运费5%，净利可以增加32.5%，即每降低1%的营运费用，净利可比原来增加6.5%。这个因子看来对提高净利效果较少，但这种效果却是可以追求的。公司推行的1%运动已在实际上向这个方向努力，并已证明能取得较好的成绩。

请分析并讨论：

1. 本案例中，主要使用那个门店经营绩效中的指标，都是哪些，请分别指出？

2. 请分析如何提高销售单位(个数)、销售价格，以及如何降低商品的销售成本和费用？

实训设计

超市经营绩效分析

【实训目的】

通过实训，使得学生理解并掌握经营绩效评估指标的内涵、能依据经营数据综合运用绩效分析方法分析企业经营状况，并提出经营绩效改善的对策。

【实训步骤】

学生以7～8人一组，整理汇总经营数据，具体如下：

(1) 进店人数。选择一天人流量比较大的经营时段，以10分钟为限，同时对自身店铺和竞争对手店铺的进店人数进行记录。

(2) 顾客购买商品情况。在记录进店人数的同时，对出店的顾客是否购买了商品，购买的具体情况(购买商品品种、数量、金额)进行记录。

(3) 实地调查。实地调查自营店铺与竞争对手店铺的地理位置等外部环境及卖场面积、促销活动、商品种类、服务质量等内部环境，并进行对比分析。

(4) 统计自营商品的销量和销售额。

(5) 统计店铺的各种开支及费用(如销售费用、财务费用等)。

(6) 统计店铺的资产及负债情况。

运用所学绩效评估的方法来衡量和评价所调查的店铺经营绩效状况，并针对存在的问题提出改进门店经营绩效的举措。

【实训评价】

1. 评价的内容

汇报内容质量(是否完整、分析是否到位、设计的知识点是否突出、设计和优化是否合理)50%,实施效果(效果图、商品销量增量情况)30%、完成任务时的表现(纪律、态度、团队意识)20%。

2. 评价方式

学生成绩由学生自评(20%)、互评(30%)和教师评价(50%)综合评定,评价表具体如下所示。

组别:________ 第__次实训

学号	姓名	自评(20%)	互评(30%)	教师评价(50%)	总成绩

活学活用

新零售情景下,如何提高超市的单店效益?

项目十 玩转零售 O2O

知识目标

1. 理解并掌握新零售情境下，零售 O2O 的心法
2. 熟悉新零售情境下，零售 O2O 的实战技巧，尤其是超市 O2O 的具体做法
3. 理解并掌握微店的开设、商品及分类的添加、页面的设计
4. 熟悉微店运营与管理的技巧

技能目标

1. 能结合实际帮助传统超市实现线上线下的有机融合
2. 能结合实际完成微店的开设及运营管理

学习重点

1. 理解并掌握传统零售尤其是商超 O2O 的实战技巧
2. 熟悉微店开设及运营管理技巧

教学方法和建议

1. 通过任务驱动＋案例教学＋实战操作的教学方法实施教学
2. 教师授课前准备好丰富的媒体学习资料、任务单及教学场地和设备

任务一　零售 O2O 心法与实战

任务导入

李明的小超市运营了一段时间逐渐走上正轨，随着移动互联网的深入发展，李明想

借助微店打通线上销售环节，真正实现线上线下有机融合的全渠道销售，以便最大限度引爆销量，但是一时不知从何入手。

任务分析

要实现线上线下的有机融合，首先要了解什么是零售 O2O，运作零售 O2O 的思路有哪些、运营零售 O2O 的关键是什么，其次要学会如何推广自己的产品及服务；要将想法落到实处，就必须熟悉微店开设及运营的整个流程及实操要领。

相关知识

一、什么是“零售 O2O”

O2O 即 Online To Offline 是指将线下的商业机会与互联网结合，让互联网成为线下交易的前台。“零售 O2O”就是线上线下结合的方式销售商品，线上做营销、实现在线支付，线下做体验，帮助消费者深入了解和体验产品性能。零售 O2O 的基础是互联网，传统的超市、百货、便利店等零售业态都可以根据自身特点实现线上与线下的结合。

资料卡 10-1

哪些人在做“零售 O2O”

目前主要有三股力量投入零售 O2O 领域，分别是：互联网企业，传统商企，创业跨界。

1. 第一股力量：互联网企业在 O2O 布局上拥有先天优势

阿里巴巴：重点打造支付宝 O2O。未来将为不同场景创建不同支付工具，比如打车、超市支付、挂号、自助饮料机分别使用快的打车、扫描支付、手机凭证、声波支付解决。另外，支付宝还在打造“智能商圈”，建立商家与用户精准匹配的桥梁。另外，京东、腾讯、百度、聚美优品、梦芭莎、360 等均在线下紧锣密鼓地布局抢占 O2O 领域（见图 10-1）。

图 10-1　智能商圈

2. 第二股力量：传统商企

传统商家大概可分为超市、百货、购物中心、专业

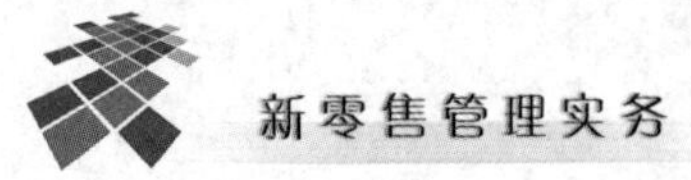

店、便利店等。

超市：沃尔玛控股了一号店，大润发推出飞牛网，步步高、永辉、中百、"7-11"等几乎所有知名商超都已经与支付宝、微信合作，推广线上支付和营销。

百货：如王府井百货，已推出PC端、微信、移动web、APP、导购工作台、自助终端、虚拟货架等，以实体店为基础布局全渠道。

购物中心：大悦城O2O平台上线，提供导航、寻车和会员服务。

专业店：苏宁、国美、红星美凯龙、居然之家等，各品类零售商都在进行线上平台的运营或推广。

3. 第三股力量：创业跨界

还有一类零售O2O的商家是创业团队或跨界企业，比如，拉卡拉：作为支付工具推出了开店宝和生鲜频道，从小店切入O2O领域。中国石化：与腾讯在支付、营销、导航等领域合作，发布"车e族"专注服务车主。

考考你

零售O2O与新零售有何区别？

二、"零售O2O"的几种常见经营模式

（一）线上走向线下模式

京东："大数据＋商品＋服务"的O2O模式，采用综合自营＋平台的形式，基于线上大数据分析，与线下实体店网络广泛布局、极速配送优势互补。与15座城市的上万家便利店合作，布局京东小店O2O，京东提供数据支持，便利店作为末端实现落地；与服装、鞋帽、箱包、家居家装等品牌专卖连锁店达成优势整合，扩充产品线、渠道全面下沉，各连锁门店借助京东精准营销实现"零库存"。

（二）线下走向线上模式

1. 电器专业店

苏宁云商："门店到商圈＋双线同价"的O2O模式即采用店商＋平台电商＋零售服务商的形式，以互联网零售为主体的"一体两翼"模式。利用线下门店和线上平台，苏宁实现了全产品全渠道的线上线下同价，打破了实体零售在转型发展中与自身电商渠道左右互搏的现状。O2O模式下的苏宁实体店是一个云店：集展示、体验、物流、售后服务、休闲社交、市场推广为一体。店内开通免费WiFi、实行电子价签、布设多媒体电子货架，利用互联网、物联网技术收集分析各种消费行为，实现零售O2O的落地（见图10-2）。

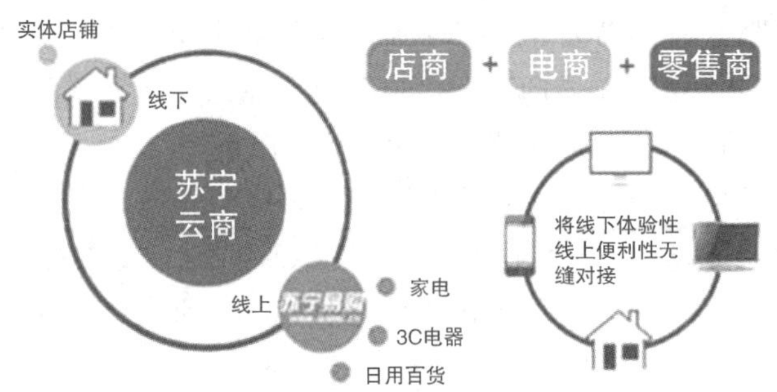

图 10-2　苏宁云商

2. 百货

万达："线下商场＋百万腾电商"的 O2O 模式。万达联合百度、腾讯，共同出资成立万达电子商务公司，联手打造线上线下一体化的账号及会员体系，建立通用积分联盟、在大数据融合、WiFi 共享、产品整合、流量引入等方面进行深度合作。万达、百度、腾讯三方还将建立大数据联盟，实现优势资源大数据融合。

3. 连锁超市

大润发："乡镇低线市场＋飞牛网"的 O2O 模式。2014 年，商超大润发就正式上线 B2C 平台飞牛网，并携手喜士多便利店推行 O2O"千乡万馆"项目，建立飞牛网购体验馆，旨在服务大润发覆盖不到的地区。体验馆以点带面，在很大程度上满足了用户需求，也能更好地实现线下切入线上、线上商业线下服务的互补，为未来用户市场的开拓争取更多的资源。飞牛网还将借力其他便利店、社区服务中心、乡镇连锁小店、加油站、专卖店等探索多元化通路(见图 10-3)。

图 10-3　飞牛网

4. 专卖专营店

美邦："生活体验＋上网环境"的 O2O 模式。服装业的美邦与微信、支付宝、微淘合作，提出以"生活体验店＋美邦 APP"的 O2O 模式，在全国推出了 6 家体验店。期望通

过提供舒适的上网服务将消费者留在体验店内，高速WiFi、惬意咖啡、大量的公用平板让用户可以喝着咖啡登陆美邦APP购买商品，也可在APP下单后选择送货上门，加强了线下向手机APP的导流，加强用户的移动APP沉淀。

以上的4种模式是不同行业企业布局O2O的典型做法，可以是线上平台结合线下零售商，也可以是线下门店结合线上网站。零售O2O的实施要根据行业特性、消费者需求以及消费行为习惯有针对性地来进行，对线下店铺与线上的结合也要做战略性思考。

考考你

新零售背景下，传统商超该采用哪种经营模式实现线上和线下的有机融合？

资料卡10-2

传统商超实现“零售O2O”的七大思路

1. “一把手”思路

超市电商往往需要整个企业战略上的重大调整，“一把手”的重视和支持十分重要！大润发和麦德龙在这方面就十分重视。大润发董事长亲自负责电商项目。麦德龙的中国区总裁也把电商放在了与实体并列的位置。有了“一把手”的领悟和坚持，才能调动足够多的资源，也才能在关注过程中建立对互联网的认知，明晰企业做电商的发展思路与方向。

2. 外脑思路

连锁超市往往拥有大量传统的零售精英，但缺乏互联网人才。传统超市的价值核心是规范、服从、节省；互联网的精神是公平、透明、分享。两者的不同决定了从业者思维的差异。因此，传统超市的O2O要有外脑思路，引进和融合具有互联网思维的人才，容忍“不靠谱”的想法和做法。

3. 电商负责人的特质

互联网时代信息互通，随之而来的是组织力量的“消”及个人力量的“长”。超市电商是创新项目，需要负责人具有一些重要特质。

思维：传统超市管理经验＋互联网思维

坚韧：不断地试错和积累

稳定：对互联网理解力的积累＋管理团队的稳定

激情：持久的热情＋不怕失败

开放：开放的心态＋接受透明与分享

4. 试错思路

超市电商的创新需要在每次的试错过程中加深行业理解力。试错思路是一个循环的过程：想法—方案—论证—实践—分析—积累。如此循环，不断累积经验。其中，最关键的三步是：

灵感来源：对各种新出现的商业模式和互联网工具建立敏感度，吸取能量，寻求突破点。

论证方法：从定性的角度论证项目优劣势；从定量的角度论证投入产出比。需要通过深入研究，用行业理解力来判断项目成败。

最低成本：这也是试错的关键。用最低的成本实践验证项目的可行性。可以选择几个成熟特性的卖场进行测试，实践探索项目的可行性。

5. 不跟随思路

阿里巴巴垄断了中国80%的电商市场，腾讯垄断了中国90%的社交市场，百度垄断了中国80%的搜索市场。互联网的马太效应叠加，一个电商企业的成功是不可模仿的。不跟随思路是指不完全模仿成功的主流模式，把主要精力放到创新、关注新模式、布局下一个机会点上。

6. 布局思路

沃尔玛收购1号店提前布局，因为它认为未来电商是线上线下结合体，大数据与个性推荐是主流趋势。对于连锁超市而言，便利店、生鲜、快消食品是线下实体店的天下；最后一公里配送、冷链物流的提升、移动互联网、门店互联网化将是未来线上布局的方向。

7. 坚韧思路

华润万家作为实体零售商，在电商的探索动作很多。早在2005年，香港华润万家首个电商项目“万家摩尔”上线，主营潮流生活商品，但是由于种种原因，经营并不顺利，在2013年万家摩尔停运。但是华润万家并没有放弃对电商的探索，在2015年6月，华润万家电商平台e万家正式上线，重新开启实体零售与线上零售双渠道发展之路。正是由于华润万家管理者的坚韧，才使得十年来华润一直保持着对电商的热情，而今e万家还开通了跨境购业务，线上线下业务发展蓬勃。

三、成功运营零售O2O的核心

O2O是电商的未来形态之一，也是实体零售企业转型的唯一出路。从整体上来看，无论是电商企业，还是零售实体，O2O销售都需要从商品信息呈现、售前配货、售中支付以及售后物流配送等一系列环节进行打通优化。因此，O2O实践的最大难点和痛点在于，二者对线上线下供应链及物流体系的打通。除此之外，电商企业和零售实体在走向融合的动态平衡过程中，也各自不可避免的引发以下阵痛。

（一）实现线上到线下的痛点

一般而言，电商企业的线下布局主要通过两种途径实现，一是自建，二是合作。但是，从目前电商企业的线下布局现状来看，对于自建实体店的途径来说，体验店的运营

管理是最大问题,体验店盈利模式不清成为困扰电商 O2O 的难点之一。此外,由于体验店不同于仓库,一旦大量推行,其形象设计、装潢、空间布局等对于传统零售企业十分熟络的问题将成为电商企业面临的又一难题,而与零售实体企业合作的途径,往往要面临对合作方资源把控能力不足的难题。

案例 10-1

2014 年“手机淘宝节”

作为淘宝试水 O2O 的重要活动,其活动力度并不次于“双十一”,但活动效果却明显不足。活动期间,手机淘宝 APP 在 iPhone 中国区免费榜的排名并未呈现大幅上升的趋势,其首要原因在于相比于对天猫上商家的掌控能力,阿里巴巴对线下的商家掌控能力和资源整合能力较弱。因此,本地资源的复杂性以及其所需的定期维系和持续拓展成为电商 O2O 之路的痛点之一。

考考你

如何解决电商 O2O 之路中,本地资源的所需的定期维系和持续拓展?

(二) 实现线下到线上的痛点

相比于电商企业的线下布局,零售实体企业的渠道转型更加艰难,其将面对战略、模式、人才、流量、体验、管理等 6 大难题。

1. 战略

国内零售实体自建电商平台已成鸡肋,而与电商企业的合作也以互联网企业为主导,零售实体只能实现短暂的营销目标。如何形成以己为主导的 O2O 战略是目前面临的最大难题。

2. 模式

联营模式下,百货企业既不能掌握店内商品库存,也不能掌握消费者数据及其他周边信息,而这些正是 O2O 实现的数据依托。此外,伴随联营模式的还有推高商品价格的问题,直接导致了网络渠道与线下渠道的价格冲突。

3. 管理

零售实体的线上渠道会影响导购员利益,导致线下服务质量下降,影响消费者的购物体验。此外要实现全渠道运营,线上线下业务流程的标准化和规范化是基础条件。目前实体零售线下业务流程很多依赖主观判断和决策,缺乏标准和信息化系统的支撑。

4. 人才

O2O 在管理理念及风格、组织结构、管理团队等方面要求企业流程的再造,是颠覆而不是仅仅改变。零售业需要面临引进电子商务人才、在零售实体系统有效激励电子商务人才以及管理体制改变等问题。

5. 流量

入口和流量是零售实体共同的难题。自建平台能更好地掌握入口和流量的自主权,但浏览量、销售额都难与淘宝、京东等大型电商平台相抗衡。

6. 体验

O2O 核心目标在于全渠道运营下以消费者为中心的购物体验的全面提升,实现"可持续运营"和"可盈利"。目前零售 O2O 大多依赖微博、微信、支付宝等互联网平台产品。这些应用只能按照既定的产品设计业务场景和体验流程,不能考虑零售实体自身定位、目标消费者、商品组合等特征,缺乏人性化和个性化,只关注短期的营销层面,与 O2O 的本质相背离。

案例 10-2

爱鲜蜂:盘活社区小店资源

"社区"的概念正在兴起,社区 O2O 类服务也在这几个月里逐渐增多,爱鲜蜂就是其中之一。爱鲜蜂上线于 2014 年 5 月 15 日,目前向北京的用户提供一小时内的配送和零售服务,配送的物品包括食品和部分生活消费品,配送时间为早上 9 点到凌晨 2 点。爱鲜蜂的创始人张嬴告诉我们说,爱鲜蜂的"鲜"强调的就是食品的新鲜,而"蜂"则表示送配人员的数量多、速度快。而爱鲜蜂要满足的就是用户的"即时消费需求",让他们不用出门就能在最短的时间里实现某个突然冒出来的消费意愿。

其实,做社区"一小时配送/零售"生意的目前并不只有爱鲜蜂一家,社区 001 也是其中之一。但两者在模式上却并不相同。爱鲜蜂的业务模式是怎样的?让我们顺着它的业务链条来看一看:

在爱鲜蜂的上游,爱鲜蜂与相应的供应商合作,从他们那里统一拿货。从商品品类来看,目前主要分为食品和生活急需两类。其中,食品主要包括水果、蔬菜、乳制品、冰淇淋、星巴克、小龙虾、卤味、饮料、速食等,大部分都是比较讲求新鲜度的;而生活急需则包括电池、蚊香、卫生巾、避孕套等。并且,对于一个品类的商品,爱鲜蜂只和一个供应商合作。

拿货之后,爱鲜蜂则会将这些商品配置到它的配送网点中去。这里的配送网点并非专门的配送中心,而是分布在各个小区中的"夫妻小店",这也充分体现了爱鲜蜂"盘活社区闲置资源"的思路。目前,全北京约有 2 000 个配送点,基本涵盖了北京的各个辖区。值得一提的是,这些小店也可以扮演供应商的角色。

在用户端,用户下单后,爱鲜蜂将订单分发到距离用户最近的店主那里,由店主完

成最后环节的配送。由于社区店主距离用户很近，配送一般能控制在1小时内完成，甚至更短。每次配送用户需要付5元的配送费。目前，爱鲜蜂主要依靠微信和微博搭建用户交互界面，用户可以在微信和微博进行下单。爱鲜蜂要经常会发起一些“晒单就免费”的活动鼓励用户传播爱鲜蜂的业务。

考考你

爱鲜蜂是抓住了哪些痛点，盘活社区资源实现线下传统零售的O2O转型之路的？

(三) 如何成功运营零售O2O

1. 明确客户价值大于渠道价值

要以消费者为中心，在商品信息呈现、库存配货、消费体验、订单支付、物流配送、售后服务全业务链重点环节“内功”的全面提升，形成闭环。

2. 基础设施

O2O强调互动与精准，要通过互联网技术的应用来实现。IT基础设施投入，保障线下运营及客户体验的稳定。先进CRM系统以及低成本的设备终端。对于零售业来说，IT基础设施的投入也是供应链管理提升的基础。虚拟基础设施投入，保障线上线下支付体系、会员体系的畅通等。根据自己的经营品类、组合方式，主动布局自己的业务场景，借助阿里巴巴、腾讯、百度等互联网巨头的产品，展开O2O运作。如：良品铺子，就是通过加强技术基础实现“以小破大”。用良品铺子的小门店优势连接小社群，给予关怀与互动，增强顾客黏性；用小工具连接底层技术，在门店搭建预售系统，连接线上线下的销售与服务。在微信服务号中，微社区的建设，更是将这种小门店打通，让顾客与顾客互动，增加用户粘性，而话题交互对产品的营销效果，远比群发消息更有效。

3. 技术应用

智能终端是全渠道关键节点设备，使消费者在各个渠道中无缝跳转的体验成为可能。对于零售实体企业而言，单品管理是前提技术，类似WiFi定位、iBeacon等室内定位技术则是实现自然流畅全渠道体验的关键技术。如，室内定位技术可以通过实景导航服务展示出用户感兴趣的方向或距离，提升消费者购物体验，同时帮助企业进行基于时空商业的产品分析和产品布局，精确搜集消费者在各品牌的停留时间、路线等。能够将营销信息在特定时间、特定位置发送给特点用户，避免群发的骚扰，真正实现精准营销。2015年，美国已经有大量顶级零售商——比如梅西百货、塔吉特(Target)等开启了这项服务。在定位系统的帮助下，会员APP将会积累消费者的店内行为数据，这会帮助零售商将最适合的兑换券、信息等点对点地推送给特定消费者——包括根据当下顾客在店内位置而进行的商品、服务推荐，也包括根据消费者的购买行为进行的推荐。

4. 供应链管理

O2O 的核心价值不是渠道的多样化，而是对供应链的整体改造。零售实体要通过供应链管理的提升，实现在实体店铺发生顾客所需商品缺码断货时，能够从异店或者从仓库直接快递至指定地址，能够对各渠道订单进行实时跟踪，能够在店完成虚拟渠道订单的退货。因此，尽快完善和提升自身的供应链管理能力是关键步骤。如苏宁易购有12 个中心仓，每个中心仓划分具体的辐射范围并通过二级优先级来确定。如果 12 个中心仓中有一个库存不够，可以立即从最近的中心仓进行调配；调配时遵循城市间优先级的划分原则。同时苏宁易购的物流和实体门店相关联。其门店不仅仅是线下实体销售店，同时还是商品的自提点、配送点以及仓库中心，这大大提升了物流的服务质量和用户的购物体验。用户下单后，系统自动判断最优发送仓库，可能是门店也可能是中心仓，还要判断从这个仓库出库后直接到用户地址还是先到当地门店仓储地再到用户。另外，系统内部会判断这个商品是否需要安装、服务，由苏宁易购或者供应商来完成。

5. 粉丝模式

零售实体中的会员体系成为进行粉丝营销的最大资源。“粉丝”代表的是现今的一种消费者潮流——参与化、情感化和圈子化的消费者集群。零售实体要促进普通消费者转化为忠实客户，再升级为粉丝群体，并乐于进行消费分享。如：借鉴小米粉丝营销的经验可以发现，向粉丝营销的秘诀不是炫酷，而是置身于他们之中，了解他们的感受和喜好，并且成为他们的一部分。是一种与消费者关系的长期维系，是一种人性化的服务。

知识加油站 10-1

超市 O2O 的具体做法

1. 兴趣商品是切入点

兴趣商品就是顾客感兴趣、熟悉的、愿意在特定超市购买的商品。顾客对超市的印象很大程度上取决于兴趣商品的数量及价格优势。

可以利用销售数据来分析掌握顾客的兴趣商品，比如季节性的销量冠军，长期销量靠前的商品等。同时，还要帮助顾客培养更多的兴趣商品，加深超市在顾客心目中的好印象。比如，沃尔玛中国通过销售大数据分析，专门为中国顾客提供了兴趣商品，而这些商品也只有在中国的沃尔玛才能买到，如猪肋骨、筷子、烤鸭……

2. 挖掘高价值顾客，打造核心竞争力

高价值顾客，往往对价格不敏感、追求高品质和良好的购物体验，愿意为额外服务支付费用。超市 DM 单等促销活动只能培养大量只购买红价签的敏感顾客，可能会导致亏本。只有高价值顾客才能为超市实现可观的收益。可以利用 O2O 发掘、培养、维

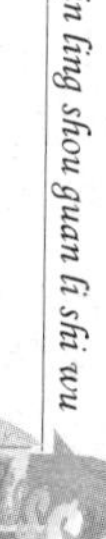

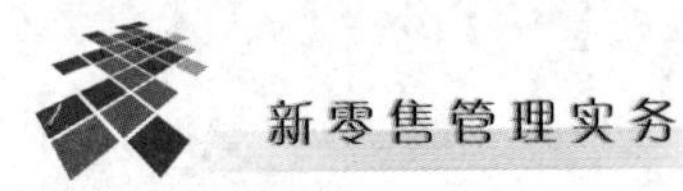

系高价值顾客，从而打造超市的核心竞争力。比如，永辉的核心竞争力是生鲜、大润发的竞争力是供应链和综合运营。

3. 体验大于实惠，没事儿找个乐

作为新生代消费者，我们购物更看重体验，就是购物的乐趣。因此，要在购物环境中加入“玩”的元素，打造玩的场景，让消费者体验更多乐趣。比如现在的shoppingmall模式，集合了百货店、超市、大卖场、专卖店等多种零售业态，搭配特色餐馆、电影院、儿童乐园、健身中心等餐饮娱乐设施，使消费者在玩中乐，在乐中购。通过采集移动数据，就可以实时为消费者推荐服务和产品。

4. 吸引消费者使用超市APP

如天猫超市，其实超市APP的价值不仅是销售渠道，更能实时掌握消费者行为。比如：消费者的购物路径、购买商品明细、客单价、兴趣商品、购物习惯等。推广APP，可以通过首次注册赠礼、推荐奖励、仅限APP的促销活动等吸引消费者使用APP。

5. 依托商品，借助大数据，玩转超市APP

很多时候顾客下载APP获得优惠后就不用了，怎么长期维系顾客呢？核心就是超市APP要持续给顾客带来价值。超市购物单价低、频次高，可以记录消费者购买数据，持续推荐兴趣商品，保持APP下单优惠惊喜，在APP上开展有趣的活动等。要通过商品、活动、信息、个性化服务来维系顾客关系，建立与顾客心中吻合的形象，把顾客转化为粉丝。

6. 实体门店为中心，提升高价值顾客体验

实体门店怎么为高价值顾客服务呢？一是，先甄别：通过超市APP数据（如客单价、毛利率、购物频次等）筛选出高价值顾客；二是，主动邀请高价值顾客成为VIP，在APP上设置特殊二维码，提供特殊服务。比如，设置VIP收银通道，刷APP进入，不排队、服务更好、专用购物袋、免费打包等。还有，免费送货上门；精品蔬果预订预留；VIP休息室：提供按摩椅、免费饮料等。

四、零售O2O商品推荐

零售O2O中，不管是电商平台、还是APP、微信朋友圈，销售商品品类众多，首页展现的位置都十分有限，如果不能在首页通过最佳产品展示吸引顾客，就会导致客户量的流失。只有充分利用好有限的黄金展位，才能吸引顾客、留住顾客。

（一）热点原则

网页最受关注区域呈现“F”型。顾客的关注度从上到下、从左至右逐步递减。因此，理想的商品推荐也应按此顺序排列。

（二）建立推荐商品专栏

建立推荐商品专栏板块，比如“聚百惠”“聚划算”等，长期坚持每天推出限量品种商

品，以低价吸引顾客。

（三）推荐商品类型

推荐商品包括：促销商品、应季商品、品牌商品、清库商品、利润商品等。例如超市，低价印象十分重要，建议使用促销商品。注意首页尽量是品牌商品，以提升整体形象。清库商品为滞销品和库存商品可以低价处理。利润商品是市场占有率较高且毛利高周转快的商品，可以放在显著位置吸引客户。

（四）敏感促销原则

越是敏感商品越要促销，因为大部分顾客都会记得敏感商品的价格，这会让顾客更容易感受到价格的吸引力。

（五）单品促销与品类促销

单品促销：挑选顾客记得价格的商品进行促销推荐，如可乐、饼干等。

品类促销：顾客记不得商品品牌和具体价格，但是能感到促销商品在该品类中的价格优势。比如，4.99元的拖鞋。这种多为小百货商品。

（六）小规格原则

规格大小在网站图片的显示区别不大，顾客也不会仔细分辨。因此可尽量选择推荐小规格、低单价产品，培养顾客心中实惠网站的印象。

（七）多看实物

有些产品光看图片和后台数据很难看出优势，建议产品部门工作人员每两天巡查一次仓库，查找适合推荐的商品。

（八）结构合理原则

品类合理：生鲜、食品、日化、百货、电器等各有比例，不失平衡。

价格合理：高中低端商品搭配合理。

针对人群结构合理：老中青、儿童、妇女等各有不同推荐。

（九）数据参考

多使用后台数据分析，对比未参加促销商品的销售排名，选取排列靠前的商品做推荐。

（十）考虑库存

尽量选择库存较多的商品推荐，以免出现缺货情况。选择哪些商品做推荐往往是网页吸引顾客的关键。掌握以上原则，可以帮助零售企业选择适合自己的推荐商品。

考考你

学生选择一家超市，登录它的网站，了解其推荐商品的类目，看看是否符合以上原则。

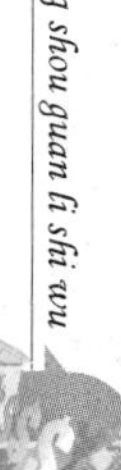

【项目背景】

学生选择超市业态 1～2 家典型店铺，实地调研结合网络二手资料收集的方式将该典型店铺零售 O2O 的做法、经验及教训整理成案例用于课堂分享。

【实训目的】

通过实训，让学生熟悉传统商超零售 O2O 的具体做法、经验及教训。

【实训步骤】

（1）各项目团队内部讨论，组织分工。

（2）制定调研计划，实施调研。

（3）根据收集整理的材料，梳理汇总形成案例。

（4）选出一名代表就案例进行分析、交流汇报，教师进行点评。

【实训评价】

1. 评价内容

（1）典型案例汇报表现（是否合理、分析是否到位）。

（2）完成任务时的表现（纪律、态度、团队意识）。

2. 评价方式

学生成绩由学生自评（20%）、互评（30%）和教师评价（50%）综合评定，评价表具体如下所示。

组别：________　　　　第__次实训

学号	姓名	自评（20%）	互评（30%）	教师评价（50%）	总成绩

任务二　微店的开设与管理

社区超市竞争激烈，为了进一步提高门店销售业绩，李明决定开设微店，打通线上与线下，探索社区超市的新零售模式，但做传统零售已久的李明，对微店的开设及管理却知之甚少，一时不知该从何下手？

人口红利消失，消费变成了生活场景，越来越多的人从搜索式购物到发现式消费。

从品类经营到场景的经营，社交网络将成为最大的消费场景。所以掌握微店的基本设置、商品添加、页面设计及运营与管理成为新零售时期竞争取胜的一门法宝。

相关知识

最初微店是由北京口袋购物开发的移动端 APP。通过个人手机号码即可开通自己的店铺，并通过一键分享到社交平台来宣传店铺并促成交易。微店能迅速发展来源于它的先天优势：开店无门槛、无复杂手续，回款快，有货源，无任何费用。

目前开设微店的常见做法主要有以下两种。一种是独立 APP，可以自主开发，也可以在微店 APP 平台上注册店铺，如口袋购物、喵喵微店等。

第二种是第三方手机浏览器版微店。基于微信、微信内置浏览器以及通过微信开放平台开发的微店。

一、微店注册及基本设置

实体超市 O2O 多是采用自建或共建 APP 的模式，同时通过微信公众号进行推广和客户管理。微店平台更适合小店主和创业者们选择。这里以手机微店 APP 为例进行讲解，具体步骤如下：

（1）下载微店 APP，绑定手机号及实名注册。

（2）输入店铺名称，店铺图标，也可绑定微信号，完成微店创建。

（3）登陆微店，进行基本设置。

模块包括：笔记、商品、订单、统计、客户、收入、推广、服务、货源、供货、社区、打卡等。开店前期要注意以下 7 个模块。

① 笔记：写一篇关于本店的声情并茂的文章，并作为软文进行推广。简单做法如：我叫 COCO，来自台湾，我是一个 18 岁的爱漂亮的女生。好想成为你的闺蜜呢，让我伴随你越来越美吧！

② 客户：进入“客户管理”界面，卖家可以看到买家发生过多少笔交易，交易金额总共是多少，用来维护客户尤其是老客户。当然也可设置聊天公告，如：“欢迎光临 COCO 美妆店，本店主营美妆、洗护等用品，非常荣幸为各位小主服务！”。还可以设置常用回复语，如：“本次活动时间 2 月 12—20 日，折扣详情请回复 1，活动抽奖请回复 2，售后请回复 3……”。另外，可以对客户进行初步分类，如：近期关注客户、高交易额客户等，以后逐步完善。

③ 收入：进入“我的收入”界面，卖家可以绑定相应的银行卡，卖家的收入会在交易次日自动提现到该银行卡中，一般是，1～2 个工作日到账，点击“账户余额”选项，进入相应界面，卖家可以查看账户余额、正在提现的余额、暂时冻结的余额等信息。点击“绑定银行卡”按钮，进入“我的银行卡”界面，然后选择开户银行，填写两次银行卡号即可。

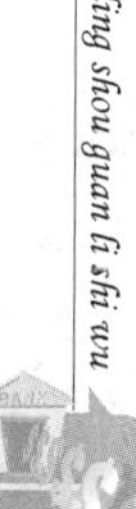

需要注意的是，银行卡仅支持储蓄卡；添加银行卡信息时，开户姓名必须与注册姓名一致才可以提现。

④ 推广：这是前期发展的重点，要了解并熟悉各种营销方式并有选择地运用，比如：提高新客流量的公众号联盟；提升收藏和转化率的店铺收藏送积分、优惠券、限时折扣、限时单品秒杀、新客专享价；让客户多买一点的满赠、满包邮、满减及组合套餐；关照回头客的会员专享权力，微店黑卡及让微信群产生裂变效果的拼团、阶梯拼团、砍价、抽奖及微积分红包等。

⑤ 货源和供货：如果有实体店，可直接把线下产品进行上架；如果是虚拟店铺，可以根据个人喜好和擅长选择代理合适的产品。

⑥ 社区：经常逛逛社区可以交流经验，帮助更好地进行店铺设计和推广。

⑦ 淘宝搬家：如果以往在淘宝上开设了网店的小伙伴，可以利用“淘宝搬家助手”一键把淘宝店铺商品在微店上架，省去重复添加商品的麻烦。在主界面，点击右上角的“齿轮”，进入系统设置环节，点击“淘宝搬家助手”即可进入淘宝搬家。卖家也可以从这里退出登录。

考考你

如果在手机微店上注册开店，初期需要完善的模块主要有哪些？

知识加油站 10-2

三分钟让你学会微信小店的申请及设置

一、微信小店申请

第一步：注册微信公众号，申请微信支付。

第二步：在服务中心—微信小店—自助申请，填写商户号和密钥，填写成功，自动通过申请。

二、微信小店的功能模块

微信小店具备添加商品、商品管理、订单管理、货架管理、维权等多种功能。店主可以使用接口批量添加商品，实现微信快速开店。在小店后台，商户可以了解商铺每日商品订单、访问量、成交额等基本概况，处理商品相关消息。

三、微信小店前期基本设置

开店成功后，在商品上架之前，我们可以对微店进行简单设置。

（一）运费管理

商家可以选择普通物流方式，统一物流运费；也可以根据地址、件数来自定义。而运费模版恰好满足了商家的灵活需求。

(二) 图片库

商家提供所有商品的图片库,并管理自己的商品图片。

二、微店的商品分类及上架

(一) 商品分类

(1) 点击我的微店菜单栏的"分类管理"下的"添加分类"。

(2) 新建"分类名称""排序"后点击"保存更改"(根据个人销售的商品定义分类名称。

(3) 进行商品批量分类。

① 点击我的微店菜单栏下的"商品管理",勾选同类商品后点击"批量分类"(分类前必须先编辑好您销售的商品。

② 勾选分栏名称,点击"保存"即可。

(4) 查看分类商品。

① 点击我的微店菜单栏下的"分类管理",查看分类的商品。

② 在某分类名称下,我们可以看到分类下的商品详细信息。

(二) 商品上架

(1) 打开微店,选中"我的微店"模块。

(2) 然后点击我的微店,进入页面后看到右上角的"添加"选项,点击添加。

(3) 进入添加商品页面后,就可以上传要上架的商品图片,填写商品描述,商品价格、商品库存及商品型号等。

商品描述,特别是对细节要求较高的商品,还要注意以下 3 点。

① 整体简洁、精炼,展示商品竞争优势。

② 简洁:图片 4~6 张为宜,一句话说明要点。比如,一张裤子的详情图,圈上腰上的扣子,附注一句话:十字型缝制,牢固不脱线!

③ 精炼:突出裤子是修身款,可以配置:模特正面图、背面图、细节图、修身图即可。

(4) 填写完信息后,点击右上角的完成,商品即添加成功。

(5) 添加完商品后,可以选择微信朋友圈、QQ 空间、新浪微博等多种社交方式,点击"分享"给你的好友。

知识加油站 10-3

如何轻松搞定微信小店商品分类与上架

1. 添加商品

通过微信公众平台小店功能可以上传商品基本信息,包括商品类目、属性、名称、图

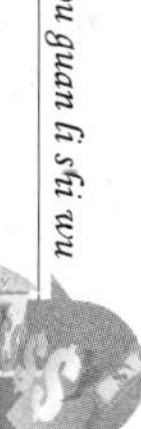

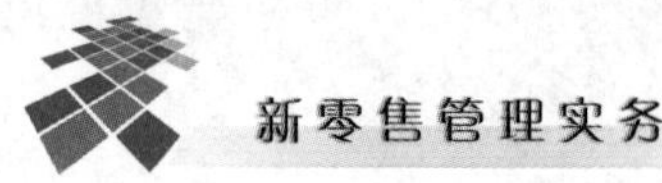

片等。例如，儿童服装选择类目为服装类，商品分组可以有：外套、毛衣、T恤、裤子、帽子、围巾等。

2. 商品管理

对所有添加的商品可进行分组管理、上下架的操作、对商品进行搜索。比如后台测试分类："男式衬衫"可以单独列为一组；"时尚纯色修身"不能作为商品组名称，建议改为"男式T恤"；而美甲贴纸明显不符合男装大类，可以归为美甲产品组。

3. 货架管理

货架的本质就是一个链接。将上传的商品添加到货架中，添加完后就可以生成货架。可以根据自己的需求将链接填入自定义菜单，下发商品消息，生成二维码等。也可以根据喜好，通过使用自定义组织控件，来美化店铺。例如，下面四种店铺首页图，就是货架设计的四种风格。家居类、美妆配饰类等商品适合前两种风格，服装类、3C类需要细节说明的商品更适合后面两种风格。

商品分类和上架是微店设置的基础，一定要注意商品描述的准确性和有趣性，商品图片清晰，能够多方面展示产品特性和优势。

考考你

在微店经营中，如何运用商品描述来打动消费者？

三、微店的页面设计

（一）编辑店招

点击"微店"进入"微店管理"，进入"微店信息"。首先，选择适合的图片来做LOGO，体现店铺产品特性和店铺个性化。沃尔玛就是以自己的商标来做店铺LOGO的。其次，美化店铺名称，尽量契合产品特色。比如沃尔玛超市的微店名称就是以沃尔玛＋店铺地址为店名方便用户定位；接着，上传微信号和微信二维码，生成店长名片，注意主营类目可以选择所售产品相关的品类。比如沃尔玛超市凤天店主要突出的是生鲜品类。最后，填写实体店具体地址和地图定位，可以增加信任度。

（二）进行"店铺装修"

1. 选择"推荐"，使用付费模版

微店平台提供各品类商家店铺装修的精品模板，价格在10～30元之间，可以选择适合自己店铺产品和风格的，再在模板基础上更改图片文字进行个性化设置。

2. 选择"我的"，可使用免费模板

免费模板很简单，需要自己上传所有图片和文字介绍，建议开通底部自定义菜单，设置导购工具。导购工具能帮助顾客快速找到兴趣商品和服务，一般可以设置成：商品分类、特惠专区、联系客服等,用于引导客户进入,提升流量转化。

(三) 查看整体效果

信息设置完成后,预览店铺,可以查看整体效果。

知识加油站 10-4

轻松装修个性化微信小店

1. 店招设计

首先,通过“我是卖家”进入“店铺设置”,依次设置店标和店铺条幅。

其次,通过“店铺设置”进入“幻灯片设置”,每一个幻灯片对应链接的商品图片。

然后,通过“我是卖家”进入“主题设置”。选择你喜欢的主题套用,免费店铺 3 种,旗舰店 6 种,顶级旗舰店 10 种。

最后,修改店招背景图片或头像图片,尽量契合商品形象,增加信任感。

2. 首页装修

首页是一个店铺整体定位的集中表达,要根据商品品类和装修布局进行个性自定义。

第一步:点击左侧菜单首页装修,打开现有首页模板列表(包括系统默认模板和卖家自定义模板)。

第二步:点击新建自定义首页,打开自定义首页编辑页面。

第三步:选择需要的组件模块,直接点击即可添加,或者把模块拖到手机模型中想要放置的位置即可。

第四步:编辑加入的组件模块属性,比如商品组件模块属性,可编辑选择:单列商品大图或者双列两商品图,可对本商品块添加标题,如“金秋霓裳”。

也可通过“推荐类型”选择系统自动推荐或者卖家手动推荐。可选择“推荐商品数量”和“系统自动推荐”的过滤条件,自动筛选商品等丰富的属性。同时可选择其他模块添加到模板。页面模板编辑完成后,填写模块工具的左上角的“页面名称”,点击保存。

第五步:点击返回列表页,选择刚才保存的模板,点击“启用”即可启用为店铺首页了,这样首页就设计完成了。

3. 自定义页面

通常以下场景:如需要精美的品牌介绍页(品牌故事、推广承接页),节日活动页(双十一、情人节),每日商品特卖,优势商品强推等需使用自定义页了。自定义页需要通过美工设计搭建出有个性、有特色、有内涵的页面。

总结以下微店页面设计的要点:一般情况,可以选取适合店铺风格和产品类型的模版。页面设计的个性化主要是:店招设计、商品页面的图片文字编辑。如果有专业的美工人员,建议充分使用个性化功能,设计搭建出线上线下统一形象的店铺设计,实现品牌形象的延伸。

考考你

在微店的页面设计过程中，要想抓住消费者的眼球，该如何做？

四、微店的运营及管理

微店的进入门槛低，操作简单，货源稳定，客户信任度高，是大学生创业的良好途径。作为企业而言，移动端的微店 APP 也可以帮助传统零售企业如连锁超市实现线上线下的对接。微店虽小，运营良好也能带来较高的收益，现在我们就来学习微店运营的秘诀。

(一) 微店定位

微店，顾名思义，小而美、精而简的移动商店，定位微店可以从 2 个方面入手。

(1) 勾勒目标客户的轮廓：谁会喜欢你的产品？是男是女？年龄？碎片时间范围？对什么事物感兴趣？喜欢什么语言或文字风格？收入如何？消费水平怎么样？

(2) 店铺名称：朗朗上口，符合目标人群口味，上传一个让这类人眼前一亮的店铺 LOGO、背景海报。

注意：体会“小而美、精而简”的精髓，不要大而全、铺量走货的思路。

资料卡 10-3

实体微商的五大运营模式

随着小众市场需求愈发旺盛，实体微商强势崛起。小众市场成功的原因有两点：第一，物流水平逐渐提升，运输愈发便利；第二，在信息接收方面，消费者掌握了绝对的主动权，可以拒绝接收大众媒体强行灌输的商业信息。

在物流水平不变的情况下，以消费者接收信息的方式与信息给消费者带来的影响为依据，实体微商模式可分为以下 5 种类型：

1. 产品微商＋实体

以手工皂微商为例，顾客对手工皂的推崇与喜爱已经达到了疯魔的地步，在这些顾客眼中，一切手工皂的缺点都是优点，如制作时间长、成本高、皂性不稳定等。在手工皂崇拜者眼中，手工皂的这些缺点恰好是复古的品质生活的代名词。在手工皂面前，已有上百年发展历史的精细化工皂品则具有廉价、性能单一、不天然、有保质期等缺点，不值得购买。

品牌要想成功，就要不断地更新产品。产品微商与实体结合，能为实体店铺引流，但如果实体店主的代理级别较低，其利润空间就比较小。所以，为了拓展利润空间，实体店主就要不断升级自己的代理级别。

2. 人格微商＋实体

人格微商指的是店主先凭借自己的人格属性吸引、积聚粉丝，获取流量资源后再顺势创建品牌，开设店铺。这种模式的利润空间比较大，店主可以控制舆论，粉丝也会主动维护其产品口碑。

在这种模式下，顾客按一定的等级秩序组织在一起，结构非常严密。在与实体结合之后，虽然实体店会比较被动，但客户的忠诚度较高，返单率也较高，店铺管理难度较小。对实体店来说，这种模式能带来一定的好处。

3. 社交微商＋实体

到目前为止的实践证明，社交微商是一种综合性最好的模式。一般来说，社交微商起源于具有某种共同兴趣爱好的社群，顾客有非常明显的消费层级与习惯，可以开展精准营销。相较于人格微商，社交微商的顾客无须进行严格管理；相较于产品微商，社交微商的顾客之间可以自由交流。

对需要转型发展的实体店来说，社交微商＋实体这种模式非常适用。借助这种模式，店主可以以实体店的辐射范围为依据，划定区域，将这片区域中的顾客转化为店铺粉丝；或者以店铺调性为依据，对店铺的运作模式进行改革，以获取更多特定顾客。

4. 体验店＋微商

在当今市场环境下，店铺必须注重顾客体验，做好顾客体验。一般的产品与服务体验采用的是前店后院模式，对专业手法要求比较高，一次服务不好就会使口碑深受影响，因为朋友的评价与描述会直接影响消费者的决策。相较于其他几种模式，体验店模式的操作比较简单，消费者也难以体验出服务间的细微差别。但这种模式的推广成本比较高，宣传与引流是重点。

5. 身份店＋微商

在这几种模式中，身份店模式别具一格，顾客到这种店铺消费的主要目的不是享受服务，而是“瞻仰”店主。所以，这种模式对店主有非常高的要求，店主要了解目标顾客的需求，做好细节，用通俗易懂的语言和方式将细节背后隐藏的特点表达出来。

在这种模式下，客单价较高、口碑易维护、流量比较小且十分注重 VIP 顾客的运营。店主可以尝试跨界引流，获取新顾客，培养老顾客。待这种模式成熟之后，无论是老顾客培养成本，还是新顾客获取成本，都将大幅下降。店主在选择实体微商模式时不要生搬硬套，要具体情况具体分析，根据自己的实际情况对其稍做调整，以防落入实体微商的陷阱。

（资料来源：《从微商到新零售》）

（二）商品选择

要想做好微商，关键要选好产品，否则无论拥有多么优秀的分销团队，花再多精力开展推广营销都难以取得应有的效果。在实际运营的过程中，很多微商都会发现这种

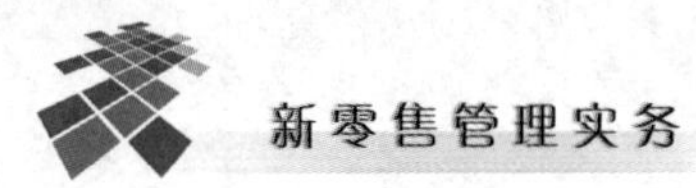

问题:不同的渠道适合不同的产品,且产品销售情况各有不同,有些电商平台上的爆款产品在微商领域经常无人问津。面对这种情况,微商要如何选择合适的产品呢?

1. 复购率高

微商要选择复购率高的快消品。在日常生活中,面膜、唇膏、洗面奶等化妆品,钙片、维生素等保健品都属于复购率高的快消品。

微商与电商不同,电商拥有较大的流量入口,每天都会向卖家开放大量流量,而微商依托的微信平台没有完全对外开放,微商每天获取的流量非常有限。在这种情况下,微商要想实现可持续发展,就必须引导有效的流量重复购买产品。为此,微商要选择复购率高的快消品,以便获得持续稳定的收入,以实现可持续发展。

2. 利润较高

微商要选择利润率较高的产品,产品利润率最好在60%以上,当然也可以选择暴利产品。微商与电商不同,在电商平台上,商家可以自降利润打造价格优势与同行竞争,但微商却不可以采取这种做法。

其原因在于,微信是个人社交平台,商业化属性尚不明显,微商完全是凭借个人人品与朋友开展交易。从某种程度上说,微商售卖的不是产品,而是个人人品。再加上客户有限,如果产品的利润率较低,微商很难获得理想的收益。

3. 易于传播

微商要选择易于传播的商品。微信是一个个人社交平台,很多人都喜欢在这个社交平台上展示自己的生活状态,如发布一些美食图片、旅行图片等。

从心理学的角度来看,人们发布这些图片的目的不只是向亲朋好友展示自己的生活状态,还存在一定的炫耀心理,希望用这些图片与内容炫耀自己的幸福与快乐。所以,微商在选择商品时要选择那些能激发人们炫耀心理的产品,使产品能更好地传播。

4. 大众接受度高

微商要选择普通大众能接受的产品,尽量规避那些受众群体规模小众、接受度低的产品。因为微商的客源本来就少,如果再选择一些接受度低的产品,产品就很难销售出去,微商自然也难以盈利。

当然,如果微商能将小众化的目标受众群体聚集起来,将其发展成自己的忠实客户群体,就可以选择那些特立独行的产品。但在现实生活中,很少有微商能做到如此地步。所以,对于面向普通大众开展经营活动的微商来说,最好选择普通大众接受程度较高的产品进行经营,以便能稳定获利。

5. 定价合理

定价即经营,所以微商在选择产品时也要注意产品定价,保证产品价格在普通大众能接受的范围内,切不可超出普通用户的承受能力。对微商来说,合理地把控产品价格比较困难,但通过定价测试,并结合不同价位的销售结果、客户反馈数据,微商就能精准地确定客户能接受的价格区间。只有合理定价,让客户无压力地接受这个价格,客户才能重复购买、多次消费。

6. 淘宝无大量销售

微商要选择淘宝平台没有大规模销售的产品。因为微商没有能力与淘宝商家打价格战。所以，微商要规避淘宝爆品。事实上，微商赚的是信息差，凭借产品的稀缺性在受众可接受的价格区间内选择一个较高的定价，以获得较高的利润。在这种情况下，微商不必比拼价格，且能在整个小领域内形成垄断，获取不菲的收益。

知识加油站 10-5

如何提升产品的曝光率

1. 设置产品关键词

新上线产品通常都会遇到一个难题：主要关键词并非高频词汇，缺少搜索量。在信息极度膨胀、产品极大丰富的互联网商业时代，任何产品只有先吸引、积累足够多的用户注意力资源，才有可能打开销路，实现创收目标。

对此，商家可以通过查看百度、搜狐、360 浏览器及其他同类网站高频搜索词的方式，为自己的产品添加至少一个高频关键词。如果由于过早进入市场导致相关关键词尚未积累到足够多的搜索量，那么这时为产品添加高频关键词就相当于占据了提升搜索排名的先机。

当前，大约 90%的消费者都习惯通过搜索引擎寻找所需产品，因此不可能搜索他们不知道的某个新产品。这种情况下，如何将一些高频搜索词汇设置成新品关键词，已成为在线发布新产品、新技术和新概念时面临的难题之一。也就是说，无论商家通过何种渠道发布新品，都需要先选取一个高频搜索词作为产品关键词，然后再通过突出新品区别于同类产品的卖点吸引足够多的用户目光。

2. 尽可能多地创建变体

变体即改变原来的体式，如产品的颜色、尺寸、额定功率等。商家创建的变体越多，意味着消费者的选择越多，也就越有可能触发人们的下单购买行为。同时，变体还有利于提高产品流量和搜索相关度，即产品的变体数量越多，被搜索到的概率越大，其搜索排名也越高。

此外，当店铺的同类产品都积累了一定的流量、搜索记录和用户评价时，就可以对它们进行变体组合，将所有的流量、评价和搜索记录整合到一起，从而使每一个产品都呈现出更高的流量、历史搜索记录和客户评价。

3. 高频词或长尾词的策略选择

付费广告是线上店铺进行营销推广，提高知名度和影响力的重要手段，包括两种方案——成本较高的高频关键词和相对便宜的低频长尾词。第一种方案指应用网络中流行的热门词汇，为店铺带来大量流量，但单次点击的成本较高。因此，如果产品转化率很高，足以支撑高频关键词的广告花费，则可以选择此种策略，反之则不适合。

因为即便获得了大量流量和销售量，也会由于高昂的广告成本导致最终难以获得较多利润。

对于第二种方案，虽然长尾词的单次点击成本很低，但其曝光率也同样很低，需要店铺为大量长尾词付费才能获得预期的流量和销售业绩。不过互联网是一个快速变化的世界，商家选择的某个长尾词的热度也可能会不断提高，甚至转变为高频词，这时店铺的曝光量、广告效果等便会大幅提升。

4. 合理堆砌关键词，打造语法准确的有力标题

在吸引用户注意力方面，产品标题的作用仅次于图片。为此，淘宝平台甚至限定产品标题字符数不能超过200个，其他电商平台则相对宽松。同时，无论是SEO搜索算法(Search Engine Optimizanion，搜索引擎优化)还是消费者搜索，产品标题中的高频关键词总会被第一个检索到，这要求商家在拟定标题时充分兼顾产品曝光率和转化率。

(三) 如何进行商品展示

1. 首页展示

产品不宜过多，6～8款即可，尽量放在一页。注意是有优势的产品依次排列，预期爆款置顶设计。

2. 分类展示

巧用分类，可以带来意外的深度访问，比如：当日送达、真空保鲜、30岁男人必备、登山百宝箱——基于产品的特征和卖点进行分类，也许会更快抓住用户心理。

3. 主图展示

放置最有吸引力的图片，最好是产品应用场景。

(四) 产品定价

微店，经营的是自己的用户，而不是在买平台流量，因此定价上要注意以下3点。

(1) 不要大幅度压价以换取销量。这样无法维系长久的客户关系。

(2) 要花费精力，提炼我们产品的优势和卖点，以自己的经营需要去制定价格。

(3) 产品定价合理递进。一方面，国内消费者对价格依然十分敏感，价格仍是进行消费选择和决策时的重要参考要素；另一方面，多数消费者都认同“一分钱一分货”的观点，对于那些定价过低的产品，常常会有质量方面的忧虑。

因此，商家在进行产品定价时，要充分考察同类竞争产品的价格情况，然后明确自己的产品路线：优质高价路线还是高性价比路线。若商家能够充分证明自己的产品质量高于市场中的同类产品，则完全可以以更高的价格出售。同时，商家还应充分利用价格微调策略进行利润优化。例如，产品最初定价为390元，按照传统线下零售渠道的逻辑可以下调到340元或290元；与此不同，线上零售并没有固定的定价逻辑，商家完全可以基于自身的利润诉求降价几十元甚至几百元。

(五) 微店营销推广

微商是电子商务领域诞生的新兴业态，近年来，以蓬勃发展之势聚集了众多目光。

进入 2017 年,微商品牌都关注的一个问题:怎样利用新兴媒体获取优质流量并实现转化。

1. 微信公众号推广

微信营销在 2017 年呈现迅猛发展趋势要归功于微信。微信公众号的成本投入低,能够在短期内扩大用户规模,受到众多微商经营者的追捧。目前,微信公众号的广告投放方式主要包括以下两种。

(1) 公众号底部广告。

一般情况下,营销者多采用图片或文字进行广告编辑,将其放置在文章后面,用来吸引用户关注自己的商品、推出优惠活动,或者引导用户安装移动端应用,提高用户对自身品牌的辨识度。

(2) 公众号自媒体广告投放。

出于提高营销精准度的目的,如今,很多营销平台开始着眼于大数据统计及分析技术的应用,借此挖掘目标用户的需求。例如,一站式智能营销投放平台"城外圈",联手多家平台,利用领先的数据智能分析技术对媒体平台的用户数据进行处理,并据此对用户群体实施分类管理,根据其需求推出优质内容,进而提高营销针对性。

2. 微信朋友圈广告推广

微信公众号生态体系的运营为微信朋友圈推广提供了有力的支撑。以原创内容为主,在朋友圈中发布原生广告是多数朋友圈广告的形式表现。用户能够参与互动,对微商发布的内容评论、点赞,或者基于微信的熟人关系进行分享与转发,促进品牌知名度的提高。现阶段下,无论是使用频率、运营时间,还是广告数量,在微商使用的平台中,居于首位的都是微信朋友圈。

知识加油站 10-6

微商朋友圈情感营销策略

所谓情感营销,即着眼于消费者的情感需求,通过自身运营使消费者意识到自己的需求,在营销中添加情感元素,体现对消费者的关怀,使其产生强烈的共鸣,对微商产生认可,从而使微商在激烈的竞争中取胜。那么,微商朋友圈情感营销可以采取以下措施:

1. 个人信息

虽然在微信头像、昵称或签名中显示产品名称能够直接表明自己的微商身份,但这种做法并不值得提倡。建议微商采用真实的头像,如果对正面照不自信,也可以用美颜相机修饰,或者转换拍照角度。如此一来,用户在与微商互动时,就不会觉得自己在与冰冷的产品打交道。如若不然,微商很难激发用户的情感需求,也难以得到对方的信赖,使其认可自己的产品。要达到营销目的,就要将产品搁置在一边,着眼于营

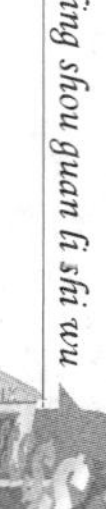

销自己。

2. 发布生活类信息

不时在朋友圈上传照片,可以是自己的生活照、与朋友的合照、旅行分享照等。建议微商拍照时展现自己的生活品位,还要积极向上。要让目标受众产生真实感,对自己展现出来的生活状态产生憧憬。

3. 轻松、诙谐幽默的互动

在运营过程中,微商可以围绕时下普遍受到人们关注的热点资讯,促使人们参与讨论,增进自身与目标受众的互动关系。另外,要在微信平台组织活动,调动人们参与的积极性,扩大品牌覆盖面,实现产品信息的快速传播。这种方式不仅能够使微商有效增强与用户之间的关系,还能在此基础上获得对方的认可。

在微信朋友圈中,若微商发布了动态,用户只能看到共同好友的评论。为了造势,微商可以自己评论并回复,从而展现自己的社交能力及个人影响力;还可以发表具有互动性的言论,如"某某某,你的看法不对哦,下一位来纠正"。这种方式可以反映出微商拥有众多好友,并与他们建立了紧密的互动关系。在目标消费者看来,微商能够聚集一批好友,就表明他值得信赖。另外,微商还可以不定期推出评选活动,进一步调动用户参与的积极性,并为评选出来的优胜者颁发奖品,邀请得奖人将自己的感受发布到朋友圈,微商进行转发,扩大品牌推广。

4. 与用户进行情感的沟通

在与用户互动过程中,要避免盲目推销产品。从消费者的角度来思考,假设微商与自己的交流带有很强的目的性,总是以产品推销为中心,消费者就容易产生排斥心理。为了避免这个问题的出现,微商应该站在消费者的立场,通过情感营销,促使对方产生情感共鸣。在沟通过程中,找出消费者的情感需求,并获得对方的认可。

5. 相应的专业知识

举例来说,经营护肤产品的微商需要掌握专业的护肤理论,并在这个领域具有一定的影响力。微商可以在朋友圈更新护肤知识,针对客户提出的问题提供解决方案。如果无法解决客户提出的问题,微商也可以通过网络平台查询,将梳理之后的答案发送给用户,而不应该无从下手,怠慢客户。只有满足了用户的情感需求,才能达成交易。另外,客户的疑问得到专业解答后,就会对你有更多的了解,逐步产生认可。总而言之,微信情感营销需要在营销人的基础上,向对方推荐自己的产品。

6. 定制专属的贺卡

中国人比较讲究节日问候与关怀,微商应该在节日期间设计贺卡,用来表达对客户的感激之情,体现对客户的重视,为了体现贺卡的专属性,就要抓住用户的特点,注重文字策划与表达。通过网络平台与用户进行沟通,需要开诚布公,以己推人,逐渐赢得对方的认可与信赖。举例来说,女性用户通常都比较感性,针对这一点,微商可以在贺卡中使用感染力较强的文字,还可以添加能够烘托气氛、打动人心的背景音乐。当客户从贺卡中感受到微商的用心,就会相信他的为人,进而相信他经营的产品,并通过购买产品来表示支持与信赖。

综上所述，微信情感营销在具体实践过程中，需要紧贴“以人为本”的本质，找到合适的切入点，彰显自身的独特性，并将其打造成为亮点，用真诚的服务对接用户的需求。在营销过程中逐渐建立口碑效应，在微信朋友圈中扩大影响力，提高自己的信誉度，进而推动产品销售，持续不断地输出优质内容，并在运营过程中体现自己的用心，将其他竞争对手甩在身后。

（资料来源：《从微商到新零售》）

3. 微博大号推广

不少微商通过微博大号获取用户关注。在推广期间，微商会在微信平台开展运营，并与用户进行沟通互动，通过推出优惠活动或发放礼品的方式吸引用户注意力，借助微博大号扩大品牌影响力，实现早期的用户积累。专业广告投放平台在内容创作、传播渠道及营销策略方面都更具优势，为了增强推广效果，不少新入局的微商都采用外包方式与此类平台达成合作。以“城外圈”为例，该平台聚集了大批偶像明星、意见领袖及微博红人，加上大数据技术的应用，能够为品牌方进行市场定位提供有效指导，并发挥自身的媒体资源优势，制定优质的产品推广方案。

4. 网红直播推广

近两年，网红经济迅速崛起，其具有强大的社交属性能够被应用于商业营销领域，因而成为众多企业追捧的对象。微商品牌经营者不妨选择适合自己的营销平台，与影响力较高的网红达成合作关系，拓宽品牌的触达范围，增强潜在消费者与品牌之间的联系，有力推动品牌推广。

案例 10-3

奉化副区长和“网红”一起直播推销水蜜桃

昨天上午，在奉化萧王庙街道林家村的村口，“淘宝直播”的主播“lama 夏夏”打开手机程序，开始直播介绍奉化水蜜桃。和她一起介绍水蜜桃的还有奉化区副区长陈锦杰。

在直播镜头前，陈锦杰身穿白 T 恤，胸前印着“我为奉化水蜜桃代言”的字样，这引起了网友们的注意，纷纷给他点赞。陈锦杰和“网红”一起，通过直播向网友展示生长在林家村的水蜜桃是什么样子，以及奉化水蜜桃的历史、文化……

随后，陈锦杰又带领“网红”在林家村桃园里骑行共享单车，与奉化水蜜桃研究所所长吴大军一起，在桃林里介绍奉化水蜜桃的品种特点、生长环境、采摘细节等。除了水蜜桃，主播“lama 夏夏”还不遗余力地为奉化特产油焖笋、桃胶做宣传。

当天下午，他们又来到奉化区溪口镇网红美食店“玉祥泰”，直播体验桃胶、水蜜桃菜肴。“玉祥泰”的师傅和主播一起，在直播镜头下经过一个多小时的制作，做出了蜜桃

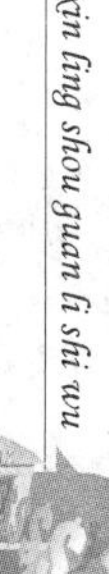

酱、蜜桃沙拉、蜜桃圆子羹等十多道以桃胶、水蜜桃为原材料的菜肴。

此次“淘宝直播”引起了不少网友的关注，屏幕上源源不断地有网友刷着礼物和弹幕：“主播包个邮吧，666”“水蜜桃来一箱”……来自淘宝宁波馆的数据显示，当天5小时的直播，最高观看人次约60万，收获点赞数超过500万。

“直播提供了一种‘边看边买’的消费方式，再加上‘网红’吸引眼球，可以在很短的时间内吸引流量。网友还可以通过发弹幕等方式和主播交流，有一种和好友一起逛街的感觉，对于90后来说，这种购物方式很容易被接受。”宁波电商林东杰说。“边看边买”的方式也很容易让人下单，直播已经成为当前商家一个重要的流量入口，给很多商品提供了新的推广销售方式。

直播带来的流量是挺高的，上万的点击对于一场直播来说太正常了，但这仅是访问量，并不是成交量。“从最后的成交量来看，去年淘宝直播真正下单的转化率其实并不高，不过随着市场的成熟，已经有所提高。要真正成为直播中的爆款，还是要看实际的产品。”一位业内人士表示。

考考你

微商该如何运用“网红＋直播”打造爆款产品？

5. 百度推广

尽管移动端汇聚了很多用户，但在PC端，百度的流量汇聚能力依然不可小觑。微商品牌可借助百度百科、百度问答及资讯平台进行营销宣传，打造良好的品牌形象，获取更多用户的关注。

6. 电视广告

现在，越来越多的品牌通过电视渠道开展营销，不少微商品牌先在卫视频道进行宣传，再将截图分享到微信朋友圈，借此提高品牌公信度。如此一来，该品牌的代理商会更加自信地投入推广，并通过电视渠道扩大宣传范围。

7. 多渠道智能媒体投放

智能媒体投放是“城外圈”营销平台为品牌主推出的整合营销方式，能够帮助微商经营者拓宽信息覆盖面，利用社交媒体平台、多媒体视频、移动终端应用等多元化渠道进行广告投放，在节约成本的基础上，提高营销针对性，吸引更多用户的关注，提高推广效果。

8. 传统媒体推广

现如今，微商品牌在推广环节仍然不能忽视传统媒体渠道的重要性。为了宣传产品，品牌方可在报纸、杂志上投放广告，并在电梯间、车站等地张贴广告，也可采用楼宇广告进行推广，以此提高品牌影响力。

综上所述，微商可采用多种多样的推广方式，而为了扩大推广效果，经营者需要保证自身产品质量，并输出优质内容，在与用户互动的过程中挖掘并对接其需求，进而推动自身发展。

知识加油站 10-7

微商品牌的营销推广策略

随着移动电商的发展，微商崛起与发展，使传统的电商格局被打破，用户对品牌微商的关注度逐渐提升，品牌微商的打造愈发重要。那么，微商要如何打造品牌呢？具体可采用以下方法：

1. 有好货

有好货就是找到优质的货源。自营也好，代销也罢，微商要成功运营，优质的货源是前提条件。这里的好货不强调低价，而是要求产品品质高，具有自身属性或者地域属性。当然，微商运营强调的好货也有自己的特点，就是要通过平台做分销。

借助分销，微商能成功地打造爆款；利用平台，借助"首发""一手""独家"等促销手段，辅之以各种促销活动，品牌口碑效应就能形成。现阶段，虽然部分微商采取了这种做法，但结果却差强人意。相反，那种简单便捷、一手货源的微店的经营效果会更好。相较于淘宝，微商更容易打造爆款。在 PC 时代，淘宝平台上的电商要打造爆款，只能采用广告、刷单、直通车等手段，但是在移动互联网时代，在社会化媒体上，移动电商的营销方式都必须重构，微商在打造爆款方面的优势尽显。

2. 卖情怀

传统电商的购物流程是商品—人—商品，微商的购物流程却是人—商品—人。随着购物主体的变动，售卖方式也发生了很大的变化。在移动电商环境下，人与人直接联系在一起，在某种传播介质的作用下，陌生人之间能开展对等交流。在交流的过程中，情怀就变成了某种意义上的商品，成为一种溢价方式。

以罗永浩的锤子手机为例，"卖的不是锤子，是情怀"这种"锤子情怀"打动了很多罗永浩的粉丝，即便被低价贱卖，依然有很多粉丝为"锤子情怀"买单。未来，在微商的商品品类中，非标品会占据很大一部分比重，非标品要塑造品牌，情怀是一个很好的路径。

3. 讲故事

微商故事有两种，一是人物故事，二是产品故事。微商可以讲产品故事，也可以讲人物故事，或者将两种故事放在一起讲。一般来说，人物故事的主人公是大学生、小微创业者、妈妈群体、都市白领等，故事内容主要是创业历程、人生逆袭等。讲故事，分享自己的创业经验，对他人产生鼓舞是一件非常有意义的事情。

但相较于讲人物故事，不如多讲讲产品故事。微商可以以人物故事吸引人，却不能以人物故事沉淀客户、塑造品牌。如果顾客不能从微商这里获取有价值的产品和服务，终会离开。所以，微商不仅要打造优质的产品，也要讲好产品故事。在移动电商时代，客户获取成本逐渐升高，微商要想获取更多顾客，其产品故事与人物故事必须具有瞬间打动人的能力。所以，微商必须打造动人的产品故事、人物故事，将故事转化为实际的购买力。

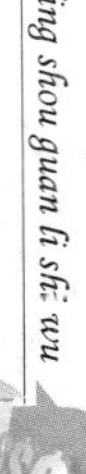

4. 砸广告

品牌塑造与广告不可分割，即便是淘宝、京东，也曾在广告宣传方面投入大量资金。在微商时代，俏十岁、思埠等微商品牌都曾在广告方面砸下重金，如思埠以 2 500 万元的价格拍下 2015 年春晚黄金广告时段等。虽然在很多时候广告的转化率都难以令人满意，但广告确实能使品牌在消费者心目中留下深刻的印象。当然，盲目投入重金做广告这种方法不可取。微商做广告要有一定的目的性——加深用户对产品的认知。注重广告的内容价值，而不是传播价值。

在微商崛起的时代，能否成功打造品牌是微商成败的关键。所以，微商要结合自己的实际情况，选择合理的方法成功打造品牌，扩大自己的影响力，更好、更持久地在竞争激烈的市场上立足、发展。

（资料来源：《从微商到新零售》）

（六）如何建立并维护客户关系

在以用户为中心的互联网商业时代，营销思维发生了根本性的改变：移动互联时代的市场营销不再直接指向产品销售或单向信息传输，而是以用户体验为中心，通过挖掘分析大数据、解决产品痛点、优化服务体验、“讲故事”等方式，服务好企业或品牌的忠实客户，为粉丝创造更多、更好的体验，从而不断吸引和留存更多消费者，实现市场规模的扩张。

那么，对微商来说，相关运营人员应如何在“以用户体验为中心”的互联网营销理念引导下，有效建立并维护与客户的关系呢？

1. 如何建立微商的客户关系

与传统电商下单付款的方式不同：一方面，微商的客户十分分散，QQ 空间、微博、微店、朋友圈等任何社交媒介平台都可能存在客户；另一方面，很多时候微商跳过订单环节直接实现交易，造成客户信息难以被有效收集整合。因此，微商要与客户建立关系，首先应找到将分散客户集中起来的有效方式。

例如，微商人员可以用 Excel 表格将分散在不同社交平台的客户信息收集整合在一起进行管理维护。虽然跳过订单环节导致可获取的客户信息很少，但姓名、收货地址、联系电话等最基本的信息还是可以收集到的，微商便可基于这些客户属性建立自己的客户数据库，并随着规模的拓展不断丰富完善，进而与客户建立连接关系。

2. 客户购买环节如何进行维护

在电商领域，购买环节中商家与客户的接触点包括订单催付、发货提醒、签到等，这些接触点其实也是商家进行客户关系维护的重要入口，有助于提高客户整体购买体验，增强客户对商家的好感与信任。

微商运营也同样如此，微商人员应精准抓住与客户的接触点，通过有效的关系维护提高客户的忠诚度。例如，由于当前的微商运营者很多都是个人，没有那么多的资源精力，因此对于那些咨询后不购买或下单后不付款的客户无法提供周全细致的服务，影响了这部分客户的体验。

这种情况下，若某个微商愿意耐心与咨询后不下单的客户深入交流，了解他们的痛点和顾虑；或者针对购买了产品的客户，在发货后通过微信或其他方式及时通知，无疑会让客户感受到更好的服务与体验，进而建立个人品牌，获得口碑效应。

3. 客户购买了之后如何进行维护

客户购买了微商产品之后，通常会有以下3种行为：一是分享，即分享自己购买的产品，将其推荐给朋友，从而帮助微商扩大产品销售；二是回购，即继续购买该产品或其他关联产品；三是流失，指产品未能达到客户预期，客户因不满、失望而流失。

从这个角度看，微商对客户购买之后的维护主要集中在两个方面：产品周期和会员生命周期。产品方面，当前大多数微商做的都是快消品、农产品或比较有特色的产品销售，因此做好交易后的客户维护，激发客户的重复购买欲望进而将他们培育为自己的粉丝，有利于推动微商的持续快速发展。

客户的发展培育历程可大致分为：潜在客户—新客户—老客户—流失，客户—忠诚客户—粉丝—分销商。可见，粉丝不是那些购买了一次产品的客户，而是有过二次或多次购买行为、对产品高度认可并愿意通过分享传播提高产品关注度和销量的忠实客户。微商人员应高度注重客户购买之后的深度维护，促使他们产生二次甚至多次购买行为。

具体来看，微商人员可以从以下3点切入，进行客户维护工作。

第一，利用Excel表格对客户的二次回购和回购周期情况进行分析，如回购周期、客单价、回购频次等。

第二，做好产品周期营销。产品周期营销是指客户购买产品之后，微商人员根据产品的使用周期进行客户维护，主要包括购买期、使用期、结束期、流失期或重购期。购买期应尽量优化客户的交易和服务体验，使用期要做好客户关怀方面的工作，进入结束期时要紧贴客户、及时提醒客户进行二次购买，流失期则可通过较大力度的促销优惠等手段避免客户流失，使他们再次购买。

第三，做好会员生命周期维护。在以用户为中心的体验经济时代，客户运维至关重要，微商必须准确、及时地抓住每一个周期环节内的客户接触点，进行有效的客户维护，以不断增强客户对自己的认同、归属与信任。同时，与淘宝等传统电商模式相比，微商由于缺乏有力的工具端支持以及难以全面收集整合客户数据信息，因此在客户维护方面会更加困难。微商通常的做法是定期进行朋友圈分享及组织促销，保持与客户的持续交流互动。

知识加油站 10-8

基于微信平台的客户维护技巧

1. 标签

这一功能有利于微商人员对客户进行细分定位，深入、细致地了解用户特质和需

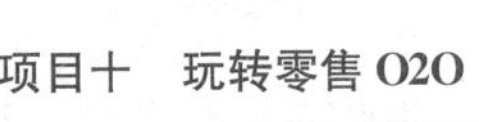

求，从而提供更有针对性的服务。例如，化妆品领域的微商，除了姓名、联系方式、地址等一些基本信息外，还可以在与客户的交流沟通中给他们打上更多个性化的标签，实现细分定位，如皮肤是干性还是油性、是否敏感等。

2. 群发

这是信息快速传播的重要方式，但也容易引起用户反感。因此，微商人员一方面要把握好信息群发的时机，尽可能降低客户的排斥心理；另一方面也要根据之前获取的客户信息和个性标签进行分类，针对不同客户群体发送不同的内容。

3. 朋友圈

从商业运营角度来看，朋友圈类似于店铺页面的广告促销界面，微商可以在其中进行互动或推送一些打折促销活动。不过，为降低对无关用户的干扰，最好是结合可见范围和提醒谁看两个功能进行精准推送。例如，将同一时段购买产品或买过相同产品的客户归为一个组群，然后只向这个客户群发送有针对性的广告信息。

4. 可见范围和提醒谁看

这两个微信功能也可用于客户定位和精准营销，即客户之所以排斥商家推送的信息是因为广告内容不是他们真正需要的，如果微商人员通过精准运营，推送的是客户真正需要的促销广告，那么客户也乐意定期查看和分享这些内容。

5. 地址栏

由于微信允许用户修改地址栏信息，因此微商可以将其作为一个广告营销和维护老客户的手段，增强客户对品牌的印象，提高其认同感与好感。

对任何行业特别是微商来说，虽然短期内可以通过各种方式吸引大量流量，实现产品销售，但长期来看只有做好老客户的维护，才能打造出自己的品牌，实现持续稳定发展。因为做微商的营销目标之一是将忠实客户发展为自己的分销代理，即做好老客户的维护，让他们对产品和服务满意，进而成为产品代理。因此，微商不仅要打造个人品牌，也要形成产品品牌，以便让客户对产品高度满意，愿意将其分享给更多的人。

任务实施

李明下载手机微店 APP，绑定手机号及实名注册，点击“微店”进入“微店管理”，进入“微店信息”。选择能体现店铺产品特性和店铺个性化的适合图片来做 LOGO，进行页面设计与装修。接着，按照 F 字设计页面布局，选择切合时宜的图片作为轮播主图在首页展示。然后，选择适合微店经营的商品，按照商品分类添加商品图片及商品描述，按照业内商品市价进行定价，利用“网红＋直播”的方式进行宣传和推广。

技能训练

【项目背景】

学生选择一类自己感兴趣的商品，登陆手机微店 APP 进行实名注册开店。

【实训目的】

通过实训，让学生熟悉手机微店开店的流程及运营。

【实训步骤】

(1) 各项目团队内部讨论，组织分工。

(2) 登陆手机微店 APP 进行实名注册开店。

(3) 选取合适图片进行店铺装修，添加自己感兴趣的商品图片及商品描述，为商品进行定价，选择新媒体方式对自己的商品进行营销。

(4) 选出一名代表就微店的设计及运营进行交流汇报，教师进行点评。

【实训评价】

1. 评价内容

(1) 微店设计及运营是否合理、分析是否到位。

(2) 完成任务时的表现（纪律、态度、团队意识）。

2. 评价方式

学生成绩由学生自评（20%）、互评（30%）和教师评价（50%）综合评定，评价表具体如下所示。

组别：________　　　　第__次实训

学号	姓名	自评（20%）	互评（30%）	教师评价（50%）	总成绩

小结

"零售 O2O"就是线上线下结合的方式销售商品，线上做营销、实现在线支付，线下做体验，帮助消费者深入了解和体验产品性能。传统商超采用一把手、外脑、试错等七种思路，成功抓住线下运营战略、模式、人才、流量、体验、管理等六大痛点，从基础设施、供应链管理及粉丝模式等五个方面来成功运营零售 O2O，学会如何从兴趣原则切入推广自己的产品及服务；通过开设及运营微店将想法落到实处，成功实现传统零售和线上零售的有机融合。

单选题

1. 下列情况属于互联网企业试水零售 O2O 举措的是（　　）。

A. 京东到家　　　　B. 支付宝智能商圈

C. 大润发的飞牛网　　　　D. 其他都是

2. 以下属于传统超市的零售 O2O 经营模式（　　）。

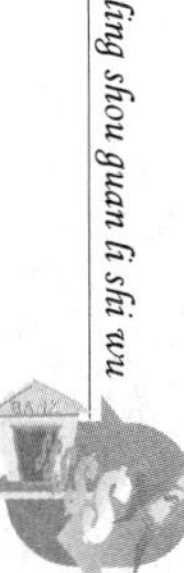

A. “大数据＋商品＋服务”的 O2O 模式
B. 门店到商圈＋双线同价”的 O2O 模式
C. “乡镇低线市场＋飞牛网”的 O2O 模式
D. “生活体验＋上网环境”的 O2O 模式

3. 麦德龙的中国区总裁把电商放在了与实体并列的位置，这种思路属于（　　）。
A. 一把手思路　　B. 坚韧思路　　C. 不跟随思路　　D. 布局思路

4. 零售 O2O 运营能力不包括（　　）。
A. 数据分析品类优化　　B. 行业理解力
C. 整体协调与专业指导　　D. 精准定位

5. 良品铺子采用小门店优势连接小社群，给予关怀与互动，增强顾客黏性；用小工具连接底层技术，在门店搭建预售系统，连接线上线下的销售与服务的做法是从（　　）入手实施转型的？
A. 基础设施　　B. 技术应用
C. 大数据分析，精准定位　　D. 粉丝模式

判断题

1. O2O 的核心价值不是渠道的多样化，而是对供应链的整体改造。（　　）
2. 零售 O2O 中，如果不能在首页通过最佳产品展示吸引顾客，就会导致客户量的流失。（　　）
3. 规格大小在网站图片的显示区别不大，顾客也不会仔细分辨。因此可尽量选择推荐小规格、低单价产品，培养顾客心中实惠网站的印象。（　　）
4. 儿童商品在手机微店上，可以在新建“分类名称”中，据产品分类，也可以根据品牌细分，然后“保存更改。（　　）
5. 微店可以每天编辑一条与目标人群息息相关的图片精美、语言犀利，全篇短小精悍，阅读性强的软文推送至公众号再分享到朋友圈，并提供奖励、免费服务等吸引朋友们帮忙传播增加关注。（　　）

思考题

1. 传统超市该如何实现线上及线下的有机融合？
2. 微商该如何运用“网红＋直播”打造爆款产品？

案例分析

如何看待永辉超级物种的转型

超级物种诞生以来，一直受到行业的高度关注。被认为是当前新零售创新形式的

代表之一。永辉是一家非常优秀的零售企业，永辉的生鲜运营、合伙人制度、门店管理，特别是企业讲究实事求是的灵活运营机制，非常值得学习。这几年，面对行业面临的共同问题，看到的永辉企业创新力度、创新活力非常之大，各个方面都走在了线下零售企业的前列。特别是在门店的创新迭代方面，更是力度很大。红标店、绿标店、精标店，超级物种、永辉生活。而近期在有关公开场合，张轩松表示超级物种要转型，要压缩以餐饮为主体的经营模式，加大包装商品，重点推到家业务。

到家零售模式，或者说在目前做到店＋到家的零售模式需要重构。盒马鲜生模式是在做重构。最近看到步步高对接京东到家的一组数字，也在说明必须要做到家，必须要做重构。

据步步高介绍的数字：对接京东到家后获取的顾客，与到店的顾客重合率只有3%，这是一个非常有价值的数据，也是一个非常可怕的数据，也是一个非常值得期待的数字。他说明不做到家不行了，不做到家你就不能服务好你的目标消费者，同时做到家需要重构，需要重构你的商品与营销体系。因为你的到店顾客与到家顾客是不一样的。他的重合度只有3%。做到家，一定要上升到企业战略层面的规划。这是代表未来变革趋向的战略问题。千万不能随便找几个人去应付的。做到家一定要重构，不能简单的把门店商品，以往的营销模式、手段搬到线上，就是做到家了。

做到家可以有多种渠道。可以自己做，可以借助第三方平台。但是如果是作为未来战略型转型考量的话，一定是需要企业自己搭建到家新渠道模式、体系。再是从未来零售核心竞争力分析，到家渠道体系可能会成为零售企业新的核心竞争力。

请思考并回答：

如何看待永辉超市物种转型？

实训设计

微店促销活动页面设计

【实训目标】

通过微店页面促销活动设计掌握微店页面设计的技巧，进一步提升网络营销的综合运用技能。

【实训内容和要求】

1. 搜集业内和自己销售同类商品的典型微店页面设计及促销活动页面设计的案例，归纳总结出微店促销页面设计的几种形式。

2. 制定自营微店线上促销活动方案。

3. 进行自己微店的促销页面设计。

【实训成果与评分】

1. 评价内容

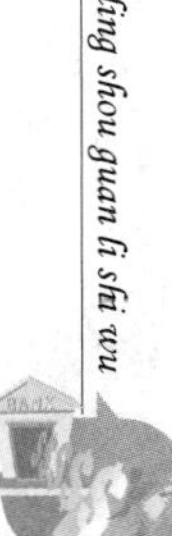

（1）学生参与性。

（2）微店页面设计是否合理。

（3）网络营销技能的综合运用能力。

2. 评价方式

学生成绩由学生自评（20%）、互评（30%）和教师评价（50%）综合评定，评价表具体如下所示。

组别：________　　　　第__次实训

学号	姓名	自评（20%）	互评（30%）	教师评价（50%）	总成绩

活学活用

如何通过视频直播炒作网络单品爆款？

图书在版编目(CIP)数据

新零售管理实务/刘洋,杨波主编. —上海：复旦大学出版社，2020.6（2024.1 重印）
（复旦卓越. 21 世纪管理学系列）
ISBN 978-7-309-14820-6

Ⅰ.①新… Ⅱ.①刘… ②杨… Ⅲ.①零售商店-商业管理-高等学校-教材 Ⅳ.①F713.32

中国版本图书馆 CIP 数据核字(2020)第 020230 号

新零售管理实务
刘 洋 杨 波 主编
责任编辑/谢同君

复旦大学出版社有限公司出版发行
上海市国权路 579 号 邮编：200433
网址：fupnet@fudanpress.com http://www.fudanpress.com
门市零售：86-21-65102580 团体订购：86-21-65104505
出版部电话：86-21-65642845
上海华业装潢印刷厂有限公司

开本 787 毫米×1092 毫米 1/16 印张 28 字数 596 千字
2024 年 1 月第 1 版第 4 次印刷

ISBN 978-7-309-14820-6/F · 2669
定价：68.00 元